JN291084

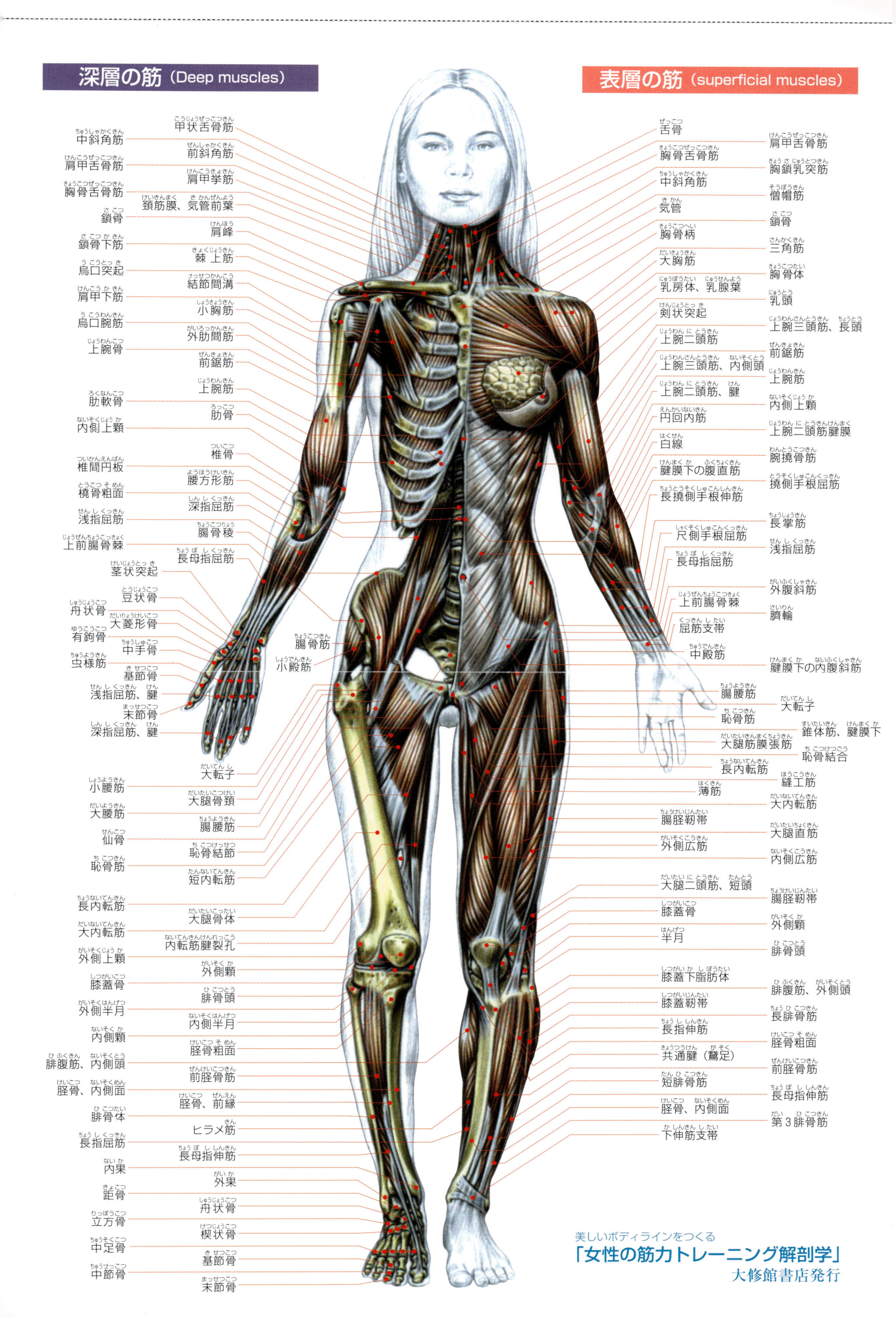

深層の筋 (Deep muscles) / 表層の筋 (superficial muscles)

深層の筋 (Deep muscles)

- 中斜角筋（ちゅうしゃかくきん）
- 甲状舌骨筋（こうじょうぜっこつきん）
- 肩甲舌骨筋（けんこうぜっこつきん）
- 前斜角筋（ぜんしゃかくきん）
- 胸骨舌骨筋（きょうこつぜっこつきん）
- 肩甲挙筋（けんこうきょきん）
- 鎖骨（さこつ）
- 頚筋膜、気管前葉（けいきんまく、きかんぜんよう）
- 鎖骨下筋（さこつかきん）
- 肩峰（けんぽう）
- 烏口突起（うこうとっき）
- 棘上筋（きょくじょうきん）
- 肩甲下筋（けんこうかきん）
- 結節間溝（けっせつかんこう）
- 烏口腕筋（うこうわんきん）
- 小胸筋（しょうきょうきん）
- 上腕骨（じょうわんこつ）
- 外肋間筋（がいろっかんきん）
- 前鋸筋（ぜんきょきん）
- 肋軟骨（ろくなんこつ）
- 上腕筋（じょうわんきん）
- 内側上顆（ないそくじょうか）
- 肋骨（ろっこつ）
- 椎間円板（ついかんえんばん）
- 椎骨（ついこつ）
- 橈骨粗面（とうこつそめん）
- 腰方形筋（ようほうけいきん）
- 浅指屈筋（せんしくっきん）
- 深指屈筋（しんしくっきん）
- 上前腸骨棘（じょうぜんちょうこつきょく）
- 腸骨稜（ちょうこつりょう）
- 茎状突起（けいじょうとっき）
- 長母指屈筋（ちょうぼしくっきん）
- 舟状骨（しゅうじょうこつ）
- 豆状骨（とうじょうこつ）
- 有鈎骨（ゆうこうこつ）
- 大菱形骨（だいりょうけいこつ）
- 虫様筋（ちゅうようきん）
- 中手骨（ちゅうしゅこつ）
- 基節骨（きせつこつ）
- 浅指屈筋、腱（せんしくっきん、けん）
- 末節骨（まっせつこつ）
- 深指屈筋、腱（しんしくっきん、けん）
- 大転子（だいてんし）
- 小腰筋（しょうようきん）
- 大腿骨頚（だいたいこつけい）
- 大腰筋（だいようきん）
- 腸腰筋（ちょうようきん）
- 仙骨（せんこつ）
- 恥骨結節（ちこつけっせつ）
- 恥骨筋（ちこつきん）
- 短内転筋（たんないてんきん）
- 長内転筋（ちょうないてんきん）
- 大腿骨体（だいたいこつたい）
- 大内転筋（だいないてんきん）
- 内転筋腱裂孔（ないてんきんけんれっこう）
- 外側上顆（がいそくじょうか）
- 外側顆（がいそくか）
- 膝蓋骨（しつがいこつ）
- 腓骨頭（ひこつとう）
- 外側半月（がいそくはんげつ）
- 内側半月（ないそくはんげつ）
- 内側顆（ないそくか）
- 脛骨粗面（けいこつそめん）
- 腓腹筋、内側頭（ひふくきん、ないそくとう）
- 前脛骨筋（ぜんけいこつきん）
- 脛骨、内側面（けいこつ、ないそくめん）
- 脛骨、前縁（けいこつ、ぜんえん）
- 腓骨体（ひこつたい）
- ヒラメ筋（ヒラメきん）
- 長指屈筋（ちょうしくっきん）
- 長母指伸筋（ちょうぼししんきん）
- 内果（ないか）
- 外果（がいか）
- 距骨（きょこつ）
- 舟状骨（しゅうじょうこつ）
- 立方骨（りっぽうこつ）
- 楔状骨（けつじょうこつ）
- 中足骨（ちゅうそくこつ）
- 基節骨（きせつこつ）
- 中節骨（ちゅうせつこつ）
- 末節骨（まっせつこつ）

表層の筋 (superficial muscles)

- 舌骨（ぜっこつ）
- 肩甲舌骨筋（けんこうぜっこつきん）
- 胸骨舌骨筋（きょうこつぜっこつきん）
- 胸鎖乳突筋（きょうさにゅうとつきん）
- 中斜角筋（ちゅうしゃかくきん）
- 僧帽筋（そうぼうきん）
- 気管（きかん）
- 鎖骨（さこつ）
- 胸骨柄（きょうこつへい）
- 三角筋（さんかくきん）
- 大胸筋（だいきょうきん）
- 胸骨体（きょうこつたい）
- 乳房体、乳腺葉（にゅうぼうたい、にゅうせんよう）
- 乳頭（にゅうとう）
- 剣状突起（けんじょうとっき）
- 上腕三頭筋、長頭（じょうわんさんとうきん、ちょうとう）
- 上腕二頭筋（じょうわんにとうきん）
- 前鋸筋（ぜんきょきん）
- 上腕三頭筋、内側頭（じょうわんさんとうきん、ないそくとう）
- 上腕筋（じょうわんきん）
- 上腕二頭筋、腱（じょうわんにとうきん、けん）
- 内側上顆（ないそくじょうか）
- 円回内筋（えんかいないきん）
- 上腕二頭筋腱膜（じょうわんにとうきんけんまく）
- 白線（はくせん）
- 腕橈骨筋（わんとうこつきん）
- 腱膜下の腹直筋（けんまくかのふくちょくきん）
- 橈側手根屈筋（とうそくしゅこんくっきん）
- 長橈側手根伸筋（ちょうとうそくしゅこんしんきん）
- 長掌筋（ちょうしょうきん）
- 尺側手根屈筋（しゃくそくしゅこんくっきん）
- 浅指屈筋（せんしくっきん）
- 長母指屈筋（ちょうぼしくっきん）
- 外腹斜筋（がいふくしゃきん）
- 上前腸骨棘（じょうぜんちょうこつきょく）
- 臍輪（さいりん）
- 屈筋支帯（くっきんしたい）
- 中殿筋（ちゅうでんきん）
- 腱膜下の内腹斜筋（けんまくかのないふくしゃきん）
- 腸腰筋（ちょうようきん）
- 大転子（だいてんし）
- 恥骨筋（ちこつきん）
- 錐体筋、腱膜下（すいたいきん、けんまくか）
- 大腿筋膜張筋（だいたいきんまくちょうきん）
- 恥骨結合（ちこつけつごう）
- 長内転筋（ちょうないてんきん）
- 縫工筋（ほうこうきん）
- 薄筋（はくきん）
- 大内転筋（だいないてんきん）
- 腸脛靭帯（ちょうけいじんたい）
- 大腿直筋（だいたいちょっきん）
- 外側広筋（がいそくこうきん）
- 内側広筋（ないそくこうきん）
- 大腿二頭筋、短頭（だいたいにとうきん、たんとう）
- 腸脛靭帯（ちょうけいじんたい）
- 膝蓋骨（しつがいこつ）
- 外側顆（がいそくか）
- 半月（はんげつ）
- 腓骨頭（ひこつとう）
- 膝蓋下脂肪体（しつがいかしぼうたい）
- 腓腹筋、外側頭（ひふくきん、がいそくとう）
- 膝蓋靭帯（しつがいじんたい）
- 長腓骨筋（ちょうひこつきん）
- 長指伸筋（ちょうししんきん）
- 脛骨粗面（けいこつそめん）
- 共通腱（鵞足）（きょうつうけん（がそく））
- 前脛骨筋（ぜんけいこつきん）
- 短腓骨筋（たんひこつきん）
- 長母指伸筋（ちょうぼししんきん）
- 脛骨、内側面（けいこつ、ないそくめん）
- 第3腓骨筋（だい3ひこつきん）
- 下伸筋支帯（かしんきんしたい）

美しいボディラインをつくる
「女性の筋力トレーニング解剖学」
大修館書店発行

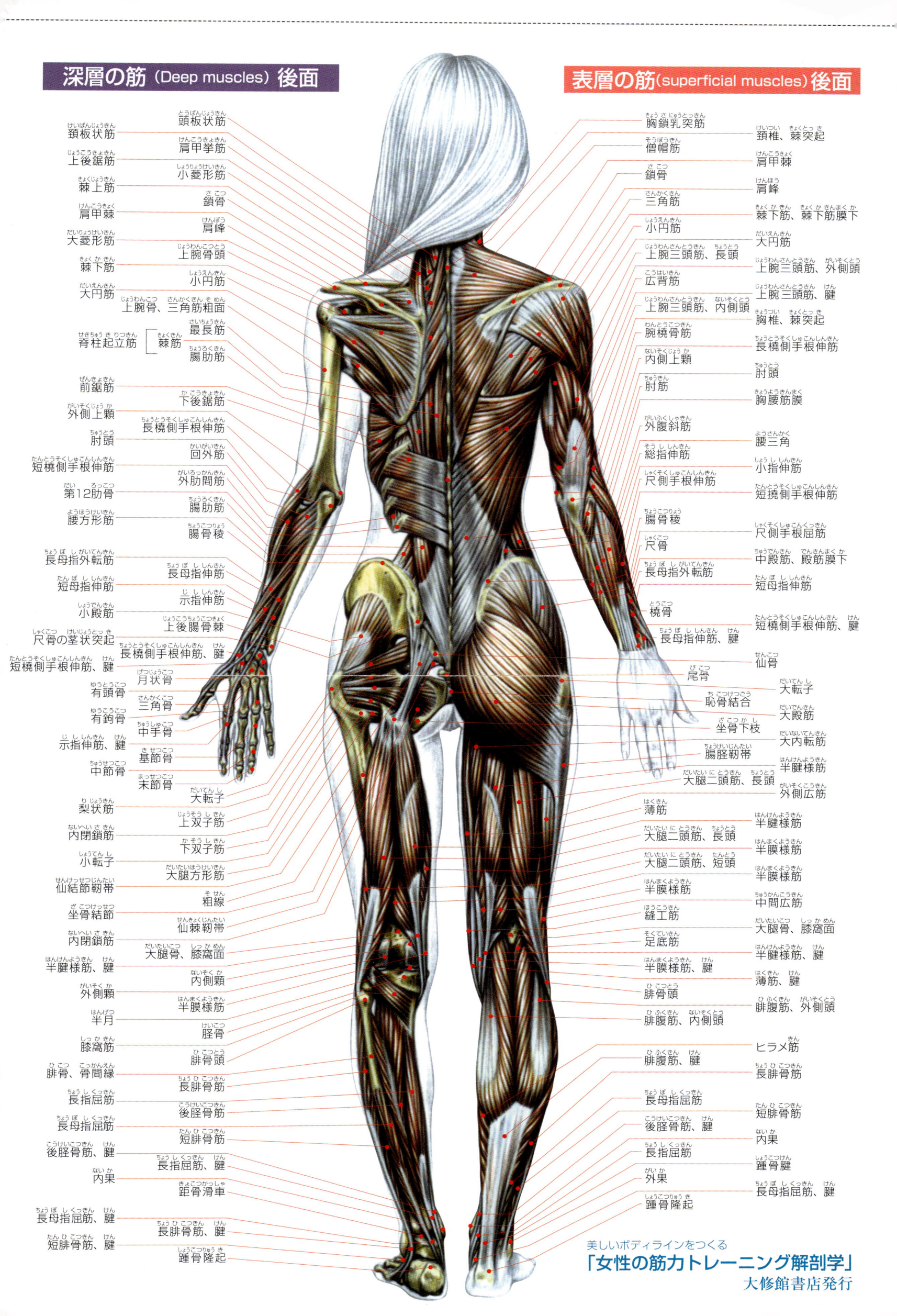

深層の筋 (Deep muscles) 後面

- 頸板状筋 (けいばんじょうきん)
- 頭板状筋 (とうばんじょうきん)
- 上後鋸筋 (じょうこうきょきん)
- 肩甲挙筋 (けんこうきょきん)
- 棘上筋 (きょくじょうきん)
- 小菱形筋 (しょうりょうけいきん)
- 肩甲棘 (けんこうきょく)
- 鎖骨 (さこつ)
- 大菱形筋 (だいりょうけいきん)
- 肩峰 (けんぽう)
- 棘下筋 (きょっかきん)
- 上腕骨頭 (じょうわんこっとう)
- 大円筋 (だいえんきん)
- 小円筋 (しょうえんきん)
- 上腕骨、三角筋粗面 (じょうわんこつ、さんかくきんそめん)
- 脊柱起立筋 (せきちゅうきりつきん) [最長筋 (さいちょうきん) / 棘筋 (きょくきん)]
- 腸肋筋 (ちょうろくきん)
- 前鋸筋 (ぜんきょきん)
- 下後鋸筋 (かこうきょきん)
- 外側上顆 (がいそくじょうか)
- 長橈側手根伸筋 (ちょうとうそくしゅこんしんきん)
- 肘頭 (ちゅうとう)
- 回外筋 (かいがいきん)
- 短橈側手根伸筋 (たんとうそくしゅこんしんきん)
- 外肋間筋 (がいろっかんきん)
- 第12肋骨 (だい12ろっこつ)
- 腸肋筋 (ちょうろくきん)
- 腰方形筋 (ようほうけいきん)
- 腸骨稜 (ちょうこつりょう)
- 長母指外転筋 (ちょうぼしがいてんきん)
- 長母指伸筋 (ちょうぼししんきん)
- 短母指伸筋 (たんぼししんきん)
- 示指伸筋 (じししんきん)
- 小殿筋 (しょうでんきん)
- 上後腸骨棘 (じょうこうちょうこつきょく)
- 尺骨の茎状突起 (しゃっこつのけいじょうとっき)
- 長橈側手根伸筋、腱 (ちょうとうそくしゅこんしんきん、けん)
- 短橈側手根伸筋、腱 (たんとうそくしゅこんしんきん、けん)
- 月状骨 (げつじょうこつ)
- 有頭骨 (ゆうとうこつ)
- 三角骨 (さんかくこつ)
- 有鉤骨 (ゆうこうこつ)
- 中手骨 (ちゅうしゅこつ)
- 示指伸筋、腱 (じししんきん、けん)
- 基節骨 (きせつこつ)
- 中節骨 (ちゅうせつこつ)
- 末節骨 (まっせつこつ)
- 大転子 (だいてんし)
- 梨状筋 (りじょうきん)
- 上双子筋 (じょうそうしきん)
- 内閉鎖筋 (ないへいさきん)
- 下双子筋 (かそうしきん)
- 小転子 (しょうてんし)
- 大腿方形筋 (だいたいほうけいきん)
- 仙結節靭帯 (せんけっせつじんたい)
- 粗線 (そせん)
- 坐骨結節 (ざこつけっせつ)
- 仙棘靭帯 (せんきょくじんたい)
- 内閉鎖筋 (ないへいさきん)
- 大腿骨、膝窩面 (だいたいこつ、しつかめん)
- 半腱様筋、腱 (はんけんようきん、けん)
- 内側顆 (ないそくか)
- 外側顆 (がいそくか)
- 半膜様筋 (はんまくようきん)
- 半月 (はんげつ)
- 脛骨 (けいこつ)
- 膝窩筋 (しつかきん)
- 腓骨頭 (ひこつとう)
- 腓骨、骨間縁 (ひこつ、こつかんえん)
- 長腓骨筋 (ちょうひこつきん)
- 長指屈筋 (ちょうしくっきん)
- 長母指屈筋 (ちょうぼしくっきん)
- 短腓骨筋 (たんひこつきん)
- 後脛骨筋、腱 (こうけいこつきん、けん)
- 内果 (ないか)
- 長指屈筋、腱 (ちょうしくっきん、けん)
- 距骨滑車 (きょこつかっしゃ)
- 長母指屈筋、腱 (ちょうぼしくっきん、けん)
- 長腓骨筋、腱 (ちょうひこつきん、けん)
- 短腓骨筋、腱 (たんひこつきん、けん)
- 踵骨隆起 (しょうこつりゅうき)

表層の筋 (superficial muscles) 後面

- 胸鎖乳突筋 (きょうさにゅうとっきん)
- 頸椎、棘突起 (けいつい、きょくとっき)
- 僧帽筋 (そうぼうきん)
- 肩甲棘 (けんこうきょく)
- 鎖骨 (さこつ)
- 肩峰 (けんぽう)
- 三角筋 (さんかくきん)
- 棘下筋、棘下筋膜下 (きょっかきん、きょっかきんまくか)
- 小円筋 (しょうえんきん)
- 大円筋 (だいえんきん)
- 上腕三頭筋、長頭 (じょうわんさんとうきん、ちょうとう)
- 上腕三頭筋、外側頭 (じょうわんさんとうきん、がいそくとう)
- 広背筋 (こうはいきん)
- 上腕三頭筋、腱 (じょうわんさんとうきん、けん)
- 上腕三頭筋、内側頭 (じょうわんさんとうきん、ないそくとう)
- 胸椎、棘突起 (きょうつい、きょくとっき)
- 腕橈骨筋 (わんとうこつきん)
- 長橈側手根伸筋 (ちょうとうそくしゅこんしんきん)
- 内側上顆 (ないそくじょうか)
- 肘頭 (ちゅうとう)
- 肘筋 (ちゅうきん)
- 胸腰筋膜 (きょうようきんまく)
- 外腹斜筋 (がいふくしゃきん)
- 腰三角 (ようさんかく)
- 総指伸筋 (そうししんきん)
- 小指伸筋 (しょうししんきん)
- 尺側手根伸筋 (しゃくそくしゅこんしんきん)
- 短橈側手根伸筋 (たんとうそくしゅこんしんきん)
- 腸骨稜 (ちょうこつりょう)
- 尺側手根屈筋 (しゃくそくしゅこんくっきん)
- 尺骨 (しゃっこつ)
- 中殿筋、殿筋膜下 (ちゅうでんきん、でんきんまくか)
- 長母指外転筋 (ちょうぼしがいてんきん)
- 短母指伸筋 (たんぼししんきん)
- 橈骨 (とうこつ)
- 短橈側手根伸筋、腱 (たんとうそくしゅこんしんきん、けん)
- 長母指伸筋、腱 (ちょうぼししんきん、けん)
- 仙骨 (せんこつ)
- 尾骨 (びこつ)
- 大転子 (だいてんし)
- 恥骨結合 (ちこつけつごう)
- 大殿筋 (だいでんきん)
- 坐骨下枝 (ざこつかし)
- 大内転筋 (だいないてんきん)
- 腸脛靭帯 (ちょうけいじんたい)
- 半腱様筋 (はんけんようきん)
- 大腿二頭筋、長頭 (だいたいにとうきん、ちょうとう)
- 外側広筋 (がいそくこうきん)
- 薄筋 (はくきん)
- 半腱様筋 (はんけんようきん)
- 大腿二頭筋、長頭 (だいたいにとうきん、ちょうとう)
- 半膜様筋 (はんまくようきん)
- 大腿二頭筋、短頭 (だいたいにとうきん、たんとう)
- 半膜様筋 (はんまくようきん)
- 中間広筋 (ちゅうかんこうきん)
- 縫工筋 (ほうこうきん)
- 大腿骨、膝窩面 (だいたいこつ、しつかめん)
- 足底筋 (そくていきん)
- 半膜様筋、腱 (はんまくようきん、けん)
- 半腱様筋、腱 (はんけんようきん、けん)
- 腓骨頭 (ひこつとう)
- 薄筋、腱 (はくきん、けん)
- 腓腹筋、内側頭 (ひふくきん、ないそくとう)
- 腓腹筋、外側頭 (ひふくきん、がいそくとう)
- ヒラメ筋 (ひらめきん)
- 腓腹筋、腱 (ひふくきん、けん)
- 長腓骨筋 (ちょうひこつきん)
- 長母指屈筋 (ちょうぼしくっきん)
- 短腓骨筋 (たんひこつきん)
- 後脛骨筋、腱 (こうけいこつきん、けん)
- 内果 (ないか)
- 長指屈筋 (ちょうしくっきん)
- 踵骨腱 (しょうこつけん)
- 外果 (がいか)
- 長母指屈筋、腱 (ちょうぼしくっきん、けん)
- 踵骨隆起 (しょうこつりゅうき)

美しいボディラインをつくる
「女性の筋力トレーニング解剖学」
大修館書店発行

美しいボディラインをつくる
女性の筋力トレーニング解剖学

EXERCICES POUR UNE BELLE LIGNE
APPROCHE ANATOMIQUE

Frédéric DELAVIER

フレデリック・ドラヴィエ [著]
関口 脩 [監訳] 長崎幸雄・清水章弘 [訳]

大修館書店

EXERCICES POUR UNE BELLE LIGNE
by
Frédéric Delavier

Copyright © 2002 by Editions Vigot
Japanese translation／rights arranged with Editions Vigot
through Japan UNI Agency, Inc., Tokyo.

Taishukan Publishing Co., Ltd.
Tokyo, Japan, 2005

美しいボディラインをつくる 女性の筋力トレーニング解剖学

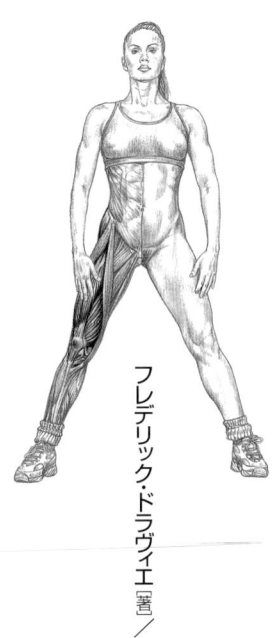

フレデリック・ドラヴィエ[著]／関口 脩[監訳]／長崎幸雄・清水章弘[訳]

目次

よりよいトレーニングをするために………9
女性における脂肪………12
脂肪の主要部位………13

I 殿部

●殿筋三角………16
1. スタティック・フォワードランジ………17
2. バーベル・フォワードランジ………18
3. バー・フォワードランジ………19
4. ダンベル・フォワードランジ………20
5. ベンチ・ステップ………21
6. スタンディング・ヒップアブダクション①………22
7. スタンディング・ヒップアブダクション②………23
8. ケーブル・ヒップアブダクション………24

●股関節の可動性の個人差………25
9. マシン・ヒップアブダクション………26
10. フロア・ヒップアブダクション①………27
11. フロア・ヒップアブダクション②………28
12. シーテッドマシン・ヒップアブダクション………29
13. サイド・ヒップレイズ………30
14. マシン・ヒップエクステンション………31
15. スタンディング・ヒップエクステンション①………32
16. フロア・ヒップエクステンション①………34
17. マシン・ヒップエクステンション………35
18. ケーブル・ヒップエクステンション………36

●殿部、人間の特徴………37
19. フロア・ヒップエクステンション②………38
20. ベンチ・ヒップエクステンション………39
21. プローン・ヒップエクステンション………40
22. スタンディング・ヒップエクステンション②………41
23. ヒップリフト………42
24. ワンレッグ・ヒップリフト………43
25. ベンチ・ヒップリフト………44
26. ポステリア・ペルビックティルツ………45
27. スモール・ラテラル・サイフレクション………46

II 脚部

●男女の形態上の違い………48
1. バーベル・スクワット………50
2. バー・スクワット………52
3. ワイドスタンス・スクワット………53
4. バーベル・フロントスクワット………54
5. エラスティックバンド・スクワット………55
6. バー・フロントスクワット………56
7. フレームガイドマシン・スクワット………57
8. ローマンチェアー・スクワット………58
9. ダンベル・スクワット………59
10. ヒンズー・スクワット………60
11. ワイドスタンス・サイフレクション………61
12. オールターニット・サイドランジ………62
13. ワンレッグ・フレクション………63

●膝関節の不安定さ………64
14. ハック・スクワット………65
15. インクライン・レッグプレス………66

●靭帯の弛緩過剰 膝蓋骨の脱臼………67
16. レッグ・エクステンション………68
17. サイレイズ①………69
18. サイレイズ②………70
19. フロア・アダクション………71
20. ケーブル・アダクション………72
21. シーテッド・ヒップアダクション………73
22. スタンディング・アダクション………74
23. スティフ・レッグド・デッドリフト………75
24. グッドモーニング・エクササイズ①………76
25. グッドモーニング・エクササイズ②………78

26.レッグカール………79
27.スタンディング・レッグカール………80
28.シーテッド・レッグカール………81
29.ベンチ・レッグカール………82
30.フロア・レッグカール………83
31.ニーリング・フォワード・ベンド………84
32.スタンディング・カーフレイズ………85
33.ドンキー・カーフレイズ………86
34.ワンレッグ・カーフレイズ………87
35.スタンディング・バーベル・カーフレイズ………88
36.シーテッド・バーベル・カーフレイズ………89
37.シーテッド・カーフレイズ………90

III 腹部

●注意………92
1.クランチ①………93
2.クランチ②………94
3.ロッキングマシン・クランチ………95
4.シットアップ………96

●上体の挙上で作用する筋肉………97
5.ハーフ・シットアップ………98
6.クランチ③………99
7.フロア・レッグエクステンション①………100
8.フロア・レッグエクステンション②………101
9.ジムラダー・シットアップ………102
10.ニーレイズ………103
11.インクラインベンチ・シットアップ………104
12.インクラインボード・シットアップ………105
13.サスペンティッド・シットアップ………106
14.エルボーサポート・レッグレイズ………107
15.ハンギング・レッグレイズ………108
16.インクラインボード・レッグレイズ………109
17.ヒップリフト………110
18.フロア・ヒップローテーション………111
19.オブリーク・クランチ………112

●腹部のタイプの違いを認識すること………113
20.オールターニット・オブリーク………114
21.フロア・ライイング・サイドベンド………115
22.ハイプーリー・クランチ………116
23.マシン・クランチ………117
24.ライイング・サイドベンド………118
25.ロッキングマシン・オブリーク………119
26.ケーブル・サイドベンド①………120
27.ケーブル・サイドベンド②………121
28.ダンベル・サイドベンド………122
29.バー・ツイスト………123
30.シーテッド・バー・ツイスト………124

●骨盤の傾斜………125
31.シーテッドマシン・ツイスト………126
32.スタンディングマシン・ツイスト………127
33.シーテッド・タミーサック………128
34.ホリゾンタル・スタビリゼーション①………129

IV 背部

1.プローン・ボディアーチ………132
2.ホリゾンタル・スタビリゼーション②………133
3.バックエクステンション………134

●ぎっくり腰　背中を反らすべきか?………135
4.デッドリフト………136
5.ワイドスタンス・デッドリフト………138
6.マシン・バックエクステンション………139

用語解説………140

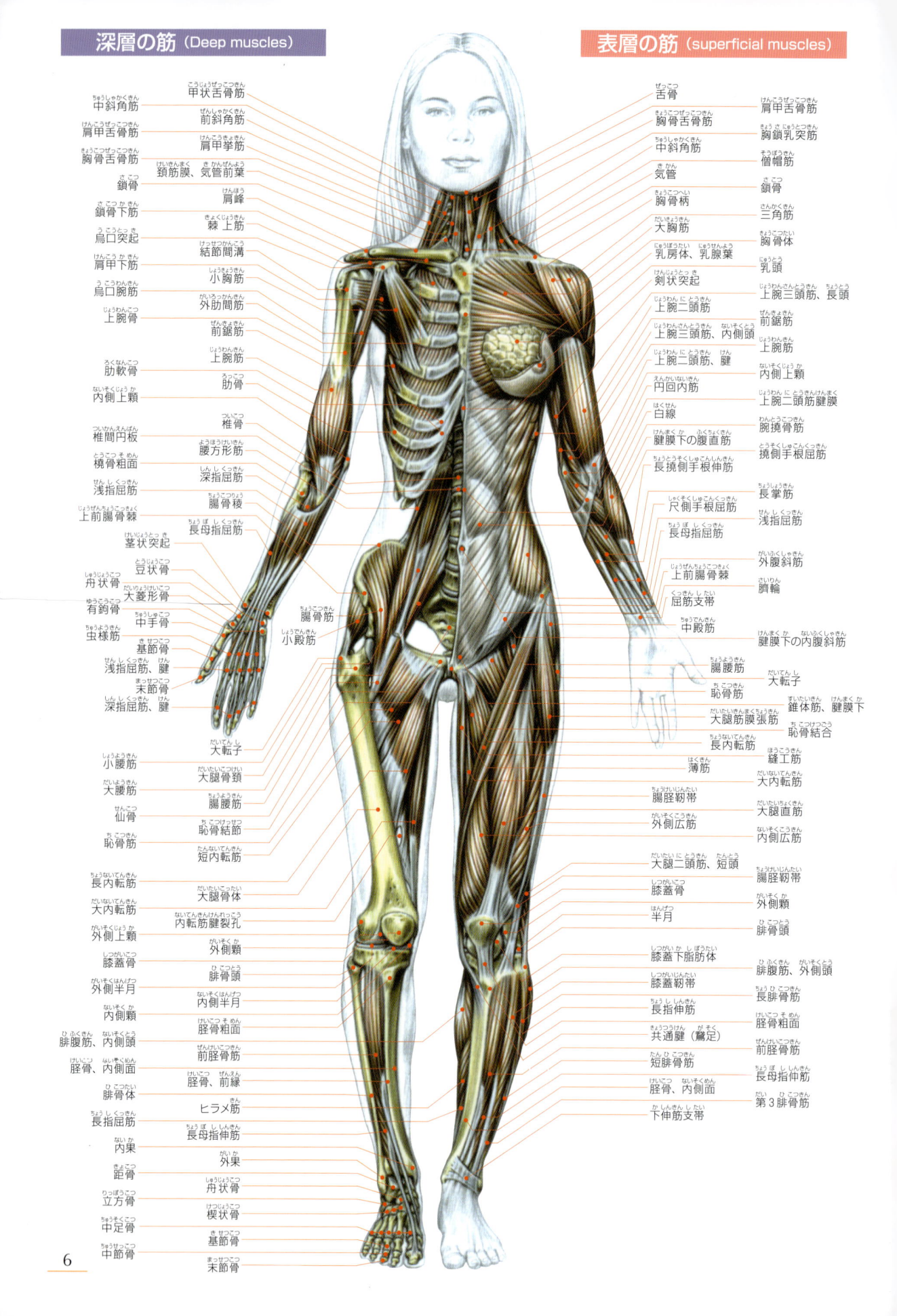

深層の筋 (Deep muscles) / 表層の筋 (superficial muscles)

深層の筋 (Deep muscles) ラベル:
- 中斜角筋 (ちゅうしゃかくきん)
- 肩甲舌骨筋 (けんこうぜっこつきん)
- 胸骨舌骨筋 (きょうこつぜっこつきん)
- 鎖骨 (さこつ)
- 鎖骨下筋 (さこつかきん)
- 烏口突起 (うこうとっき)
- 肩甲下筋 (けんこうかきん)
- 烏口腕筋 (うこうわんきん)
- 上腕骨 (じょうわんこつ)
- 肋軟骨 (ろくなんこつ)
- 内側上顆 (ないそくじょうか)
- 椎間円板 (ついかんえんばん)
- 橈骨粗面 (とうこつそめん)
- 浅指屈筋 (せんしくっきん)
- 上前腸骨棘 (じょうぜんちょうこつきょく)
- 茎状突起 (けいじょうとっき)
- 舟状骨 (しゅうじょうこつ)
- 有鈎骨 (ゆうこうこつ)
- 虫様筋 (ちゅうようきん)
- 浅指屈筋、腱 (せんしくっきん、けん)
- 深指屈筋、腱 (しんしくっきん、けん)
- 小腰筋 (しょうようきん)
- 大腰筋 (だいようきん)
- 仙骨 (せんこつ)
- 恥骨筋 (ちこつきん)
- 長内転筋 (ちょうないてんきん)
- 大内転筋 (だいないてんきん)
- 外側上顆 (がいそくじょうか)
- 膝蓋骨 (しつがいこつ)
- 外側半月 (がいそくはんげつ)
- 内側顆 (ないそくか)
- 腓腹筋、内側頭 (ひふくきん、ないそくとう)
- 脛骨、内側面 (けいこつ、ないそくめん)
- 腓骨体 (ひこつたい)
- 長指屈筋 (ちょうしくっきん)
- 内果 (ないか)
- 距骨 (きょこつ)
- 立方骨 (りっぽうこつ)
- 中足骨 (ちゅうそくこつ)
- 中節骨 (ちゅうせつこつ)

- 甲状舌骨筋 (こうじょうぜっこつきん)
- 前斜角筋 (ぜんしゃかくきん)
- 肩甲挙筋 (けんこうきょきん)
- 頚筋膜、気管前葉 (けいきんまく、きかんぜんよう)
- 肩峰 (けんぽう)
- 棘上筋 (きょくじょうきん)
- 結節間溝 (けっせつかんこう)
- 小胸筋 (しょうきょうきん)
- 外肋間筋 (がいろっかんきん)
- 前鋸筋 (ぜんきょきん)
- 上腕筋 (じょうわんきん)
- 肋骨 (ろっこつ)
- 椎骨 (ついこつ)
- 腰方形筋 (ようほうけいきん)
- 深指屈筋 (しんしくっきん)
- 腸骨稜 (ちょうこつりょう)
- 長母指屈筋 (ちょうぼしくっきん)
- 豆状骨 (とうじょうこつ)
- 大菱形骨 (だいりょうけいこつ)
- 中手骨 (ちゅうしゅこつ)
- 基節骨 (きせつこつ)
- 末節骨 (まっせつこつ)
- 腸骨筋 (ちょうこつきん)
- 小殿筋 (しょうでんきん)
- 大転子 (だいてんし)
- 大腿骨頚 (だいたいこつけい)
- 腸腰筋 (ちょうようきん)
- 恥骨結節 (ちこつけっせつ)
- 短内転筋 (たんないてんきん)
- 大腿骨体 (だいたいこつたい)
- 内転筋腱裂孔 (ないてんきんけんれっこう)
- 外側顆 (がいそくか)
- 腓骨頭 (ひこつとう)
- 内側半月 (ないそくはんげつ)
- 脛骨粗面 (けいこつそめん)
- 前脛骨筋 (ぜんけいこつきん)
- 脛骨、前縁 (けいこつ、ぜんえん)
- ヒラメ筋 (ひらめきん)
- 長母指伸筋 (ちょうぼししんきん)
- 外果 (がいか)
- 舟状骨 (しゅうじょうこつ)
- 楔状骨 (けつじょうこつ)
- 基節骨 (きせつこつ)
- 末節骨 (まっせつこつ)

表層の筋 (superficial muscles) ラベル:
- 舌骨 (ぜっこつ)
- 胸骨舌骨筋 (きょうこつぜっこつきん)
- 中斜角筋 (ちゅうしゃかくきん)
- 気管 (きかん)
- 胸骨柄 (きょうこつへい)
- 大胸筋 (だいきょうきん)
- 乳房体、乳腺葉 (にゅうぼうたい、にゅうせんよう)
- 剣状突起 (けんじょうとっき)
- 上腕二頭筋 (じょうわんにとうきん)
- 上腕三頭筋、内側頭 (じょうわんさんとうきん、ないそくとう)
- 上腕二頭筋、腱 (じょうわんにとうきん、けん)
- 円回内筋 (えんかいないきん)
- 白線 (はくせん)
- 腱膜下の腹直筋 (けんまくかのふくちょくきん)
- 長橈側手根伸筋 (ちょうとうそくしゅこんしんきん)
- 尺側手根屈筋 (しゃくそくしゅこんくっきん)
- 長母指屈筋 (ちょうぼしくっきん)
- 上前腸骨棘 (じょうぜんちょうこつきょく)
- 屈筋支帯 (くっきんしたい)
- 中殿筋 (ちゅうでんきん)
- 腸腰筋 (ちょうようきん)
- 恥骨筋 (ちこつきん)
- 大腿筋膜張筋 (だいたいきんまくちょうきん)
- 長内転筋 (ちょうないてんきん)
- 薄筋 (はっきん)
- 腸脛靭帯 (ちょうけいじんたい)
- 外側広筋 (がいそくこうきん)
- 大腿二頭筋、短頭 (だいたいにとうきん、たんとう)
- 膝蓋骨 (しつがいこつ)
- 半月 (はんげつ)
- 膝蓋下脂肪体 (しつがいかしぼうたい)
- 膝蓋靭帯 (しつがいじんたい)
- 長指伸筋 (ちょうししんきん)
- 共通腱（鵞足） (きょうつうけん（がそく）)
- 短腓骨筋 (たんひこつきん)
- 脛骨、内側面 (けいこつ、ないそくめん)
- 下伸筋支帯 (かしんきんしたい)

- 肩甲舌骨筋 (けんこうぜっこつきん)
- 胸鎖乳突筋 (きょうさにゅうとつきん)
- 僧帽筋 (そうぼうきん)
- 鎖骨 (さこつ)
- 三角筋 (さんかくきん)
- 胸骨体 (きょうこつたい)
- 乳頭 (にゅうとう)
- 上腕三頭筋、長頭 (じょうわんさんとうきん、ちょうとう)
- 前鋸筋 (ぜんきょきん)
- 上腕筋 (じょうわんきん)
- 内側上顆 (ないそくじょうか)
- 上腕二頭筋腱膜 (じょうわんにとうきんけんまく)
- 腕橈骨筋 (わんとうこつきん)
- 橈側手根屈筋 (とうそくしゅこんくっきん)
- 長掌筋 (ちょうしょうきん)
- 浅指屈筋 (せんしくっきん)
- 外腹斜筋 (がいふくしゃきん)
- 臍輪 (さいりん)
- 腱膜下の内腹斜筋 (けんまくかのないふくしゃきん)
- 大転子 (だいてんし)
- 錐体筋、腱膜下 (すいたいきん、けんまくか)
- 恥骨結合 (ちこつけつごう)
- 縫工筋 (ほうこうきん)
- 大内転筋 (だいないてんきん)
- 大腿直筋 (だいたいちょっきん)
- 内側広筋 (ないそくこうきん)
- 腸脛靭帯 (ちょうけいじんたい)
- 外側顆 (がいそくか)
- 腓骨頭 (ひこつとう)
- 腓腹筋、外側頭 (ひふくきん、がいそくとう)
- 長腓骨筋 (ちょうひこつきん)
- 脛骨粗面 (けいこつそめん)
- 前脛骨筋 (ぜんけいこつきん)
- 長母指伸筋 (ちょうぼししんきん)
- 第3腓骨筋 (だいさんひこつきん)

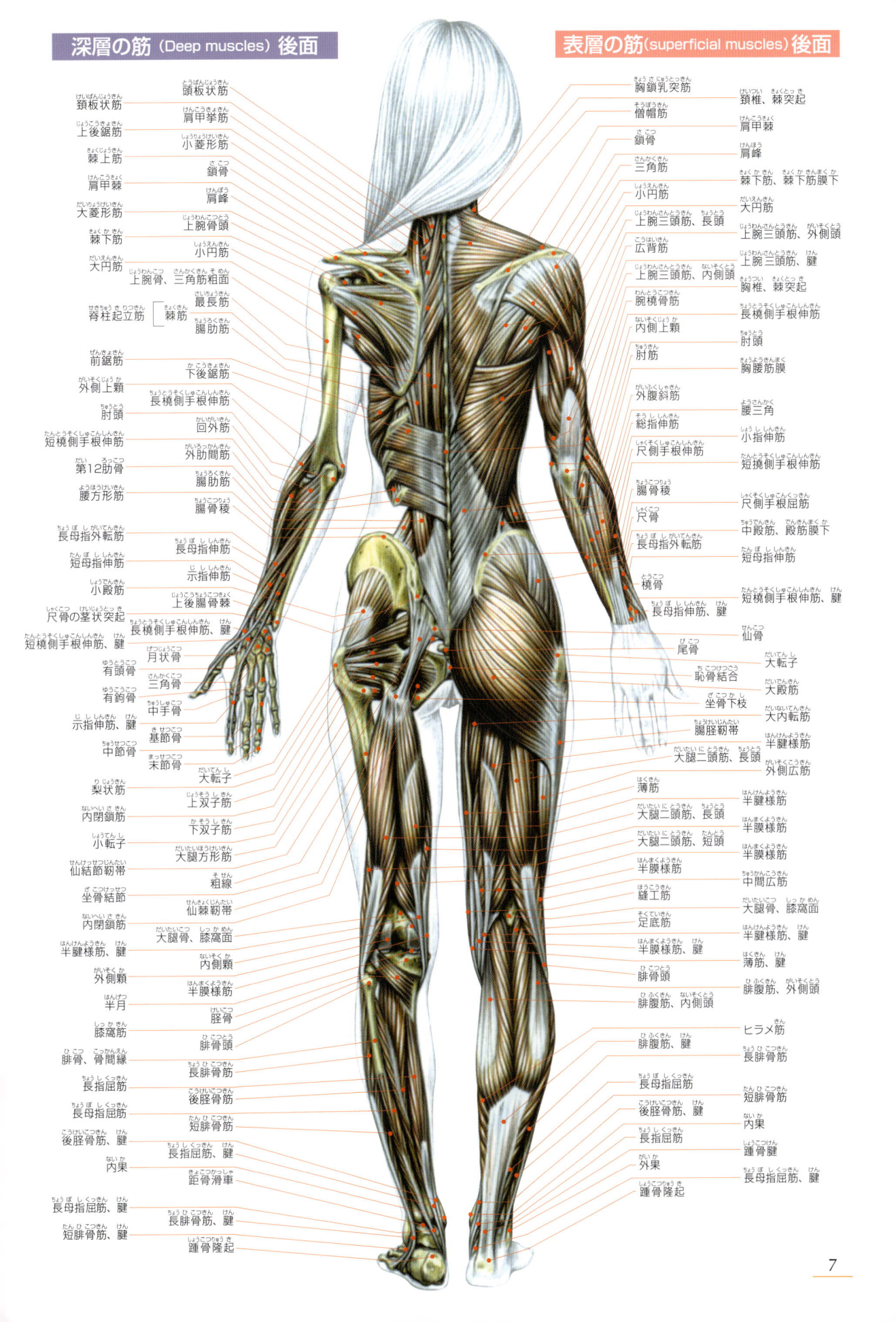

深層の筋（Deep muscles）後面 ／ 表層の筋（superficial muscles）後面

深層の筋（後面）ラベル
- 頸板状筋（けいばんじょうきん）
- 頭板状筋（とうばんじょうきん）
- 上後鋸筋（じょうこうきょきん）
- 肩甲挙筋（けんこうきょきん）
- 棘上筋（きょくじょうきん）
- 小菱形筋（しょうりょうけいきん）
- 肩甲棘（けんこうきょく）
- 鎖骨（さこつ）
- 肩峰（けんぽう）
- 大菱形筋（だいりょうけいきん）
- 上腕骨頭（じょうわんこっとう）
- 棘下筋（きょくかきん）
- 小円筋（しょうえんきん）
- 大円筋（だいえんきん）
- 上腕骨、三角筋粗面（じょうわんこつ、さんかくきんそめん）
- 脊柱起立筋（せきちゅうきりつきん）［最長筋（さいちょうきん）／腸肋筋（ちょうろくきん）］
- 前鋸筋（ぜんきょきん）
- 下後鋸筋（かこうきょきん）
- 外側上顆（がいそくじょうか）
- 長橈側手根伸筋（ちょうとうそくしゅこんしんきん）
- 肘頭（ちゅうとう）
- 短橈側手根伸筋（たんとうそくしゅこんしんきん）
- 回外筋（かいがいきん）
- 第12肋骨（だいじゅうにろっこつ）
- 外肋間筋（がいろっかんきん）
- 腰方形筋（ようほうけいきん）
- 腸肋筋（ちょうろくきん）
- 腸骨稜（ちょうこつりょう）
- 長母指外転筋（ちょうぼしがいてんきん）
- 長母指伸筋（ちょうぼししんきん）
- 短母指伸筋（たんぼししんきん）
- 示指伸筋（じししんきん）
- 小殿筋（しょうでんきん）
- 上後腸骨棘（じょうこうちょうこつきょく）
- 尺骨の茎状突起（しゃっこつのけいじょうとっき）
- 長橈側手根伸筋、腱（ちょうとうそくしゅこんしんきん、けん）
- 短橈側手根伸筋、腱（たんとうそくしゅこんしんきん、けん）
- 月状骨（げつじょうこつ）
- 有頭骨（ゆうとうこつ）
- 三角骨（さんかくこつ）
- 有鈎骨（ゆうこうこつ）
- 中手骨（ちゅうしゅこつ）
- 示指伸筋、腱（じししんきん、けん）
- 基節骨（きせつこつ）
- 中節骨（ちゅうせつこつ）
- 末節骨（まっせつこつ）
- 大転子（だいてんし）
- 梨状筋（りじょうきん）
- 上双子筋（じょうそうしきん）
- 内閉鎖筋（ないへいさきん）
- 下双子筋（かそうしきん）
- 小転子（しょうてんし）
- 大腿方形筋（だいたいほうけいきん）
- 仙結節靱帯（せんけつせつじんたい）
- 粗線（そせん）
- 坐骨結節（ざこつけっせつ）
- 仙棘靱帯（せんきょくじんたい）
- 内閉鎖筋（ないへいさきん）
- 大腿骨、膝窩面（だいたいこつ、しつかめん）
- 半腱様筋、腱（はんけんようきん、けん）
- 内側顆（ないそくか）
- 外側顆（がいそくか）
- 半膜様筋（はんまくようきん）
- 半月（はんげつ）
- 脛骨（けいこつ）
- 膝窩筋（しっかきん）
- 腓骨頭（ひこつとう）
- 腓骨、骨間縁（ひこつ、こつかんえん）
- 長腓骨筋（ちょうひこつきん）
- 長指屈筋（ちょうしくっきん）
- 後脛骨筋（こうけいこつきん）
- 長母指屈筋（ちょうぼしくっきん）
- 短腓骨筋（たんひこつきん）
- 後脛骨筋、腱（こうけいこつきん、けん）
- 長指屈筋、腱（ちょうしくっきん、けん）
- 内果（ないか）
- 距骨滑車（きょこつかっしゃ）
- 長母指屈筋、腱（ちょうぼしくっきん、けん）
- 長腓骨筋、腱（ちょうひこつきん、けん）
- 短腓骨筋、腱（たんひこつきん、けん）
- 踵骨隆起（しょうこつりゅうき）

表層の筋（後面）ラベル
- 胸鎖乳突筋（きょうさにゅうとつきん）
- 頸椎、棘突起（けいつい、きょくとっき）
- 僧帽筋（そうぼうきん）
- 肩甲棘（けんこうきょく）
- 鎖骨（さこつ）
- 肩峰（けんぽう）
- 三角筋（さんかくきん）
- 棘下筋、棘下筋膜下（きょくかきん、きょくかきんまくか）
- 小円筋（しょうえんきん）
- 大円筋（だいえんきん）
- 上腕三頭筋、長頭（じょうわんさんとうきん、ちょうとう）
- 上腕三頭筋、外側頭（じょうわんさんとうきん、がいそくとう）
- 広背筋（こうはいきん）
- 上腕三頭筋、内側頭（じょうわんさんとうきん、ないそくとう）
- 胸椎、棘突起（きょうつい、きょくとっき）
- 腕橈骨筋（わんとうこつきん）
- 長橈側手根伸筋（ちょうとうそくしゅこんしんきん）
- 内側上顆（ないそくじょうか）
- 肘頭（ちゅうとう）
- 肘筋（ちゅうきん）
- 胸腰筋膜（きょうようきんまく）
- 外腹斜筋（がいふくしゃきん）
- 腰三角（ようさんかく）
- 総指伸筋（そうししんきん）
- 小指伸筋（しょうししんきん）
- 尺側手根伸筋（しゃくそくしゅこんしんきん）
- 短橈側手根伸筋（たんとうそくしゅこんしんきん）
- 腸骨稜（ちょうこつりょう）
- 尺側手根屈筋（しゃくそくしゅこんくっきん）
- 尺骨（しゃっこつ）
- 中殿筋、殿筋膜下（ちゅうでんきん、でんきんまくか）
- 長母指外転筋（ちょうぼしがいてんきん）
- 短母指伸筋（たんぼししんきん）
- 橈骨（とうこつ）
- 短橈側手根伸筋、腱（たんとうそくしゅこんしんきん、けん）
- 長指伸筋、腱（ちょうししんきん、けん）
- 仙骨（せんこつ）
- 尾骨（びこつ）
- 大転子（だいてんし）
- 恥骨結合（ちこつけつごう）
- 大殿筋（だいでんきん）
- 坐骨下枝（ざこつかし）
- 大内転筋（だいないてんきん）
- 腸脛靱帯（ちょうけいじんたい）
- 半腱様筋（はんけんようきん）
- 大腿二頭筋、長頭（だいたいにとうきん、ちょうとう）
- 外側広筋（がいそくこうきん）
- 薄筋（はくきん）
- 半腱様筋（はんけんようきん）
- 大腿二頭筋、長頭（だいたいにとうきん、ちょうとう）
- 半膜様筋（はんまくようきん）
- 大腿二頭筋、短頭（だいたいにとうきん、たんとう）
- 半膜様筋（はんまくようきん）
- 中間広筋（ちゅうかんこうきん）
- 縫工筋（ほうこうきん）
- 大腿骨、膝窩面（だいたいこつ、しつかめん）
- 足底筋（そくていきん）
- 半膜様筋、腱（はんまくようきん、けん）
- 薄筋、腱（はくきん、けん）
- 腓骨頭（ひこつとう）
- 腓腹筋、外側頭（ひふくきん、がいそくとう）
- 腓腹筋、内側頭（ひふくきん、ないそくとう）
- ヒラメ筋（ひらめきん）
- 腓腹筋、腱（ひふくきん、けん）
- 長腓骨筋（ちょうひこつきん）
- 長母指屈筋（ちょうぼしくっきん）
- 短腓骨筋（たんひこつきん）
- 後脛骨筋、腱（こうけいこつきん、けん）
- 内果（ないか）
- 長指屈筋（ちょうしくっきん）
- 踵骨腱（しょうこつけん）
- 外果（がいか）
- 長母指屈筋、腱（ちょうぼしくっきん、けん）
- 踵骨隆起（しょうこつりゅうき）

7

【 筋力トレーニングの6つの原則 】

1.
ふだん必要とされる以上の強さや量の負荷を加えて行う。

2.
最初は軽い負荷で行い、徐々に強さや量を増していく。

3.
短期間では効果が表れにくいので、長期間規則的に繰り返し、続けて行う。

4.
トレーニング効果を理解し、目的をもって自主的・計画的に行う。

5.
自分の体力・年齢などにあわせ、自分に適した方法で行う。

6.
全面的な発達を考え、トレーニングに偏りがないように行う。

よりよいトレーニングをするために
体のことを知っておくこと

構造的優位

　よりよいトレーニングをするためには体のことをよく理解すること、それにはいくつかの基礎知識を得ておくことが有効である。

　われわれが生まれ出てきた元となる胚は、精子と卵子の受精でできたものである。胚が発達し始めて2週間目の末期には、初期の三つの層がすでに現れている。すなわち、外胚葉と呼ばれる外側の層、中胚葉と呼ばれる中間の層、そして内胚葉と呼ばれる内側の層である。これらの層はおのおのが、体の組織の然るべき部分の始まりとなるのである。

- 外胚葉：皮膚表皮や感覚器官、中枢神経系や末梢神経を形成
- 中胚葉：主として骨、筋肉、泌尿・生殖器官、心臓・血管系、血液を形成
- 内胚葉：腸粘膜や付属器官の腺を形成

　生育の過程でこれら三層のどの部分が優位的に発達するかで、特徴的な体形をもつ個人が生まれてくるのである。

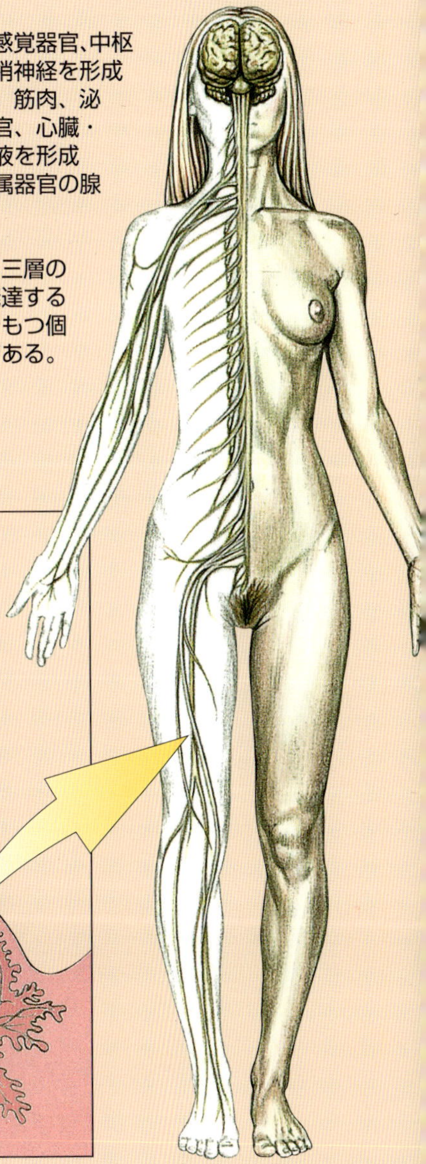

形態的特徴

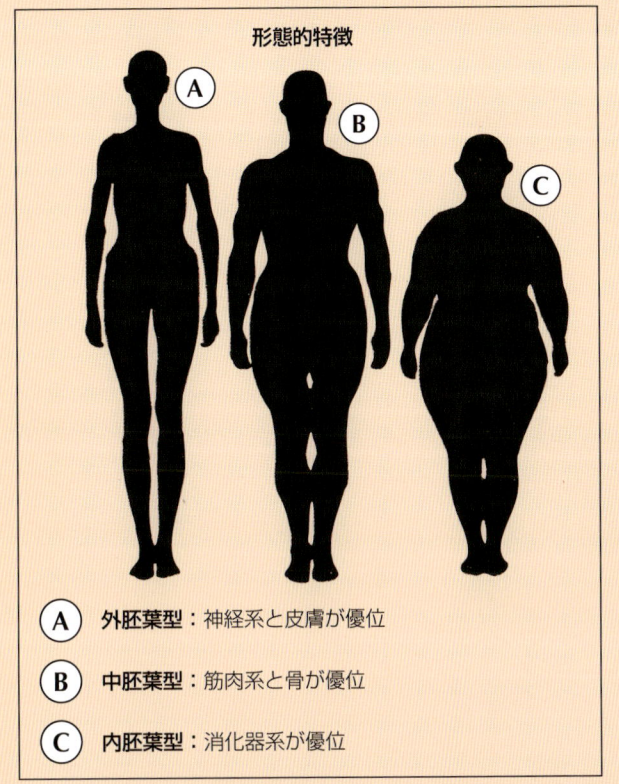

- Ⓐ 外胚葉型：神経系と皮膚が優位
- Ⓑ 中胚葉型：筋肉系と骨が優位
- Ⓒ 内胚葉型：消化器系が優位

A.外胚葉型：外胚葉の発達が優位

　外胚葉型の人は長型で肩幅が狭く、骨は細く突き出ている。脂肪がほとんどないので未発達な筋肉線維が表面に現れ、虚弱で繊細な印象を与える。一般に甲状腺が大変活動的で代謝を活発に促すため、太ろうとするならたくさん食べるしかないといえよう。

　筋肉をつけようとする外胚葉型の人の多くが、数々のトレーニングを続けてこなすことができる。これは、すばやく再生し、直ちに回復するというこの型特有の組織によるものである。だからこそ、筋肉をつけるにはたくさん食べ、かつバランスのとれたもの、タンパク質の豊かなものをとる必要がある。つまり、カロリーを消費する以上に摂取しなければならないのである。

　しかし、外胚葉型は筋肉の活力に欠けることがしばしばである。脊柱や腹筋を起立させる筋肉の力が弱く、それに原因する脊椎の病気（脊柱後彎、脊柱前彎、脊柱側彎）を患っている場合が多い。猫背の人も多く、この腹筋の弱さはさらに、内臓を支えられないほどの腹部下垂をもたらすこともある。つまりこの型の人は、筋肉をきたえて姿勢の欠点を正すことに留意すべきである。

外胚葉の派生器官

- ◆ 皮膚、皮膚付属器官（髪、毛、爪）
- ◆ 皮膚腺
- ◆ 口腔、鼻腔、膣、肛門の粘膜
- ◆ 神経線維
- ◆ 感覚器官
- ◆ 歯のエナメル質
- ◆ 目の水晶体
- ◆ 脳下垂体
- ◆ 副腎

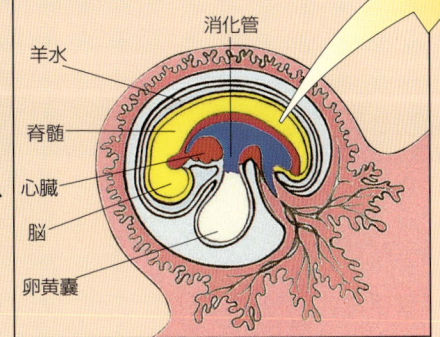

序

B.中胚葉型：中胚葉の発達が優位

　中胚葉型の人は筋肉質で頑丈な骨格とぶ厚い関節をもつ。大きな鎖骨に筋肉の盛り上がった広い肩幅、胸囲のなかでは胸郭が目立つ。この点で、丸い腹でふくらんだ体型の内胚葉型とは対照的である。また、大きな特徴の一つとして、四肢末端部の筋肉の発達が著しいことがあげられる。つまり、強いふくらはぎと前腕をもっているということで，人によっては前腕が上腕の太さと等しいほどである。

　筋肉量の増加は、主として性腺から分泌されるホルモンであるテストステロンに作用されるため、中胚葉型の多くが男性に見られるのは当然である。しかし、テストステロンは微量ではあるが副腎（腎臓にかぶさった小さな腺）からも分泌される。そのため、これらの腺の活発な活動により女性でも中胚葉型あるいは筋肉質な人がいるが、男性の中胚葉型ほどに発達はしていない。

　また、中胚葉型が男性により多く見られるのは、数百万年にわたる進化の過程でなされた自然の選択でもある。活力があり狩猟ができ、外敵から雌と子を守ることのできる雄、さらにいえば同類から尊敬され雌を手に入れられる雄。こうしたことに適応するために雄の体はエネルギーを発揮する作用（強い筋肉と骨格、よく発達した心臓と血管）に長けていなければならなかった。現代の男性の生活は大きく変わったが、数百万年にわたる進化の跡がすぐに消えるものではない。生き延び繁殖するため、激しい活動に対応するために生まれた型が中胚葉型なのである。

　中胚葉型の人は運動が得意である。大抵のスポーツをこなせるが、大きな筋肉の塊がわざわいして、長距離走のような持久力を要する活動は相対的に苦手である。過食すれば体重の問題がたまに生じるが、節度あるトレーニングをすれば強靭でスポーツマンらしい体を保てるのがこの型の特徴である。

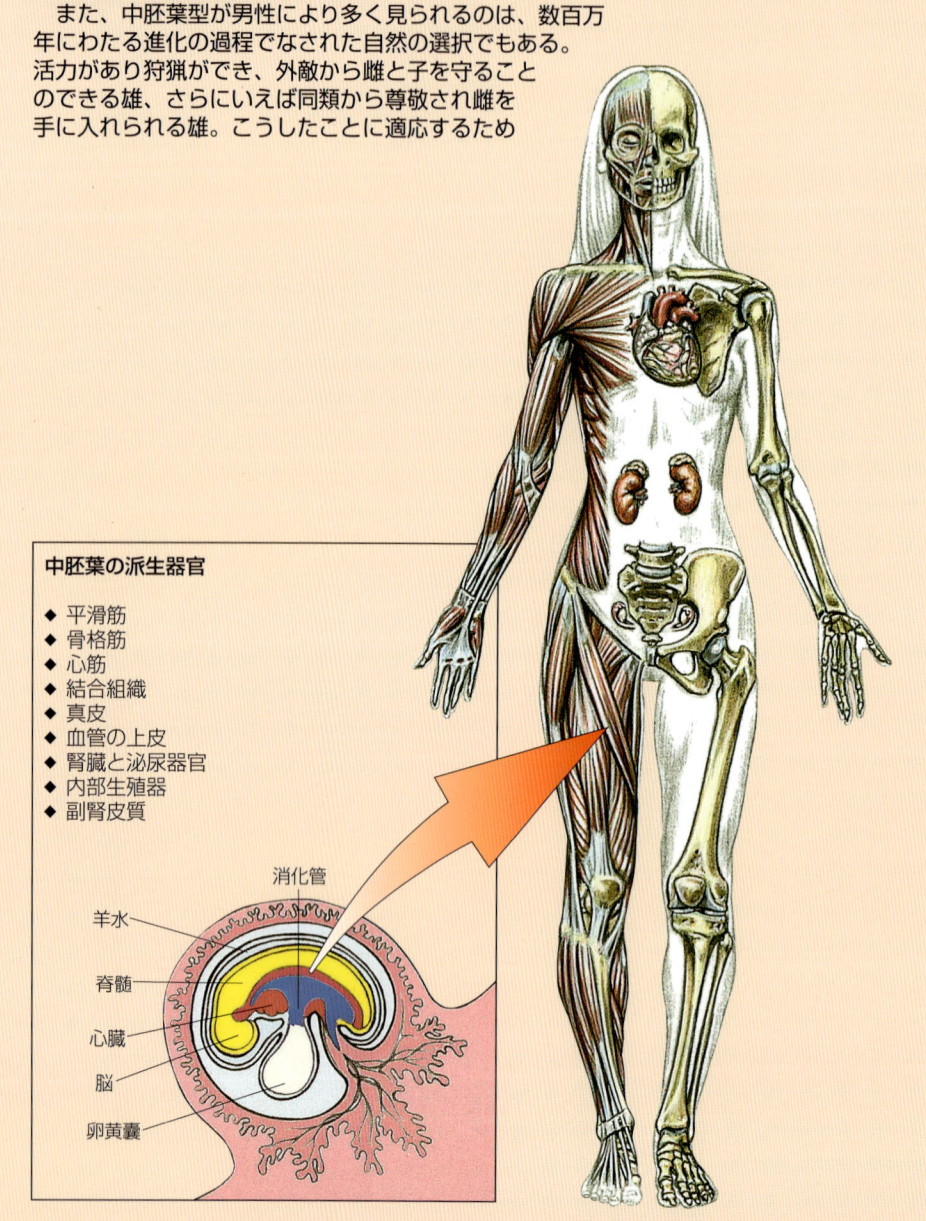

中胚葉の派生器官

- 平滑筋
- 骨格筋
- 心筋
- 結合組織
- 真皮
- 血管の上皮
- 腎臓と泌尿器官
- 内部生殖器
- 副腎皮質

C.内胚葉型：内胚葉の発達が優位

病的な肥満の場合は別として、内胚葉型の人の体はすべてが丸みをおびている。骨格は外胚葉型ほど細くはなく、また筋肉も中胚葉型ほど厚みはない。脂肪層の発達で筋肉の起伏が見えなくなっていて、骨ばったところはどこにもなく、そのため柔らかな印象を与える。四肢は「ハム」状で、ふくらはぎや前腕に比べて大腿と上腕が発達しているので先端がとがったような体型である。消化器官が顕著に発達しているため、あたかも、体のすべての構造が消化吸収を目的にしているかのようで、ときには風船のように丸い体をした人もいる。

内胚葉型は女性に多く見られ、消化器官の発達と同様に脂肪もより豊かである。女性に脂肪分が多いことには、卵巣で作られる女性ホルモンの影響がある。女性は自らの蓄えで子供を宿し養う機能をもっており、いつ妊娠してもよいようにエネルギーを脂肪のかたちで蓄えておくからである。

しかし、内胚葉型は甲状腺が不活発で、代謝が緩慢なため、たくさん食べる必要がない。このことは食料不足のときには大変有利に働くが、脂肪分を減らし美しさの基準に合わせようとするときには厳しいダイエットを余儀なくされ、厳しすぎると最後は健康と両立しないような栄養不足におちいることになる。

また内胚葉型は、膝で苦しむことが多い。発育が終わる前、まだ骨が軟らかい時期に太ってしまうと、その重さで脚の骨格が変形してしまい、いわゆる「X脚」となって問題を引き起こすからである。そして、まれに背中に問題を起こすこともある。たとえば、大きなバストで覆われた胸全体を脊柱が支えていなければならないために、彎曲している部分に負担がかかり過ぎ、その結果脊柱が一本の柱のようになってしまう、という場合である。

内胚葉型の人が脂肪の過剰な蓄積を防ぐためには、厳密な食事制限に加えて規則正しいトレーニングを行う必要がある。トレーニング過多にならないよう注意し、あまりに厳しいダイエットで栄養不足にならないようにもしなければならない。

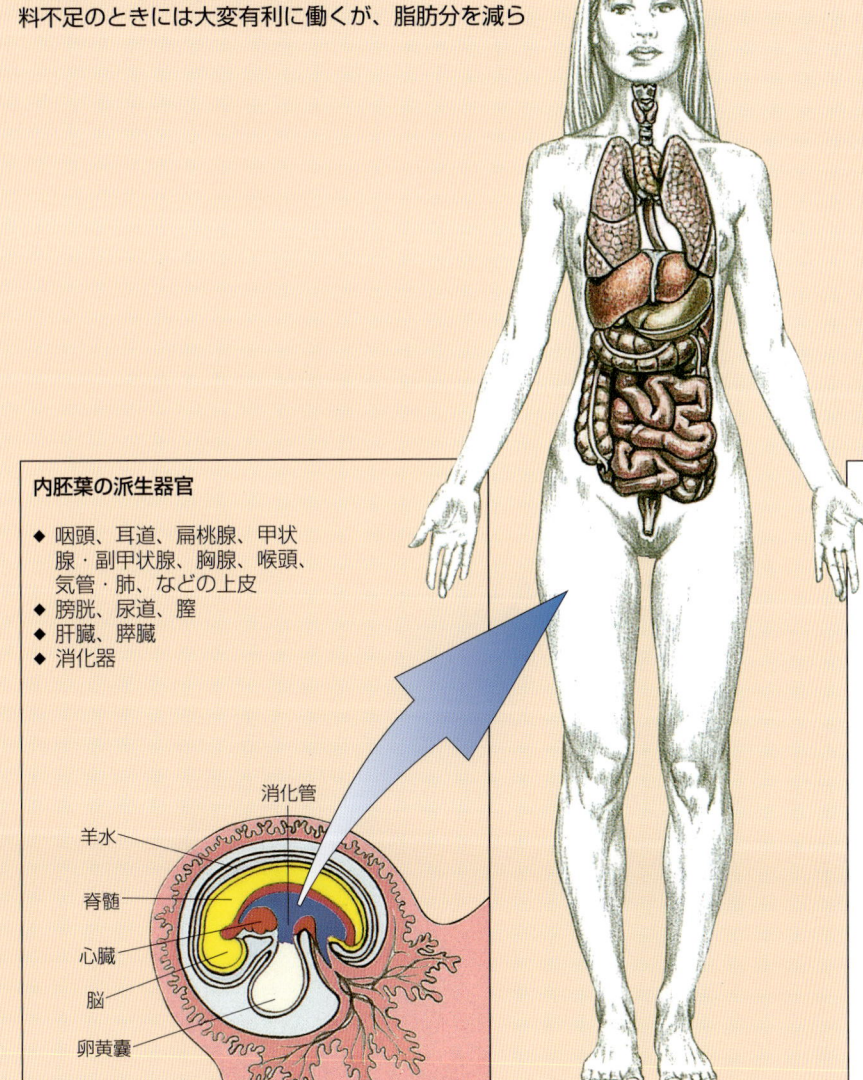

内胚葉の派生器官

- 咽頭、耳道、扁桃腺、甲状腺、副甲状腺、胸腺、喉頭、気管・肺、などの上皮
- 膀胱、尿道、膣
- 肝臓、膵臓
- 消化器

消化管
羊水
脊髄
心臓
脳
卵黄嚢

100％の外胚葉型、中胚葉型、内胚葉型は存在せず、個人は一つあるいは二つの構成要素の優位さをともなった3種類の混合でできていると見るのが正しい。

スプリンターはしばしば中胚葉型―外胚葉型で、砲丸投げの選手は中胚葉型―内胚葉型である。また、長身で細身のショーモデルは長距離選手のように外胚葉型である。

大切なことは、トレーニングプランを有効にたてるために、個人の構成要素を認識することである。また、あるタイプを別のタイプに変えることは決してできないことも同様で、小さな丸い体は大きくて長い体には決してならないだろうし、逆もまた真である。

しかし、目的にかなったトレーニングをすれば、よけいな脂肪を抑え、丸い体をしっかりと引き締め、長い体には活力と筋肉をつけて、より強くまた満足のいく体ができるだろう。

序

女性における脂肪

　男性と女性の主要な形態上の違いの一つは脂肪である。女性の方がより豊かに脂肪をもっている。脂肪は体に起伏やくぼみをつくりながら、筋肉の輪郭線を柔らかくし、骨の突起を多少なりとも見えなくして表面をまろやかな感じにさせている。

　普通の女性は平均で、体重の18％から25％を脂肪がしめている。一方男性は通常10％から15％でしかない。この違いは、女性が人生のある時期に自分の脂肪の蓄えで胎児、そして乳飲み子を養わなければならないということからきている。つまり女性は将来の妊娠に備えて（とりわけ妊娠の後期6ヶ月）、脂肪のかたちでエネルギーを保存しておかなければならないのである。

　女性の脂肪のつく部位は、気候によって異なるタイプに分かれている。暑い国では、脂肪はより殿部についたり（アフリカの黒人女性）、腰についたり（地中海地方の女性）、へその周りについたり（アジアのある地方の女性）する。暑さが烈しいときに脂肪がぶ厚いマントのように体全体を覆っていると、体温調節がうまく効かなくなる。暑い国ではこれを避けるために、脂肪の分布部位がこのような偏りをみせるのである。反対に寒い国では、脂肪の分布はより均一で、厳しい冬の間の優れた寒さよけとなっている。

　しかし、脂肪の分布がどうあろうともその本来の役割は種の保存である。なぜなら、脂肪は食糧不足のとき女性とその子供を生き延びさせようとするからである。

　重要なことは、健康な人はすべて、体の正常な機能のためにある程度の脂肪の蓄えが必要であると知ることである。太ることに強迫観念的な恐れをいだき、あるいは逸脱的なまでの美の基準に自分を合わせようとするあまり、結果として脂肪をまったくなくしてしまうことがあってはならない。事実、脂肪のほぼすべてが失われると、ホルモン上の深刻な問題を引き起こし、月経が止まり（無月経）、排卵が一時的になくなって暫定的な不妊症におちいるようなことにもなりかねないのである。しかし、このような暫定的な不妊症は女性が自らの蓄えで養うことのできない、生存を危うくさせるような子供の出産を避けられるため、有効なことであるともいえる。

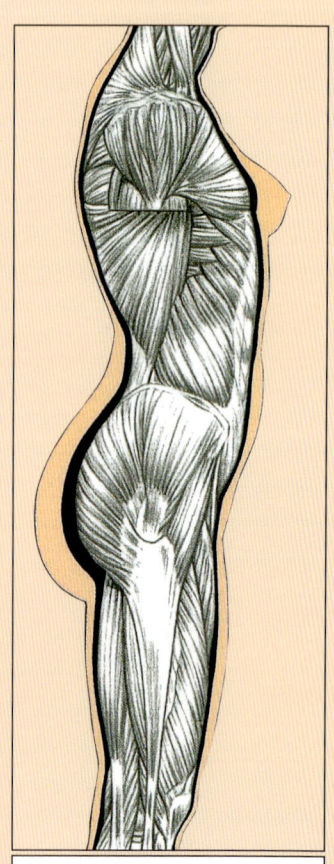

男女による
脂肪の分布の違い
■ 男　　 女

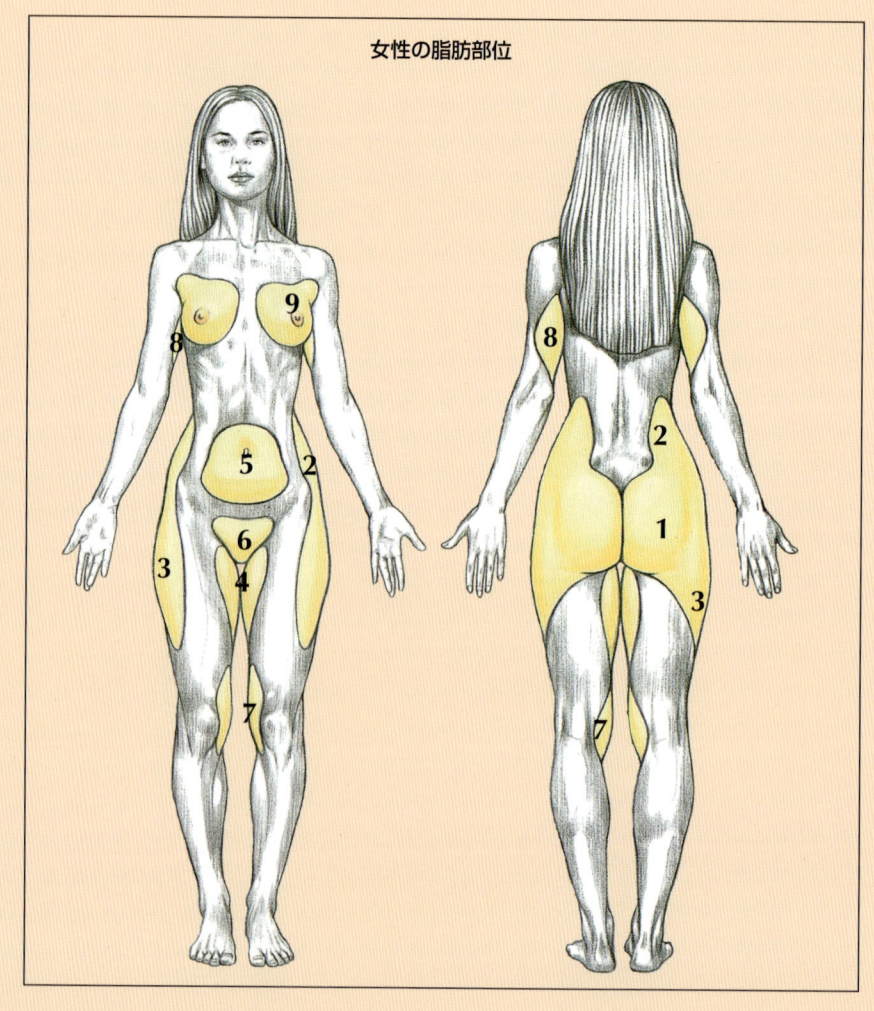

女性の脂肪部位

脂肪の主要部位

　脂肪の蓄えははっきりと決められた部位で行われ、動きの妨げにならないように関節の屈曲部分などは一般に除かれる。脂肪の部位は多くは男女で同じ分布を示すが、主要な違いは女性においては一定の部位で大きく発達するということである。

1. 殿部

　女性は殿部が極立った大きさを見せ、そのほとんどが脂肪である。脂肪は下部で殿部のくぼみが区切っている。エネルギー保存の役割の他に、この部位は肛門付近を保護し、座ったとき骨（坐骨隆起）が地面や土台と直接接触するのを避けてより快適にするためである。

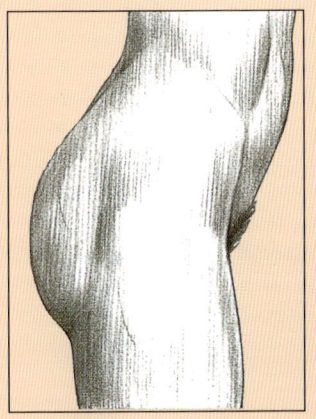

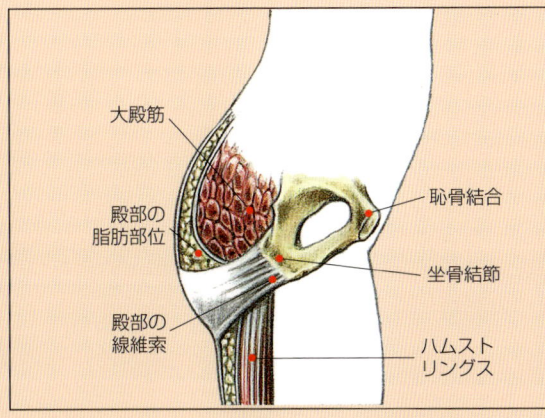

殿部のくぼみ

　殿部にくぼみがあるのは、坐骨付近で皮膚の深い面を結びつける線維索があるせいである。この線維の付着が結果として、脂肪を一種のポケットの中に維持し、大腿の後部に落ちるのを防ぎ、同時に殿部のボリュームを高めているのである。人によっては年齢と共に脂肪が失われ、ポケットは空になり殿部の下部の張りがなくなってついには垂れ下がるまでになる。殿部の適切なトレーニングだけが筋肉を発達させ内部から再び張りをもたせることになる。それによって脂肪の消失と殿部の活力の欠乏を補うのである。

2. 背中の下部

　次に大きいのがこの部位である。殿部と混ざり合っているので尻が高く持ち上がりウエストまで届いているように見える。

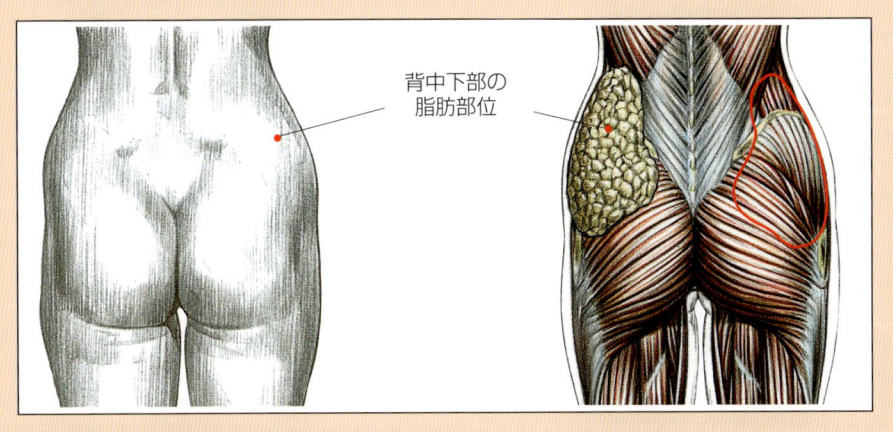

3. 転子または「乗馬ズボン」の下

　この部位が非常に豊かなことは、地中海地方の女性によく見られる。大腿の外側上部と大転子のくぼみの真下に位置し、大腿前面の脂肪組織と混ざり合い、後ろでは殿部の表面と混ざり合う。この部位が豊かだと、しばしば皮膚の表面に「オレンジの皮」と呼ばれる多少とも深めのくぼみが数多く見受けられる。これは、皮膚のくぼみの底の表面と筋肉を覆っている被膜とを小さなロープのように結びつける伸長性に乏しい線維索、すなわち両者の間に張り出した脂肪組織によるものである（キルティング作用と呼ばれる現象）。

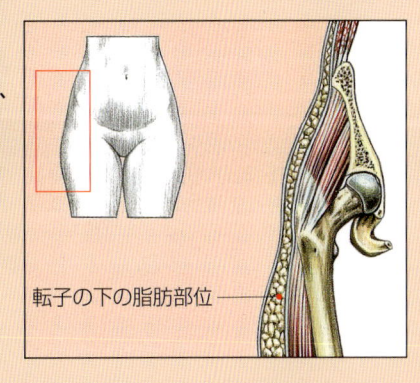

序

4．大腿内部
相対的に女性に多い。この部位は二本の大腿の間の隙間（男性より顕著）を埋めることで美の重要な役割を果たしている。

5．へその周囲
転子下部の部位と同じように、このへその周りの部位はやせている女性にも見受けられる珍しい脂肪の塊の一つである。

6．恥骨
この三角形の部位は「ヴィーナスの丘」の名前でより知られている。ここは衝撃から恥骨結合を守っている。

7．膝
女性では膝が体の中でより大きな脂肪の蓄積場所となることが多い。

8．上腕の後内部
特に女性において顕著。この部位はエネルギーを蓄える役割の他に、神経や上腕内部および表層部を流れる動脈を保護する。

9．乳房
乳房は乳腺を覆う脂肪で形成され、大きな胸筋に依存する結合組織の網状組織で全体が支えられている。男性もまた腺と乳房の脂肪組織（萎縮したもの）をもっている。

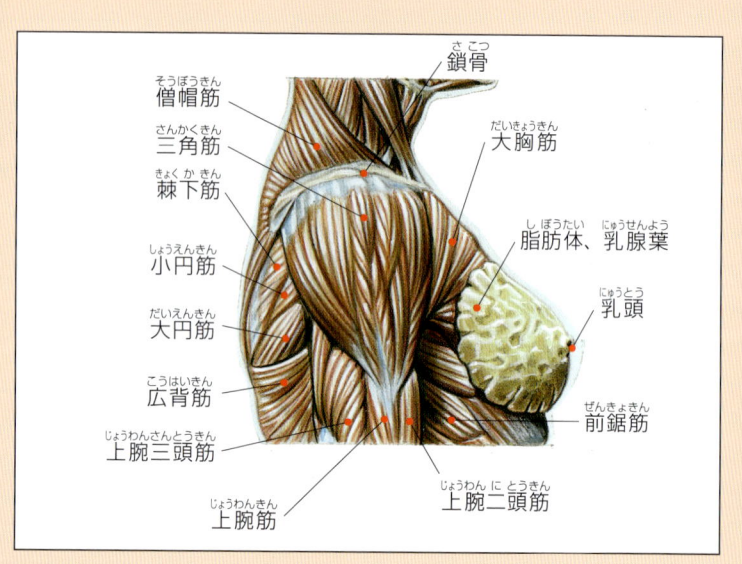

セルライト

脂肪はエネルギー蓄積を主な働きとする「アジポサイト」と呼ばれる細胞から構成されている。この細胞はリピド（脂質）のかたちでエネルギーを蓄え、体が要求すればエネルギーを放出する。アジポサイトは結合線維組織によって間仕切りされた小さな脂肪の塊をなしており、この脂肪の「ノジュール」（小節）は、真皮（皮膚の深部を構成する組織）と筋肉の間でぶどうの房状になって広がっている。アジポサイトがエネルギーを放出する以上に蓄積しようとするときは、その大きさが肥大して、脂肪の侵入が始まるのである。

女性では、しばしば殿部や腰の皮膚表面に俗に「オレンジの皮」と呼ばれる多少なりとも深さのあるくぼみをたくさん見かけることがある。これはこの部位に筋肉の被膜とくぼみの底の表面とを小さなロープのように結びつける伸長性に乏しい線維索、両者の間に張り出した脂肪組織があるためであるが（キルティング作用と呼ばれる現象）、これが女性においては重要な結果をもたらす。つまり、食べるカロリーが消費するカロリーより少ないときは脂肪の蓄えを増やす、という結果である。

皮下にあるこの「蜂巣状」脂肪は網状の結合線維組織によって間仕切りされている。つまり脂肪はキルティング状に締めつけられた状態にあるので、同時にそれがリンパ管や血管を圧迫し、血液が蓄えられた脂肪酸を運ぶのを困難にさせているのである。それゆえ、トレーニングが集中的であってもこの局部的な「蜂巣状」脂肪、いわゆる「セルライト」を完全になくすのはむずかしいということになるのである。つまり、厳しい食餌療法を課されている女性がやせて乳房も小さくなっても腰はそのまま、という例は珍しいことではない。

ホルモンもまた、セルライトの増加と出現に役割を果たしている。女性はホルモンの変化、とりわけ月経周期の間や妊娠期間中の発情ホルモンの過度な増加が、皮下水分の停留をもたらしやすいのである。脂肪と連携したこの水分停留がリンパ管や血管を圧迫し、そのことが循環を遅滞させ、皮下の脂肪蓄積がまたさらに体内の交換をむずかしくさせるのである。

女性におけるこのような脂肪の保護と蓄えのシステムは、妊娠の後期6ヶ月や食糧不足時の授乳の際に活用する目的で、進化の過程で定着したものと思われる。

殿　　部　　I

- 1. スタティック・フォワードランジ ……17
- 2. バーベル・フォワードランジ ……18
- 3. バー・フォワードランジ ……19
- 4. ダンベル・フォワードランジ ……20
- 5. ベンチ・ステップ ……21
- 6. スタンディング・ヒップアブダクション① ……22
- 7. スタンディング・ヒップアブダクション② ……23
- 8. ケーブル・ヒップアブダクション ……24
- 9. マシン・ヒップアブダクション ……26
- 10. フロア・ヒップアブダクション① ……27
- 11. フロア・ヒップアブダクション② ……28
- 12. シーテッドマシン・ヒップアブダクション ……29
- 13. サイド・ヒップレイズ ……30
- 14. マシン・ヒップエクステンション ……31
- 15. スタンディング・ヒップエクステンション① ……32
- 16. フロア・ヒップエクステンション① ……34
- 17. マシン・ヒップエクステンション ……35
- 18. ケーブル・ヒップエクステンション ……36
- 19. フロア・ヒップエクステンション② ……38
- 20. ベンチ・ヒップエクステンション ……39
- 21. プローン・ヒップエクステンション ……40
- 22. スタンディング・ヒップエクステンション② ……41
- 23. ヒップリフト ……42
- 24. ワンレッグ・ヒップリフト ……43
- 25. ベンチ・ヒップリフト ……44
- 26. ポステリア・ペルビックティルツ ……45
- 27. スモール・ラテラル・サイフレクション ……46

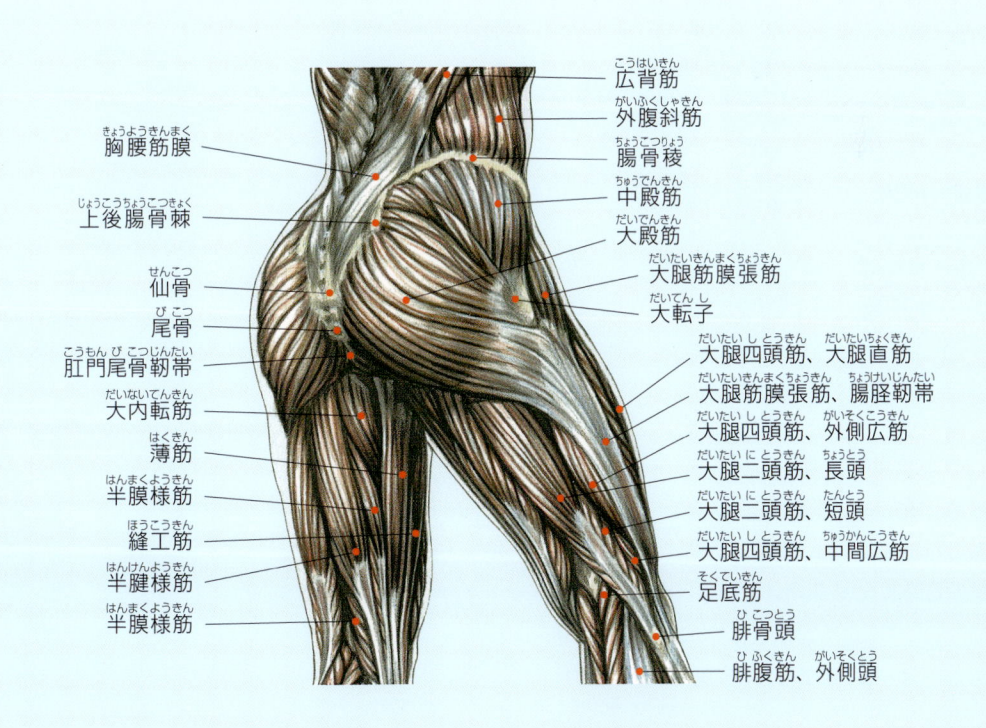

解剖図ラベル:
- こうはいきん　広背筋
- がいふくしゃきん　外腹斜筋
- きょうようきんまく　胸腰筋膜
- ちょうこつりょう　腸骨稜
- ちゅうでんきん　中殿筋
- じょうこうちょうこつきょく　上後腸骨棘
- だいでんきん　大殿筋
- せんこつ　仙骨
- だいたいきんまくちょうきん　大腿筋膜張筋
- びこつ　尾骨
- だいてんし　大転子
- こうもんびこつじんたい　肛門尾骨靱帯
- だいたいしとうきん、だいたいちょっきん　大腿四頭筋、大腿直筋
- だいないてんきん　大内転筋
- だいたいきんまくちょうきん、ちょうけいじんたい　大腿筋膜張筋、腸脛靱帯
- はくきん　薄筋
- だいたいしとうきん、がいそくこうきん　大腿四頭筋、外側広筋
- はんまくようきん　半膜様筋
- だいたいにとうきん、ちょうとう　大腿二頭筋、長頭
- ほうこうきん　縫工筋
- だいたいにとうきん、たんとう　大腿二頭筋、短頭
- はんけんようきん　半腱様筋
- だいたいしとうきん、ちゅうかんこうきん　大腿四頭筋、中間広筋
- はんまくようきん　半膜様筋
- そくていきん　足底筋
- ひこつとう　腓骨頭
- ひふくきん、がいそくとう　腓腹筋、外側頭

殿部

殿筋三角

肩と殿部の三角筋は共に四肢を多方向に動かす作用をもつ。

三角筋（さんかくきん）

中殿筋（ちゅうでんきん）
大腿筋膜張筋（だいたいきんまくちょうちょうきん）
大殿筋（だいでんきん）

＊殿筋三角（でんきんさんかく）

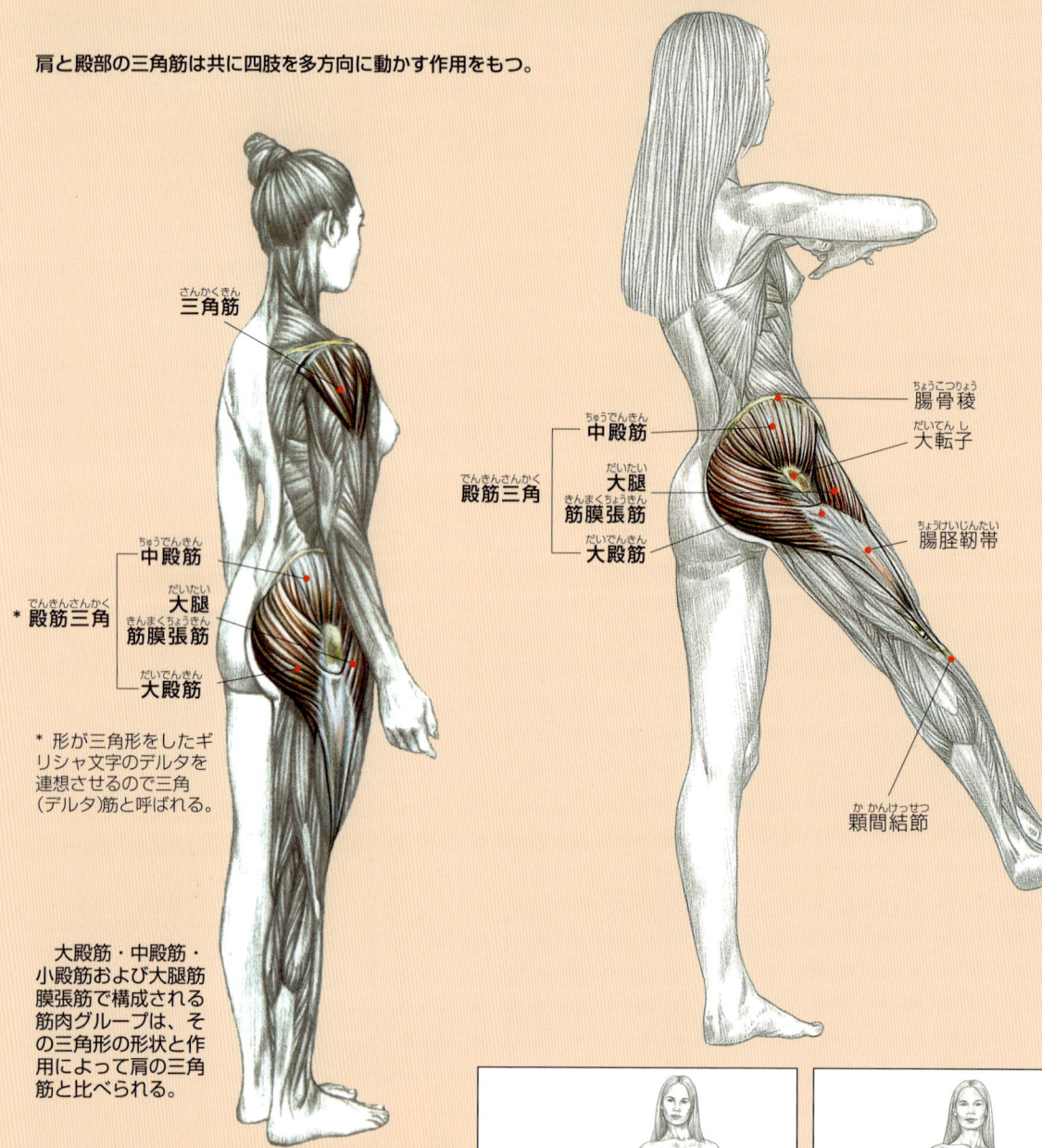

＊ 形が三角形をしたギリシャ文字のデルタを連想させるので三角（デルタ）筋と呼ばれる。

大殿筋・中殿筋・小殿筋および大腿筋膜張筋で構成される筋肉グループは、その三角形の形状と作用によって肩の三角筋と比べられる。

腸骨稜（ちょうこつりょう）
中殿筋（ちゅうでんきん）
大転子（だいてんし）
大腿筋膜張筋（だいたいきんまくちょうきん）
大殿筋（だいでんきん）
殿筋三角（でんきんさんかく）
腸脛靭帯（ちょうけいじんたい）

顆間結節（かかんけっせつ）

「殿筋三角」は、大腿骨に集まる筋肉（中殿筋、小殿筋、大殿筋）と大腿筋膜張筋あるいは腸脛靭帯＊に向かう表層の筋肉（大殿筋と大腿筋膜張筋の表層部）との集合体である。「殿筋三角」の全体が共に動くと股関節の外転が起こる。上肢の同種類の三角筋（肩の主要な筋肉）と同様に、「殿筋三角」も下肢を多方向に動かす作用をもつ。

＊ 大腿筋膜張筋あるいは腸脛靭帯は大腿の筋肉を覆う腱膜が発達したものである。これはその内部で、顆間結節のところで脛骨につながっている。

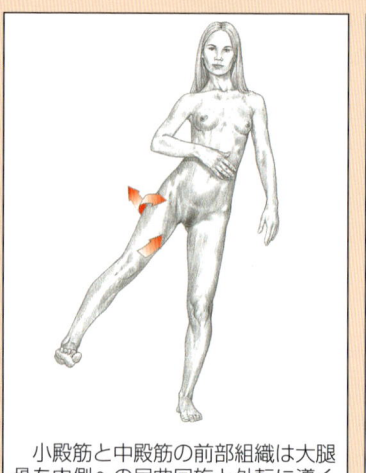

小殿筋と中殿筋の前部組織は大腿骨を内側への屈曲回旋と外転に導く。

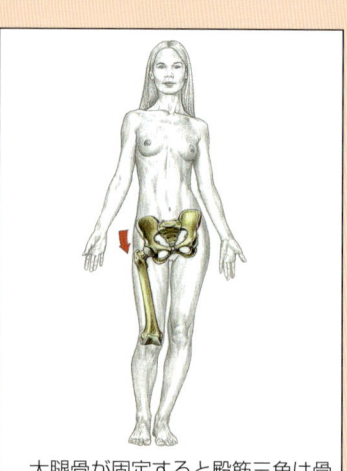

大腿骨が固定すると殿筋三角は骨盤を横の方に傾ける。

16

殿部

スタティック・フォワードランジ
（その場での前方スプリット）

1

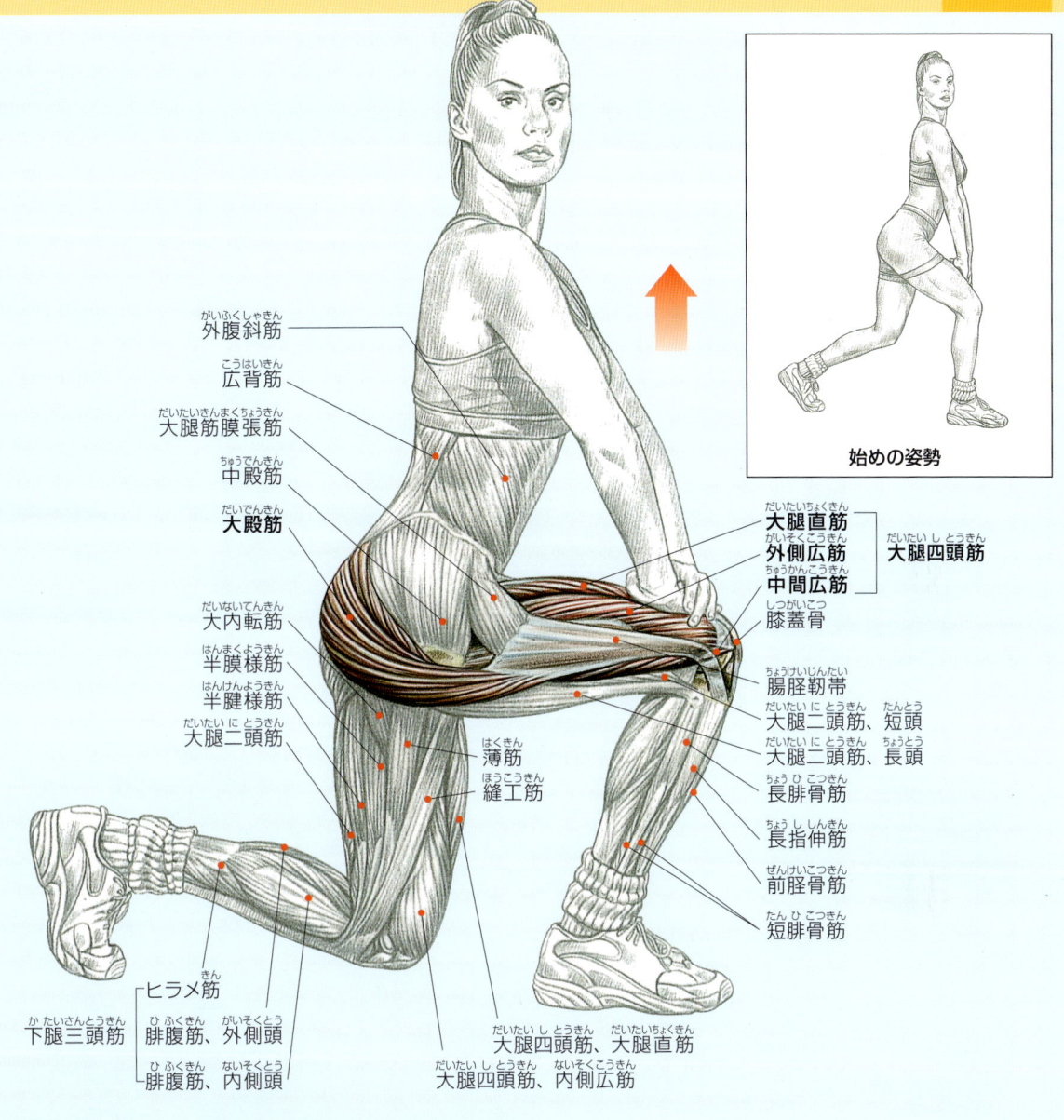

始めの姿勢

- 外腹斜筋
- 広背筋
- 大腿筋膜張筋
- 中殿筋
- 大殿筋
- 大内転筋
- 半膜様筋
- 半腱様筋
- 大腿二頭筋
- 薄筋
- 縫工筋
- 大腿直筋
- 外側広筋
- 中間広筋 〕大腿四頭筋
- 膝蓋骨
- 腸脛靭帯
- 大腿二頭筋、短頭
- 大腿二頭筋、長頭
- 長腓骨筋
- 長指伸筋
- 前脛骨筋
- 短腓骨筋
- ヒラメ筋
- 下腿三頭筋
- 腓腹筋、外側頭
- 腓腹筋、内側頭
- 大腿四頭筋、大腿直筋
- 大腿四頭筋、内側広筋

　立って膝を軽く曲げ、足をもう一方の前にふつうの一歩よりもやや幅をとって開き、手は前方の大腿の上に置く。背中を真っ直ぐにし胸を前に出す。息を吸い込み、大腿を床と水平になるくらいまで前方に曲げる。大腿を伸ばし元の姿勢にもどり、最後に息を吐く。
　足を広げれば広げるほど大殿筋により有効に作用し、狭めれば狭めるほど大腿四頭筋により有効に作用する。
　よりよい効果を得るためには、一連の動きを片方ずつ交換して反復回数を多くすることである。要は筋肉が働いているという感覚を求めることである。

備考
　あらゆる前方屈伸動作と同様に、大腿直筋と前方に置かれた脚の大腿筋膜張筋が効果的に伸展する。大腿の上の手によってより安定した運動が可能になる。

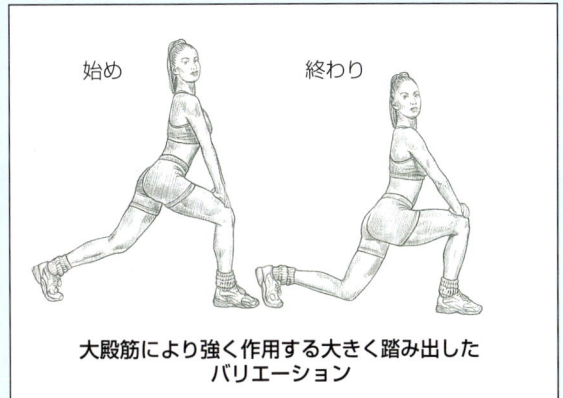

始め　　終わり

大殿筋により強く作用する大きく踏み出したバリエーション

殿部

2 バーベル・フォワードランジ
（バーベルを用いる前方スプリット）

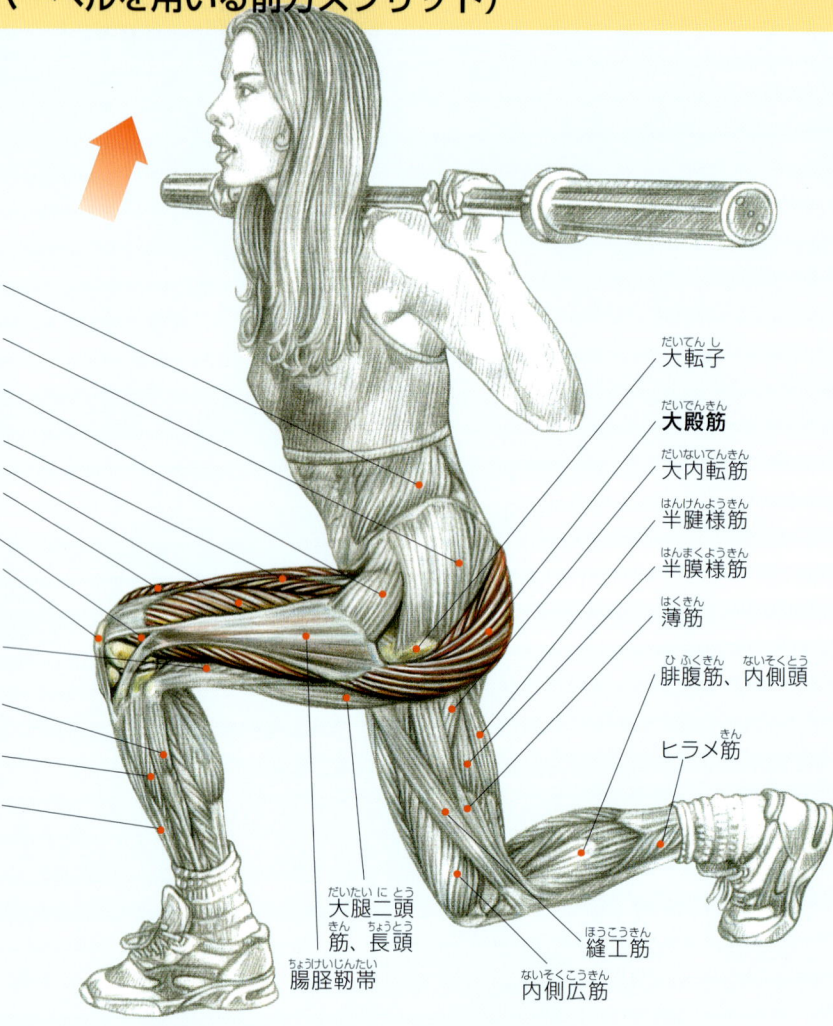

解剖図ラベル（上図、左側上から下へ）:
- 外腹斜筋（がいふくしゃきん）
- 中殿筋（ちゅうでんきん）
- 大腿筋膜張筋（だいたいきんまくちょうきん）
- 大腿四頭筋（だいたいしとうきん）
  - 大腿直筋（だいたいちょっきん）
  - 外側広筋（がいそくこうきん）
  - 内側広筋（ないそくこうきん）
  - 中間広筋（ちゅうかんこうきん）
- 膝蓋骨（しつがいこつ）
- 大腿二頭筋、短頭（だいたいにとうきん、たんとう）
- 長腓骨筋（ちょうひこつきん）
- 長指伸筋（ちょうししんきん）
- 前脛骨筋（ぜんけいこつきん）

（右側上から下へ）:
- 大転子（だいてんし）
- 大殿筋（だいでんきん）
- 大内転筋（だいないてんきん）
- 半腱様筋（はんけんようきん）
- 半膜様筋（はんまくようきん）
- 薄筋（はくきん）
- 腓腹筋、内側頭（ひふくきん、ないそくとう）
- ヒラメ筋（きん）
- 大腿二頭筋、長頭（だいたいにとうきん、ちょうとう）
- 腸脛靭帯（ちょうけいじんたい）
- 縫工筋（ほうこうきん）
- 内側広筋（ないそくこうきん）

小さい一歩での
バリエーション

ダンベルを使用する
バリエーション

立って軽く脚を開き、バーを首の後ろの僧帽筋の上部に置く。息を吸い体幹をできるだけ真っ直ぐに保ちながら前方に大きく踏み出す。スプリットのとき、前方に移動した大腿は水平あるいはそれよりやや下方のところで安定させなければならない。元の姿勢にもどり息を吐く。

大殿筋に強く作用するこのエクササイズは、二つの異なった方法で行える。一つは小さい一歩を踏み出して行う（大腿四頭筋によく作用する）。もう一つは大きく踏み出して行う（ハムストリングスと大殿筋により強く作用し、一方で前方に置かれた大腿直筋と大腿筋膜張筋が引き伸ばされる）。

備考
体重のほとんどが前に踏み出した脚にかかるので、この運動はバランス感覚が要求される。したがってごく軽い負荷から始め、歩幅は徐々に広くすること。

（右下の解剖図ラベル）:
- 広背筋（こうはいきん）
- 大殿筋（だいでんきん）
- 大内転筋（だいないてんきん）
- 半腱様筋（はんけんようきん）
- 外腹斜筋（がいふくしゃきん）
- 中殿筋（ちゅうでんきん）
- 大腿筋膜張筋（だいたいきんまくちょうきん）
- 大転子（だいてんし）
- 腸脛靭帯（ちょうけいじんたい）
- 大腿直筋（だいたいちょっきん）
- 大腿四頭筋（だいたいしとうきん）
- 外側広筋（がいそくこうきん）
- 大腿二頭筋、長頭（だいたいにとうきん、ちょうとう）

- 中殿筋（ちゅうでんきん）
- 大殿筋（だいでんきん）
- 大転子（だいてんし）
- 腸脛靭帯（ちょうけいじんたい）
- 大腿二頭筋、長頭（だいたいにとうきん、ちょうとう）
- 大腿四頭筋、外側広筋（だいたいしとうきん、がいそくこうきん）
- 大内転筋（だいないてんきん）
- 薄筋（はくきん）
- 半腱様筋（はんけんようきん）

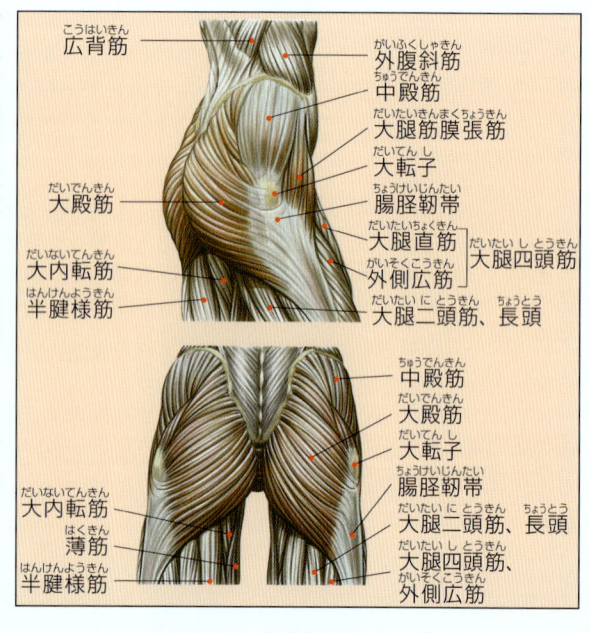

殿部

バー・フォワードランジ（バーを用いる前方スプリット） 3

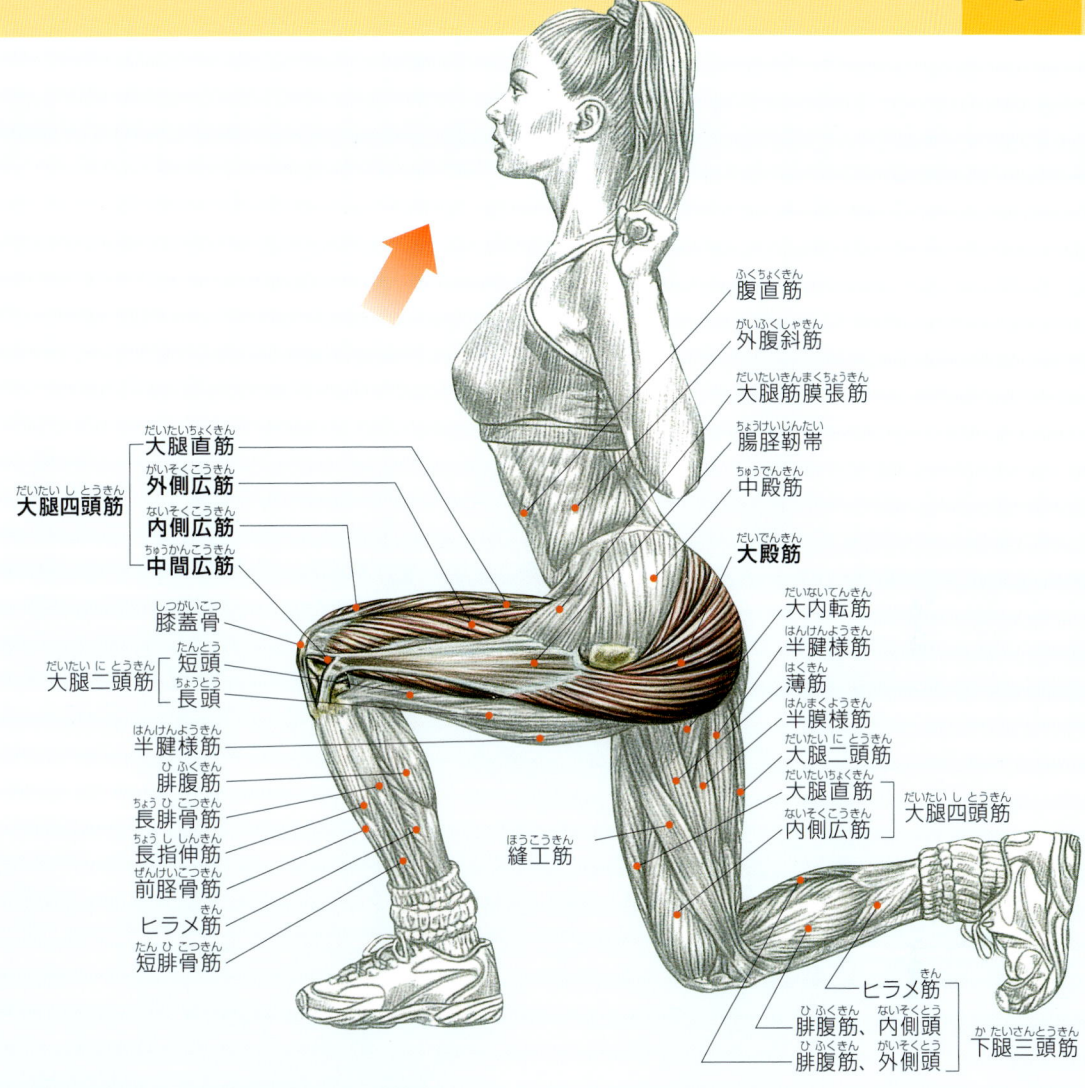

筋肉図ラベル（上から）:
- 腹直筋（ふくちょくきん）
- 外腹斜筋（がいふくしゃきん）
- 大腿筋膜張筋（だいたいきんまくちょうきん）
- 腸脛靭帯（ちょうけいじんたい）
- 中殿筋（ちゅうでんきん）
- 大殿筋（だいでんきん）
- 大内転筋（だいないてんきん）
- 半腱様筋（はんけんようきん）
- 薄筋（はくきん）
- 半膜様筋（はんまくようきん）
- 大腿二頭筋（だいたいにとうきん）
- 大腿直筋（だいたいちょくきん）
- 内側広筋（ないそくこうきん）
- 大腿四頭筋（だいたいしとうきん）
- 縫工筋（ほうこうきん）
- ヒラメ筋
- 腓腹筋、内側頭
- 腓腹筋、外側頭
- 下腿三頭筋（かたいさんとうきん）

左側ラベル:
- 大腿四頭筋（だいたいしとうきん）
  - 大腿直筋（だいたいちょくきん）
  - 外側広筋（がいそくこうきん）
  - 内側広筋（ないそくこうきん）
  - 中間広筋（ちゅうかんこうきん）
- 膝蓋骨（しつがいこつ）
- 大腿二頭筋（だいたいにとうきん）
  - 短頭（たんとう）
  - 長頭（ちょうとう）
- 半腱様筋（はんけんようきん）
- 腓腹筋（ひふくきん）
- 長腓骨筋（ちょうひこつきん）
- 長指伸筋（ちょうししんきん）
- 前脛骨筋（ぜんけいこつきん）
- ヒラメ筋
- 短腓骨筋（たんひこつきん）

立って脚を軽く開き、バーを首の後ろの僧帽筋の上部に置く。息を吸い胸をできるだけ真っ直ぐに保ちながら前方に大きく踏み出す。前方に踏み出した大腿が水平あるいはそれよりやや下方にきたとき、大腿を強く伸ばし元の姿勢にもどる。立ったところで息を吐く。

このエクササイズは主として大腿四頭筋と大殿筋を働かせる。小さな踏み出しなら大腿四頭筋に強く作用する。バランス感覚を身につけ、バーベル使用に移るための力をつけるのに適したエクササイズである。さらに、大きく踏み出して行えば大腿筋膜張筋と前方に踏み出した脚の大腿直筋が有効に伸展する。前方屈伸動作と筋肉伸展が組み合わさった動きで、このエクササイズは多くのアスリートのウォーミングアップの手順となっている。軽量なので、ステップの感覚や姿勢づくりに有効。

1セットの中で左右を交代させることもできるし、片方ずつのセットを何度も行うこともできる。

備考
体重が片方の脚だけに多くかかるので、膝の弱い人は慎重に行うことが望ましい。

小さく踏み出す方法
主として大腿四頭筋に作用

大きく踏み出す方法
主として大殿筋に作用

19

殿部

4 ダンベル・フォワードランジ
（ダンベルを用いる前方スプリット）

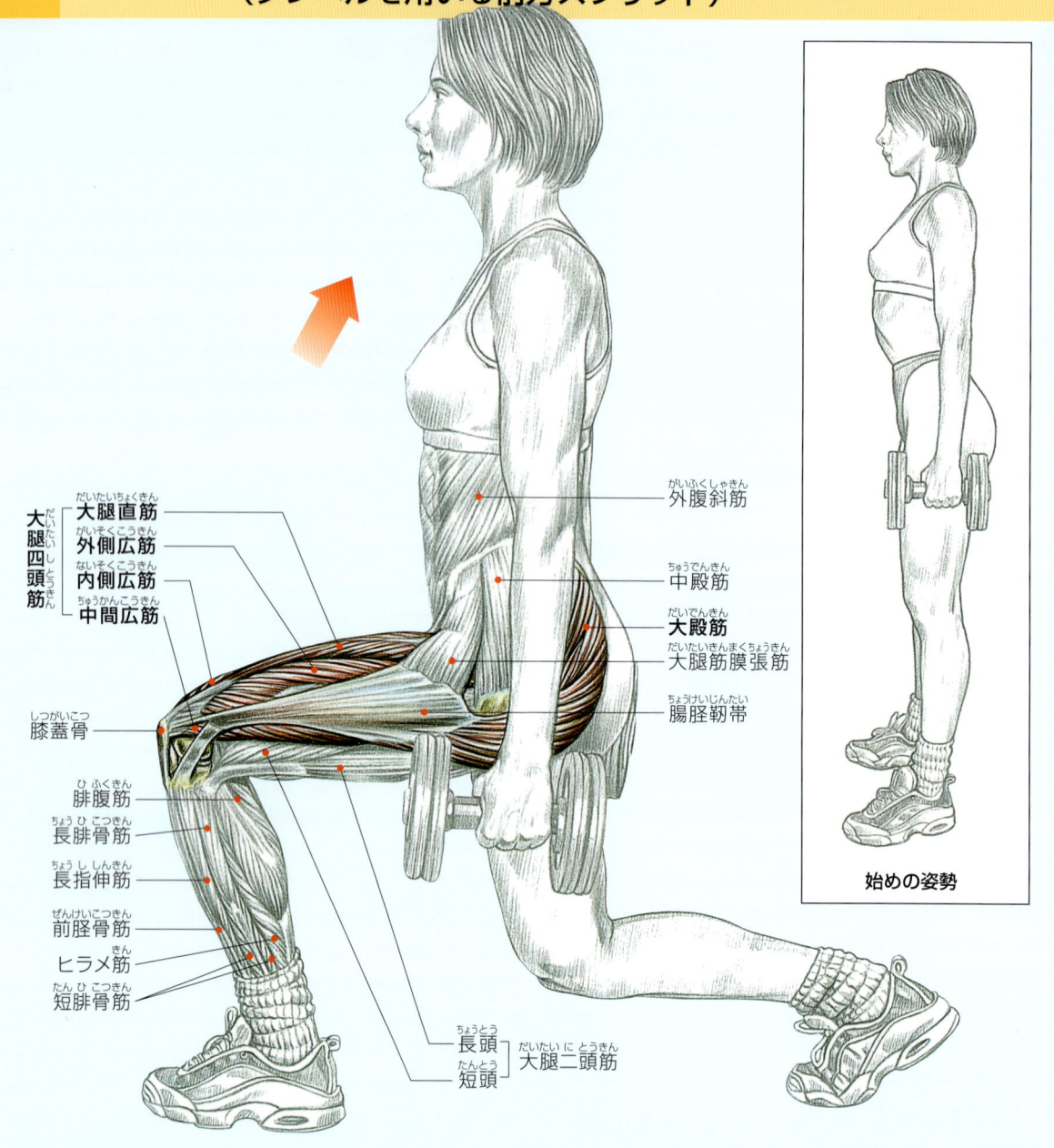

筋肉ラベル（左側）:
- 大腿四頭筋
  - 大腿直筋（だいたいちょくきん）
  - 外側広筋（がいそくこうきん）
  - 内側広筋（ないそくこうきん）
  - 中間広筋（ちゅうかんこうきん）
- 膝蓋骨（しつがいこつ）
- 腓腹筋（ひふくきん）
- 長腓骨筋（ちょうひこつきん）
- 長指伸筋（ちょうししんきん）
- 前脛骨筋（ぜんけいこつきん）
- ヒラメ筋
- 短腓骨筋（たんひこつきん）

筋肉ラベル（右側）:
- 外腹斜筋（がいふくしゃきん）
- 中殿筋（ちゅうでんきん）
- 大殿筋（だいでんきん）
- 大腿筋膜張筋（だいたいきんまくちょうきん）
- 腸脛靭帯（ちょうけいじんたい）
- 大腿二頭筋
  - 長頭（ちょうとう）
  - 短頭（たんとう）

始めの姿勢

　立って脚を軽く開き、それぞれの手にダンベルを持つ。息を吸い胸をできるだけ真っ直ぐに保ちながら大きく踏み出す。前方に踏み出した大腿が水平かあるいはややそれ以下にきたとき、大腿を強く伸ばし元の姿勢にもどる。最後に息を吐く。
　このエクササイズは主として大殿筋と大腿四頭筋に作用する。

バリエーション
- 歩幅を大きくすれば、踏み出した脚の大殿筋により作用し、後方の脚は大腿筋膜張筋と大腿直筋がより伸展する。
- 歩幅を小さくすれば、踏み出した脚の大腿四頭筋により作用する。
　1セットの動きを片方ずつで何度も行うことができるし、1セットの中で左右を交代して行うこともできる。

備考
　このエクササイズは、すべての体重がいっとき踏み出した方の脚にかかること、また膝の関節を守るためのバランス感覚の習得が要求されるので、負荷の軽いものから始められたい。

殿部

ベンチ・ステップ（ベンチに上がりバランス） 5

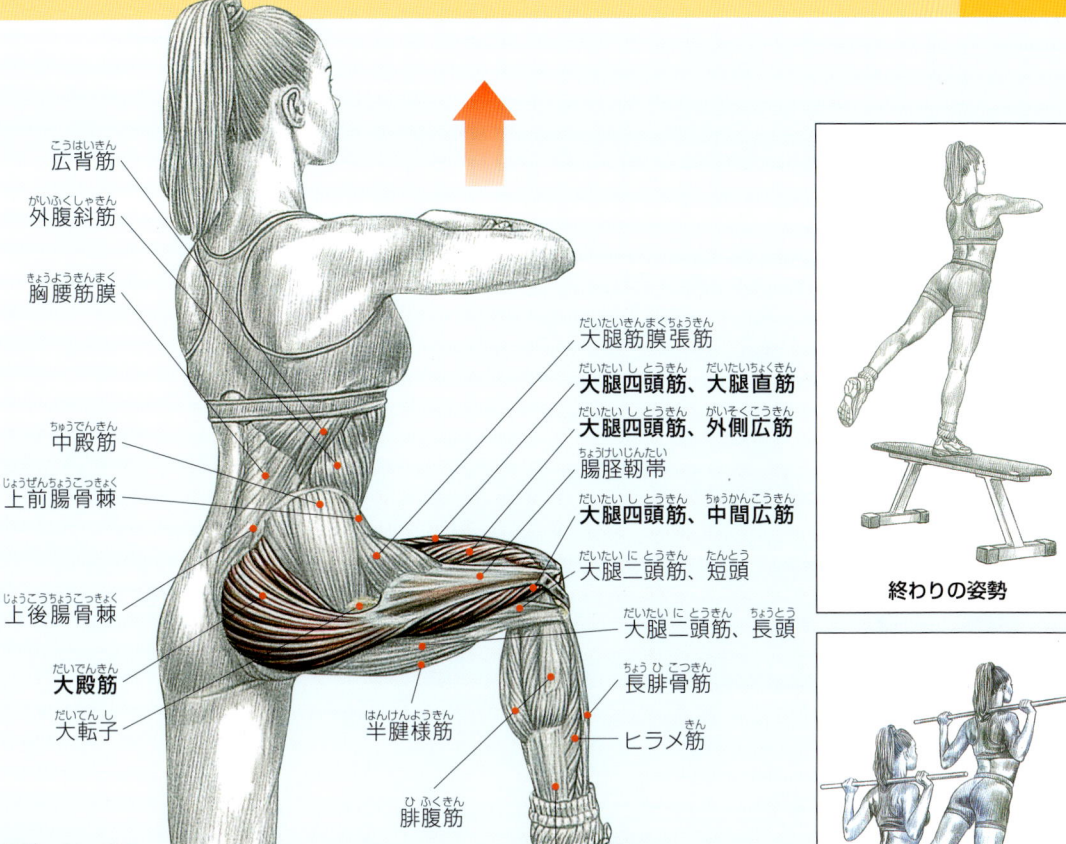

広背筋
外腹斜筋
胸腰筋膜
中殿筋
上前腸骨棘
上後腸骨棘
大殿筋
大転子

大腿筋膜張筋
大腿四頭筋、大腿直筋
大腿四頭筋、外側広筋
腸脛靱帯
大腿四頭筋、中間広筋
大腿二頭筋、短頭
大腿二頭筋、長頭
長腓骨筋
ヒラメ筋

半腱様筋
腓腹筋
踵骨腱

立って片足をベンチにかけ、背中を真っ直ぐにし胸を張る。息を吸い、ベンチに上がり片脚でバランスをとる。最後に息を吐く。降下をコントロールしながら元の姿勢にもどり、そして繰り返す。
このエクササイズは主として大腿四頭筋と大殿筋に作用する。
片方の脚だけを働かせるすべての運動と同様に、膝の関節をいためる恐れのある動きであるため慎重に行うべきである。

終わりの姿勢

バーを用いる
バリエーション

バーベルを用いる
バリエーション

バリエーション
- 1セットの中で右足で上がったり、左足で上がったりすることができる。
- 反復回数を増やして強い運動を行うこともできる。
- 地面の方の脚の力を借りずにベンチに上がれば、大殿筋をより働かせられる。
- バーを肩に置けば、腕を使って跳躍してしまうことを避けられ、脚の働きをより強くさせる。
- 陸上競技のスプリンターにすすめられる動きとして、肩にバーベルをのせる方法がある。殿部や大腿四頭筋、バランス感覚を働かせるのに非常に効果的であるが、膝の関節や股関節を守るためにきわめて慎重でなければならない（特に地面に降りるとき）。したがってこの動きは背中や膝に問題を抱える人は行ってはならない。

21

殿部

6 スタンディング・ヒップアブダクション①
(立位での大腿の外転)

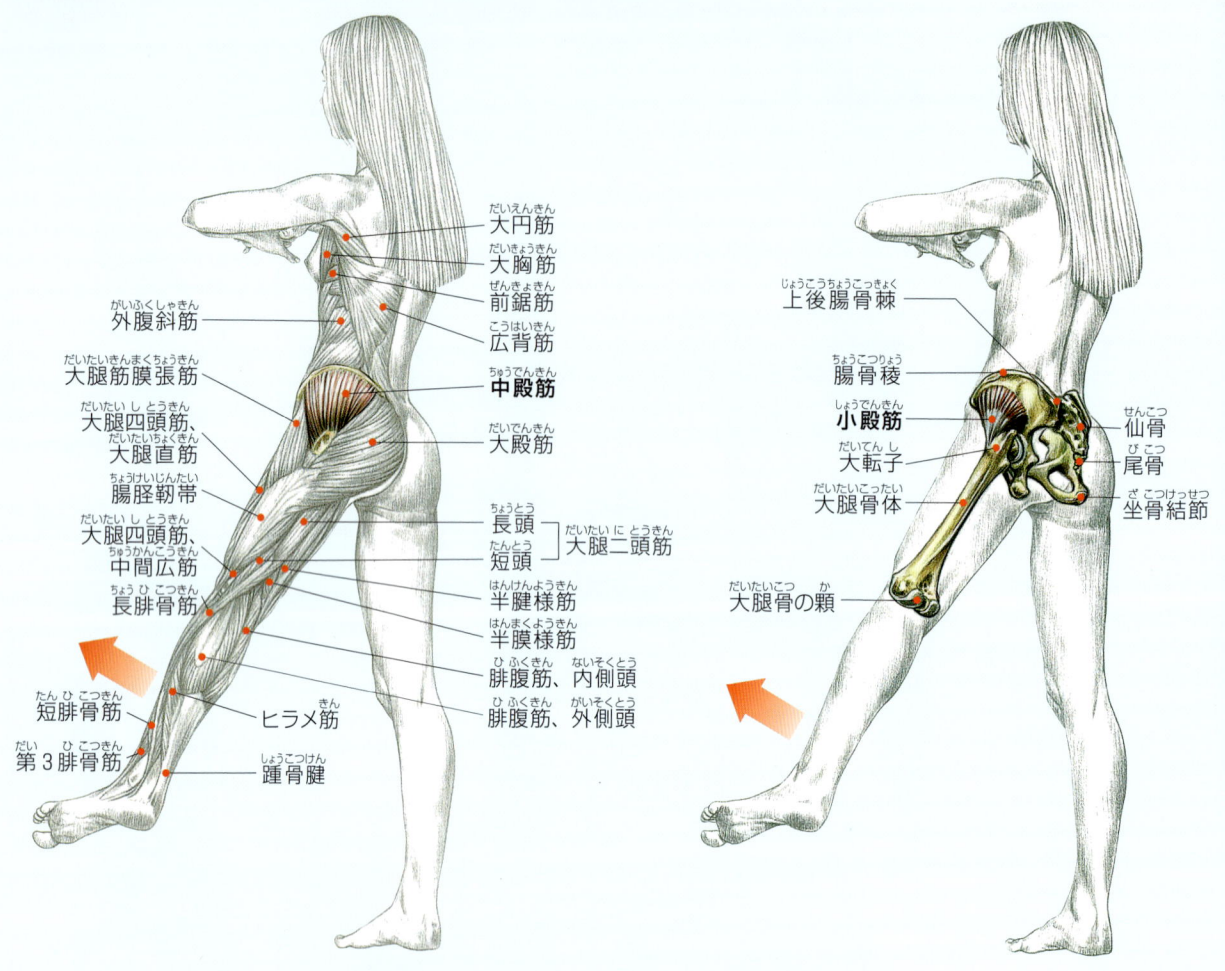

筋肉ラベル（左図）:
- 大円筋（だいえんきん）
- 大胸筋（だいきょうきん）
- 前鋸筋（ぜんきょきん）
- 広背筋（こうはいきん）
- 外腹斜筋（がいふくしゃきん）
- 大腿筋膜張筋（だいたいきんまくちょうきん）
- 大腿四頭筋、大腿直筋（だいたいしとうきん、だいたいちょっきん）
- 腸脛靭帯（ちょうけいじんたい）
- 大腿四頭筋、中間広筋（だいたいしとうきん、ちゅうかんこうきん）
- 長腓骨筋（ちょうひこつきん）
- 短腓骨筋（たんひこつきん）
- 第3腓骨筋（だいさんひこつきん）
- 中殿筋（ちゅうでんきん）
- 大殿筋（だいでんきん）
- 長頭（ちょうとう）
- 短頭（たんとう）
- 大腿二頭筋（だいたいにとうきん）
- 半腱様筋（はんけんようきん）
- 半膜様筋（はんまくようきん）
- 腓腹筋、内側頭（ひふくきん、ないそくとう）
- 腓腹筋、外側頭（ひふくきん、がいそくとう）
- ヒラメ筋
- 踵骨腱（しょうこつけん）

骨ラベル（右図）:
- 上後腸骨棘（じょうこうちょうこっきょく）
- 腸骨稜（ちょうこつりょう）
- 小殿筋（しょうでんきん）
- 大転子（だいてんし）
- 大腿骨体（だいたいこつたい）
- 大腿骨の顆（だいたいこつのか）
- 仙骨（せんこつ）
- 尾骨（びこつ）
- 坐骨結節（ざこつけっせつ）

片脚で立ち腕を前で組む、あるいは手を何かで支えより安定した姿勢をとる。片脚をできるだけ高く上げる。ゆっくりと最初の姿勢にもどり、繰り返す。

殿筋三角に作用するこのエクササイズは、主に中殿筋に働き、その深層で小殿筋に働く。

バリエーション
- より強い効果を得るために、足関節に負荷をつけるか、ゴムバンドをかけることもできる。
- より安定した姿勢で行うには、バーを支えにして運動することもできる。

備考
- 前方に軽く脚を上げれば、大腿筋膜張筋に強く作用する。
- 後方に軽く脚を上げれば、大殿筋の表層線維に強く作用する。
- 大腿の外転は大腿骨頚が寛骨臼（骨盤）のへりで抑えられるので骨のレベルで制限されている。したがって大腿を水平まで持ち上げようとしてもむだである。
- 負荷を加えないエクササイズでは、反復回数を増やして焼けつくような感覚を得るまで行えば最高の効果が得られる。

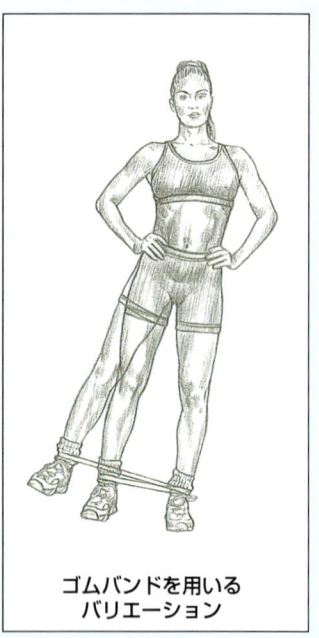

ゴムバンドを用いるバリエーション

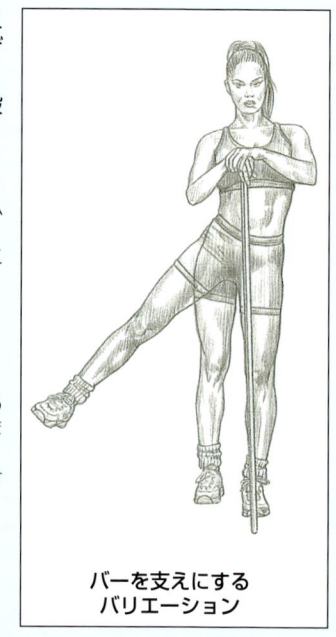

バーを支えにするバリエーション

殿部

スタンディング・ヒップアブダクション②
(立位でゴムバンドを使用する大腿の外転)

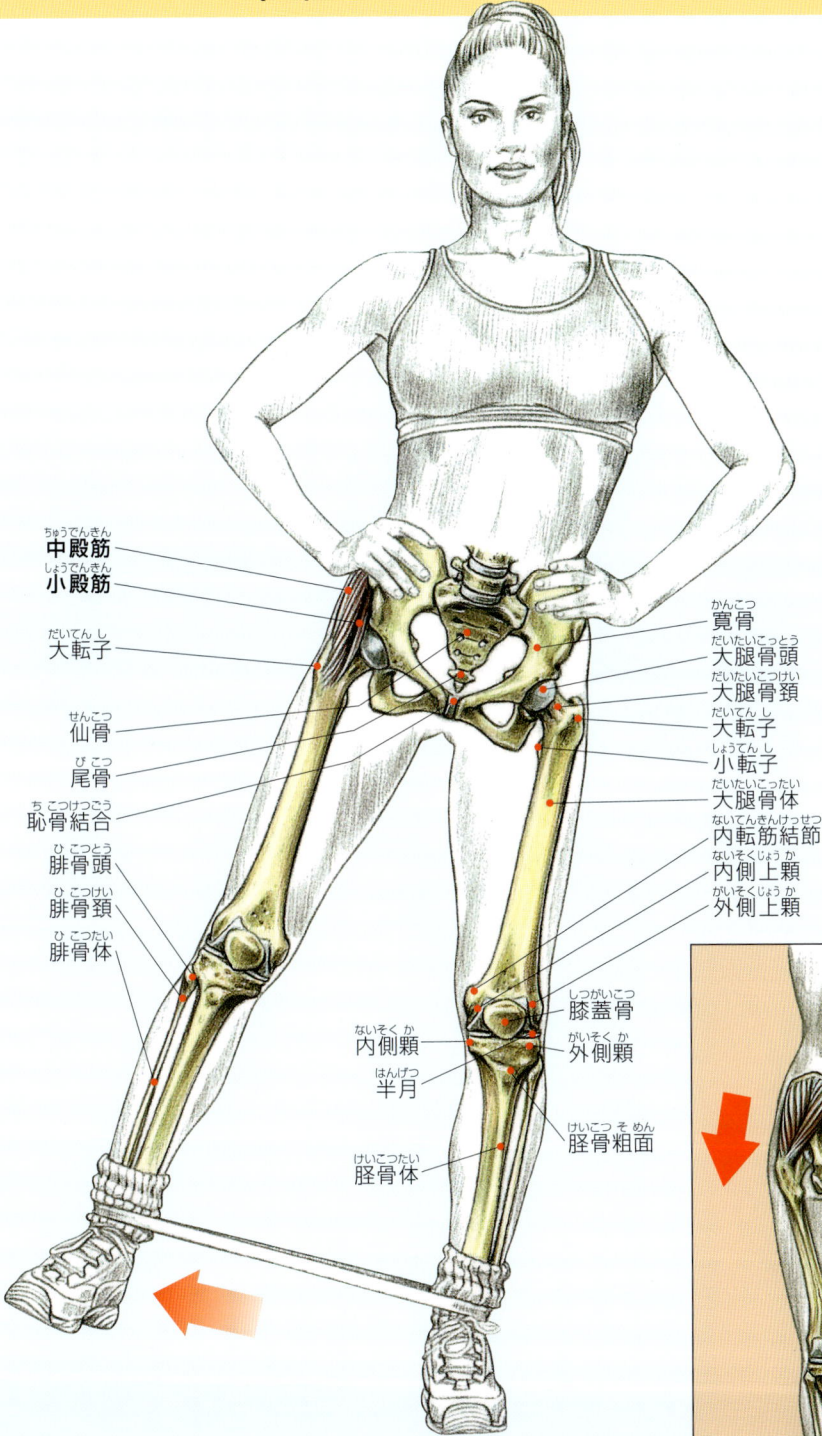

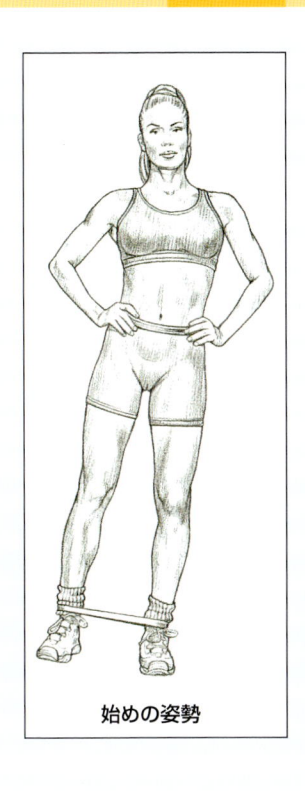

7

部位名称

- 中殿筋（ちゅうでんきん）
- 小殿筋（しょうでんきん）
- 大転子（だいてんし）
- 仙骨（せんこつ）
- 尾骨（びこつ）
- 恥骨結合（ちこつけつごう）
- 腓骨頭（ひこつとう）
- 腓骨頚（ひこつけい）
- 腓骨体（ひこつたい）
- 寛骨（かんこつ）
- 大腿骨頭（だいたいこっとう）
- 大腿骨頚（だいたいこっけい）
- 大転子（だいてんし）
- 小転子（しょうてんし）
- 大腿骨体（だいたいこったい）
- 内転筋結節（ないてんきんけっせつ）
- 内側上顆（ないそくじょうか）
- 外側上顆（がいそくじょうか）
- 膝蓋骨（しつがいこつ）
- 内側顆（ないそくか）
- 外側顆（がいそくか）
- 半月（はんげつ）
- 脛骨粗面（けいこつそめん）
- 脛骨体（けいこつたい）

始めの姿勢

歩行時の中殿筋と小殿筋の役割

中殿筋と小殿筋は大腿の外転時の他、歩行時に大変重要な役割を果たす。というのは、骨盤を安定させ、片脚のとき左右に倒れることを防いでいるからである。

　片脚で立ち両足首にゴムバンドをかける。大腿の外転を行う。
　ゴムバンドを用いるすべてのエクササイズと同様に、反復回数を多くして初めて効果が得られる。ゴムバンドを二重にすれば運動の強度は増すが幅は狭まる。
　このエクササイズは中殿筋とその奥の小殿筋に働く。

23

殿部

8 ケーブル・ヒップアブダクション
（立位でロープーリーを使用する大腿の外転）

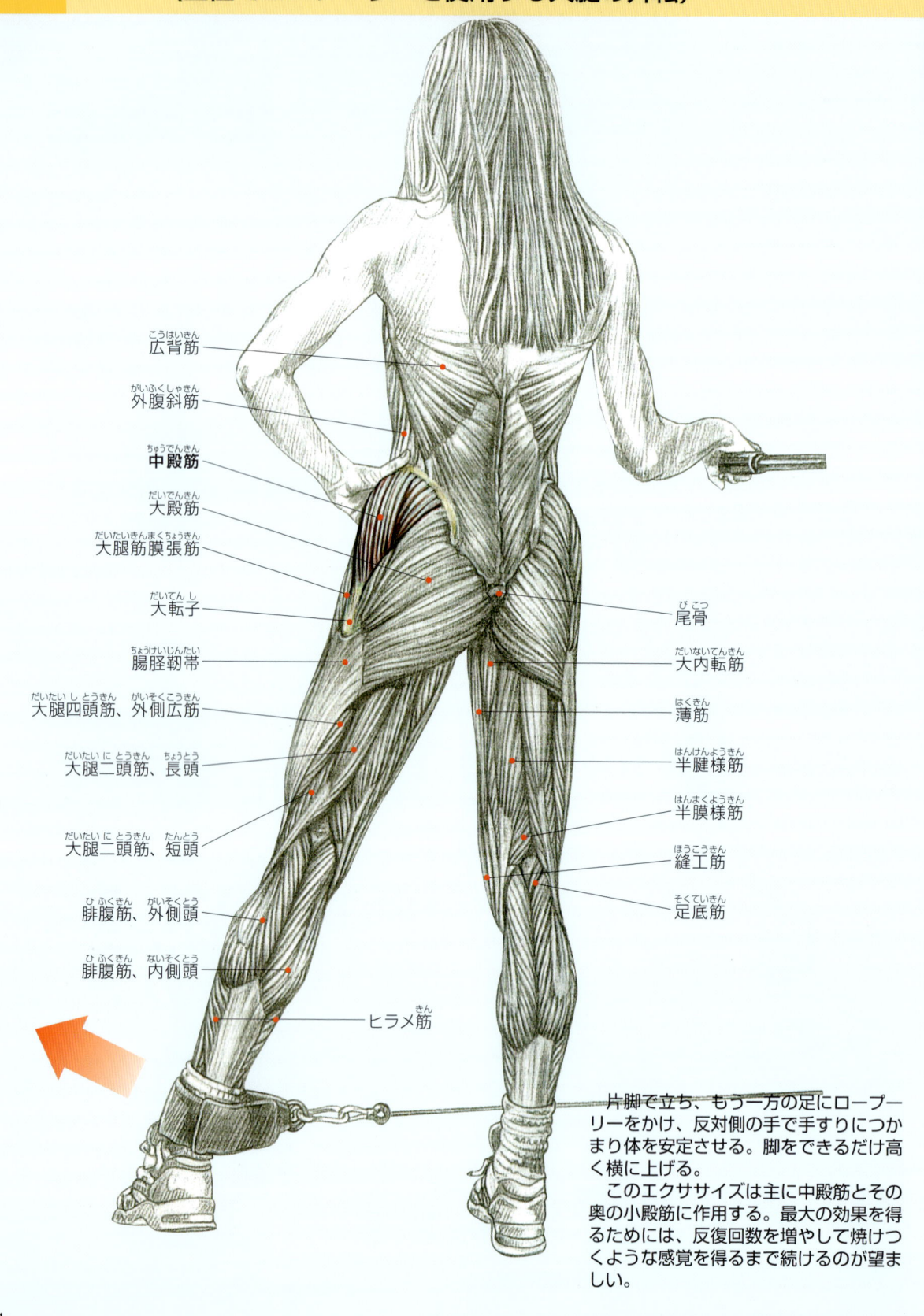

広背筋（こうはいきん）
外腹斜筋（がいふくしゃきん）
中殿筋（ちゅうでんきん）
大殿筋（だいでんきん）
大腿筋膜張筋（だいたいきんまくちょうきん）
大転子（だいてんし）
腸脛靭帯（ちょうけいじんたい）
大腿四頭筋、外側広筋（だいたいしとうきん、がいそくこうきん）
大腿二頭筋、長頭（だいたいにとうきん、ちょうとう）
大腿二頭筋、短頭（だいたいにとうきん、たんとう）
腓腹筋、外側頭（ひふくきん、がいそくとう）
腓腹筋、内側頭（ひふくきん、ないそくとう）
ヒラメ筋（きん）

尾骨（びこつ）
大内転筋（だいないてんきん）
薄筋（はくきん）
半腱様筋（はんけんようきん）
半膜様筋（はんまくようきん）
縫工筋（ほうこうきん）
足底筋（そくていきん）

片脚で立ち、もう一方の足にロープーリーをかけ、反対側の手で手すりにつかまり体を安定させる。脚をできるだけ高く横に上げる。

このエクササイズは主に中殿筋とその奥の小殿筋に作用する。最大の効果を得るためには、反復回数を増やして焼けつくような感覚を得るまで続けるのが望ましい。

股関節の可動性の個人差

　股関節の可動性で主たる違いが生じるのは、筋肉の弾力性や靭帯の弛緩の個人差の他に、何よりもまず股関節の骨の形態による。骨の構造が重要な役割をはたすのはとりわけ大腿の外転の幅に関してである。

　したがって脚を横に高く上げようとしても、構造がそれに適さなければむだである。

　大腿の外転を強く行おうとすれば、大腿骨頚が寛骨臼のへりにぶつかり、反対側の腰の上に骨盤が傾くことによって脚の横方向への持ち上げを補おうとする。さらに強い外転を反復すれば、人によってはやがて小さな外傷を引き起こし、これが寛骨臼上部のへりを過度に肥大させてしまう。それによって、苦痛をともなう炎症が生じ大腿の外転は制限されるのである。

中殿筋と小殿筋の働き

1．大腿の外転（大腿骨頚が寛骨臼にぶつかり制限される）
2．大腿の強い外転（反対側の腰の上に骨盤が傾く）

備考
- 相対的に大きくて被さる形をしている寛骨臼の上部と、それに連結しているほぼ水平の大腿骨頚（内反股関節）が外転の動きを制限する。
- 小さな寛骨臼の上部と連結している（外反股関節）垂直に近い大腿骨頚が外転の動きを容易にする。

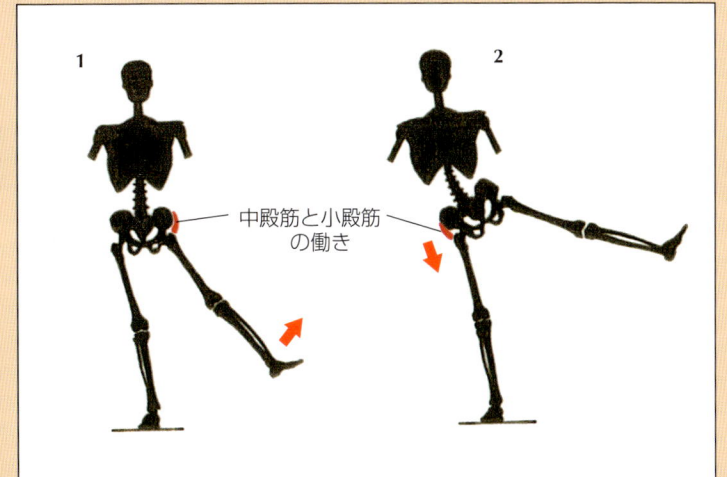

腰の骨の形態上の違い

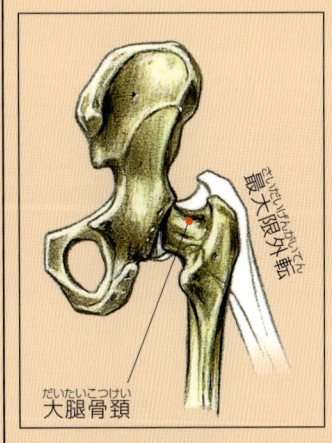

ほとんど水平の大腿骨頚は内反股関節と呼ばれる。寛骨臼の上部のへりにすばやく接触して外転の動きを制限する。

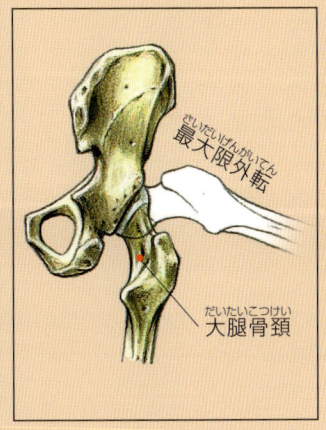

最大限外転
大腿骨頚

垂直に近い大腿骨頚は外反股関節と呼ばれる。より大きな外転運動を容易にする。

最大限外転
大腿骨頚

大転子
寛骨
大腿骨頭
坐骨棘
小転子
坐骨
寛骨臼
大腿骨頚

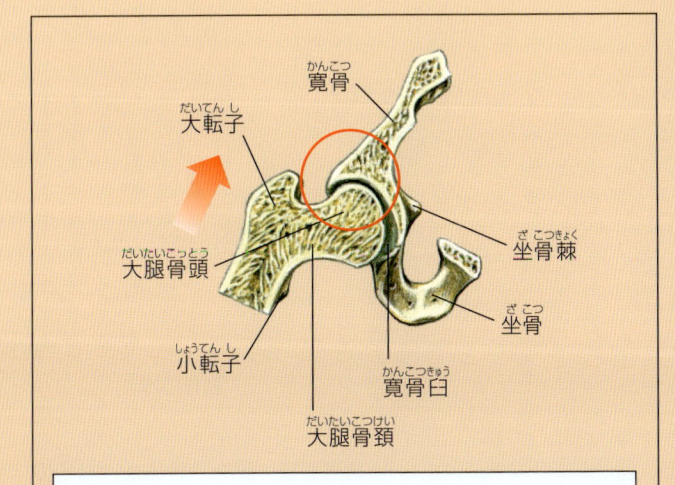

外転は寛骨臼のへりに大腿骨頚がぶつかることで制限される

殿部

9 マシン・ヒップアブダクション
（マシンを用い立位で行う大腿の外転）

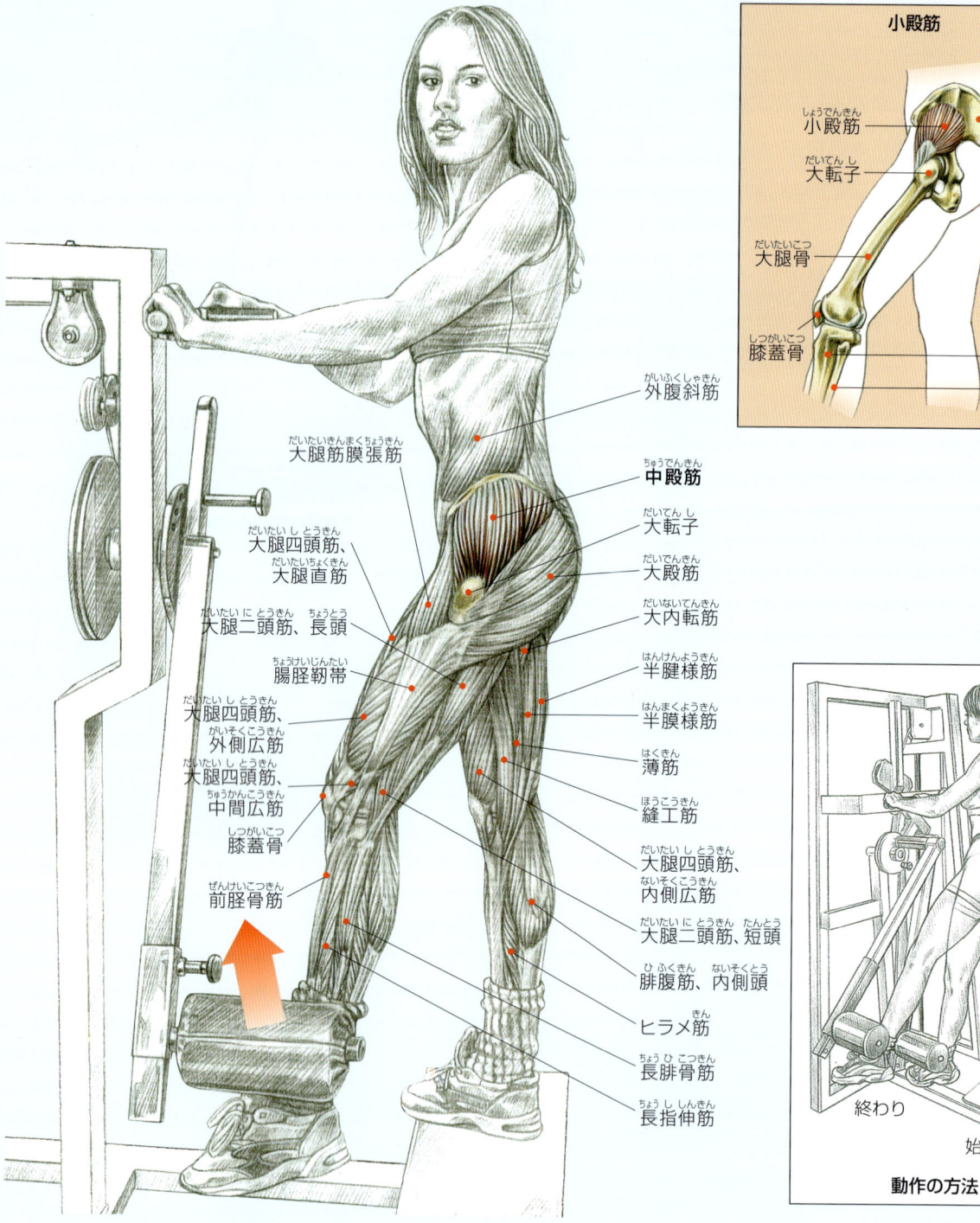

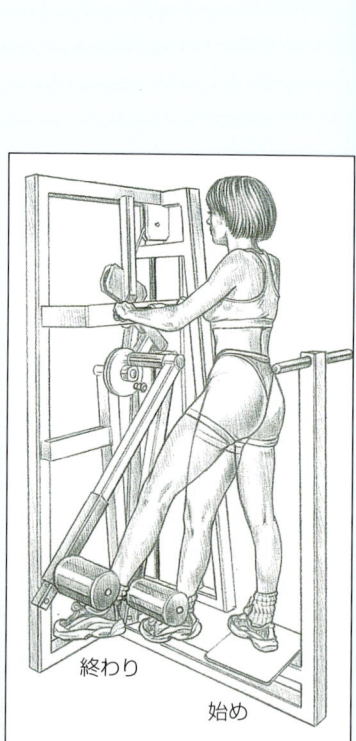

小殿筋

- 寛骨
- 小殿筋
- 仙骨
- 大転子
- 尾骨
- 大腿骨
- 膝蓋骨
- 脛骨
- 腓骨

- 外腹斜筋
- 大腿筋膜張筋
- 中殿筋
- 大転子
- 大腿四頭筋、大腿直筋
- 大殿筋
- 大腿二頭筋、長頭
- 大内転筋
- 腸脛靭帯
- 半腱様筋
- 大腿四頭筋、外側広筋
- 半膜様筋
- 大腿四頭筋、中間広筋
- 薄筋
- 膝蓋骨
- 縫工筋
- 前脛骨筋
- 大腿四頭筋、内側広筋
- 大腿二頭筋、短頭
- 腓腹筋、内側頭
- ヒラメ筋
- 長腓骨筋
- 長指伸筋

動作の方法
- 始め
- 終わり

マシンに向かって片脚で立つ。もう片方の脚の外側面、膝関節の下に負荷のロールを当てる。脚をできるだけ高く横に上げ、ゆっくりと始めの姿勢にもどる。外転は大腿骨頚が寛骨臼のへりにすばやく接触することで制限されることに注意。

このエクササイズは、中殿筋と深層にある小殿筋を発達させるのに優れていて、小殿筋の機能は中殿筋の前部線維と同一である。よりよい効果をあげるために、反復回数を多くすることが望ましい。

殿部

フロア・ヒップアブダクション①
（床上で行う大腿の外転）

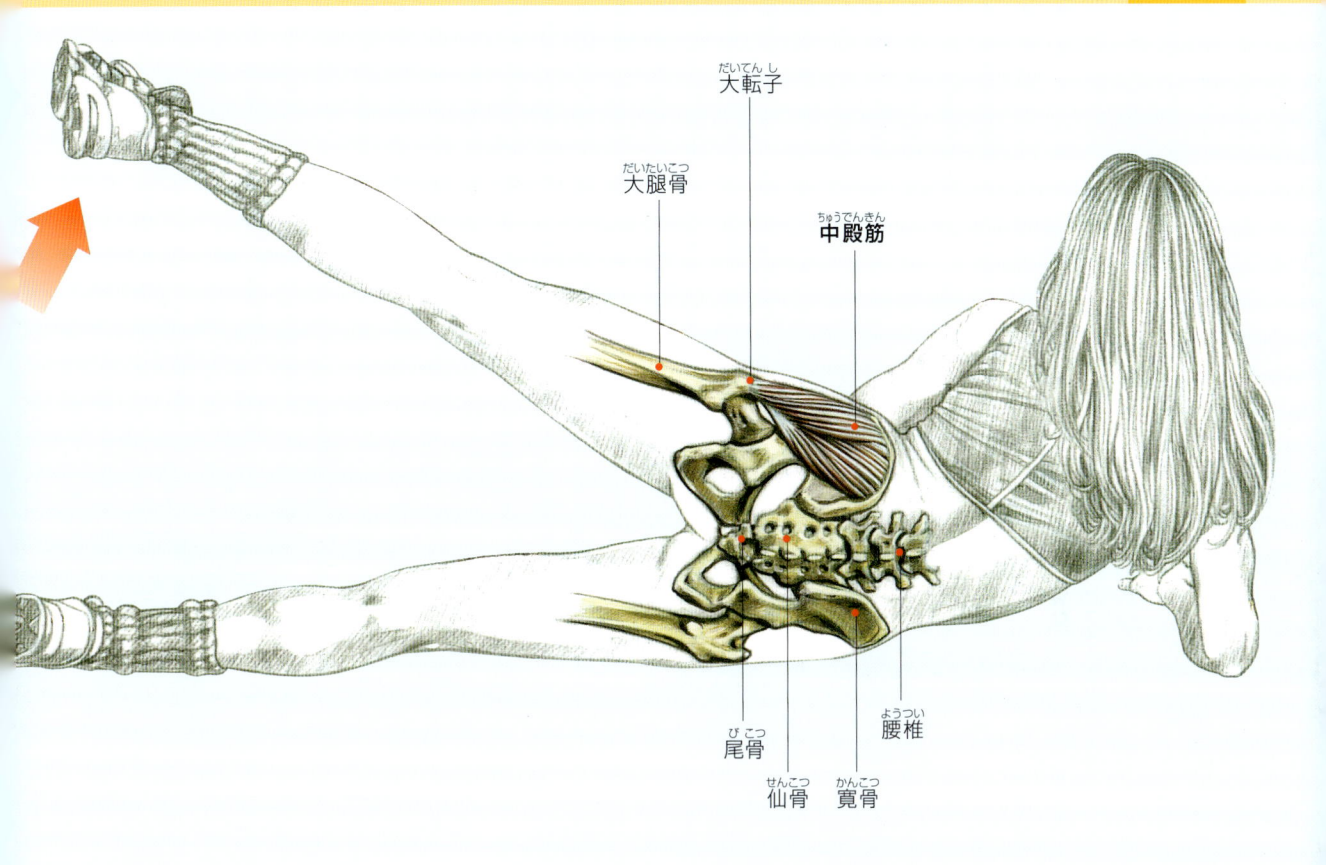

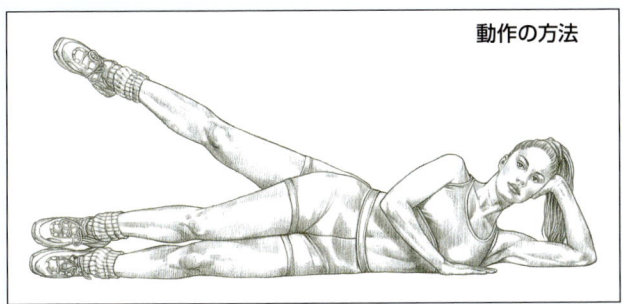

10

ラベル:
- 大転子（だいてんし）
- 大腿骨（だいたいこつ）
- 中殿筋（ちゅうでんきん）
- 尾骨（びこつ）
- 仙骨（せんこつ）
- 寛骨（かんこつ）
- 腰椎（ようつい）

動作の方法

側臥位になり頭は起こす。脚を上方に上げ、膝は常に伸ばしておく。外転は70度を越さない。

このエクササイズは中殿筋と小殿筋に作用する。外転の幅を大きくしても小さくしてもよい。外転の最後にアイソメトリックスによる収縮を数秒間保持することもできる。

脚は軽く前方に、軽く後方に、また真上に上げられる。より効果をあげるためには、足首に負荷やゴムバンド、ロープーリーをつけて行うとよい。

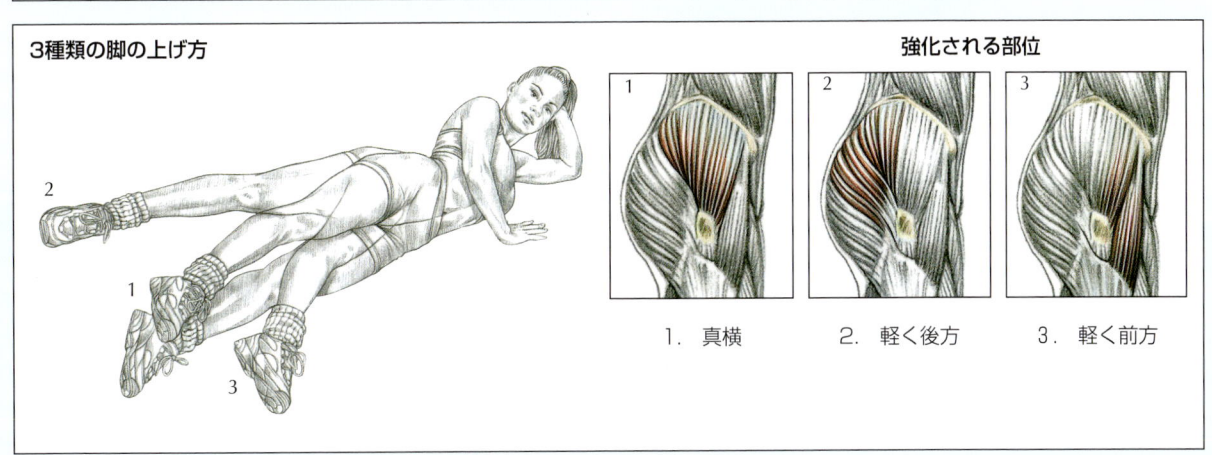

3種類の脚の上げ方

強化される部位

1. 真横
2. 軽く後方
3. 軽く前方

27

殿部

11 フロア・ヒップアブダクション②
（ゴムバンドを用いる側臥位での大腿の外転）

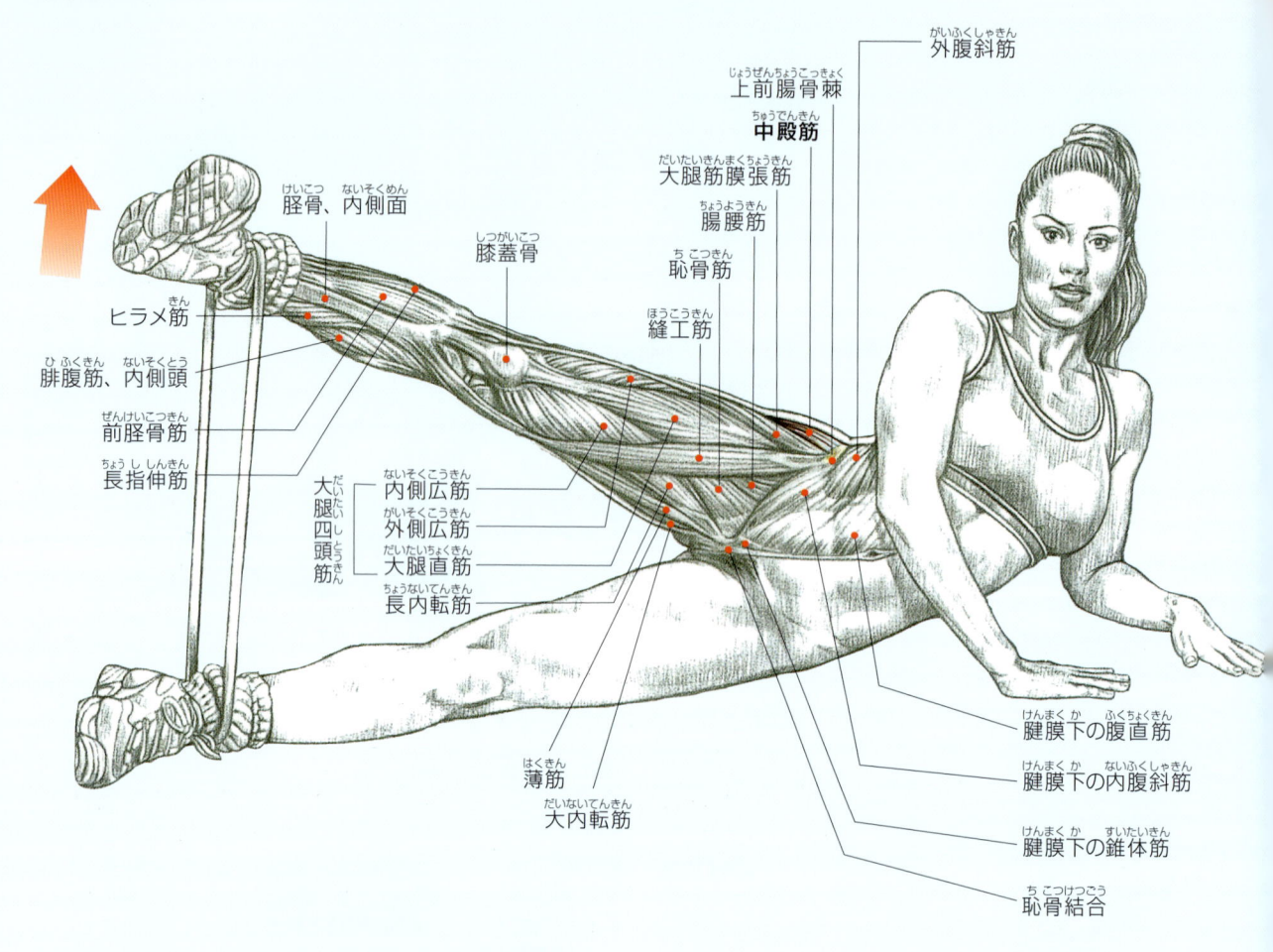

図中ラベル（人体図）：
- 脛骨、内側面
- 膝蓋骨
- 外腹斜筋
- 上前腸骨棘
- 中殿筋
- 大腿筋膜張筋
- 腸腰筋
- 恥骨筋
- 縫工筋
- ヒラメ筋
- 腓腹筋、内側頭
- 前脛骨筋
- 長指伸筋
- 大腿四頭筋
  - 内側広筋
  - 外側広筋
  - 大腿直筋
- 長内転筋
- 薄筋
- 大内転筋
- 腱膜下の腹直筋
- 腱膜下の内腹斜筋
- 腱膜下の錐体筋
- 恥骨結合

始めの姿勢

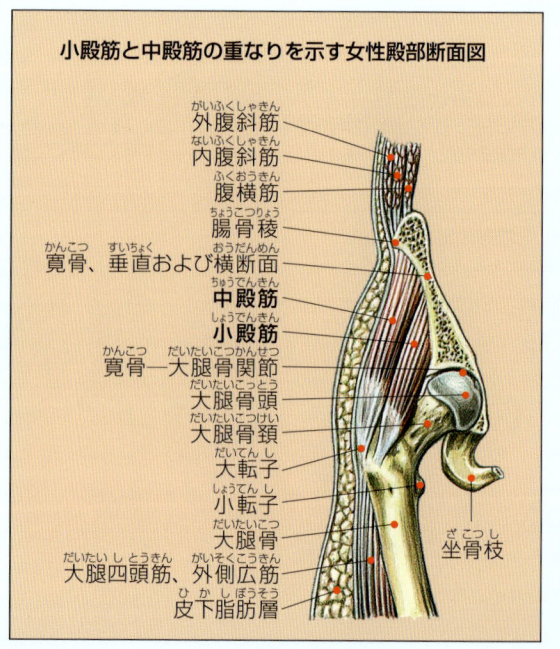

側臥位になり頭は起こす。足首の周りにゴムバンドを通す。脚を上方に上げ、膝は常に伸ばしておく。ゴムバンドの張りを弛めないまま始めの姿勢にもどり、また繰り返す。

このエクササイズは、より深層にある中殿筋と小殿筋、すなわち腰の側面のふっくらとした主要な筋肉に作用する。

反復回数を多くすることでよりよい効果があげられる。

備考
より強化するために、足首の周りに二重のゴムバンドをつけて行うこともできる。

小殿筋と中殿筋の重なりを示す女性殿部断面図

図中ラベル：
- 外腹斜筋
- 内腹斜筋
- 腹横筋
- 腸骨稜
- 寛骨、垂直および横断面
- 中殿筋
- 小殿筋
- 寛骨―大腿骨関節
- 大腿骨頭
- 大腿骨頸
- 大転子
- 小転子
- 大腿骨
- 大腿四頭筋、外側広筋
- 皮下脂肪層
- 坐骨枝

殿部

シーテッドマシン・ヒップアブダクション
（マシンに腰掛けて行う大腿の外転）

12

始め　終わり
動作の方法

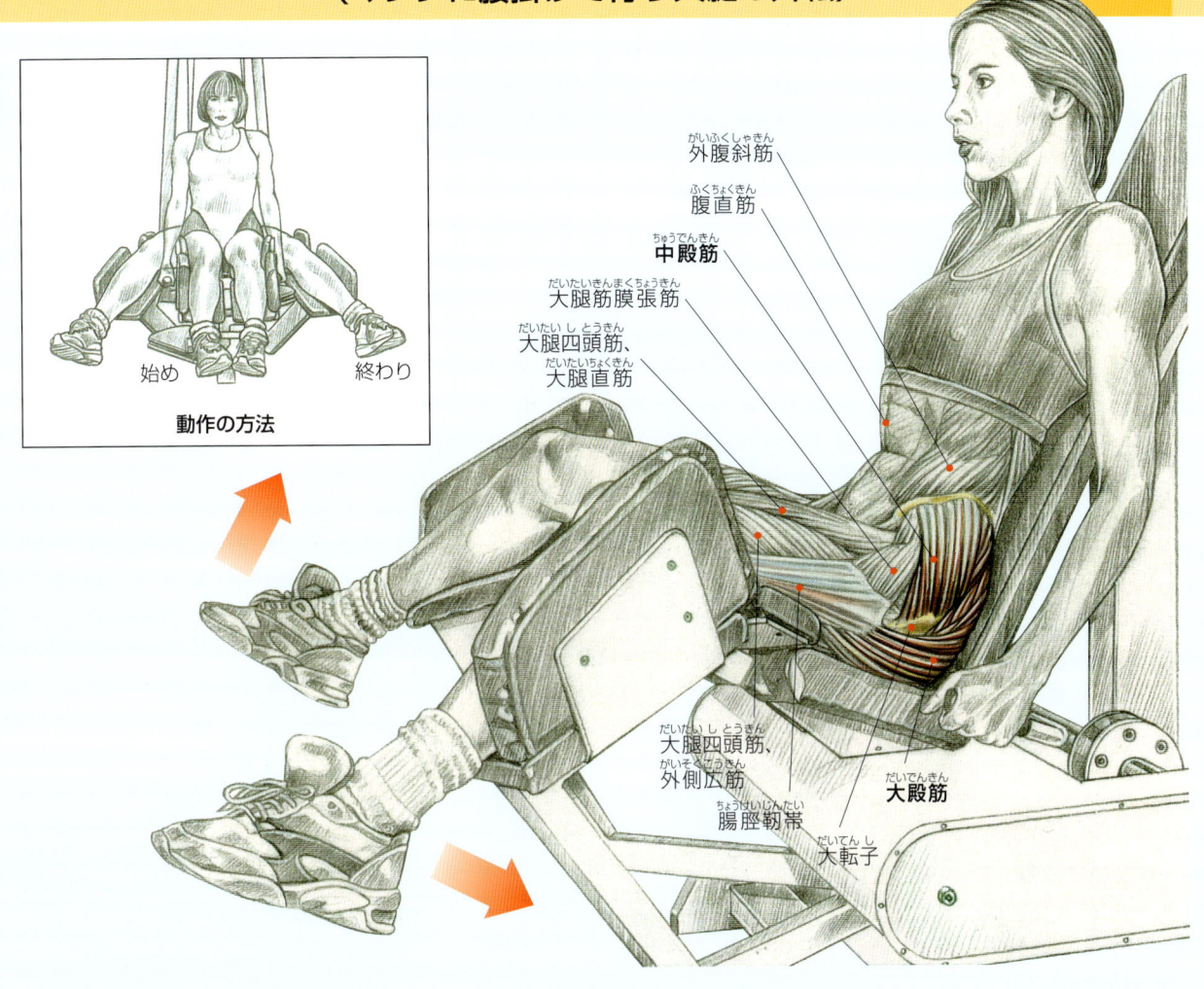

外腹斜筋
腹直筋
中殿筋
大腿筋膜張筋
大腿四頭筋、
大腿直筋

大腿四頭筋、
外側広筋
腸脛靭帯
大殿筋
大転子

マシンに座る。大腿を最大に開く。
　マシンの背の傾きが強いと中殿筋が強化される。弱いか垂直だと大殿筋に働く。同じセットの中で上体を多少とも前方に傾けながら傾斜を変えれば理想的である。このエクササイズは女性に適している。というのは、腰の上部の形を良くすることでウエストを目立たせ、スタイルをより美しくさせるからである。

例
マシンの背に寄りかかって10回、前傾で10回。

上体を背に寄せたときに強化される殿部部位　　　　上体を前傾させたときに強化される殿部部位

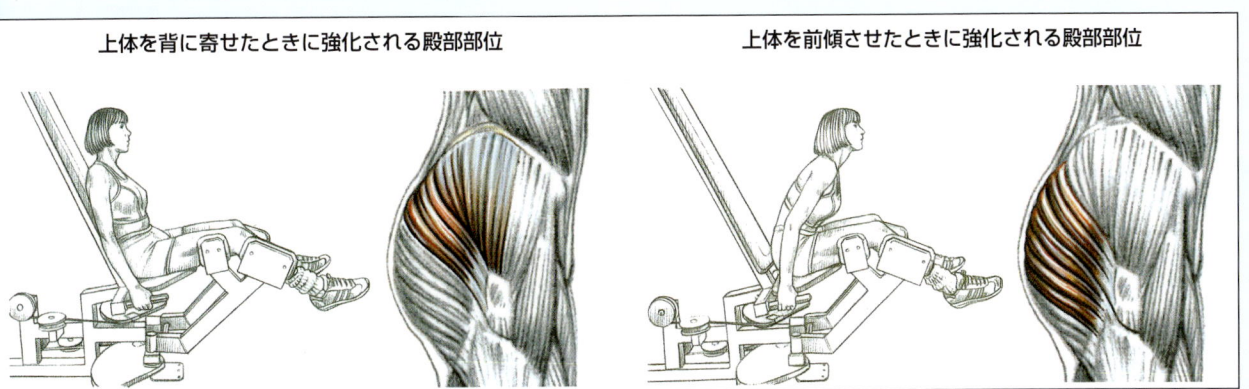

殿部

13 サイド・ヒップレイズ（床上で大腿を横に上げる）

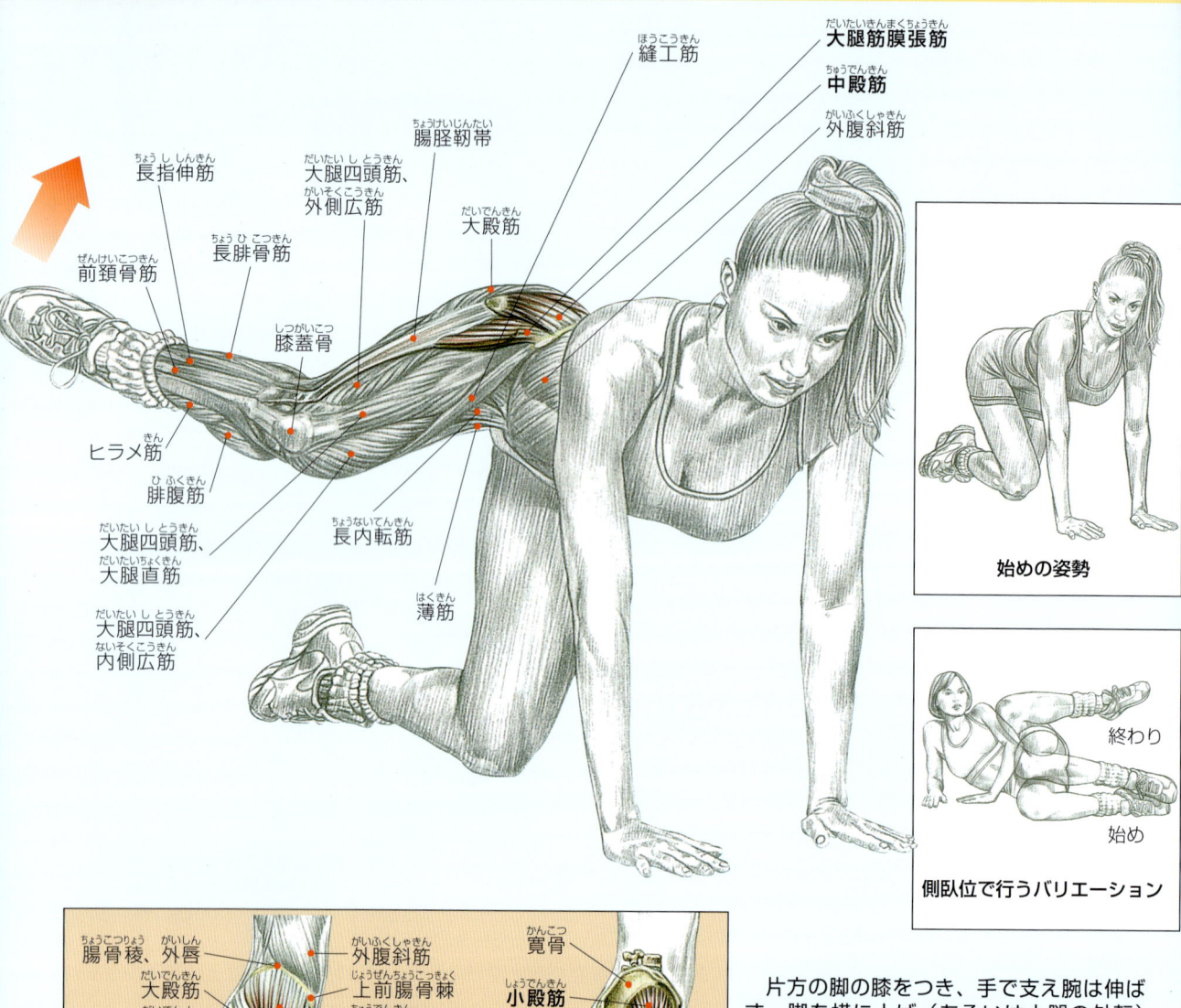

縫工筋
大腿筋膜張筋
腸脛靭帯
中殿筋
長指伸筋
外腹斜筋
大腿四頭筋、外側広筋
大殿筋
長腓骨筋
前脛骨筋
膝蓋骨
ヒラメ筋
腓腹筋
大腿四頭筋、大腿直筋
長内転筋
大腿四頭筋、内側広筋
薄筋

始めの姿勢

終わり
始め

側臥位で行うバリエーション

腸骨稜、外唇
外腹斜筋
寛骨
大殿筋
上前腸骨棘
小殿筋
大転子
中殿筋
大腿二頭筋、長頭
大腿四頭筋、大腿直筋
仙骨
大腿二頭筋、短頭
大腿筋膜張筋
腸脛靭帯
大腿骨
半膜様筋
大腿四頭筋、外側広筋
腓骨頭
膝蓋骨
腓腹筋、外側頭
大腿四頭筋、中間広筋
腓骨
ヒラメ筋
膝蓋骨
脛骨
長腓骨筋
長指伸筋
短腓骨筋
前脛骨筋
踵骨腱
踵骨隆起

強化される筋

　片方の脚の膝をつき、手で支え腕は伸ばす。脚を横に上げ（あるいは大腿の外転）少しの間保持する。始めの姿勢にもどり、繰り返す。
　このエクササイズは主として中殿筋と小殿筋、大腿筋膜張筋、深層にある股関節外部の回旋筋全体を強化する。この運動は脚を伸ばしたり、あるいは少し曲げたりして行われ、外転の最後の部分は小さな幅で行う。「殿筋三角」全体を働かせるためには、1セットの途中でこの動きと床上での股関節伸展とを組み合わせてもよい。
　負荷をつけないすべての運動と同様に、焼けつくような感覚を得るまで反復回数を増やすことでよりよい効果が得られる。

備考
　大腿の外転は大腿骨頚が寛骨臼のへりにぶつかることで物理的に制限されているため、大腿を水平以上に持ち上げようとしてもむだである。

殿部

マシン・ヒップエクステンション
（マシンで行う股関節の伸展）

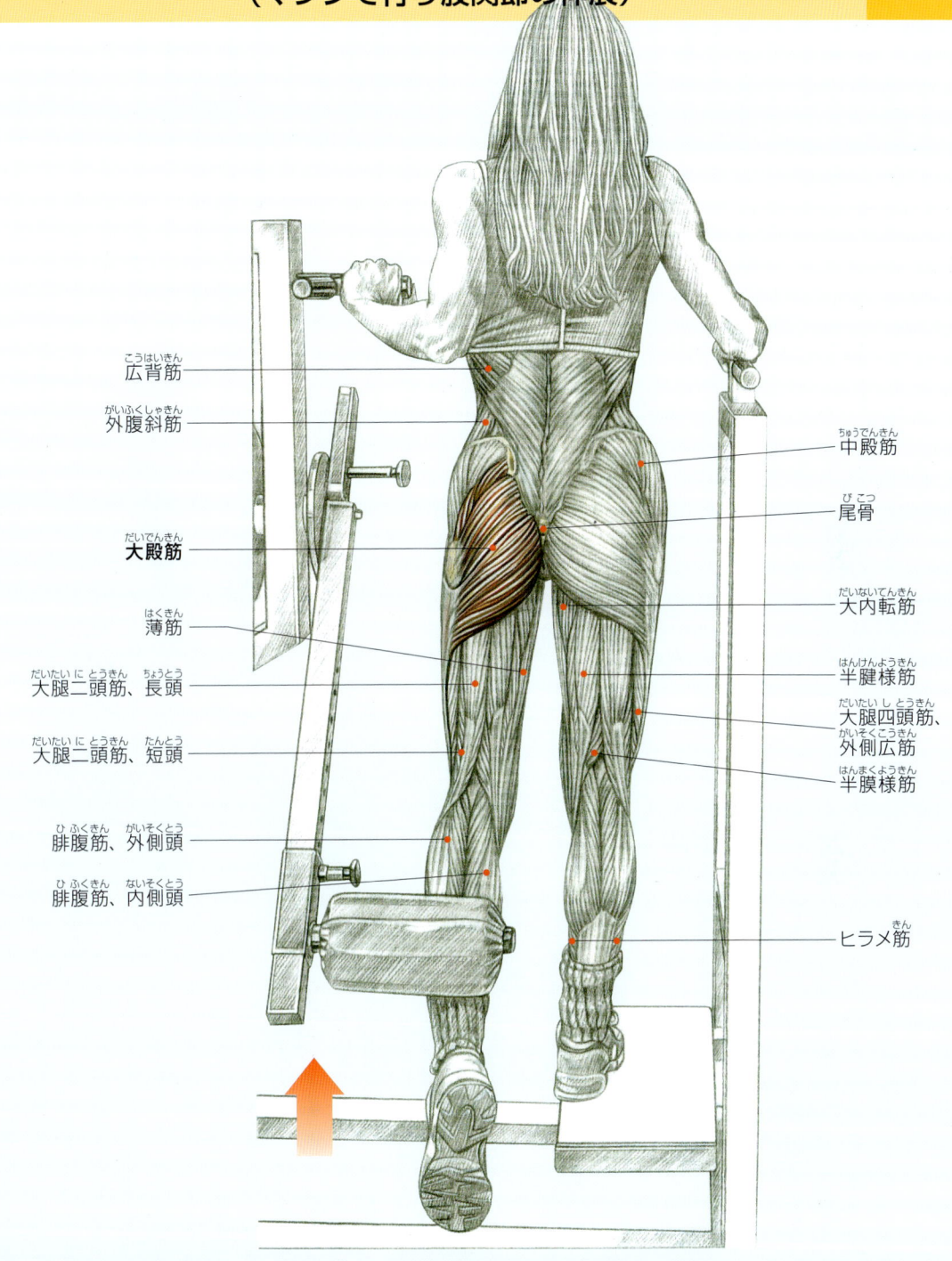

14

- こうはいきん　広背筋
- がいふくしゃきん　外腹斜筋
- だいでんきん　**大殿筋**
- はくきん　薄筋
- だいたいにとうきん、ちょうとう　大腿二頭筋、長頭
- だいたいにとうきん、たんとう　大腿二頭筋、短頭
- ひふくきん、がいそくとう　腓腹筋、外側頭
- ひふくきん、ないそくとう　腓腹筋、内側頭
- ちゅうでんきん　中殿筋
- びこつ　尾骨
- だいないてんきん　大内転筋
- はんけんようきん　半腱様筋
- だいたいしとうきん、がいそくこうきん　大腿四頭筋、外側広筋
- はんまくようきん　半膜様筋
- ヒラメ筋

　上体を少し前傾させ、両手でグリップを握る。片脚で立ち、もう一方の脚を軽く前に出し、ロールを膝関節から足首の中間あたりに当てる。息を吸い、大腿を後ろに引き股関節を伸展位に持ってゆく。アイソメトリックスによる収縮を2秒間保持し、始めの姿勢にもどる。伸展の最後に息を吐く。
　このエクササイズは主に大殿筋に作用する。そしてごくわずかながら半腱様筋、半膜様筋、そして大腿二頭筋長頭にも作用する。
　マシンで行う股関節伸展では、重い負荷かけて短い反復を、あるいは軽めの負荷で長い反復を行うことができる。

殿部

15 スタンディング・ヒップエクステンション①
（立位で行う股関節の伸展）

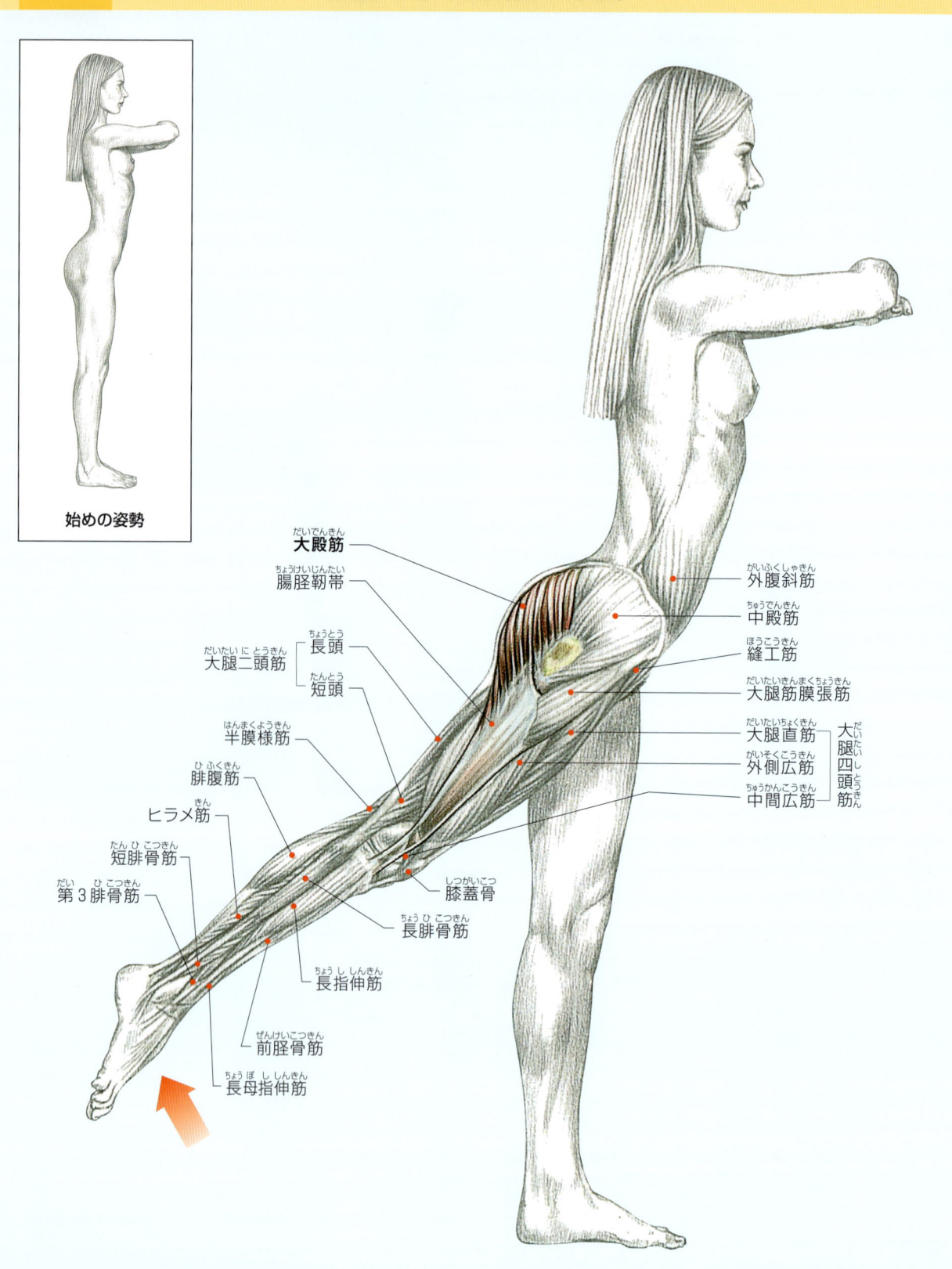

始めの姿勢

- 大殿筋（だいでんきん）
- 腸脛靭帯（ちょうけいじんたい）
- 大腿二頭筋（だいたいにとうきん）
  - 長頭（ちょうとう）
  - 短頭（たんとう）
- 半膜様筋（はんまくようきん）
- 腓腹筋（ひふくきん）
- ヒラメ筋
- 短腓骨筋（たんひこつきん）
- 第3腓骨筋（だいひこつきん）
- 外腹斜筋（がいふくしゃきん）
- 中殿筋（ちゅうでんきん）
- 縫工筋（ほうこうきん）
- 大腿筋膜張筋（だいたいきんまくちょうきん）
- 大腿直筋（だいたいちょくきん）
- 外側広筋（がいそくこうきん）
- 中間広筋（ちゅうかんこうきん）
- 大腿四頭筋（だいたいしとうきん）
- 膝蓋骨（しつがいこつ）
- 長腓骨筋（ちょうひこつきん）
- 長指伸筋（ちょうししんきん）
- 前脛骨筋（ぜんけいこつきん）
- 長母指伸筋（ちょうぼししんきん）

32

殿部

大殿筋は深層の殿筋粗面で終わっている

股関節の伸展は腸骨大腿靭帯、あるいはベルタン靭帯の緊張によって制限される。

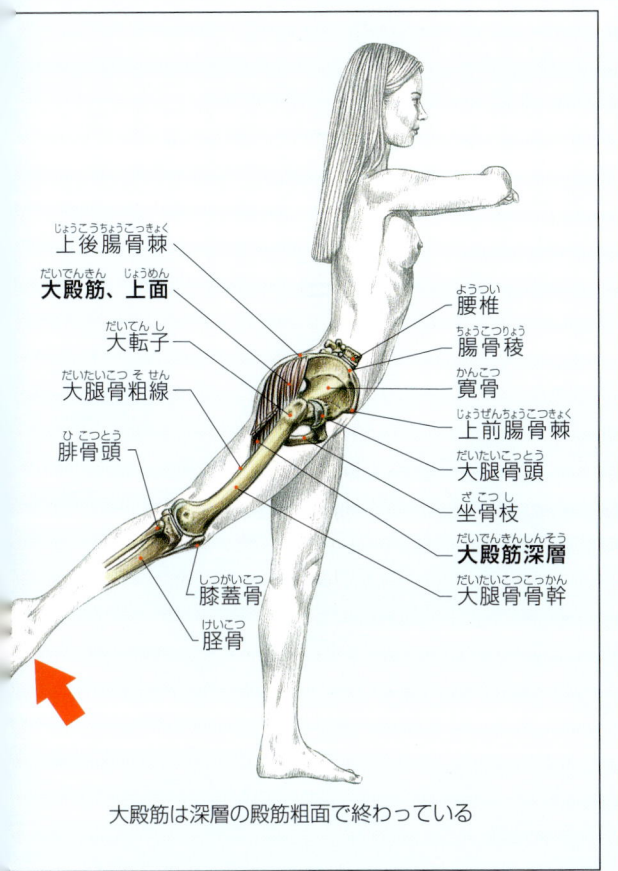

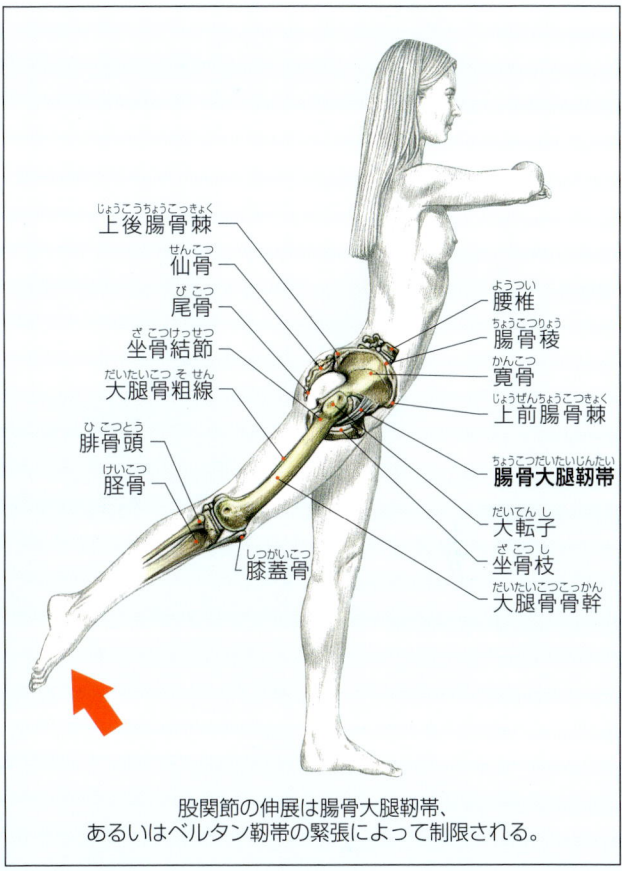

　片脚で立ち、骨盤を軽く前傾させ、腕を前で組む。股関節の伸展を行う。ゆっくりと始めの姿勢にもどり、繰り返す。
　股関節の伸展は腸骨大腿靭帯（ベルタンの靭帯）の緊張によって制限されることに注意。
　このエクササイズは主として大殿筋と、ごくわずかながらハムストリングス（大腿二頭筋短頭を除く）にも作用する。
　負荷をかけないあらゆる運動と同様に、焼けつくような感覚になるまで反復回数を多くすればよりよい効果が得られる。
　より強化するために、足首にロープーリーを使ったりゴムバンドをかけたりすることもできる。よりバランスを得るためには、バーを支えにして行う。
　このエクササイズはバックキックとも呼ばれている。

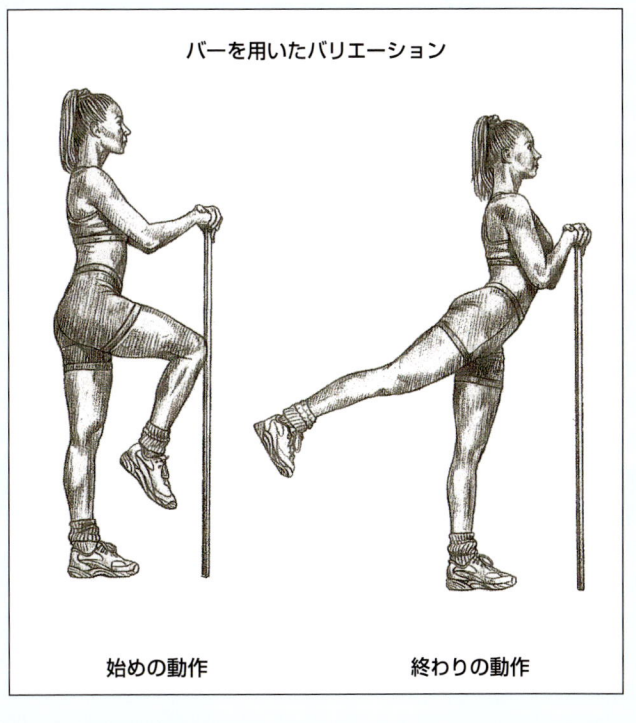

バーを用いたバリエーション

始めの動作　　終わりの動作

殿部

16 フロア・ヒップエクステンション①
（床で行う股関節の伸展）

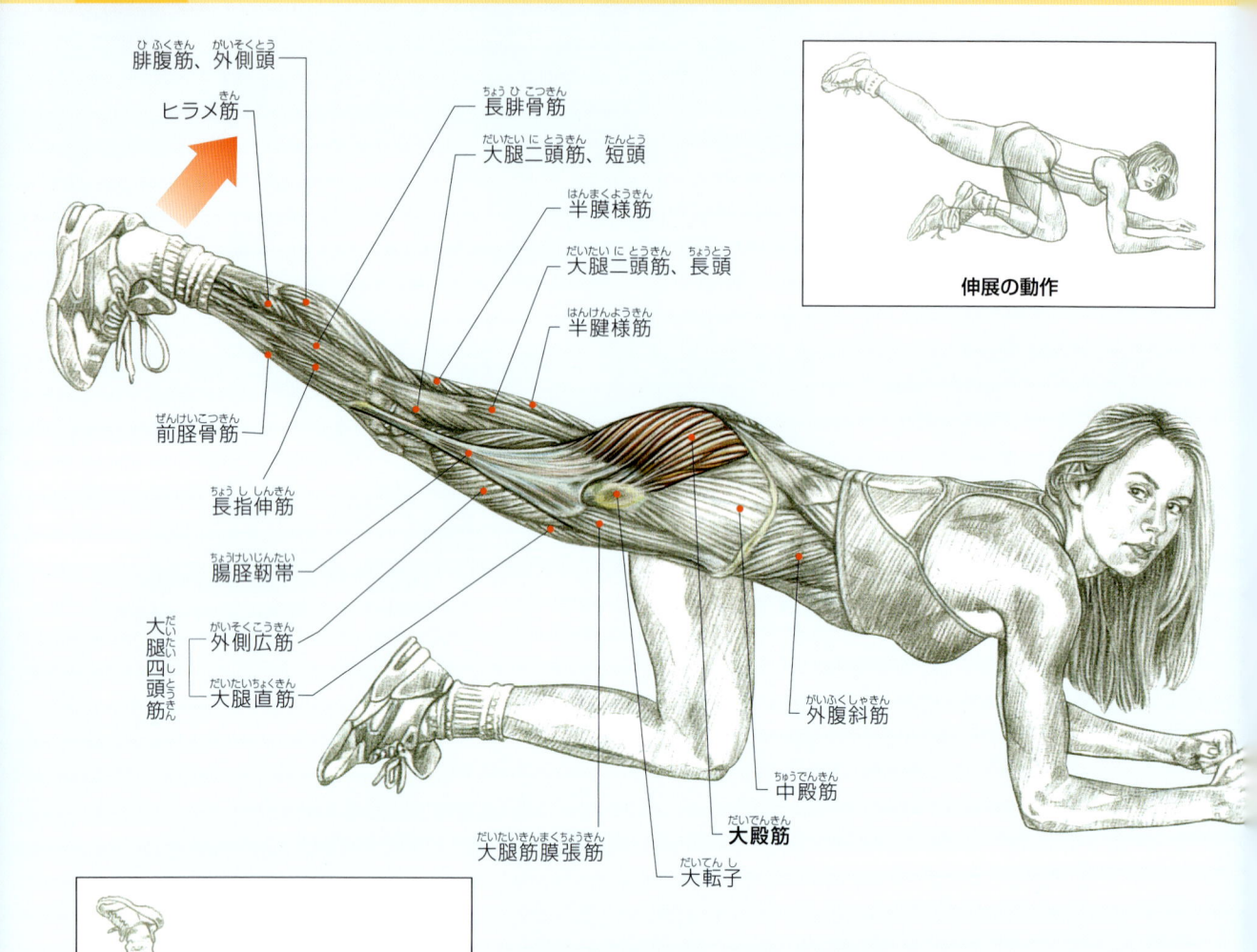

腓腹筋、外側頭
ヒラメ筋
長腓骨筋
大腿二頭筋、短頭
半膜様筋
大腿二頭筋、長頭
半腱様筋
前脛骨筋
長指伸筋
腸脛靭帯
大腿四頭筋
外側広筋
大腿直筋
大腿筋膜張筋
大転子
大殿筋
中殿筋
外腹斜筋

伸展の動作

膝屈位のバリエーション

片方の脚で膝をつき、もう一方の脚を胸まで持ってくる。両肘でつくか、両手をつき腕を伸ばす。胸まで持ってきていた脚を後方に伸ばし、股関節の伸展が完全になるまで伸ばす。

このエクササイズは、脚を伸ばして行うとハムストリングスと大殿筋が刺激される。膝を屈曲して行うと大殿筋のみが刺激されるが、わずかな程度である。

この運動は、伸展の最後のところで振幅を大きくとって行うこともできれば、小さくとって行うこともできる。動きの最後にアイソメトリックスによる収縮を1〜2秒保持するのもよい。もっと強化するためには、足首に負荷をつけて行う。動作が簡単で効果もあるためこのエクササイズは大変人気があり、グループレッスンでよく用いられる。

床上の骨盤を持ち上げることも実際には股関節の伸展であり、主として大殿筋に作用する。前に上げた運動と同様に、このエクササイズも用具を使わずどこでもできる。

殿部

マシン・ヒップエクステンション
（マシンに伏せて行う股関節の伸展）

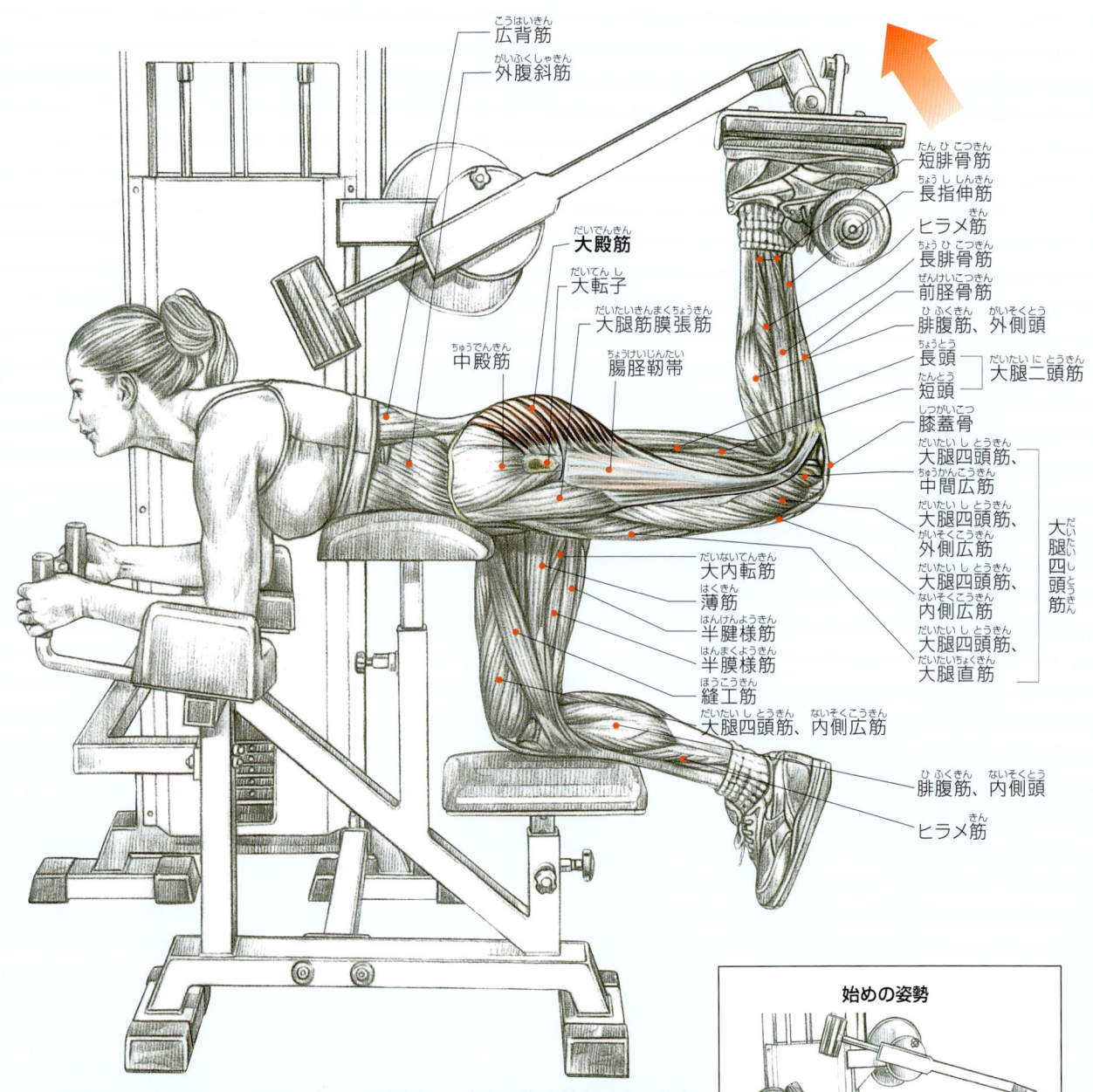

17

解剖図ラベル（上から順、部位別）:
- こうはいきん 広背筋
- がいふくしゃきん 外腹斜筋
- だいでんきん 大殿筋
- だいてんし 大転子
- だいたいきんまくちょうきん 大腿筋膜張筋
- ちゅうでんきん 中殿筋
- ちょうけいじんたい 腸脛靱帯
- たんひこつきん 短腓骨筋
- ちょうしんきん 長指伸筋
- ヒラメ筋
- ちょうひこつきん 長腓骨筋
- ぜんけいこつきん 前脛骨筋
- ひふくきん、がいそくとう 腓腹筋、外側頭
- ちょうとう 長頭
- たんとう 短頭
- だいたいにとうきん 大腿二頭筋
- しつがいこつ 膜蓋骨
- だいたいしとうきん、ちゅうかんこうきん 大腿四頭筋、中間広筋
- だいたいしとうきん、がいそくこうきん 大腿四頭筋、外側広筋
- だいたいしとうきん、ないそくこうきん 大腿四頭筋、内側広筋
- だいたいしとうきん、だいたいちょくきん 大腿四頭筋、大腿直筋
- だいないてんきん 大内転筋
- はくきん 薄筋
- はんけんようきん 半腱様筋
- はんまくようきん 半膜様筋
- ほうこうきん 縫工筋
- だいたいしとうきん、ないそくこうきん 大腿四頭筋、内側広筋
- ひふくきん、ないそくとう 腓腹筋、内側頭
- ヒラメ筋

始めの姿勢

　腹部をマシンに置き、両手でグリップを握る。片方の脚で膝をつき、もう一方の脚は膝を曲げる。息を吸い板上の足を垂直に押し上げ、股関節の伸展が完全になるまで伸ばす。アイソメトリックスによる収縮を1～2秒間保持する。息を吐き始めの姿勢にもどり、繰り返す。
　このエクササイズは主として大殿筋に作用する。膝屈曲位がハムストリングスの筋肉を弛めるので、股関節伸展のときハムストリングスはわずかに刺激される。10回から20回の反復をともなうセットを何度か行えばよい効果が得られる。力を得るために反復回数を減らしながら負荷を増していってもよい。

備考
　マシンを使っての股関節伸展は、床上での股関節伸展の動きと姿勢を再現する。これもグループレッスンで人気がある。

35

殿部

18 ケーブル・ヒップエクステンション
（ロープーリーを使って行う股関節の伸展）

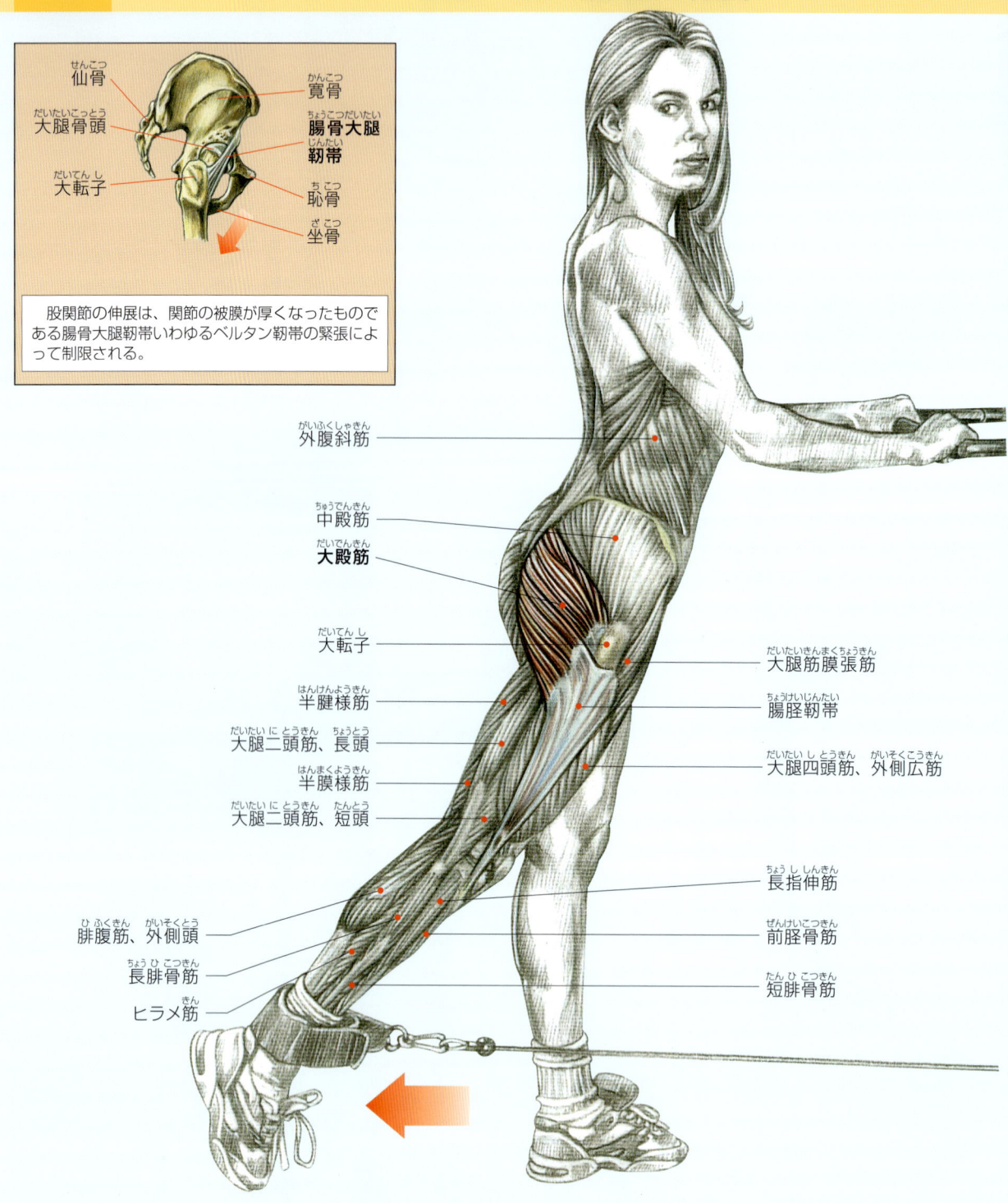

骨盤の図の名称：
- 仙骨
- 大腿骨頭
- 大転子
- 寛骨
- 腸骨大腿靭帯
- 恥骨
- 坐骨

股関節の伸展は、関節の被膜が厚くなったものである腸骨大腿靭帯いわゆるベルタン靭帯の緊張によって制限される。

筋肉の名称：
- 外腹斜筋
- 中殿筋
- 大殿筋
- 大転子
- 半腱様筋
- 大腿二頭筋、長頭
- 半膜様筋
- 大腿二頭筋、短頭
- 腓腹筋、外側頭
- 長腓骨筋
- ヒラメ筋
- 大腿筋膜張筋
- 腸脛靭帯
- 大腿四頭筋、外側広筋
- 長指伸筋
- 前脛骨筋
- 短腓骨筋

マシンに向かって立ち、両手でグリップを握る。骨盤を前方に傾け片脚で立ち、もう一方の足首にロープーリーをかける。股関節の伸展を行う。股関節の伸展は腸骨大腿靭帯、いわゆるベルタン靭帯の緊張によって制限されることに注意。

このエクササイズはバックキックとも呼ばれ、主として大殿筋に作用する。ごくわずかながら、ハムストリングス（大腿二頭筋短頭を除く）にも作用する。殿部が引き締まってふっくらとした美しいプロポーションが得られる。

殿部

殿部、人間の特徴

　何種類かの大型の猿もときに「歩行」を行うとはいうものの、人間こそは完全に二足歩行で移動する唯一の霊長類であり、稀有な哺乳類である。

　この移動という運動手段と直接的に関係する形態上の特徴の一つは、人体でもっとも大きくかつ力強い筋肉である大殿筋の際立った発達である。

　殿部の発達はまさしく人間の特徴である。比較すると、四足獣には相対的に未発達な大殿筋があり、また動物の殿部と同一視されやすい馬の尻は、実際にはハムストリングス（人間の大腿後部）によって構成されている。

　人間においては、股関節の伸筋である大殿筋は歩行においてはそれほど重要な役割を果たしていない。というのは、骨盤を真っ直ぐに立て直す（股関節伸展）のは本質的にハムストリングスによって固定されるからである。歩いているとき殿部に触ってみるだけで、そこが実際には収縮していないことを確かめられるだろう。

　坂道を上がるとか速足あるいは競争のときのように動きが際立ってくるとただちに殿筋が活動し、股関節を力強く広げたり上半身を真っ直ぐに支えたりするのである。

　生物力学のこうした考え方から分かることは、「スティッフ・レッグド・デッドリフト」（75頁参照）や「グッドモーニング」（76頁参照）のように大殿筋やハムストリングスのために特別な運動を行うときは、負荷が大きければ大きいほど大殿筋やハムストリングスにより強く作用するが、膝を曲げ過ぎるとハムストリングスへの作用は弱くなる。

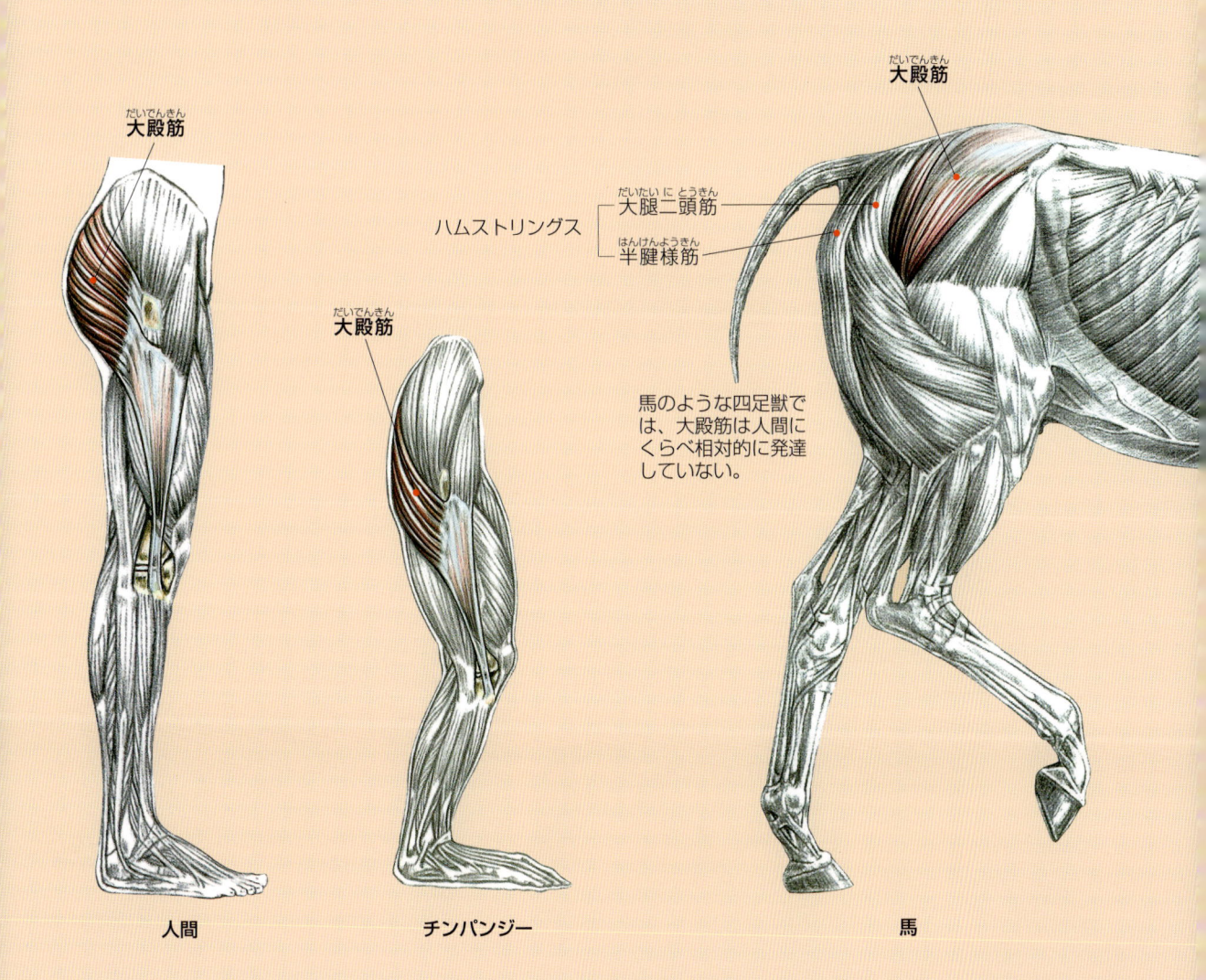

馬のような四足獣では、大殿筋は人間にくらべ相対的に発達していない。

人間　　　　　チンパンジー　　　　　馬

殿部

19 フロア・ヒップエクステンション②
（ゴムバンドを用いる床上での股関節の伸展）

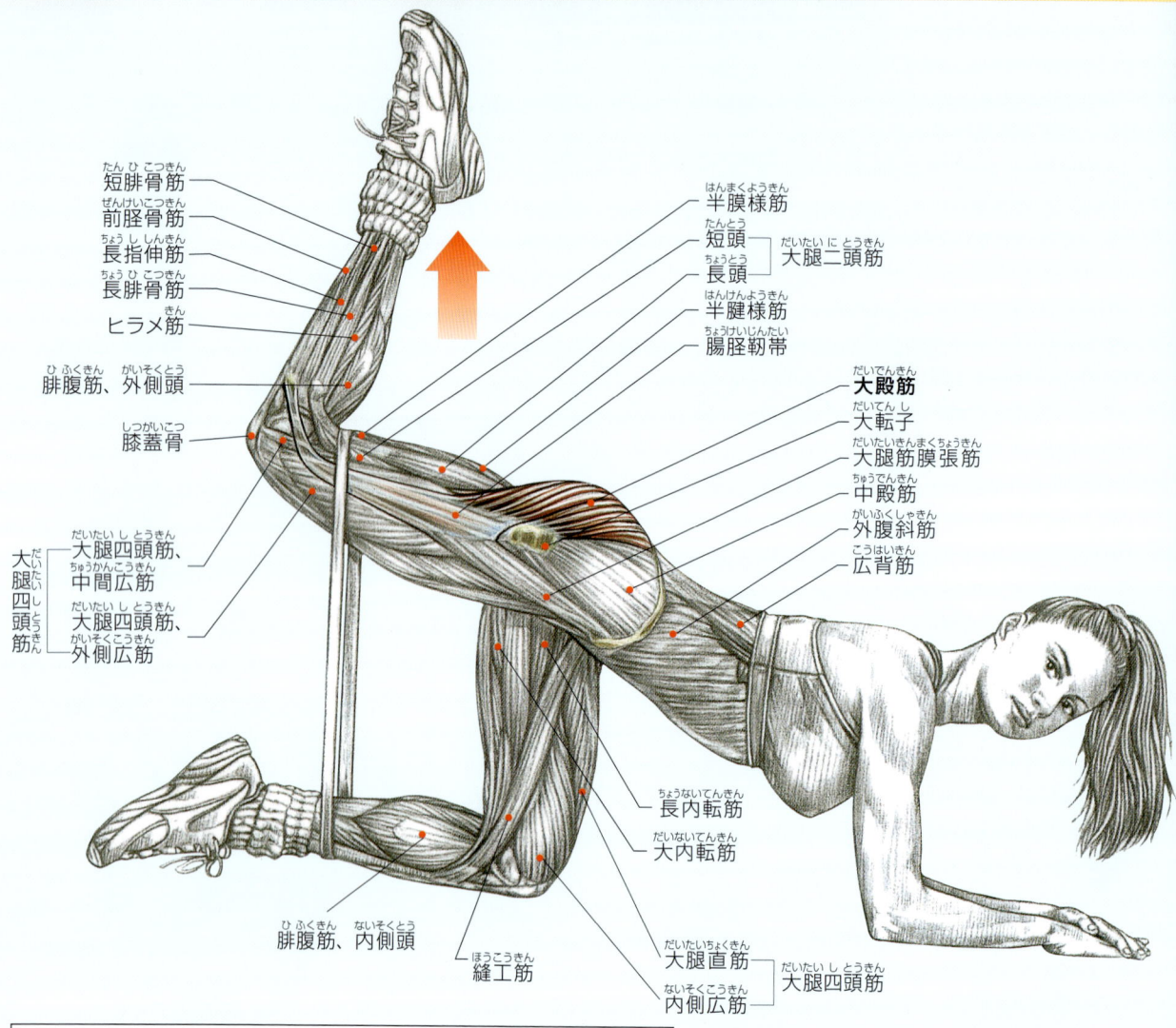

筋肉名称（左側）:
- 短腓骨筋
- 前脛骨筋
- 長指伸筋
- 長腓骨筋
- ヒラメ筋
- 腓腹筋、外側頭
- 膝蓋骨
- 大腿四頭筋、中間広筋
- 大腿四頭筋、外側広筋
- 大腿四頭筋

筋肉名称（右側）:
- 半膜様筋
- 短頭
- 長頭
- 大腿二頭筋
- 半腱様筋
- 腸脛靭帯
- 大殿筋
- 大転子
- 大腿筋膜張筋
- 中殿筋
- 外腹斜筋
- 広背筋
- 長内転筋
- 大内転筋
- 腓腹筋、内側頭
- 縫工筋
- 大腿直筋
- 内側広筋
- 大腿四頭筋

動作の方法

　両肘で体を支え、片方の脚で膝をつき、もう一方の脚は床から離す。大腿は垂直以下の角度で軽く上げる。膝を曲げ、膝関節の後部にゴムバンドを通し、床の脚の方の足首につなげる。脚をできるだけ高く上げて股関節の完全な伸展を行う。ゴムバンドの張りを保ったまま始めの姿勢にもどり繰り返す。

　このエクササイズは常に小さな幅で行われ、大殿筋とわずかながらハムストリングスに作用する。

　反復回数を多くすればよりよい効果が得られる。

殿部

ベンチ・ヒップエクステンション
（ベンチ上での股関節の伸展）

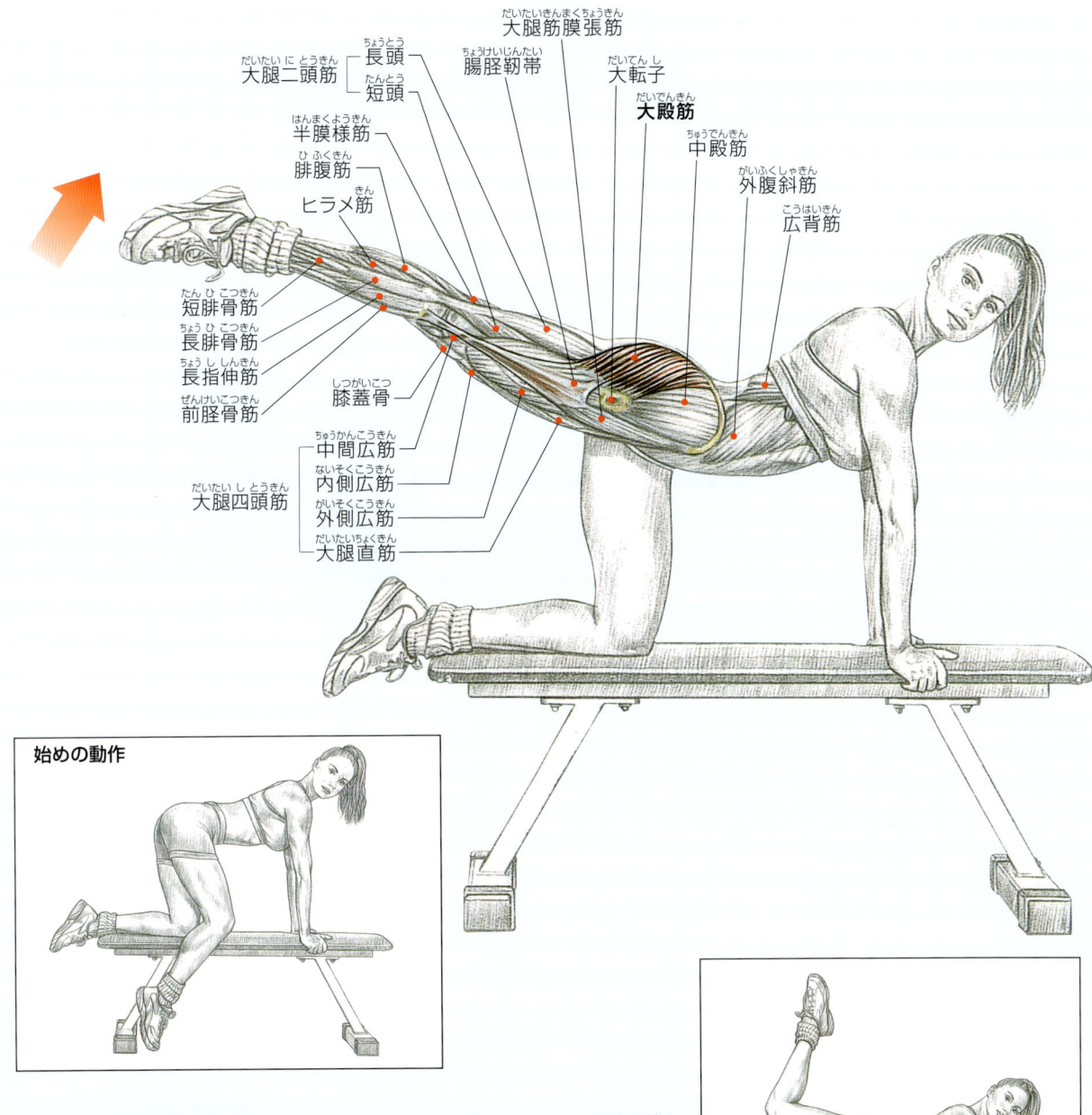

20

筋肉ラベル（図中）：
- 大腿二頭筋（長頭／短頭）
- 大腿筋膜張筋
- 腸脛靭帯
- 大転子
- 大殿筋
- 中殿筋
- 外腹斜筋
- 広背筋
- 半膜様筋
- 腓腹筋
- ヒラメ筋
- 短腓骨筋
- 長腓骨筋
- 長指伸筋
- 前脛骨筋
- 膝蓋骨
- 中間広筋
- 内側広筋
- 外側広筋
- 大腿直筋
- 大腿四頭筋

始めの動作

　ベンチに片方の脚の膝をつき、もう一方は床に足をつける。両手で体を支え腕を伸ばす。背中は真っ直ぐか、軽く反らす。床につけた方の脚を後方に持ってゆき、股関節伸展が完全になるまで伸ばす。始めの姿勢にもどすが、今度は床に足をつけないで繰り返す。

　このエクササイズは脚を伸ばして行われ、大殿筋と同様にハムストリングス（半腱様筋、半膜様筋と短頭を除く大腿二頭筋）に作用する。股関節伸展の最後に膝を曲げることでハムストリングスの働きを制限することができる。床上での股関節伸展に比べ、この運動では始動のときに大殿筋の働きがより強く感じられる。

　伸展の最後にアイソメトリックスによる収縮を1〜2秒間保持することもできる。より強化するためには足首に負荷をつける方法もある。焼けつくような感覚を覚えるまで反復回数を増やしていけばよりよい効果が得られる。

バリエーション
股関節伸展の最後に膝を曲げる

39

殿部

21 プローン・ヒップエクステンション
（うつぶせになって行う股関節の伸展）

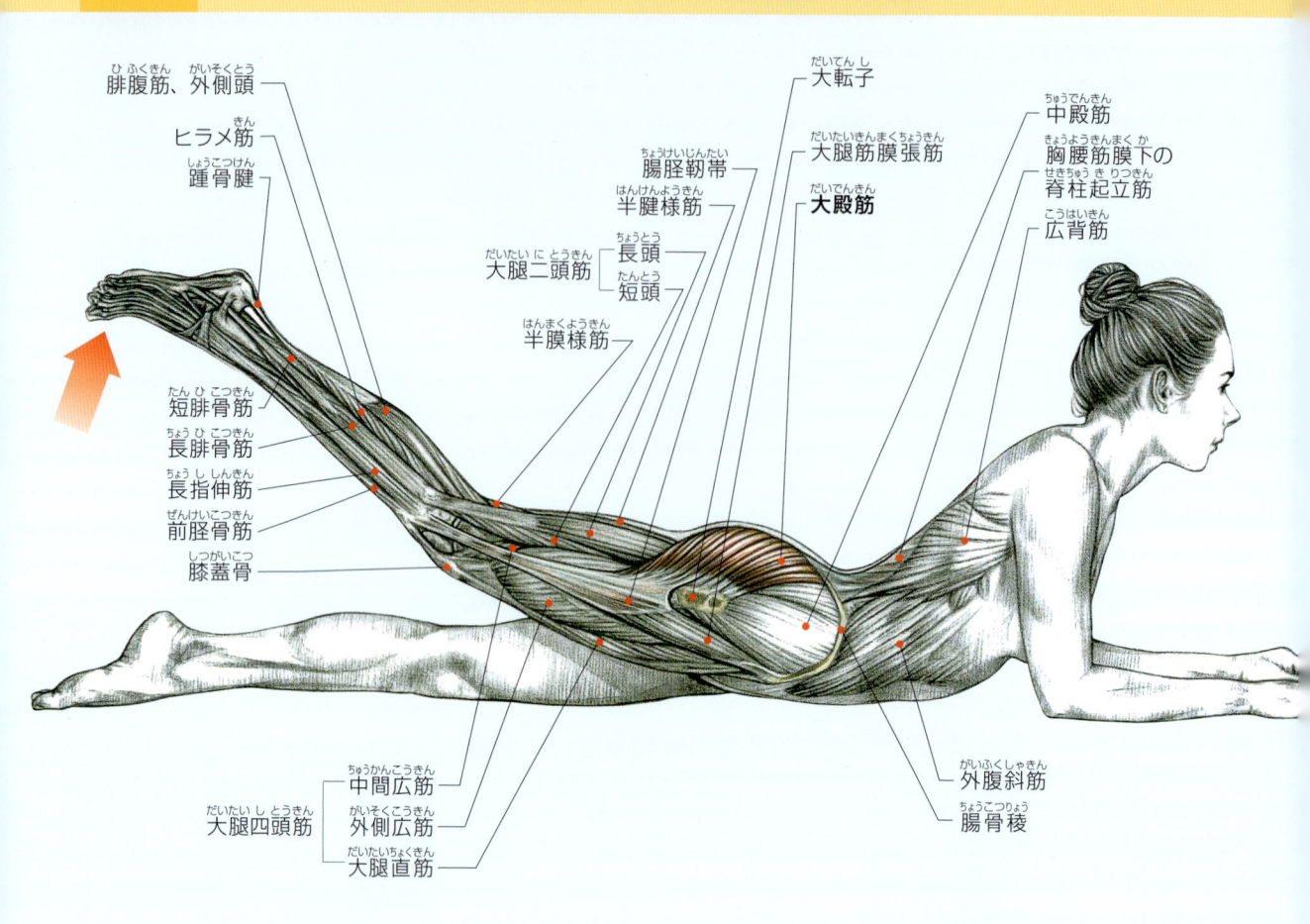

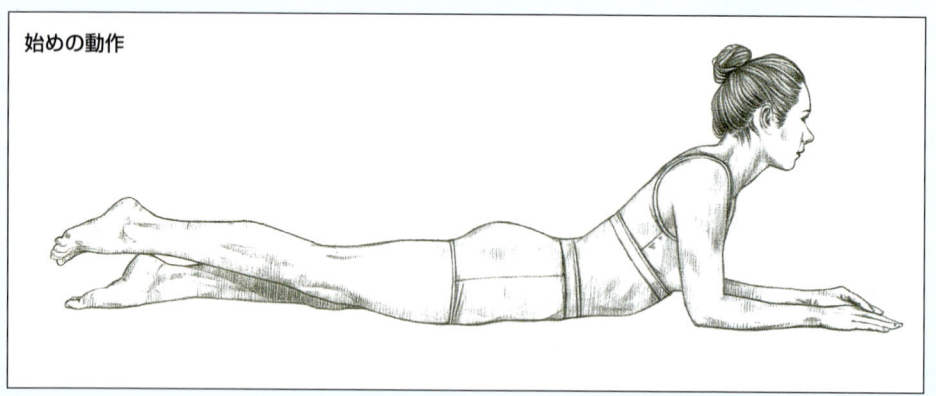

解剖図ラベル（上から、左側・中央・右側順）：

- 腓腹筋、外側頭（ひふくきん、がいそくとう）
- ヒラメ筋
- 踵骨腱（しょうこつけん）
- 短腓骨筋（たんひこつきん）
- 長腓骨筋（ちょうひこつきん）
- 長指伸筋（ちょうししんきん）
- 前脛骨筋（ぜんけいこつきん）
- 膝蓋骨（しつがいこつ）
- 大転子（だいてんし）
- 腸脛靭帯（ちょうけいじんたい）
- 半腱様筋（はんけんようきん）
- 大腿二頭筋（だいたいにとうきん）― 長頭（ちょうとう）／短頭（たんとう）
- 半膜様筋（はんまくようきん）
- 大腿筋膜張筋（だいたいきんまくちょうきん）
- **大殿筋**（だいでんきん）
- 中殿筋（ちゅうでんきん）
- 胸腰筋膜下の脊柱起立筋（きょうようきんまくかのせきちゅうきりつきん）
- 広背筋（こうはいきん）
- 中間広筋（ちゅうかんこうきん）
- 大腿四頭筋（だいたいしとうきん）
- 外側広筋（がいそくこうきん）
- 大腿直筋（だいたいちょっきん）
- 外腹斜筋（がいふくしゃきん）
- 腸骨稜（ちょうこつりょう）

始めの動作

うつぶせになり前腕で体を支え、上腕は垂直に、背中を少し反らせ片方の脚を軽く床から離す。離した方の脚をできるだけ高く持ち上げ、足を床につけないようにして始めの姿勢にもどり繰り返す。

このエクササイズは常に反復回数を多くして行われ、主として大殿筋、わずかながらではあるがハムストリングス、および背面下部にある脊柱起立筋の腰仙骨部に作用する。

バリエーション
各反復中に上げた方の脚でアイソメトリックスによる収縮を2～3秒間保持するのもよい。

殿部

スタンディング・ヒップエクステンション②
（ゴムバンドを使う立位での股関節の伸展）

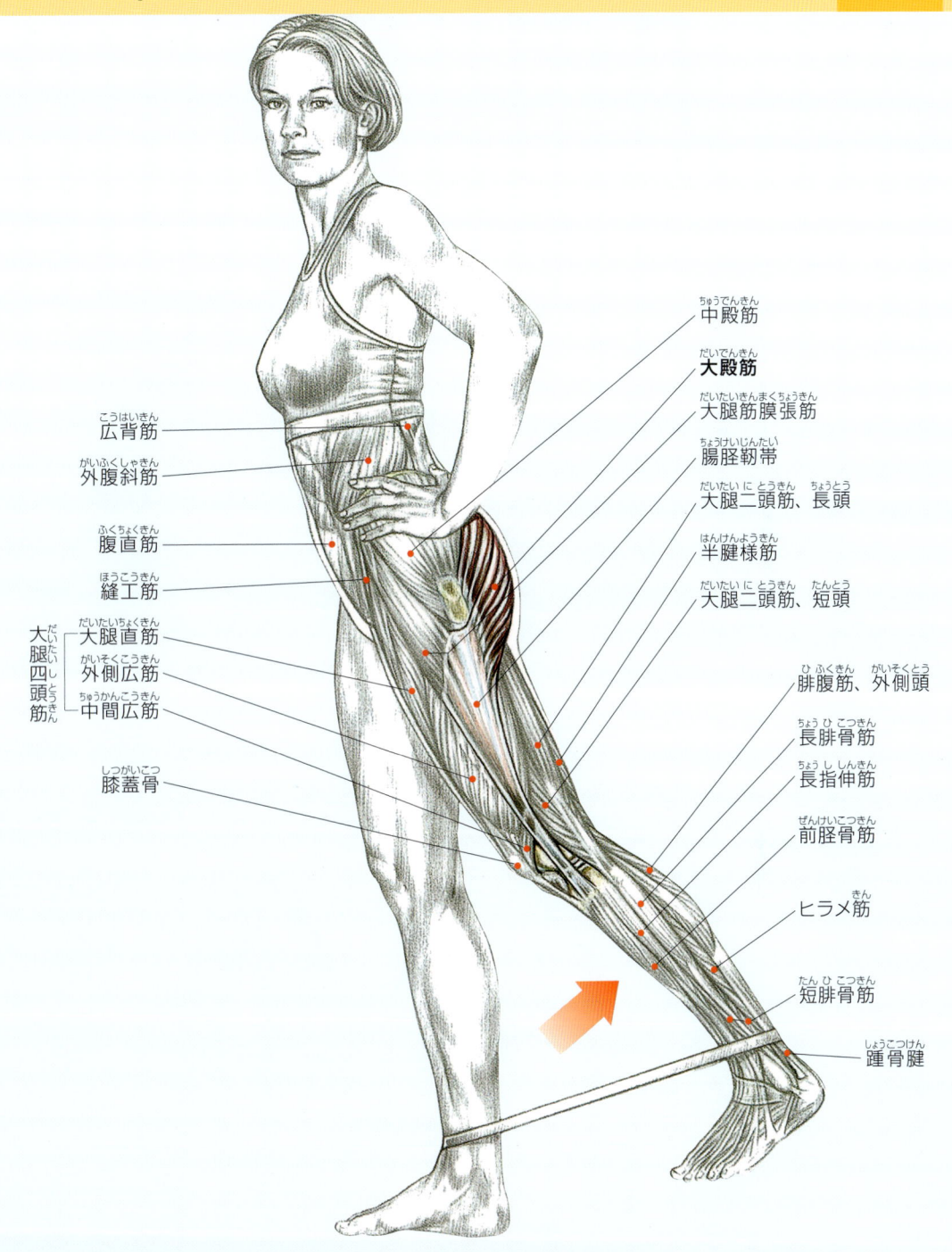

22

筋肉ラベル（左側）:
- 広背筋（こうはいきん）
- 外腹斜筋（がいふくしゃきん）
- 腹直筋（ふくちょくきん）
- 縫工筋（ほうこうきん）
- 大腿四頭筋（だいたいしとうきん）
  - 大腿直筋（だいたいちょっきん）
  - 外側広筋（がいそくこうきん）
  - 中間広筋（ちゅうかんこうきん）
- 膝蓋骨（しつがいこつ）

筋肉ラベル（右側）:
- 中殿筋（ちゅうでんきん）
- **大殿筋**（だいでんきん）
- 大腿筋膜張筋（だいたいきんまくちょうきん）
- 腸脛靭帯（ちょうけいじんたい）
- 大腿二頭筋、長頭（だいたいにとうきん、ちょうとう）
- 半腱様筋（はんけんようきん）
- 大腿二頭筋、短頭（だいたいにとうきん、たんとう）
- 腓腹筋、外側頭（ひふくきん、がいそくとう）
- 長腓骨筋（ちょうひこつきん）
- 長指伸筋（ちょうししんきん）
- 前脛骨筋（ぜんけいこつきん）
- ヒラメ筋（きん）
- 短腓骨筋（たんひこつきん）
- 踵骨腱（しょうこつけん）

　立って腰に手を置き片脚で体を支える。両足首にゴムバンドを巻いてもう一方の脚を伸ばし、股関節の伸展を行う。ゴムバンドを伸ばしたままで始めの姿勢にもどり、また繰り返す。

　ゴムバンドを使用するすべての運動と同様に、焼けつくような感覚が生じるまで反復回数を増やせばよりよい効果が得られる。

　このエクササイズはバックキックとも呼ばれ、主に大殿筋に働く。またわずかであるが、足の屈曲のみで股関節伸展に参加しない大腿二頭筋の短頭を除くハムストリングス全体にも作用する。

殿部

23　ヒップリフト（床上で骨盤の持ち上げ）

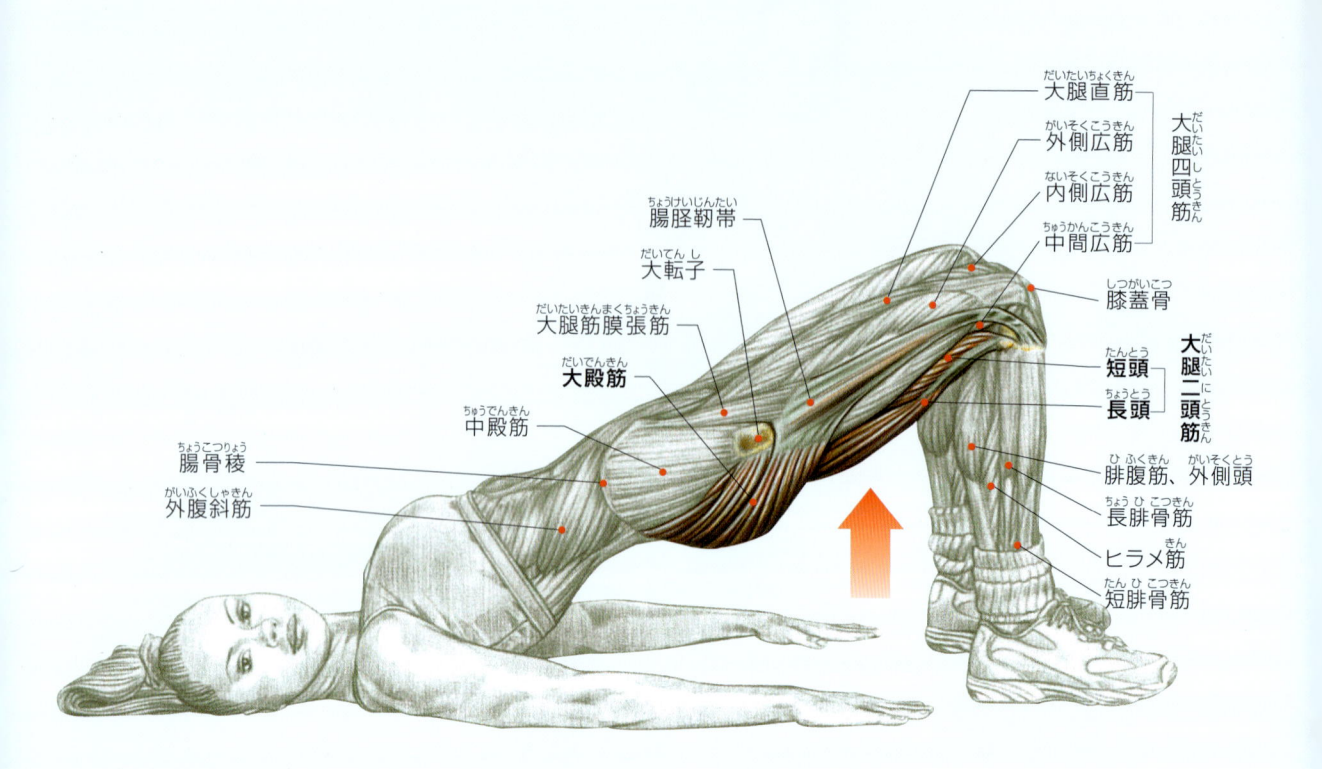

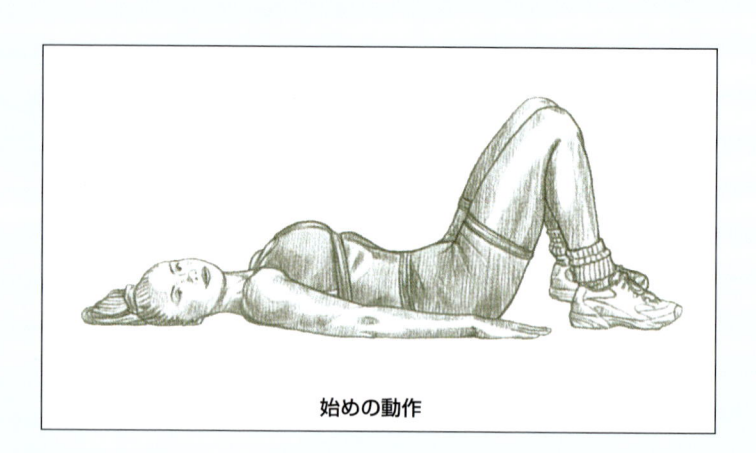

- 大腿直筋
- 外側広筋
- 内側広筋
- 中間広筋
- 大腿四頭筋
- 腸脛靭帯
- 大転子
- 膝蓋骨
- 大腿筋膜張筋
- **大殿筋**
- **短頭**
- **長頭**
- **大腿二頭筋**
- 中殿筋
- 腓腹筋、外側頭
- 腸骨稜
- 長腓骨筋
- 外腹斜筋
- ヒラメ筋
- 短腓骨筋

始めの動作

仰向けになり、両手を床に平らに置き腕を体に沿わせて膝を曲げる。息を吸い、足に思いっきり力を入れてヒップを床から浮かす。そのままの位置で2秒間体を支え、床にヒップがつかないようにして骨盤を下ろす。息を吐き繰り返す。
このエクササイズは主にハムストリングスと大殿筋に作用する。
反復回数を多くして行われるが、要は骨盤を持ち上げたときに筋肉の収縮をよく感じ取れるようにすることである。

備考
やさしくて効果もあるので、床上での骨盤の持ち上げはジムのグループレッスンのほとんどに組み込まれている。

殿部

ワンレッグ・ヒップリフト（片脚で行う骨盤の持ち上げ） 24

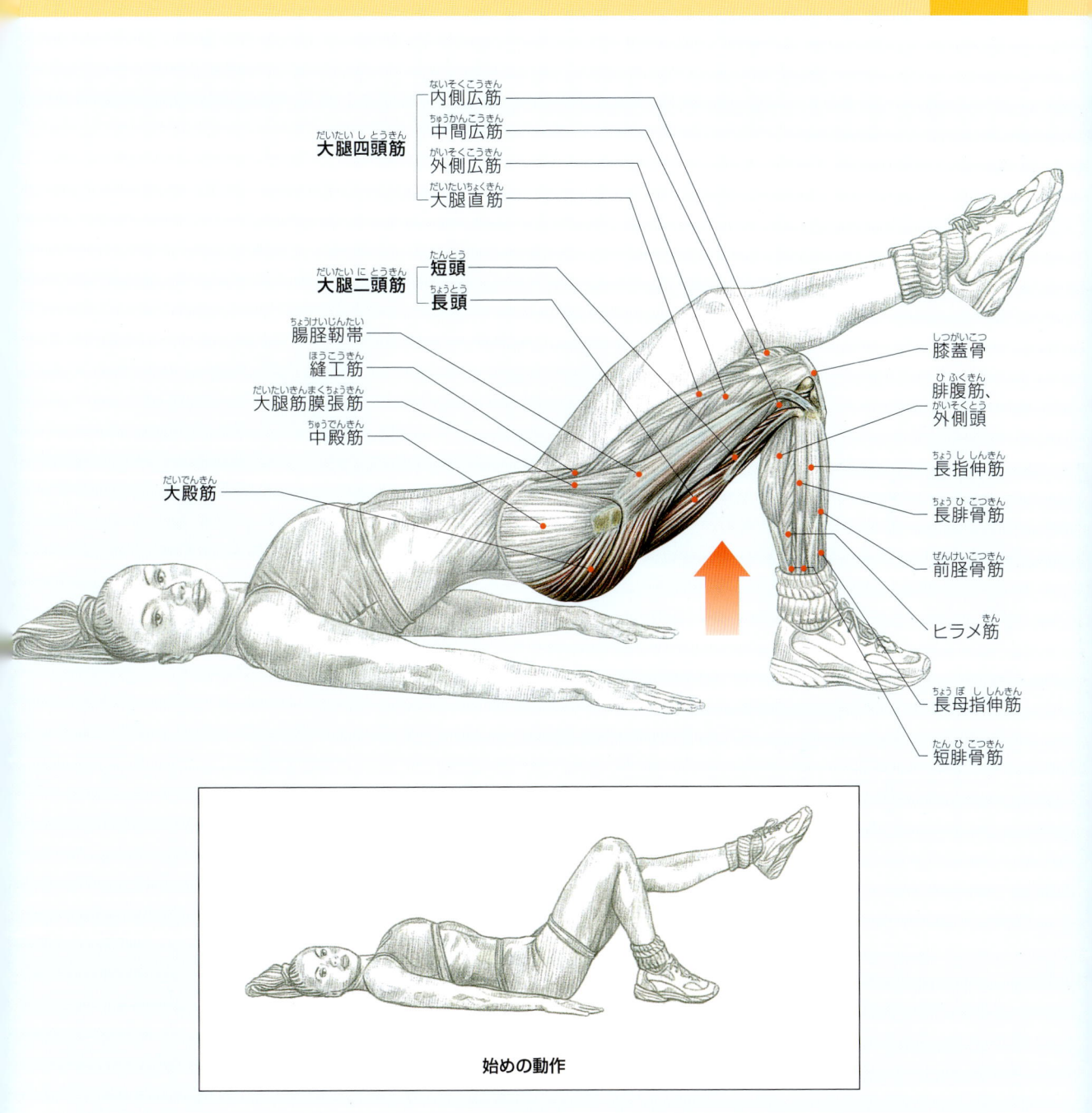

大腿四頭筋
- 内側広筋
- 中間広筋
- 外側広筋
- 大腿直筋

大腿二頭筋
- 短頭
- 長頭

- 腸脛靱帯
- 縫工筋
- 大腿筋膜張筋
- 中殿筋
- 大殿筋

- 膝蓋骨
- 腓腹筋、外側頭
- 長指伸筋
- 長腓骨筋
- 前脛骨筋
- ヒラメ筋
- 長母指伸筋
- 短腓骨筋

始めの動作

　仰向けになり、両手は床の上に平らに置く。腕を体に沿わせ片脚は膝を曲げ足を床に置く。もう一方の脚を前方に伸ばし足は床につけない。息を吸い、床上の足に最大限の力を入れヒップを浮かす。そのままの姿勢で2秒間体を支え、ヒップを床につけないで骨盤を下ろす。息を吐き繰り返す。
　このエクササイズは主にハムストリングス（半腱様筋、半膜様筋、大腿二頭筋）と大殿筋に働く。
　反復回数を多くして行われるが、要は骨盤を持ち上げたときに筋肉の収縮をよく感じ取れるようにすることである。

備考
　片方で、続いてもう片方でフルセットの反復運動を行うこともできるが、同じ運動の途中で骨盤の持ち上げを右足と左足で交代させて行うこともできる。交代の間は背を床につける。

43

殿部

25 ベンチ・ヒップリフト（足を高くして行う骨盤の持ち上げ）

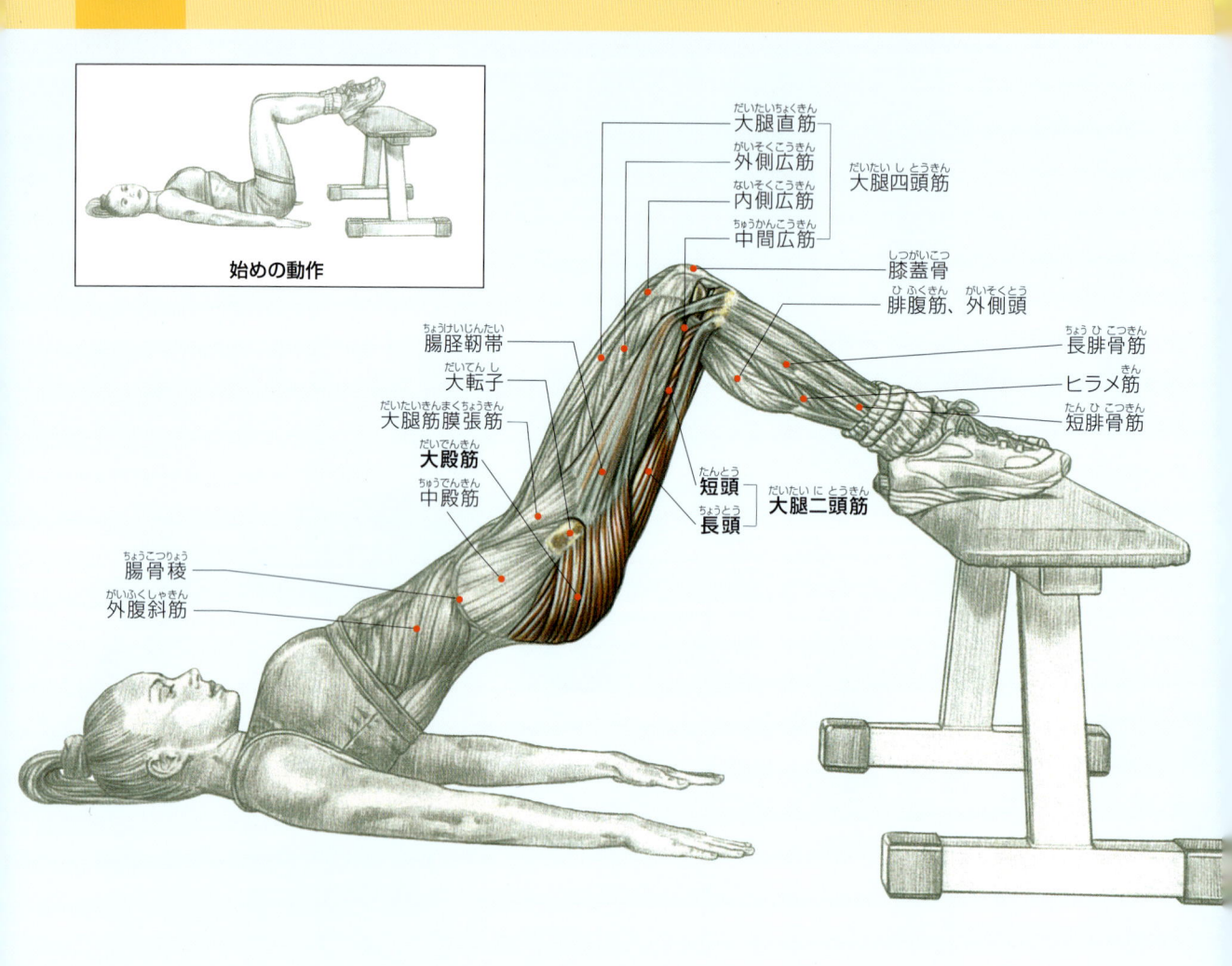

始めの動作

大腿直筋
外側広筋
内側広筋　大腿四頭筋
中間広筋
膝蓋骨
腓腹筋、外側頭
腸脛靱帯
大転子
長腓骨筋
大腿筋膜張筋
ヒラメ筋
大殿筋
短腓骨筋
中殿筋
短頭
長頭　大腿二頭筋
腸骨稜
外腹斜筋

　仰向けになり、手は床に平らに置き、腕を体に沿わせ大腿を垂直に上げて足をベンチの上に置く。息を吸い、床からヒップを浮かす。そのままの姿勢で2秒間体を支え、ヒップを下ろすが床にはつけない。息を吐き繰り返す。
　このエクササイズは主に大殿筋ととりわけハムストリングス全体に働き、後者への作用は床上でのヒップリフト（42頁参照）よりずっと大きい。
　この運動はゆっくりと行われるが、要は筋肉の収縮をよく感じ取られるように行うことである。1回のセットで10回から15回繰り返せばよりよい効果が得られる。

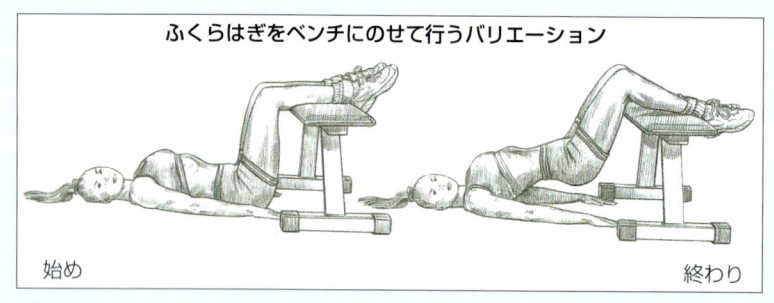

ふくらはぎをベンチにのせて行うバリエーション
始め　　　　終わり

バリエーション
- 骨盤をあまり下ろさずに運動の幅を小さくして、筋肉の焼けつく感覚を求めながら行うこともできる。
- ふくらはぎをベンチにのせて骨盤の持ち上げを行えば、腓腹筋が強く働いてハムストリングスにいっそう強く作用する。

備考
　骨盤の持ち上げも実際には股関節の伸展であることに留意すること。

殿部

ポステリア・ペルビックティルツ（骨盤の後傾） 26

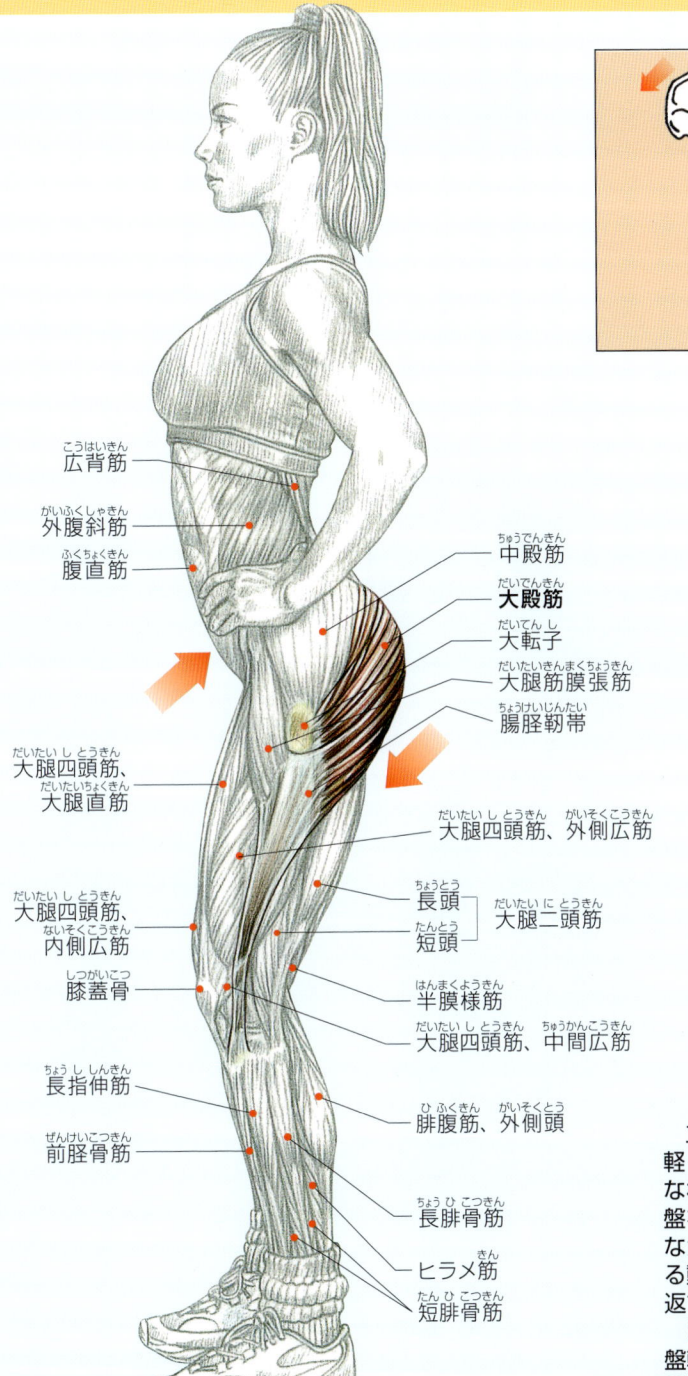

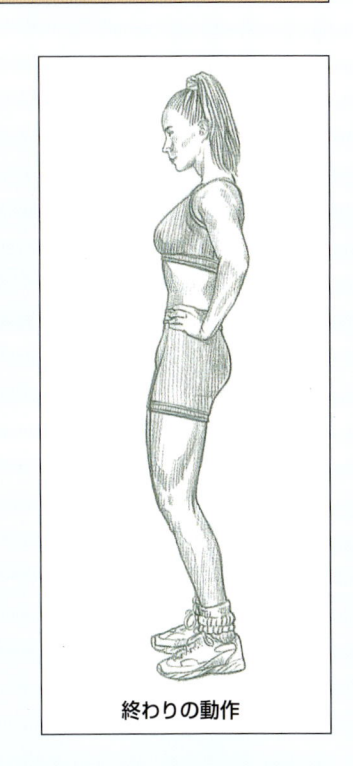

1. 前傾の骨盤
2. 通常の姿勢の骨盤
3. 後傾の骨盤

広背筋
外腹斜筋
腹直筋
中殿筋
大殿筋
大転子
大腿筋膜張筋
腸脛靭帯
大腿四頭筋、大腿直筋
大腿四頭筋、外側広筋
大腿四頭筋、内側広筋
長頭
短頭
大腿二頭筋
膝蓋骨
半膜様筋
大腿四頭筋、中間広筋
長指伸筋
前脛骨筋
腓腹筋、外側頭
長腓骨筋
ヒラメ筋
短腓骨筋

終わりの動作

　立って手を腰に当て、足を平行に開き膝を軽く曲げる。背を少し反らし骨盤を前傾、すなわちヒップを突き出したかたちにする。骨盤を後傾させる。この動きはヒップをすぼめながら引っ込め、最大で2～3秒間収縮させる動作がともなう。始めの姿勢にもどり繰り返す。
　このエクササイズは主に大殿筋と深部で骨盤転子筋の全体（外閉鎖筋を除く股関節の梨状筋、大腿方形筋、内閉鎖筋、上双子筋、下双子筋）に働く。
　負荷をつけるエクササイズより効果は小さいが、骨盤の後傾は反復回数を多くすることで効果が得られる。大殿筋の作用を意識できるようになるので、初級者には優れた運動である。より効果をあげるために、直後に負荷を加えるエクササイズをトレーニングメニューの中に入れるとよい。

45

殿部

27 スモール・ラテラル・サイフレクション
（足を外側に開き大腿を小さく曲げる）

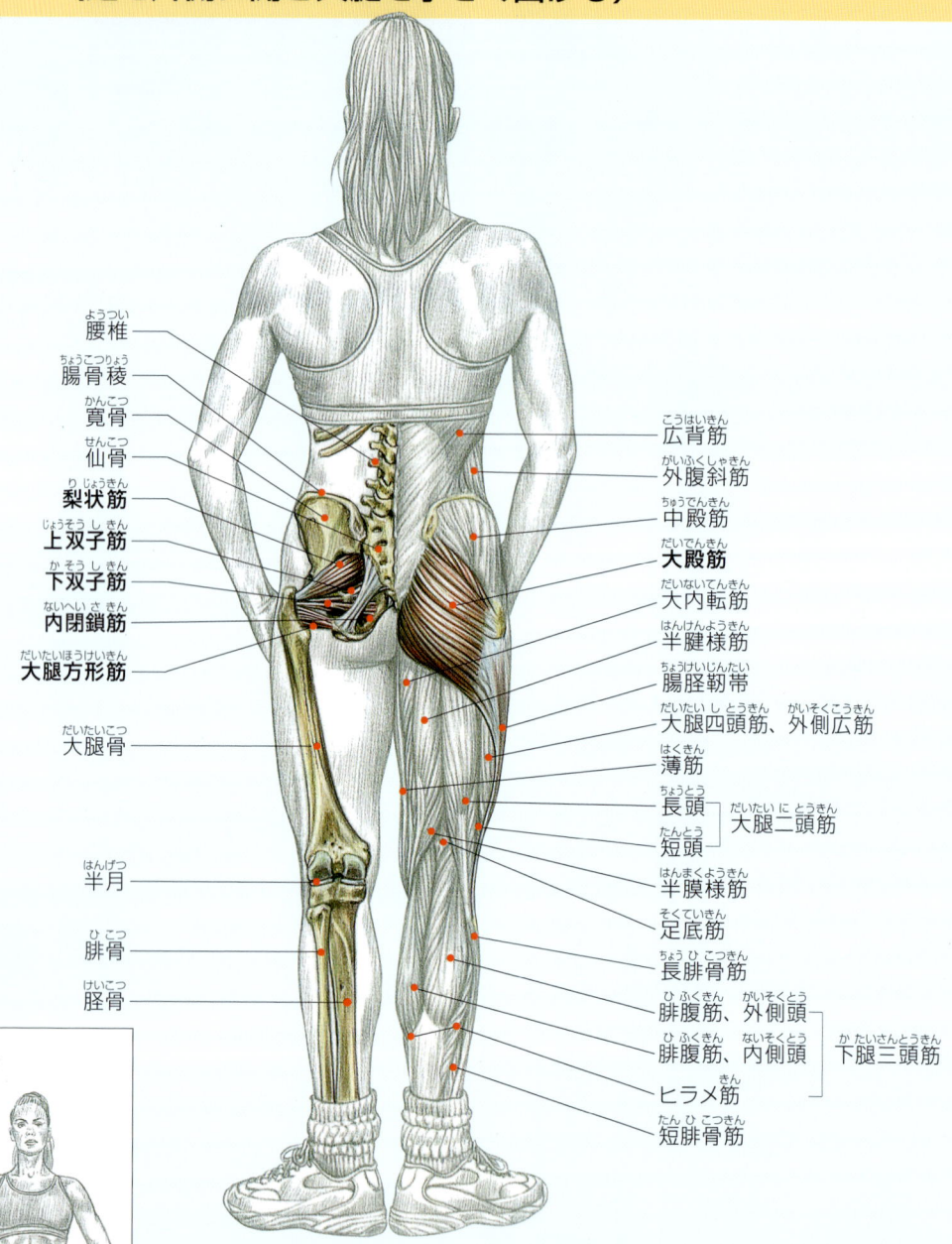

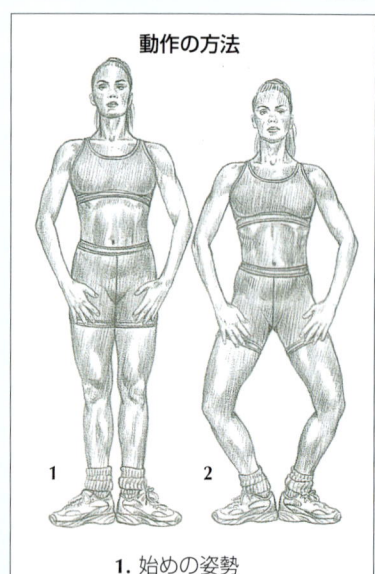

解剖図ラベル（左側）:
腰椎、腸骨稜、寛骨、仙骨、梨状筋、上双子筋、下双子筋、内閉鎖筋、大腿方形筋、大腿骨、半月、腓骨、脛骨

解剖図ラベル（右側）:
広背筋、外腹斜筋、中殿筋、大殿筋、大内転筋、半腱様筋、腸脛靭帯、大腿四頭筋、外側広筋、薄筋、長頭、短頭、大腿二頭筋、半膜様筋、足底筋、長腓骨筋、腓腹筋、外側頭、腓腹筋、内側頭、下腿三頭筋、ヒラメ筋、短腓骨筋

動作の方法
1. 始めの姿勢
2. 大腿を曲げる

立って大腿部に手を置き、背中を真っ直ぐにする。両足を外側に開きかかとを合わせる。足は常に膝の軸にそろえる（注意：足の開く角度や股関節の柔軟性は人により異なるので、足を完全に外側に開こうとしても柔軟性がなければむだである）。大腿を三分の一屈曲させ、3〜4秒の間最大限にヒップを締めて始めの姿勢にもどる。

作用する筋肉は主に大殿筋と深部で大腿の回旋筋群（股関節の梨状筋、大腿方形筋、内閉鎖筋、上双子筋、下双子筋）である。

このエクササイズは、筋肉の感覚に集中するようにしてゆっくりと行う。体重を使って行われるほとんどの運動と同様に、反復回数を多くして初めて効果が得られる。大殿筋の働きをよく感じるために、行程の最後にアイソメトリックスの収縮によりおよそ20秒間ヒップを強く引き締めたままにするのもよい。

脚　　部　　II

1. バーベル・スクワット …………50
2. バー・スクワット ……………52
3. ワイドスタンス・スクワット ………53
4. バーベル・フロントスクワット ……54
5. エラスティックバンド・スクワット ……55
6. バー・フロントスクワット …………56
7. フレームガイドマシン・スクワット ……57
8. ローマンチェアー・スクワット ……58
9. ダンベル・スクワット …………59
10. ヒンズー・スクワット …………60
11. ワイドスタンス・サイフレクション ……61
12. オールターニット・サイドランジ ……62
13. ワンレッグ・フレクション …………63
14. ハック・スクワット …………65
15. インクライン・レッグプレス ………66
16. レッグ・エクステンション ………68
17. サイレイズ① …………………69
18. サイレイズ② …………………70
19. フロア・アダクション …………71
20. ケーブル・アダクション …………72
21. シーテッド・ヒップアダクション ……73
22. スタンディング・アダクション ……74
23. スティフ・レッグド・デッドリフト ……75
24. グッドモーニング・エクササイズ① ……76
25. グッドモーニング・エクササイズ② ……78
26. レッグカール …………………79
27. スタンディング・レッグカール ……80
28. シーテッド・レッグカール ………81
29. ベンチ・レッグカール …………82
30. フロア・レッグカール …………83
31. ニーリング・フォワード・ベンド ……84
32. スタンディング・カーフレイズ ……85
33. ドンキー・カーフレイズ …………86
34. ワンレッグ・カーフレイズ ………87
35. スタンディング・バーベル・カーフレイズ ……88
36. シーテッド・バーベル・カーフレイズ ……89
37. シーテッド・カーフレイズ ………90

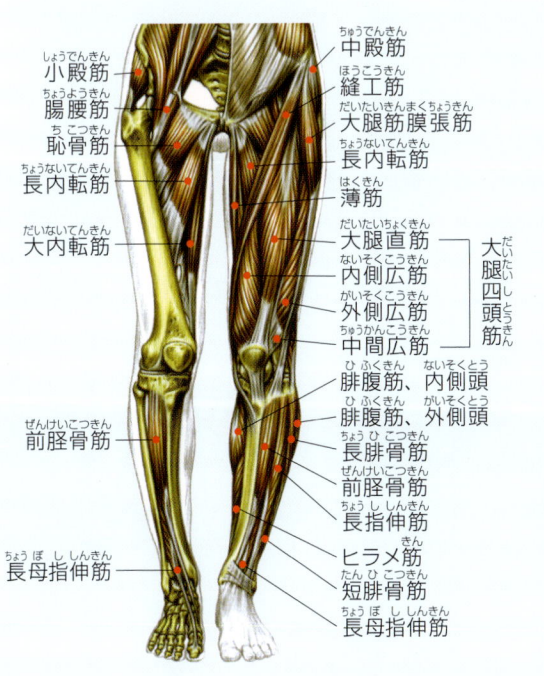

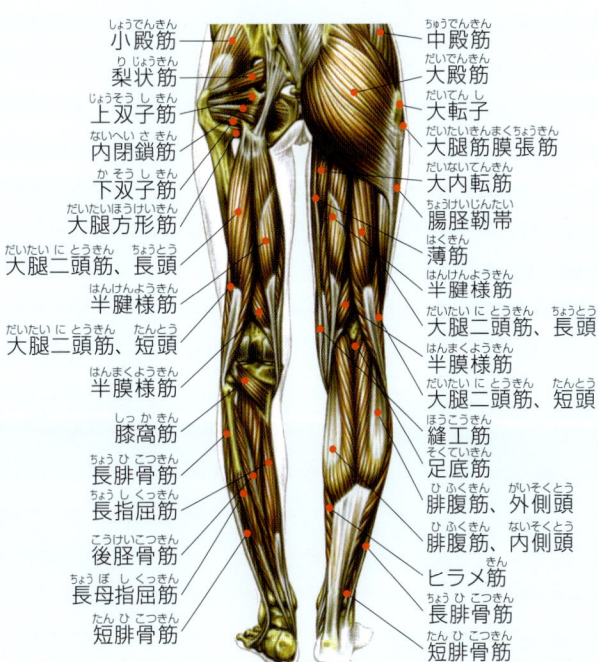

脚部

男女の形態上の違い

　男女の形態上の違いは、解剖学的要素の量と割合が異なることからきている。
　一般的に、女性の骨格は男性と違い量が少なく、なめらかで繊細である。また筋肉や腱を挟みこんでいるくぼみや凹凸が男性ほど際立っておらず（男性では発達した筋肉が骨格に影響を与えている）、胸郭は男性より円形で小さい。肩の骨の大きさは比率からいえば男性と同じなのだが、男性は肩がもっとも発達しているため、比べた場合、女性はより小さく見える。腰の彎曲は女性の方が顕著で、骨盤が前方に傾いているため（前傾骨盤）、腰椎前彎となり、女性を特徴づけやすくしている。女性の胴が長くて細いのは、胸郭の基部がすぼまっていて、骨盤が一般に低い位置にあるからである。
　男と女の骨格でもっとも重要な違いは骨盤に関してである。女性の骨盤は妊娠に適合されているため、男性の骨盤より低い位置にあって相対的に幅が広い。また仙骨も広く、骨盤腔は新生児が通りやすいようにより大きく丸くなっている。骨盤腔が広いことで、寛骨臼窩（大腿骨頭が入り込む溝）がたがいに離れ、そのことがまた大転子間の距離を広め、結果として股関節をより大きくさせているのである。

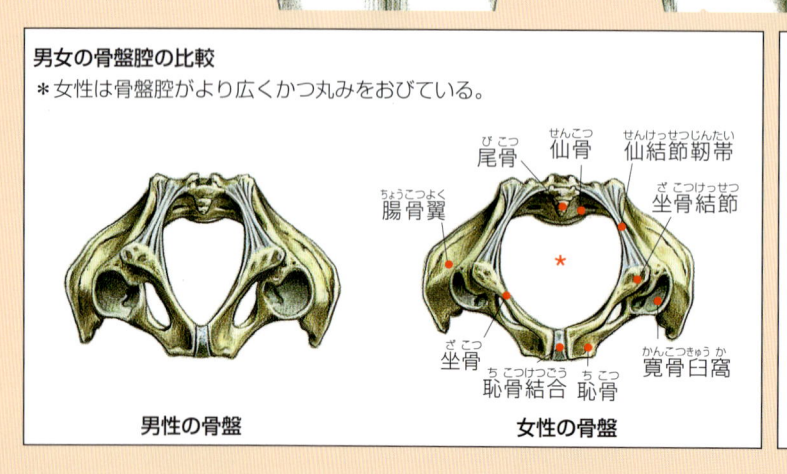

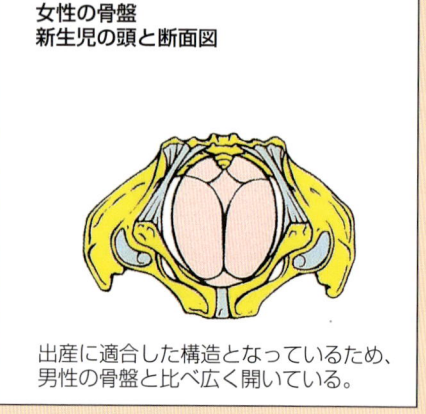

男女の骨盤の比較
骨格の影響で外形に違いが現われる

男性　　　　　　　　　　　　　　　　　　　　　女性

高い骨盤　　　　　　　　　　　　　　　　　　　広い骨盤
狭い骨盤腔　　　　　　　　　　　　　　　　　　広い仙骨
　　　　　　　　　　　　　　　　　　　　　　　広い骨盤腔
　　　　　　　　　　　　　　　　　　　　　　　離れた寛骨臼窩
　　　　　　　　　　　　　　　　　　　　　　　大転子間の距離が広いため幅広い股関節
　　　　　　　　　　　　　　　　　　　　　　　広い恥骨弓

男女の骨盤腔の比較
＊女性は骨盤腔がより広くかつ丸みをおびている。

尾骨（びこつ）　仙骨（せんこつ）　仙結節靱帯（せんけっせつじんたい）
腸骨翼（ちょうこつよく）　坐骨結節（ざこつけっせつ）
坐骨（ざこつ）　恥骨結合（ちこつけつごう）　恥骨（ちこつ）　寛骨臼窩（かんこつきゅうか）

男性の骨盤　　　女性の骨盤

女性の骨盤
新生児の頭と断面図

出産に適した構造となっているため、男性の骨盤と比べ広く開いている。

脚部

このように女性の幅広い股関節は大腿骨の位置に直接影響していて、傾斜した大腿骨が脚を少しXの形に見せているのがしばしばである。広い骨盤と大腿骨の顕著な傾斜は膝の外反を起こしやすく、それはまた女性に特有の弛緩過剰によってさらに際立ったものになる。こうして脚は典型的なX状となるのである。

そうなると、膝関節が大きな影響を受け、内側側副靱帯が過度に緊張する。外側の関節半月と、大腿骨および脛骨の軟骨で覆われた関節の表面は極度の負荷を受け、そのため若いうちから膝が磨耗するということになりかねない。

病的な外反はくるぶしの沈降と足裏のくぼみの消失（偏平足）をともない、足裏の筋肉の極端な伸長による苦痛を生じることがある。

個々人の形態の違いを考慮すること、また女性は病的な外反にかかりやすく、一方男性はしばしばがに股（内反）になりやすいということも考慮に入れておくことが大切である。外反が顕著な人は慎重に運動し、負荷の大きいトレーニングは行わず、常に運動をコントロールして膝や足首の問題を悪化させるような衝撃は避けるべきである。

トレーニングの際に考慮しておくべき女性の下肢の骨格の特徴

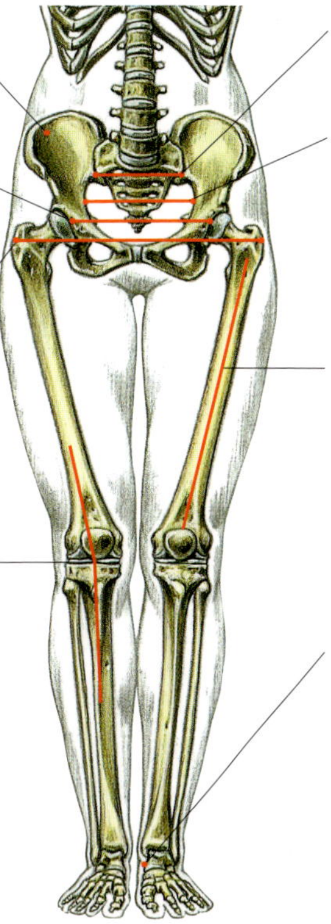

- 男性よりも相対的に広くて低い位置にある骨盤
- 男性より幅の広い寛骨臼窩
- 男性より間隔の大きな二つの転子
- 男性よりも幅の広い仙骨
- 幅の広い仙骨によって骨盤腔の直径が大きくなっている。
- （男性ほど）垂直でなく傾いている大腿骨
- 膝の外反（X脚）は足裏のくぼみを低下（偏平足）させやすい。
- 偏平足が突発すると、足裏の長い筋肉が極度に緊張するため足と脚に苦痛が起こりやすい。

骨盤の幅の広さと大腿骨の大きな傾斜によって女性は膝の外反（X脚）を起こしやすい。そうすると膝関節が大きな影響を受ける。内側側副靱帯が過度に緊張する。外側の関節半月も、大腿骨と脛骨の軟骨で覆われた関節表面と同様に極端な負荷を受ける。そのため、膝が若いうちから摩滅するということになりかねない。

恥骨結合の脱臼

妊娠中のホルモン分泌（とりわけリラキシン）の増加が、筋肉の弛緩を促し靱帯を極度に柔らかくする。靱帯の弛緩過剰は、通常は動くことのない骨盤の関節にとって大変重要な役割を果たす。

分娩時には恥骨結合が弛むので、骨盤腔が広がり胎児が通りやすくなる。したがって、分娩の後は骨盤の靱帯が本来の硬さをとりもどすまでトレーニングは慎重に行うことが大切である。スクワットやデッドリフトのように大きな負荷を用いる運動や、ベンチに上がったり階段を使ったりというような多少とも激しい着地をともなう運動は避けるべきである。トレーニングの再開が早過ぎたり強過ぎたりすると、靱帯が弛み恥骨結合の脱臼を引き起こすことがある。そうすると、関節が動き過ぎて苦痛をともなうことになる。とりわけ重い恥骨結合の脱臼は、分娩時にも突然起こることがある。

4分の3の角度からみた骨盤

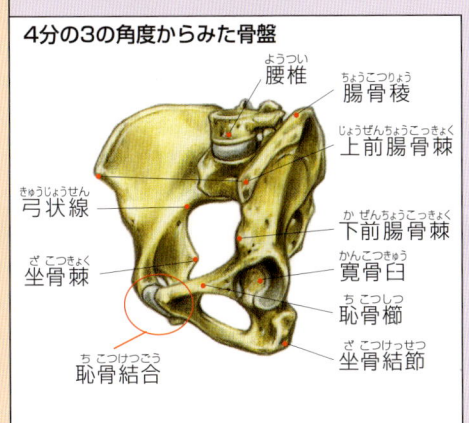

- 腰椎
- 腸骨稜
- 上前腸骨棘
- 弓状線
- 下前腸骨棘
- 坐骨棘
- 寛骨臼
- 恥骨櫛
- 恥骨結合
- 坐骨結節

恥骨結合

- 恥骨結合
- 上恥骨靱帯
- 恥骨弓靱帯

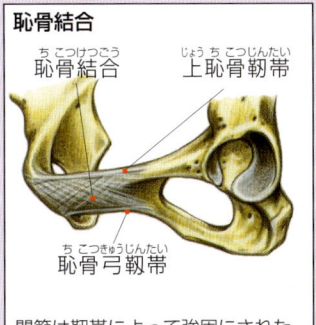

関節は靱帯によって強固にされた交差線維包で固められている。

靱帯のうち一番強いものは内側の靱帯、すなわち恥骨弓靱帯である。

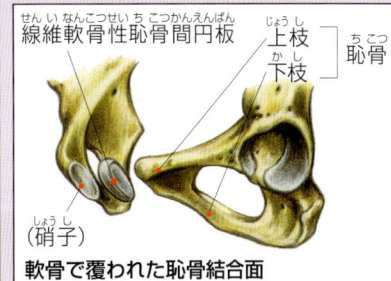

軟骨で覆われた恥骨結合面

- 線維軟骨性恥骨間円板
- 上枝
- 下枝
- 恥骨
- （硝子）

関節の表面が透明な軟骨で覆われている二つの恥骨結合の間には、線維軟骨で構成されている恥骨間円板がある。恥骨間円板の役割は、運動時のショックを吸収したり、恥骨結合の滑り・圧迫・ねじれといった小さな動きが可能になるようにすることである。

脚部

1 バーベル・スクワット（バーベルを用いるスクワット）

スクワットでは膝関節を保持するために内側に引っ込めないことが大切である。

外側広筋（がいそくこうきん）
大腿直筋（だいたいちょくきん）
大腿四頭筋（だいたいしとうきん）
中間広筋（ちゅうかんこうきん）
内側広筋（ないそくこうきん）
縫工筋（ほうこうきん）
膝蓋骨（しつがいこつ）
膝蓋腱（しつがいけん）
腓腹筋、内側頭（ひふくきん、ないそくとう）
脛骨（けいこつ）
ヒラメ筋（ひらめきん）

外腹斜筋（がいふくしゃきん）
腸骨稜（ちょうこつりょう）
中殿筋（ちゅうでんきん）
大腿筋膜張筋（だいたいきんまくちょうきん）
大転子（だいてんし）
大殿筋（だいでんきん）
腸脛靭帯（ちょうけいじんたい）
短頭（たんとう）
長頭（ちょうとう）
大腿二頭筋（だいたいにとうきん）
腓腹筋、外側頭（ひふくきん、がいそくとう）
ヒラメ筋（ひらめきん）
長腓骨筋（ちょうひこつきん）
短腓骨筋（たんひこつきん）
長指伸筋（ちょうししんきん）
前脛骨筋（ぜんけいこつきん）

　スクワットは下半身を強化する点でナンバーワンの運動である。筋肉系の大部分に作用しながら心臓循環器系にもすばらしい働きをする。胸郭の発達を促し肺活量が高まる。
　バーをスクワットラックの上に置き、その下に入って僧帽筋の上、三角筋後面より少し高い位置でバーを受ける。バーをしっかり握る。手の幅は個人の形態によって変わる。肘を少し後ろに引く。息を深く吸う（胸郭内部の圧を保ち、胸が前に倒れるのを防ぐ）。骨盤を前傾させながら背中を少し反らし、腹筋を緊張させる。視線を真っ直ぐ前に向け、支持台からバーを離す。1～2歩下がり、足を平行（あるいはつま先を少し外側に向ける）にして止まる。足の幅はほぼ肩幅。背中を前に傾けながら膝を曲げる（屈曲の軸は股関節を通る）。コントロールしながら体を下げてゆく。障害を避けるため決して脊柱を丸めてはいけない。大腿が水平になったら、胸を元の位置に起こしながら脚の伸展を行う。動きの最後で息を吐く。
　このエクササイズは、主に大腿四頭筋、殿筋、内転筋、脊柱起立筋、腰筋、ハムストリングスに作用する。

バーの位置2種類

パワーリフターを用いる方法
1. 僧帽筋の上部
2. 三角筋と僧帽筋の上（1.よりやや下部）

50

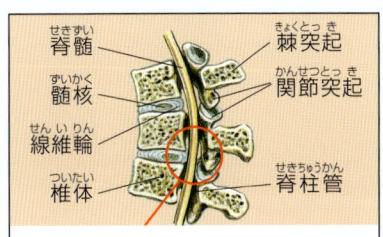

脚部

椎間盤ヘルニア

脊髄、脊髄神経、肋骨突起、関節突起、棘突起、線維輪、髄核、椎間円盤

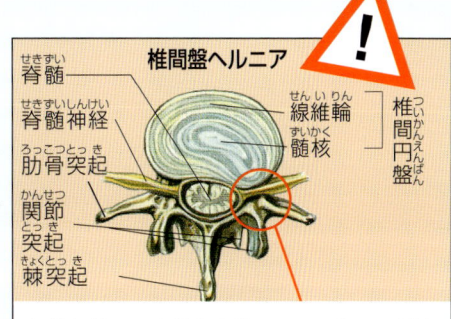

負荷を持って脊椎を屈曲すると、主に腰椎部で椎間板ヘルニアを誘発することがある。ヘルニアはスクワットおよびデッドリフトで、背部の姿勢が悪くなったときに起こりやすい。

脊髄、髄核、線維輪、椎体、棘突起、関節突起、脊柱管

脊椎が屈曲すると、椎間板の前が挟まれ、後ろが開く。髄核が後方に移動し、神経を圧迫することがある（坐骨神経痛が起こる）。

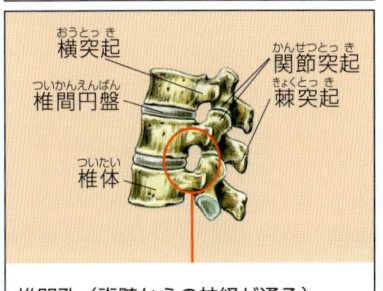

横突起、関節突起、椎間円盤、棘突起、椎体

椎間孔（脊髄からの神経が通る）

バリエーション

- 足関節が固かったり大腿骨が長かったりする人は、かかとの下に台を置き胸が傾き過ぎないようにする。このバリエーションは大腿四頭筋の負荷を高める。
- バーを受ける位置を変える。たとえば、三角筋後面で受けると、背を起こす力が高まるため不安定さが減り、より重い負荷を用いることができるようになる。このテクニックはとりわけ「パワーリフター」に用いられるものである（初心者向きではない）。
- スクワットはスミスマシンを使って行うこともできる。この場合は、胸の前傾をさけ、作用を大腿四頭筋に限定することができる。

備考

スクワットはヒップの丸みのためにもよい運動である。

スクワットの足の置き方

ほぼ肩幅にそろえて足を離す伝統的スクワットでは、足の向きを考慮に入れておくことが大切である。足は一般に平行か少し外を向いていなければならない。いずれの場合も個人の形態を尊重し、膝の軸の中におさめておくことが重要である（例：「あひる足」で歩く人は「あひる足」でスクワットを行うこと）。

伝統的なパラレルスクワット　　フルスクワット

1-2-3　パラレルスクワットの下ろす段階

殿筋の作用をより強く感じるためには、大腿を水平まで持っていくことが重要である。

4　殿筋の作用をより強く感じるためには、大腿を水平よりも低くすることが考えられる。しかしこのテクニックは、足関節の柔らかい人、あるいは大腿の短い人に限られる。さらにこのスクワットは、下背部が曲がりやすい傾向があり、重大なけがを引き起こす可能性があるので、慎重に行わなくてはならない。

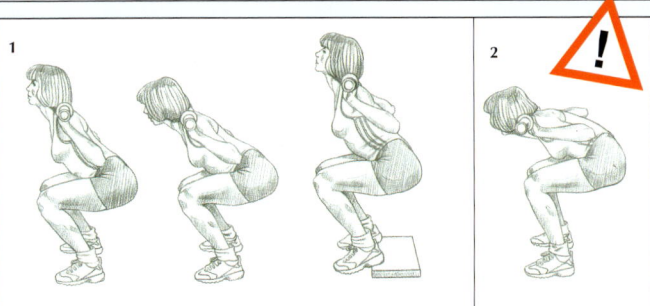

1．よい姿勢

スクワットを行うときは、できるだけ背中を真っ直ぐに伸ばす。形態の違い（脚の長さ、足関節の固さ）、またテクニックの違い（両足の幅、足底またはヒールの使用、バーの高さ）により胸の前傾は変わる。屈曲は股関節で行われる。

2．悪い姿勢

スクワットを行うときは絶対に背中を丸めてはいけない。ほとんどの腰部障害は背中を丸めてしまうことで、特に椎間板ヘルニアの原因になる。

どのような動きであっても、重い負荷を用いるときは「ブロック」をすることが必要である。
1. 深く息を吸って胸を膨らませ、呼吸を止めながら肺を風船のように空気で満たす。こうして胸郭を固定し、胸の位置が前に倒れるのを防ぐ。
2. 筋全体を緊張させ、腹部内の圧を高めて腹を固定する。こうして胸が前に倒れるのを防ぐ。
3. 腰筋を緊張させながら背中の下部を軽く反らせ、脊柱下部の伸展を行う。

これら三つの動作は同時に行われ「ブロック」と呼ばれる。重い負荷をかけ、椎間板ヘルニアを起こしやすい姿勢、すなわち背を丸めることや脊柱の屈曲を避ける役割がある。

脚部

2　バー・スクワット（バーを用いるスクワット）

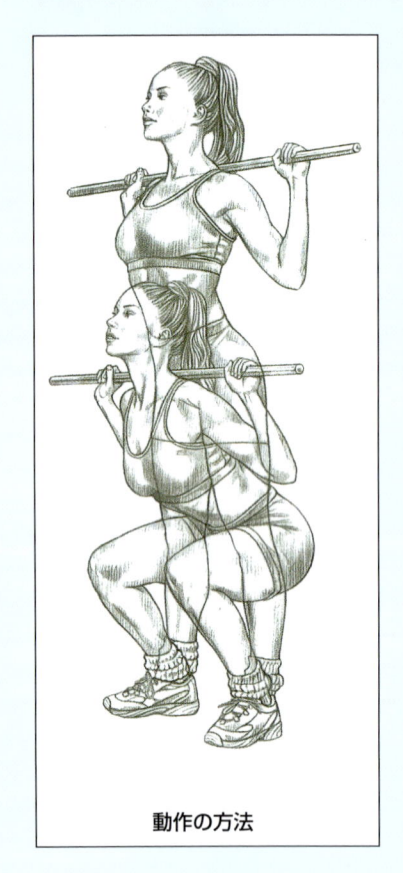

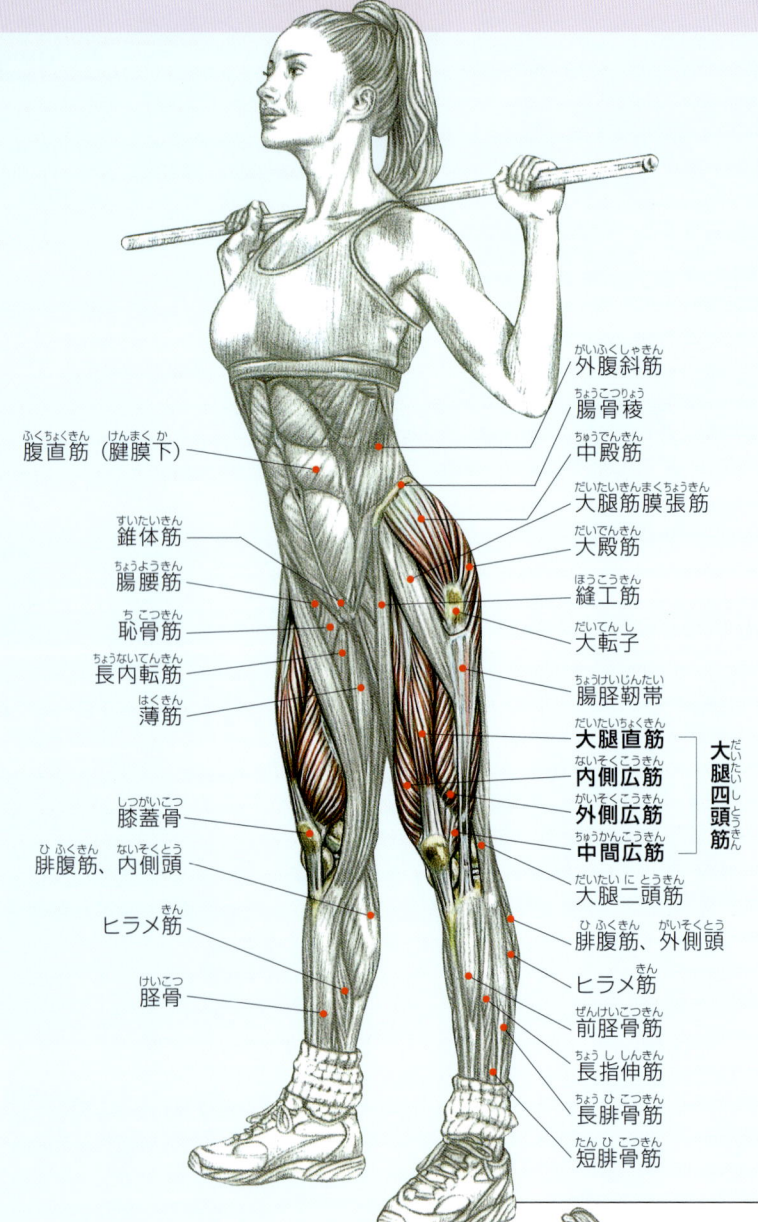

動作の方法

筋肉名称（図中ラベル）：
- 外腹斜筋
- 腸骨稜
- 中殿筋
- 大腿筋膜張筋
- 大殿筋
- 縫工筋
- 大転子
- 腸脛靭帯
- 大腿直筋
- 内側広筋
- 外側広筋
- 中間広筋（大腿四頭筋）
- 大腿二頭筋
- 腓腹筋、外側頭
- ヒラメ筋
- 前脛骨筋
- 長指伸筋
- 長腓骨筋
- 短腓骨筋
- 腹直筋（腱膜下）
- 錐体筋
- 腸腰筋
- 恥骨筋
- 長内転筋
- 薄筋
- 膝蓋骨
- 腓腹筋、内側頭
- ヒラメ筋
- 脛骨

　立ってほぼ肩幅程度にそろえて足を広げ、胸を前に出す。背を少し反らせ、バーを僧帽筋の上、三角筋後面のやや上に置く。息を吸い、腹筋を緊張させかがむ。決して背を丸めたり、かかとを床から上げてはならない。大腿が水平になったら脚の伸展をして始めの姿勢にもどる。動きの最後に息を吐く。

　バーベルを用いるスクワットと同様に、このエクササイズは主に大腿四頭筋と大殿筋に働く。この運動は、負荷使用のスクワットに移る前の準備運動として教育的で優れた運動である。

　動きをコントロールしながら10回から20回の反復運動を行えばよい結果が得られる。

バリエーション
　エクササイズの強度を高めるためには、大腿が水平になったときに2秒から5秒の間動きを止めてもよい。

⚠ バーやバーベルを用いるスクワットでは、腰部の障害を避けるために決して背を丸めないことが大切である。

脚部

ワイドスタンス・スクワット（開脚して行うスクワット） 3

筋肉ラベル（図中、左側）
- 外腹斜筋（がいふくしゃきん）
- 中殿筋（ちゅうでんきん）
- 上前腸骨棘（じょうぜんちょうこつきょく）
- 大腿筋膜張筋（だいたいきんまくちょうきん）
- 大腿四頭筋、外側広筋（だいたいしとうきん、がいそくこうきん）
- 大腿四頭筋、大腿直筋（だいたいしとうきん、だいたいちょくきん）
- 大腿四頭筋、内側広筋（だいたいしとうきん、ないそくこうきん）
- 恥骨結合（ちこつけつごう）
- 大殿筋（だいでんきん）
- 大内転筋（だいないてんきん）

筋肉ラベル（図中、右側）
- 錐体筋（すいたいきん）
- 腸腰筋（ちょうようきん）
- **恥骨筋**（ちこつきん）
- **長内転筋**（ちょうないてんきん）
- **薄筋**（はくきん）
- 縫工筋（ほうこうきん）
- 膝蓋骨（しつがいこつ）
- 膝蓋腱（しつがいけん）
- 鵞足（がそく）
- 半腱様筋（はんけんようきん）
- 半膜様筋（はんまくようきん）

　この運動は伝統的スクワットと同様に行うが、脚を大きく広げ、つま先を外側に向けて行う。大腿内部により強く働く。

刺激を受ける筋肉
- 大腿四頭筋
- 内転筋全体（大内転筋、長内転筋、短内転筋）、恥骨筋と薄筋
- 殿筋
- ハムストリングス
- 腹筋
- 仙骨筋全体

備考
大腿を曲げるほど、背の前傾は小さくなることに注意。

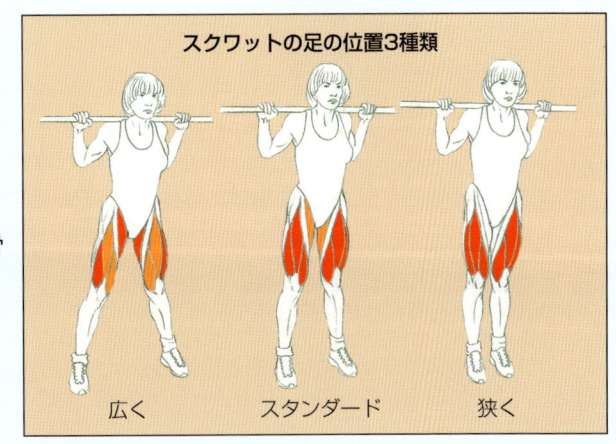

スクワットの足の位置3種類
広く　スタンダード　狭く

■ 大きく作用する筋肉　■ 作用する筋肉

脚部

4 バーベル・フロントスクワット
（体の前面でバーを用いるスクワット）

動作の方法

大腿を水平に、肘を上げ、胸を真っ直ぐに張る。

よい姿勢　悪い姿勢

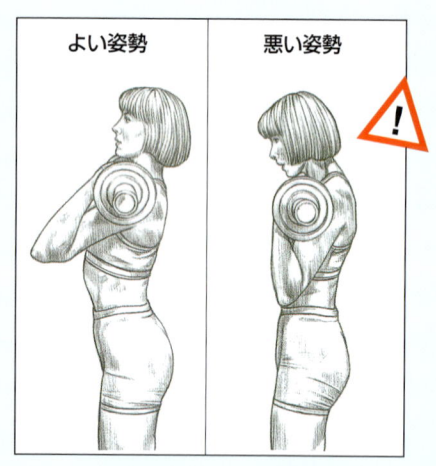

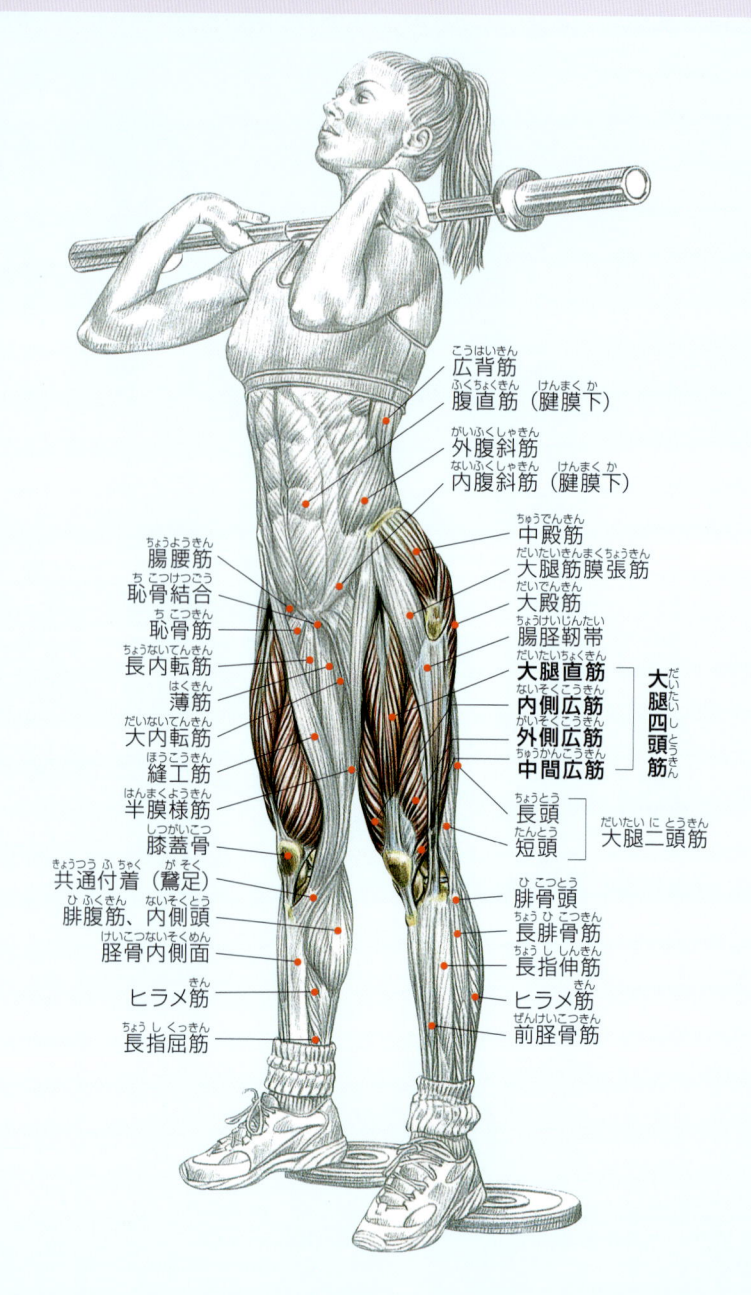

広背筋
腹直筋（腱膜下）
外腹斜筋
内腹斜筋（腱膜下）
腸腰筋
恥骨結合
恥骨筋
長内転筋
薄筋
大内転筋
縫工筋
半膜様筋
膝蓋骨
共通付着（鵞足）
腓腹筋、内側頭
脛骨内側面
ヒラメ筋
長指屈筋

中殿筋
大腿筋膜張筋
大殿筋
腸脛靭帯
大腿直筋
内側広筋
外側広筋
中間広筋
大腿四頭筋
長頭
短頭
大腿二頭筋
腓骨頭
長腓骨筋
長指伸筋
ヒラメ筋
前脛骨筋

　立ってほぼ肩幅にそろえて足を広げ、腕を曲げ手のひらで（回内）バーを握る。バーは胸筋の上部、三角筋前面の上に置く。バーが前方に滑り落ちないように、胸を前に出し肘をできるだけ高くすることが大切である。深く息を吸い胸が前方に下がらないように胸郭内の圧を保持する。背中を少し反らし腹筋を緊張させ、大腿を水平の位置まで屈曲させる。始めの姿勢にもどる。動きの最後で息を吐く。
　体の前にバーを置くときは胸を前に曲げてはいけない。したがって背中は常に真っ直ぐにしておくこと。動きをよりやりやすくするために、かかとの下に台をおいてもよい。
　このタイプのスクワットでは、働きの大部分が大腿四頭筋に限られるが、伝統的スクワットほど効果は大きくない。フルスクワットで行えば、殿筋、ハムストリングス、腹筋、脊柱起立筋などに作用する。

備考
　顔や体が前に倒れないようにするために、前面でバーを保持するときは肘をできるだけ高く上げ、胸を前に出し背中を少し反らす必要がある。

脚部

エラスティックバンド・スクワット
（ゴムバンドを用いるスクワット）

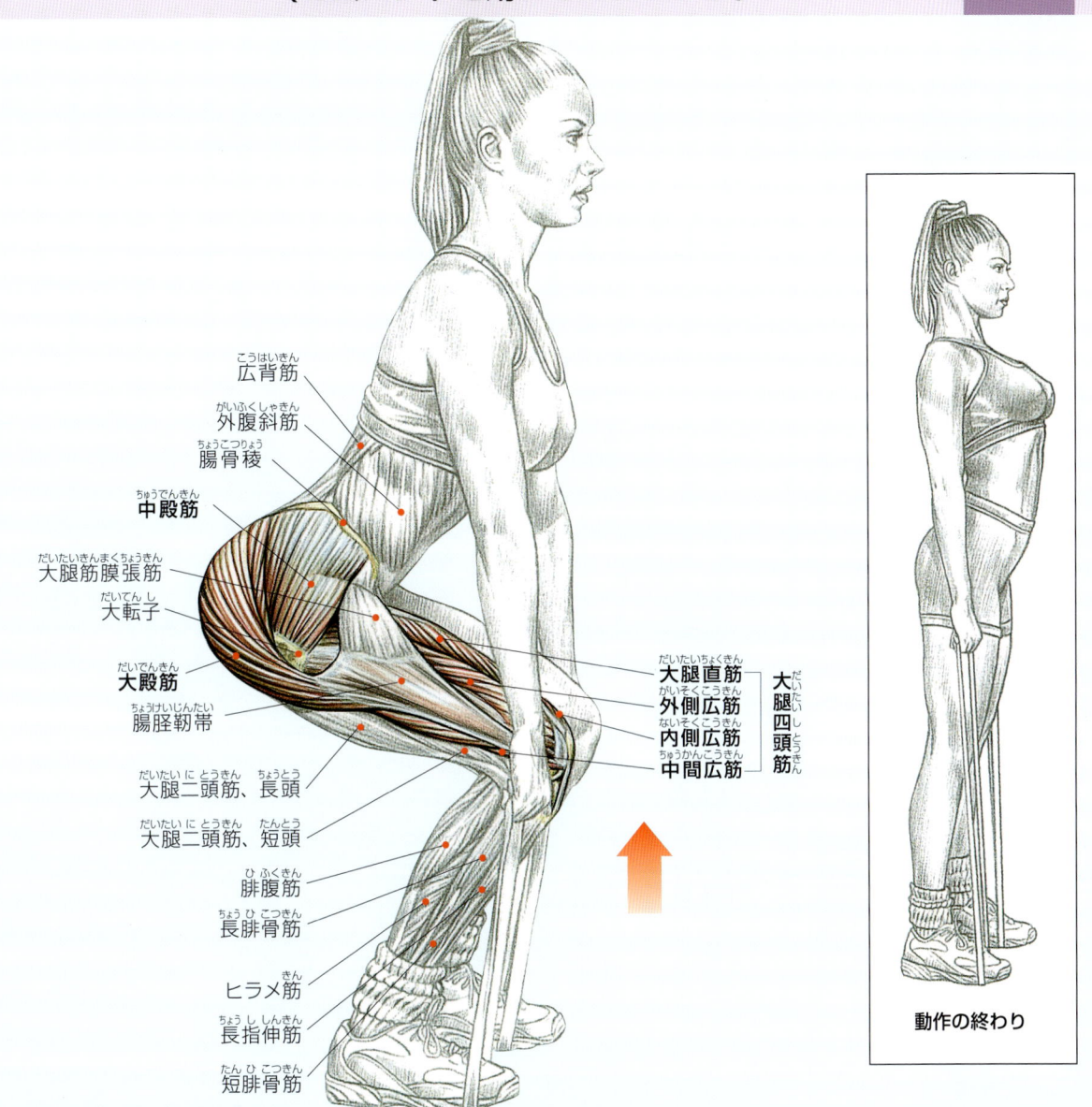

5

筋肉ラベル（図中）:
- 広背筋（こうはいきん）
- 外腹斜筋（がいふくしゃきん）
- 腸骨稜（ちょうこつりょう）
- **中殿筋**（ちゅうでんきん）
- 大腿筋膜張筋（だいたいきんまくちょうきん）
- 大転子（だいてんし）
- **大殿筋**（だいでんきん）
- 腸脛靭帯（ちょうけいじんたい）
- 大腿二頭筋、長頭（だいたいにとうきん、ちょうとう）
- 大腿二頭筋、短頭（だいたいにとうきん、たんとう）
- 腓腹筋（ひふくきん）
- 長腓骨筋（ちょうひこつきん）
- ヒラメ筋（ひらめきん）
- 長指伸筋（ちょうししんきん）
- 短腓骨筋（たんひこつきん）
- 大腿直筋（だいたいちょくきん）
- 外側広筋（がいそくこうきん）
- 内側広筋（ないそくこうきん）
- 中間広筋（ちゅうかんこうきん）
- 大腿四頭筋（だいたいしとうきん）

動作の終わり

　立って足を少し広げ、背中をしっかりと固定し少し反らす。大腿がほぼ水平になるまで脚を屈曲する。各々の足に通したゴムバンドを手のひらで握り（回内）腕を伸ばす。息を吸い呼吸を止める（ブロックする）。腹筋と腰部を緊張させ、脚が垂直になるまで伸ばす。動きの最後に息を吐く。背中を決して丸めることなく脚の屈曲姿勢にもどり、繰り返す。
　このエクササイズは、主に大腿四頭筋とわずかながら脊柱起立筋に働く。ゴムバンドを10回、20回と反復して引っ張ることによってよい効果が得られる。

バリエーション
　僧帽筋上部を刺激するために、動きの最後で胸が真っ直ぐたてになったとき、肩をすぼめる動作（ショルダーシュラッグ）をしてもよい。

備考
　脚の伸展開始がもっともきつい段階となる他の大腿屈伸運動と異なり、ゴムバンドを用いるスクワットでは、脚の伸展の最後でゴムバンドがもっとも引っ張られるときがいちばんきつい段階となる。

脚部

6 バー・フロントスクワット（バーを用いる前面のスクワット）

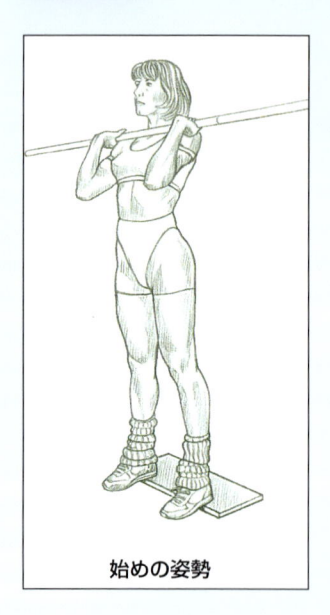

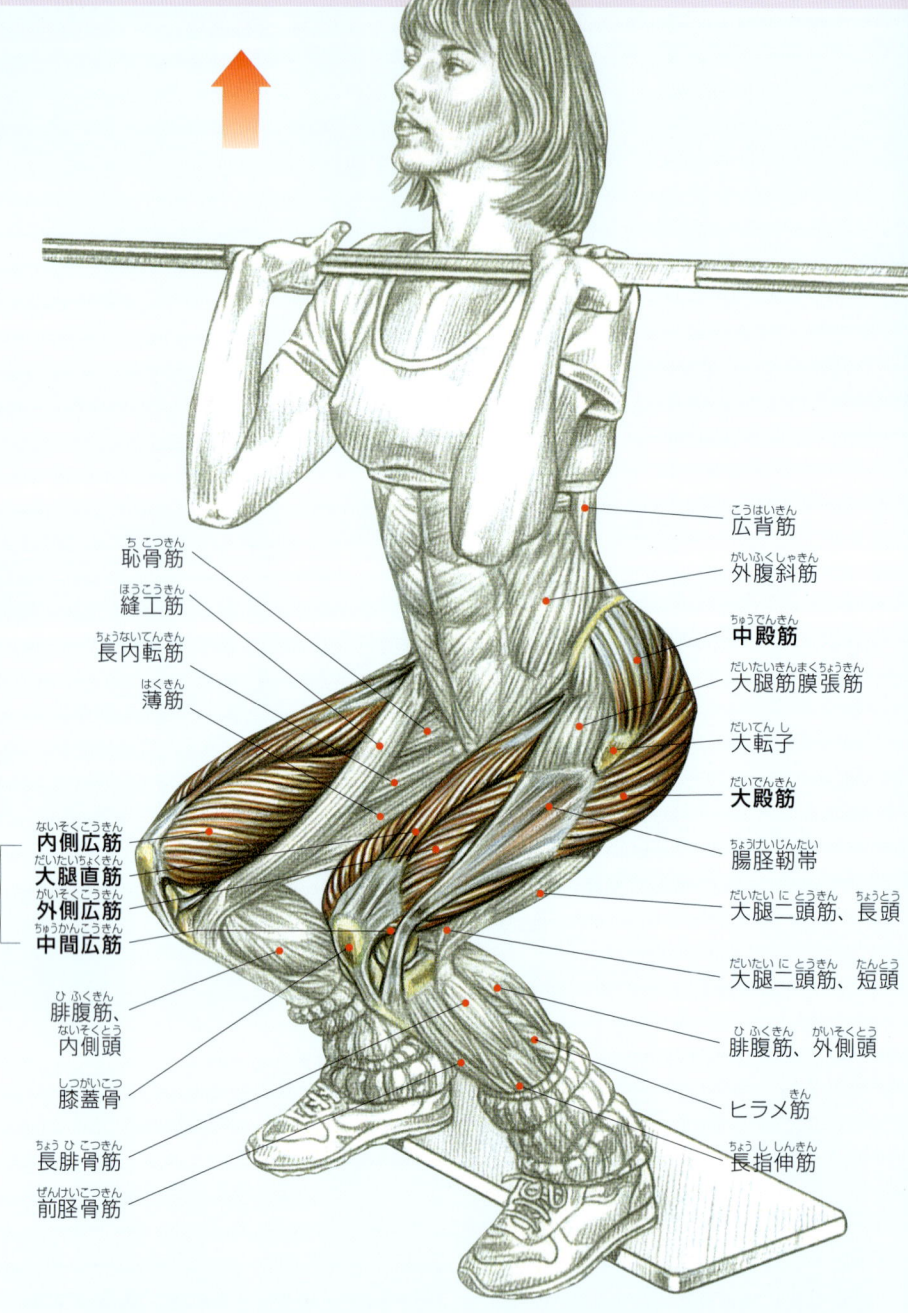

始めの姿勢

フロント・スクワットと同様に、マシンで固定された大腿の屈曲は働きの大部分が大腿四頭筋に限られる。

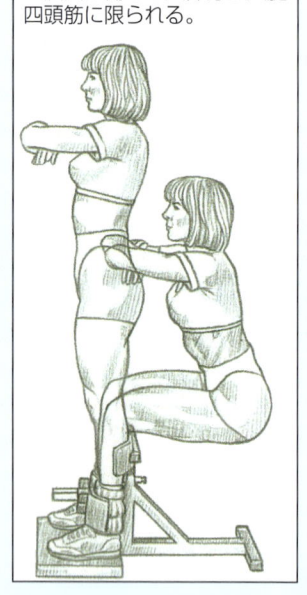

ラベル（上から下へ、左側）：
- 恥骨筋（ちこつきん）
- 縫工筋（ほうこうきん）
- 長内転筋（ちょうないてんきん）
- 薄筋（はくきん）
- 内側広筋（ないそくこうきん）
- 大腿直筋（だいたいちょっきん）
- 外側広筋（がいそくこうきん）
- 中間広筋（ちゅうかんこうきん）
- 大腿四頭筋（だいたいしとうきん）
- 腓腹筋、内側頭（ひふくきん、ないそくとう）
- 膝蓋骨（しつがいこつ）
- 長腓骨筋（ちょうひこつきん）
- 前脛骨筋（ぜんけいこつきん）

ラベル（右側）：
- 広背筋（こうはいきん）
- 外腹斜筋（がいふくしゃきん）
- 中殿筋（ちゅうでんきん）
- 大腿筋膜張筋（だいたいきんまくちょうきん）
- 大転子（だいてんし）
- 大殿筋（だいでんきん）
- 腸脛靭帯（ちょうけいじんたい）
- 大腿二頭筋、長頭（だいたいにとうきん、ちょうとう）
- 大腿二頭筋、短頭（だいたいにとうきん、たんとう）
- 腓腹筋、外側頭（ひふくきん、がいそくとう）
- ヒラメ筋（きん）
- 長指伸筋（ちょうししんきん）

　立ってほぼ肩幅にそろえて脚を広げる。胸筋の上部、三角筋前面の上でバーを手のひらで握る（回内）。胸を前に出し背中を少し反らす。息を吸い大腿の屈曲を行う。大腿が水平になったら始めの姿勢にもどる。動きの最後に息を吐く。
　運動を完全なものにするためには、肘をよく上げることが大切である。バランスをとりかかとを浮かせないように、かかとの下に台を置くのもよい。このエクササイズは、主に大腿四頭筋とそれより少し落ちるが大殿筋にも働く。

バリエーション
　バーを用いるフロントスクワットは、大腿屈曲になれてバーベル使用のスクワットに移るための教育的な運動として優れている。

脚部

フレームガイドマシン・スクワット
（フレーム・ガイドを用いるスクワット）

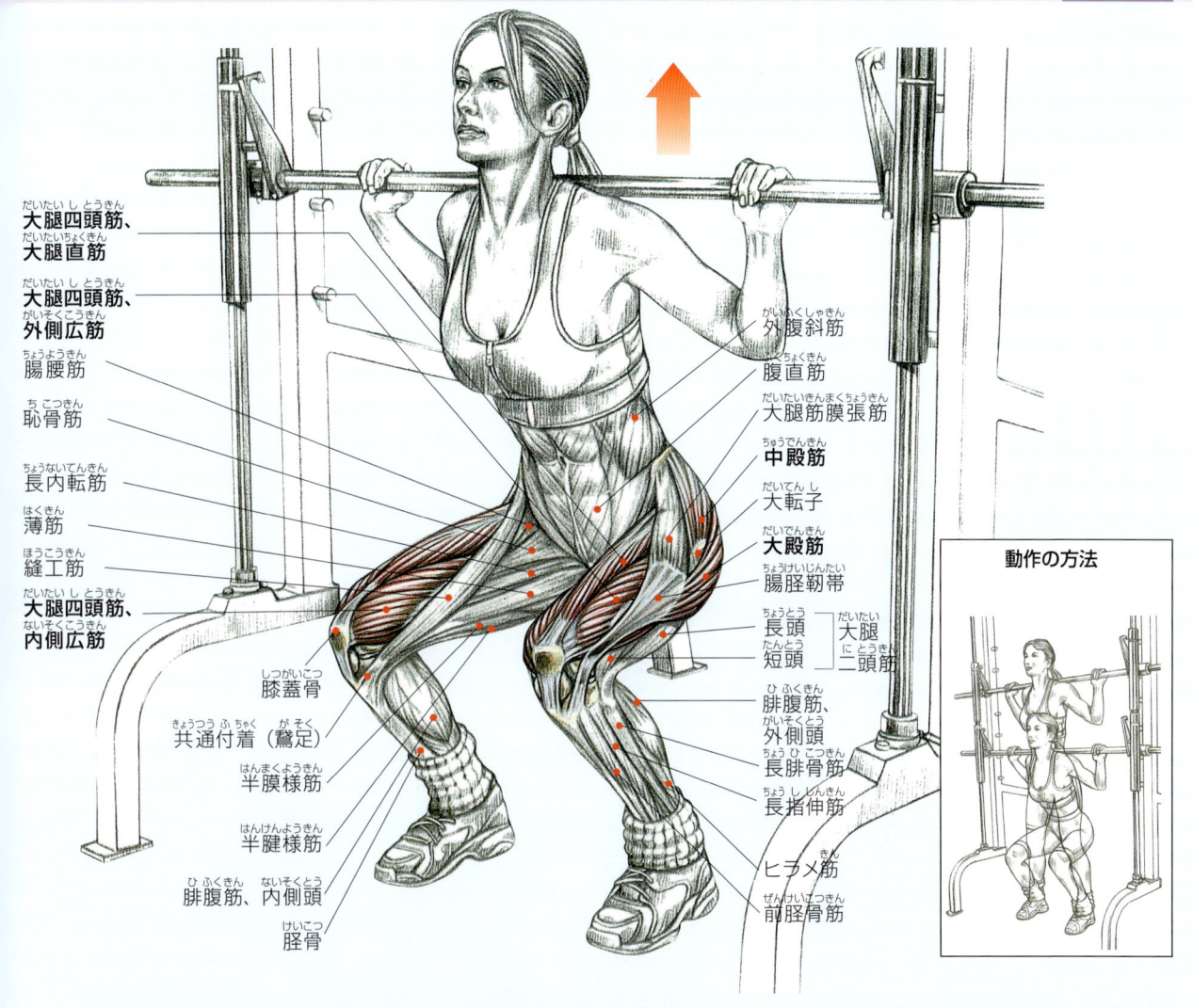

7

筋肉ラベル（左側、上から）:
- 大腿四頭筋、大腿直筋
- 大腿四頭筋、外側広筋
- 腸腰筋
- 恥骨筋
- 長内転筋
- 薄筋
- 縫工筋
- 大腿四頭筋、内側広筋
- 膝蓋骨
- 共通付着（鵞足）
- 半膜様筋
- 半腱様筋
- 腓腹筋、内側頭
- 脛骨

筋肉ラベル（右側、上から）:
- 外腹斜筋
- 腹直筋
- 大腿筋膜張筋
- 中殿筋
- 大転子
- 大殿筋
- 腸脛靭帯
- 長頭／短頭　大腿二頭筋
- 腓腹筋、外側頭
- 長腓骨筋
- 長指伸筋
- ヒラメ筋
- 前脛骨筋

動作の方法

　バーの真下に入り、バーを僧帽筋の上、三角筋後面のやや上に置く。手でしっかりとバーを握る。足はバーの下で肩幅よりやや広めに位置する。肘を後ろに引き深く息を吸う（胸を前方に倒さないために胸郭内の圧を保持する）。骨盤の前傾を行いながら、背中を少し反らせ腹筋を緊張させる。前方を真っ直ぐ見ながらスクワットラックからバーをはずす。両横のストッパーをはずすことを忘れないように。

　体をコントロールしながら脚を下ろしていく。障害を避けるために決して背を丸めてはならない。大腿が水平になったら、脚の伸展を行い始めの姿勢にもどる。動きの最後に息を吐く。

バリエーション
- 始めに足をバーの真下に置けば、主に大腿四頭筋と大殿筋に働く。
- 足をバーより前に置くと、脚を下げるときに股関節の屈曲を制限するので上体が起き、働きの大部分は大腿四頭筋にかかり、大殿筋の働きは制限される。
- 足を広げたガイド・スクワットを行えば、大腿内転筋と大腿四頭筋の側面の広い範囲に作用する。

備考
　方法は何であれガイド・スクワットは、胸の極端な屈曲を避け、コントロールが悪い場合に起こりうる障害を少なくする。

伝統的ガイド・スクワット
バーの真下に足を置く。
大腿四頭筋と殿筋に作用する。

前方に足を置くガイド・スクワット
バーより前に足を置く。
大腿四頭筋に強く作用する。

57

脚部

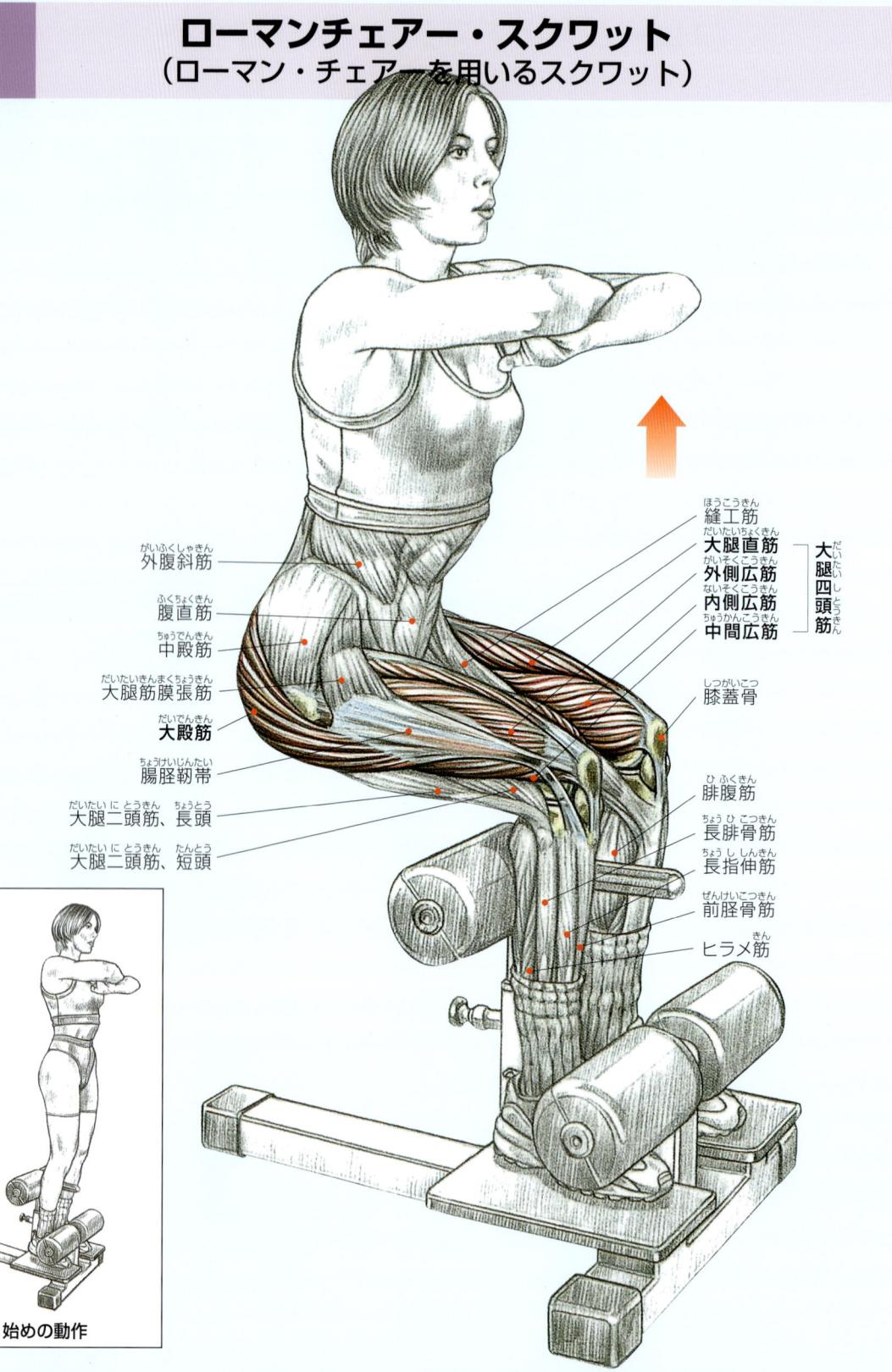

8 ローマンチェアー・スクワット
（ローマン・チェアーを用いるスクワット）

筋肉ラベル（左側）：
- 外腹斜筋（がいふくしゃきん）
- 腹直筋（ふくちょくきん）
- 中殿筋（ちゅうでんきん）
- 大腿筋膜張筋（だいたいきんまくちょうきん）
- 大殿筋（だいでんきん）
- 腸脛靱帯（ちょうけいじんたい）
- 大腿二頭筋、長頭（だいたいにとうきん、ちょうとう）
- 大腿二頭筋、短頭（だいたいにとうきん、たんとう）

筋肉ラベル（右側）：
- 縫工筋（ほうこうきん）
- 大腿直筋（だいたいちょくきん）
- 外側広筋（がいそくこうきん）
- 内側広筋（ないそくこうきん）
- 中間広筋（ちゅうかんこうきん）
- 〔大腿四頭筋（だいたいしとうきん）〕
- 膝蓋骨（しつがいこつ）
- 腓腹筋（ひふくきん）
- 長腓骨筋（ちょうひこつきん）
- 長指伸筋（ちょうししんきん）
- 前脛骨筋（ぜんけいこつきん）
- ヒラメ筋（きん）

始めの動作

立って腕を前で組み、脚をマシンに固定させ背中を少し反らす。息を吸い、胸が常に真っ直ぐになるようにしながら大腿をゆっくり曲げる。大腿が水平になったら脚の伸展を行い始めの姿勢にもどる。動きの最後で息を吐く。

ローマン・チェアーを用いるスクワットでは胸の前傾が抑えられ、大殿筋の働きは少なくなるが、多くは大腿四頭筋の特に下部に作用する。

脚部 9

ダンベル・スクワット
（ダンベルを用いるスクワット）

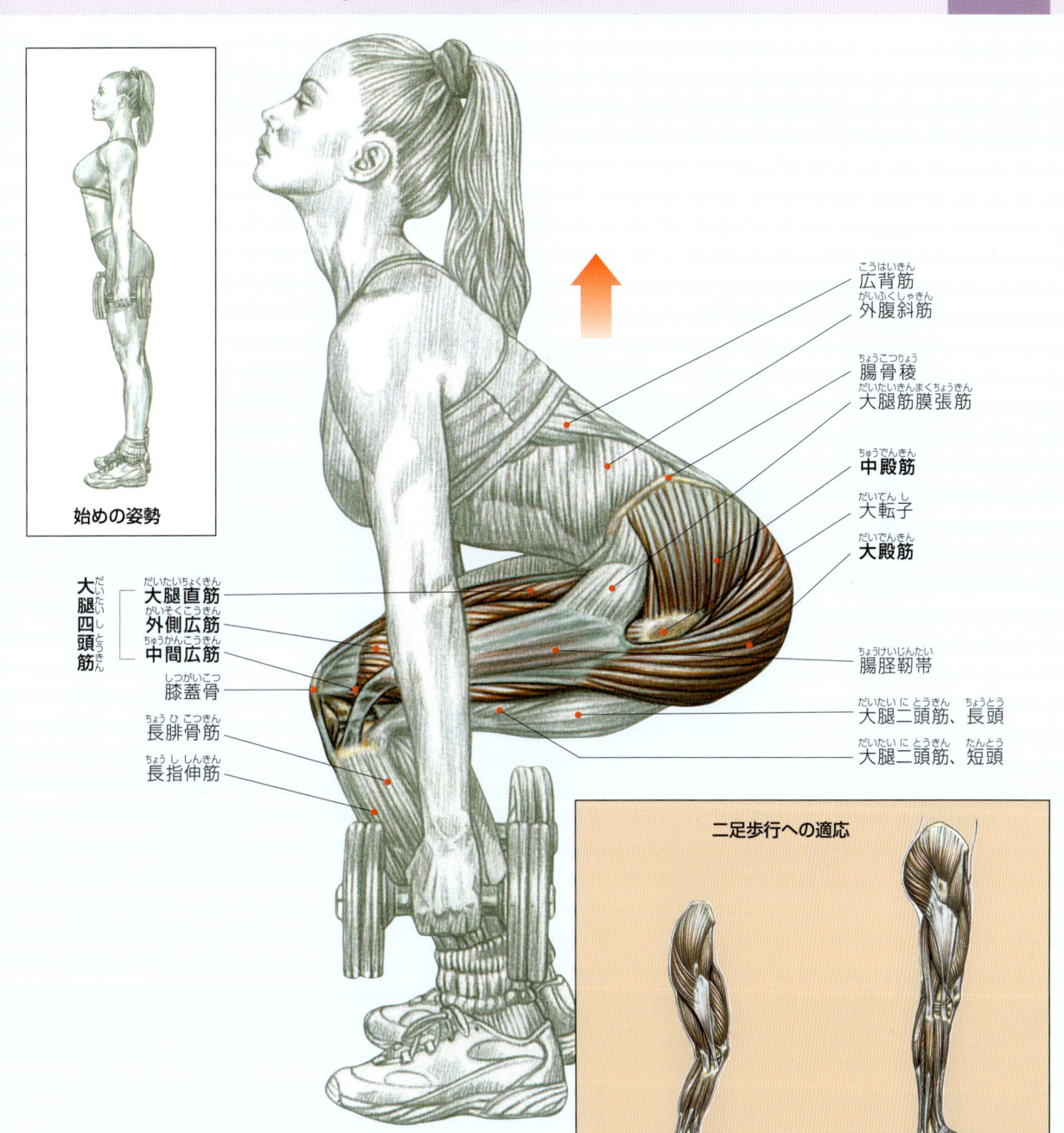

始めの姿勢

大腿四頭筋
- 大腿直筋（だいたいちょくきん）
- 外側広筋（がいそくこうきん）
- 中間広筋（ちゅうかんこうきん）

- 膝蓋骨（しつがいこつ）
- 長腓骨筋（ちょうひこつきん）
- 長指伸筋（ちょうししんきん）

- 広背筋（こうはいきん）
- 外腹斜筋（がいふくしゃきん）
- 腸骨稜（ちょうこつりょう）
- 大腿筋膜張筋（だいたいきんまくちょうきん）
- **中殿筋**（ちゅうでんきん）
- 大転子（だいてんし）
- **大殿筋**（だいでんきん）
- 腸脛靭帯（ちょうけいじんたい）
- 大腿二頭筋、長頭（だいたいにとうきん、ちょうとう）
- 大腿二頭筋、短頭（だいたいにとうきん、たんとう）

二足歩行への適応

チンパンジー　　人間

　立って両足を軽く開き、ダンベルを両手に1個ずつ持って腕を下げる。真っ直ぐ前を見て息を吸い、背中を軽く反らして大腿の屈曲を行う。大腿が水平になったら脚の伸展を行い始めの姿勢にもどる。動きの最後で息を吐く。
　このエクササイズは主に大腿四頭筋と殿筋に働く。

備考
　重い負荷を使ってもあまり意味はない。中程度の負荷で、10回から15回と反復すればよい効果が得られる。

　われわれにもっとも近いチンパンジーは、未発達の大殿筋に大きな上半身がつながっているため胴体の起立が困難で二足歩行もうまくはない。人間だけが完全な二足移動に適応できる唯一の霊長類である。
　大殿筋の発達の他にも、人類の身体構造は二足歩行に適しており、たとえば胸部が小さくなっているのもそうである。これによって体の起立が容易となり、またゴリラやチンパンジーと異なって膝関節を伸ばし、ブロックする能力を得て、立っても疲れを感じないようになったのである。

脚部

10 ヒンズー・スクワット（自重でのスクワット）

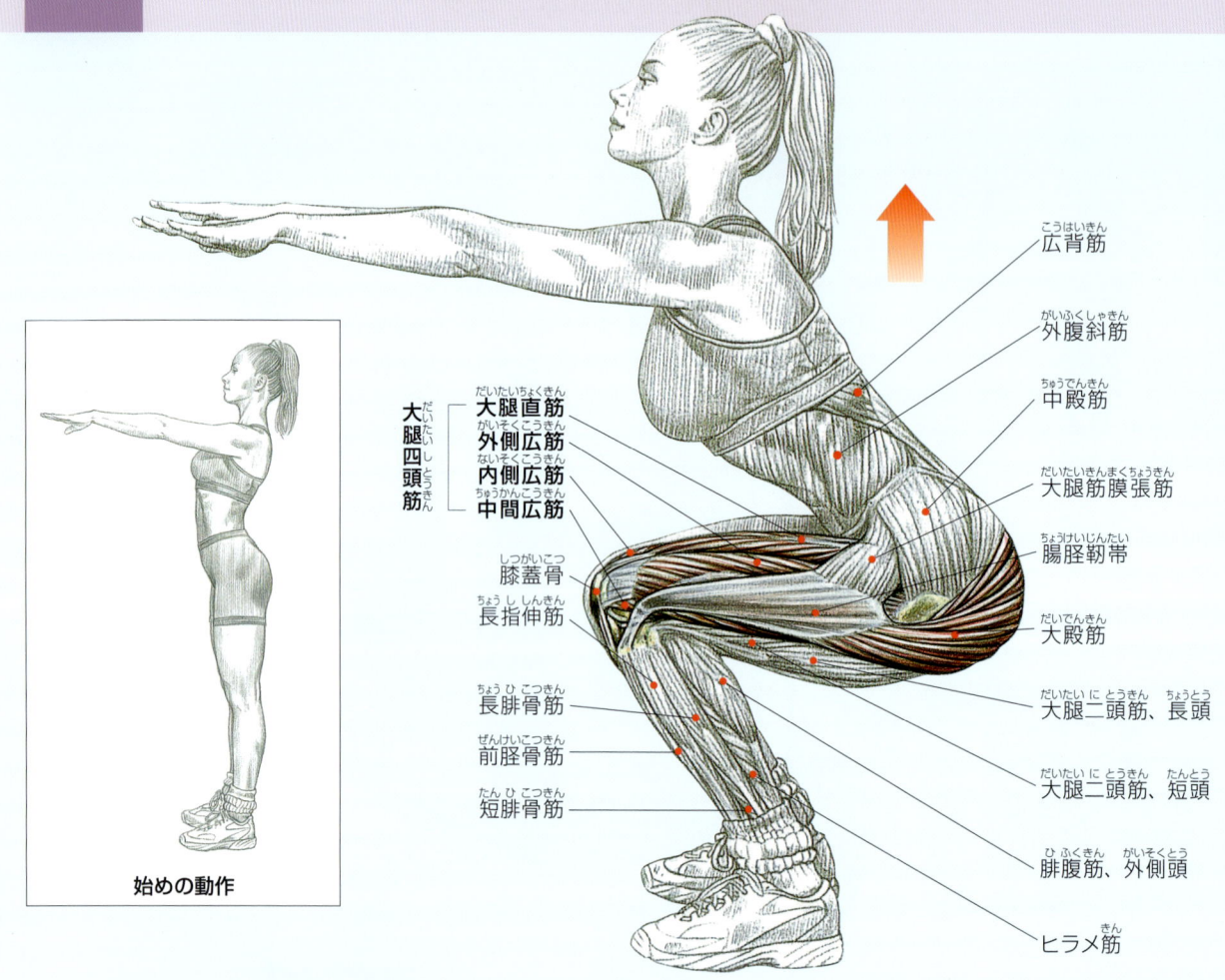

筋肉ラベル（図の左側）:
- 大腿四頭筋
  - 大腿直筋
  - 外側広筋
  - 内側広筋
  - 中間広筋
- 膝蓋骨
- 長指伸筋
- 長腓骨筋
- 前脛骨筋
- 短腓骨筋

筋肉ラベル（図の右側）:
- 広背筋
- 外腹斜筋
- 中殿筋
- 大腿筋膜張筋
- 腸脛靭帯
- 大殿筋
- 大腿二頭筋、長頭
- 大腿二頭筋、短頭
- 腓腹筋、外側頭
- ヒラメ筋

始めの動作

　立って腕を伸ばし足を軽く広げる。頭を真っ直ぐにし、胸を前に出して背中を少し緊張させる。息を吸いかがむ。大腿が水平になったら、胸を起こしながら脚の伸展を行い、始めの姿勢にもどる。動きの最後に息を吐く。
　このエクササイズは主に大腿四頭筋と殿筋に働く。降下の動作を制御し滑らかな運動にすることが大切である。常に背中は真っ直ぐにして、かかとを床から浮かせないこと。
　負荷を用いない運動のすべてと同様に、15回から20回の反復運動を行えばよりよい効果が得られる。

バリエーション
- 大腿が水平になったら、アイソメトリックスによる収縮を数秒間保持するのもよい。
- 腕の位置を変えて屈曲を行うことができる。
  ——前で腕を組む。
  ——体に沿って腕を下げる。
- 足関節の固い人や大腿の長い人は、胸部への働きが強くなりすぎたり前方へバランスをくずしたりするのを避けるために、かかとの下に台を置いて行ってもよい。このバリエーションでは、働きの大部分が大腿四頭筋にいく。下半身のウォーミングアップとして優れた運動であると共に、初級者がバーベル・スクワットに移る前に大腿の屈曲に慣れておくためのエクササイズとしても大変優れている。

バリエーション

腕を組む　　体に沿って腕を下げる

脚部

ワイドスタンス・サイフレクション
(開脚して行う大腿の屈曲)

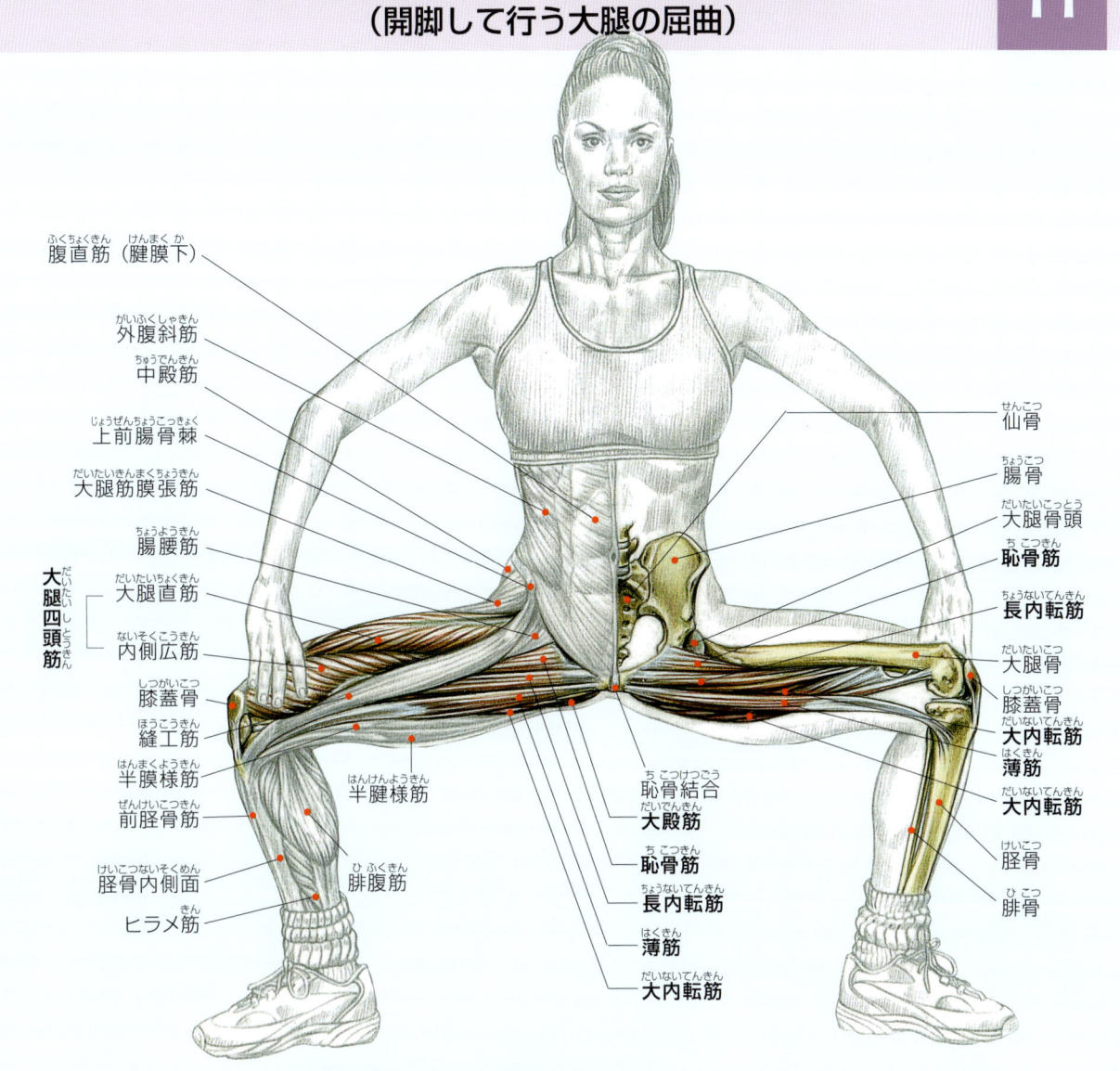

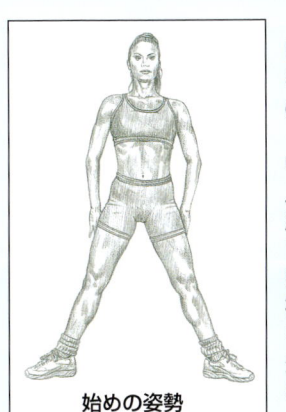

11

筋肉ラベル(左側、上から):
- 腹直筋(腱膜下)
- 外腹斜筋
- 中殿筋
- 上前腸骨棘
- 大腿筋膜張筋
- 腸腰筋
- 大腿直筋 ┐
- 内側広筋 ┘ 大腿四頭筋
- 膝蓋骨
- 縫工筋
- 半膜様筋
- 半腱様筋
- 前脛骨筋
- 脛骨内側面
- ヒラメ筋
- 腓腹筋

筋肉ラベル(中央・右側):
- 恥骨結合
- 大殿筋
- 恥骨筋
- 長内転筋
- 薄筋
- 大内転筋
- 仙骨
- 腸骨
- 大腿骨頭
- 恥骨筋
- 長内転筋
- 大腿骨
- 膝蓋骨
- 大内転筋
- 薄筋
- 大内転筋
- 脛骨
- 腓骨

立って脚を開き、つま先を常に外に向け、背中を真っ直ぐに胸を前に出す。息を吸い大腿が水平になるまで曲げて始めの姿勢にもどる。動きの最後に息を吐く。

このエクササイズは、筋肉の感覚に集中しながらゆっくりと行い、大腿が上に上がったときはヒップを収縮させる。大腿の屈曲の最後に、水平位置のままアイソメトリックスによる収縮を行ってもよい。体重を使って行う運動のすべてと同様に、本当に効果が現れるのは反復回数を多くしたときのみである。したがって、少なくとも20回の反復運動を行うのが望ましい。

作用する筋肉は、大腿四頭筋(主に外側広筋)、内転筋の全体(大内転筋、長内転筋、短内転筋、恥骨筋、薄筋)、殿筋(小、中、大)、ならびに殿部深層の大腿回旋筋群である。

始めの姿勢

バリエーション

肩にバーを置けば背中を起こす効果がある。また、手前にバーを持って脛骨や大腿に沿って滑らす運動もある。

この二つのバリエーションは、胸の動きを制限し、下肢に力を集中させてくれる。

61

脚部

12 オールターニット・サイドランジ
（左右交互に行う側方スプリット）

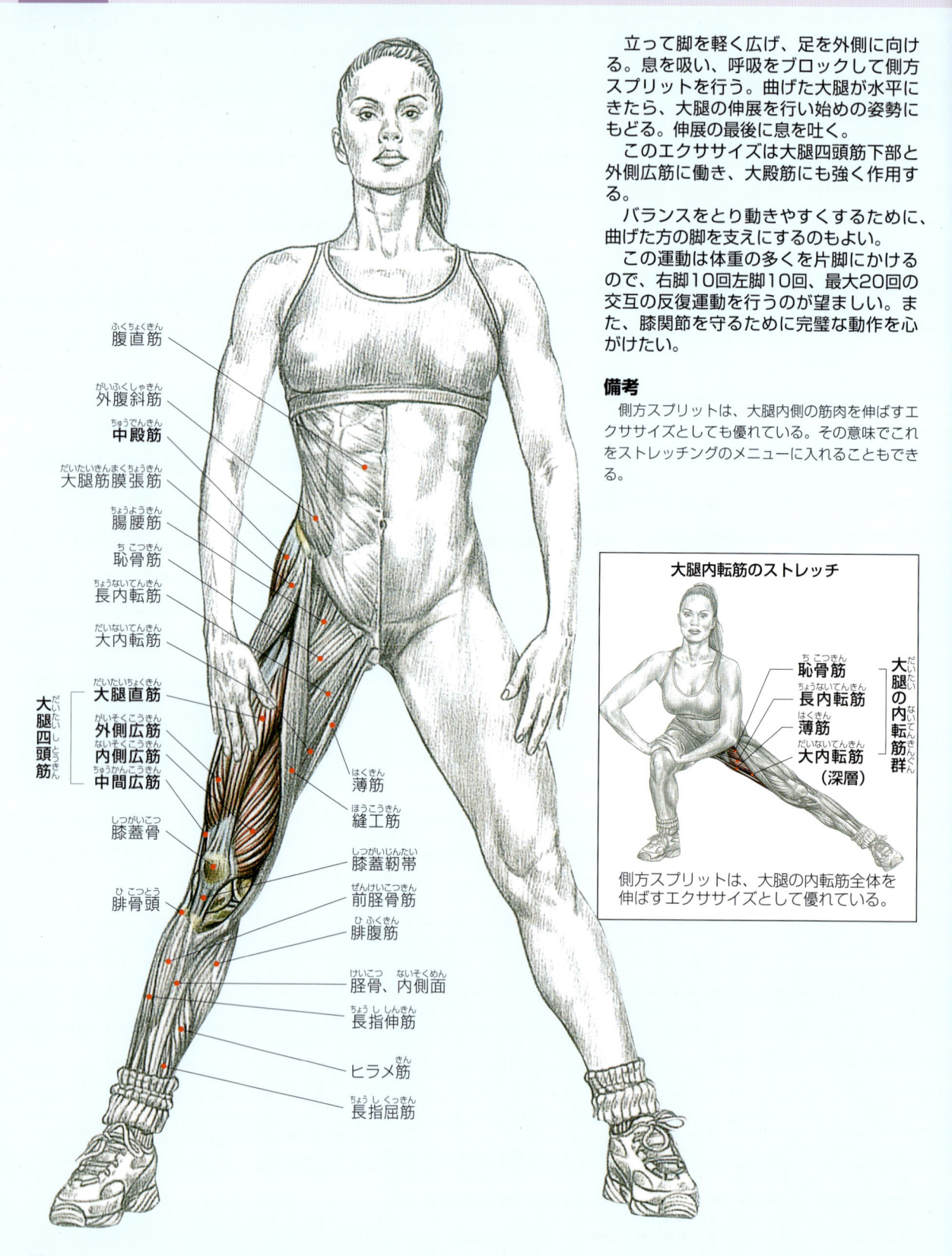

立って脚を軽く広げ、足を外側に向ける。息を吸い、呼吸をブロックして側方スプリットを行う。曲げた大腿が水平にきたら、大腿の伸展を行い始めの姿勢にもどる。伸展の最後に息を吐く。
このエクササイズは大腿四頭筋下部と外側広筋に働き、大殿筋にも強く作用する。
バランスをとり動きやすくするために、曲げた方の脚を支えにするのもよい。
この運動は体重の多くを片脚にかけるので、右脚10回左脚10回、最大20回の交互の反復運動を行うのが望ましい。また、膝関節を守るために完璧な動作を心がけたい。

備考
側方スプリットは、大腿内側の筋肉を伸ばすエクササイズとしても優れている。その意味でこれをストレッチングのメニューに入れることもできる。

ラベル（上から）:
- 腹直筋
- 外腹斜筋
- 中殿筋
- 大腿筋膜張筋
- 腸腰筋
- 恥骨筋
- 長内転筋
- 大内転筋
- 大腿直筋
- 外側広筋
- 内側広筋
- 中間広筋
（大腿四頭筋）
- 膝蓋骨
- 腓骨頭
- 薄筋
- 縫工筋
- 膝蓋靭帯
- 前脛骨筋
- 腓腹筋
- 脛骨、内側面
- 長指伸筋
- ヒラメ筋
- 長指屈筋

大腿内転筋のストレッチ

大腿の内転筋群:
- 恥骨筋
- 長内転筋
- 薄筋
- 大内転筋（深層）

側方スプリットは、大腿の内転筋全体を伸ばすエクササイズとして優れている。

脚部

ワンレッグ・フレクション（片脚で行うスクワット） 13

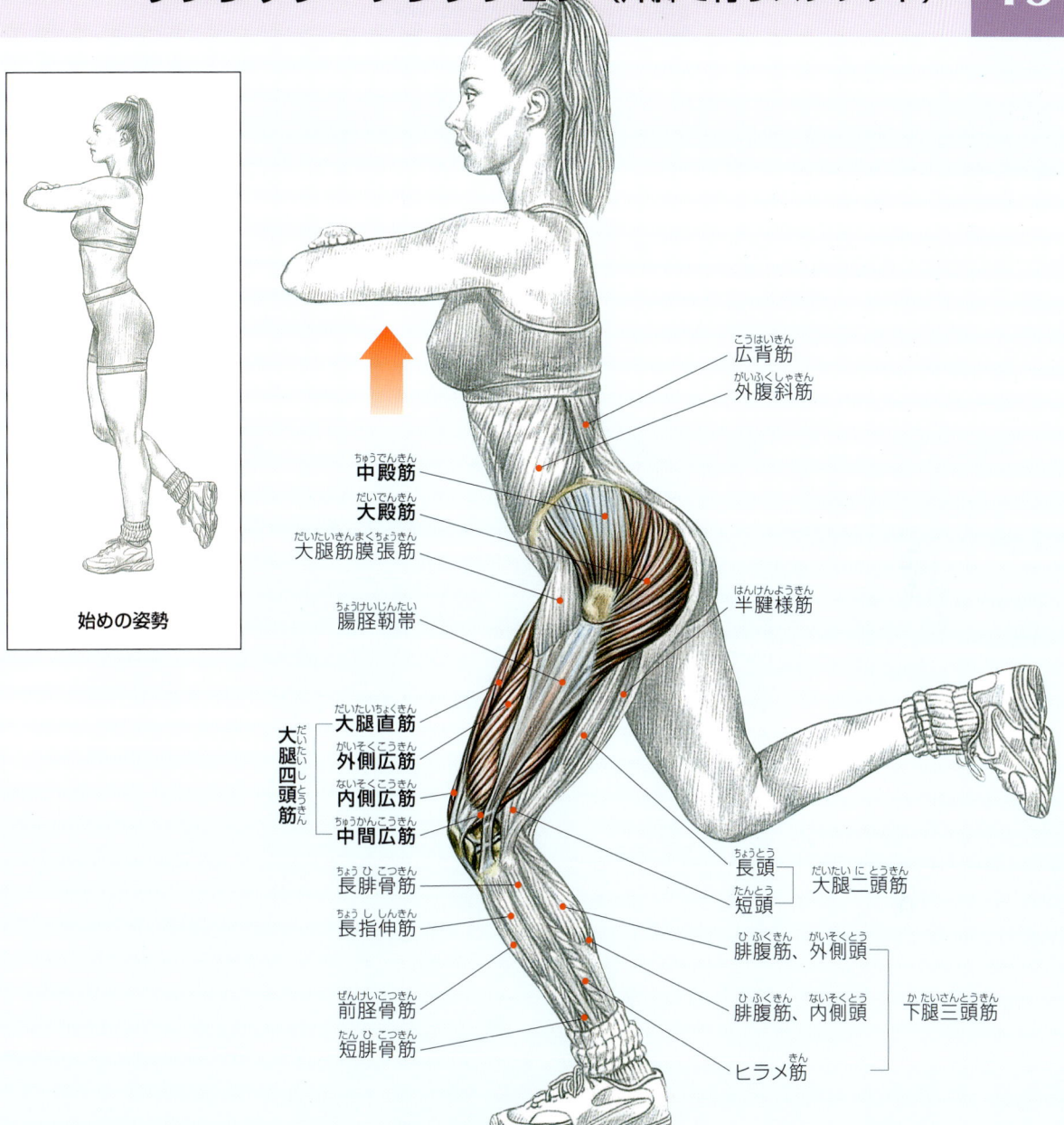

始めの姿勢

筋肉ラベル：
- 広背筋（こうはいきん）
- 外腹斜筋（がいふくしゃきん）
- 中殿筋（ちゅうでんきん）
- 大殿筋（だいでんきん）
- 大腿筋膜張筋（だいたいきんまくちょうきん）
- 腸脛靱帯（ちょうけいじんたい）
- 半腱様筋（はんけんようきん）
- 大腿直筋（だいたいちょくきん）
- 外側広筋（がいそくこうきん）
- 内側広筋（ないそくこうきん）
- 中間広筋（ちゅうかんこうきん）
- 大腿四頭筋（だいたいしとうきん）
- 長腓骨筋（ちょうひこつきん）
- 長指伸筋（ちょうししんきん）
- 前脛骨筋（ぜんけいこつきん）
- 短腓骨筋（たんひこつきん）
- 長頭（ちょうとう）
- 短頭（たんとう）
- 大腿二頭筋（だいたいにとうきん）
- 腓腹筋、外側頭（ひふくきん、がいそくとう）
- 腓腹筋、内側頭（ひふくきん、ないそくとう）
- 下腿三頭筋（かたいさんとうきん）
- ヒラメ筋（ひらめきん）

　立って腕を前で組み片脚で体を支える。別の方の脚を軽く後ろに曲げる。息を吸い、大腿を小さく屈曲させ、始めの姿勢にもどる。動きの最後に息を吐く。このエクササイズは片方ずつ交互に、反復回数を多くしてゆっくりとした動作で行う。
　主に大腿四頭筋と大殿筋に作用する。
　この運動はバランスが要求される。ほとんどの体重が片脚にかかるうえに、半屈曲の姿勢では膝関節が比較的不安定なため、関節を曲げ過ぎないようにして安全を保たねばならない。したがって、片脚の屈曲は膝に問題を抱える人には適さない。

バリエーション
- 大腿四頭筋の動きを感じとるために、反復の際脚を伸ばさず軽く曲げたままにして行うのもよい。
- 体を支えていない方の脚を前方に出して行う方法もある。
- より安定した動きのために、バーを支えにして行うことができる。

脚を前方に出すバリエーション

63

脚部

膝関節の不安定さ

　膝関節が伸展しているときは、外側側副靭帯と内側側副靭帯が引っ張られ関節の回旋運動はできなくなる。したがって、片足で支えられ伸展した固定状態の膝関節には、関節を安定させようとする筋肉の働きは不要である。
　膝関節が曲がっているときは、外側側副靭帯と内側側副靭帯が弛む。この姿勢においては、関節の安定は筋肉の働きのみによってなされる。
　膝関節の屈曲－回旋では、回旋のとき半月が前方に出る。続いて関節の伸展がうまくコントロールされないと、半月がすみやかに元の位置におさまらないことがある。すると、半月は関節突起の中に挟まれ多少とも重い損傷を招く恐れが出てくる。挟まれたとき半月の小片が切断されると、取り除くために外科手術さえ必要になってくる。
　片脚での大腿の屈曲（63頁参照）や前方スプリット（17-20頁参照）のように非対称なエクササイズを行うときは、膝関節を守るために速さの点でも正確さの点でも動きをよくコントロールしてけがのないようにしなければならない。

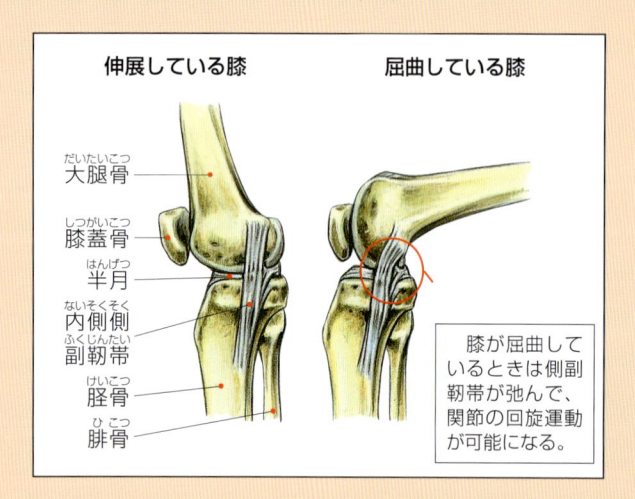

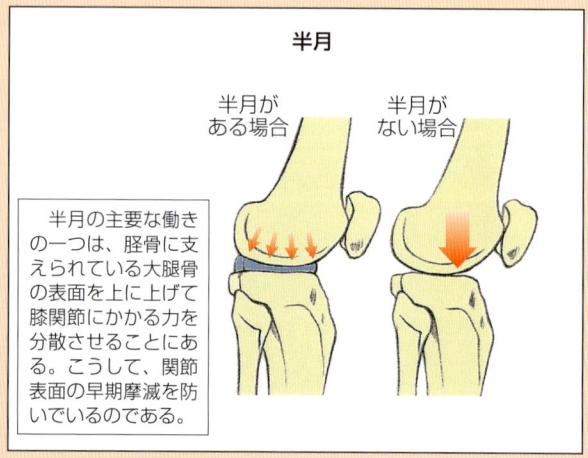

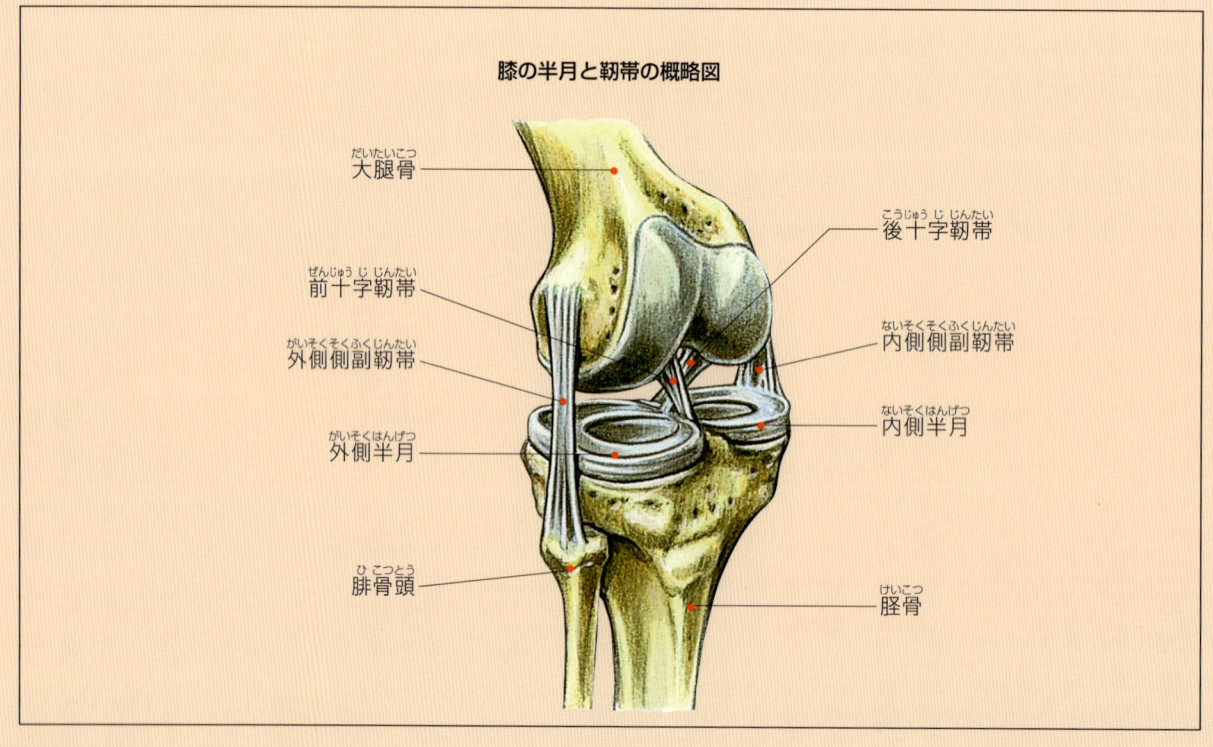

伸展している膝　屈曲している膝

- だいたいこつ　大腿骨
- しつがいこつ　膝蓋骨
- はんげつ　半月
- ないそくそくふくじんたい　内側側副靭帯
- けいこつ　脛骨
- ひこつ　腓骨

膝が屈曲しているときは側副靭帯が弛んで、関節の回旋運動が可能になる。

半月

半月がある場合　半月がない場合

半月の主要な働きの一つは、脛骨に支えられている大腿骨の表面を上に上げて膝関節にかかる力を分散させることにある。こうして、関節表面の早期摩滅を防いでいるのである。

膝の半月と靭帯の概略図

- だいたいこつ　大腿骨
- こうじゅうじじんたい　後十字靭帯
- ぜんじゅうじじんたい　前十字靭帯
- ないそくそくふくじんたい　内側側副靭帯
- がいそくそくふくじんたい　外側側副靭帯
- ないそくはんげつ　内側半月
- がいそくはんげつ　外側半月
- ひこつとう　腓骨頭
- けいこつ　脛骨

脚部

ハック・スクワット（背もたれを用いる脚の伸展） 14

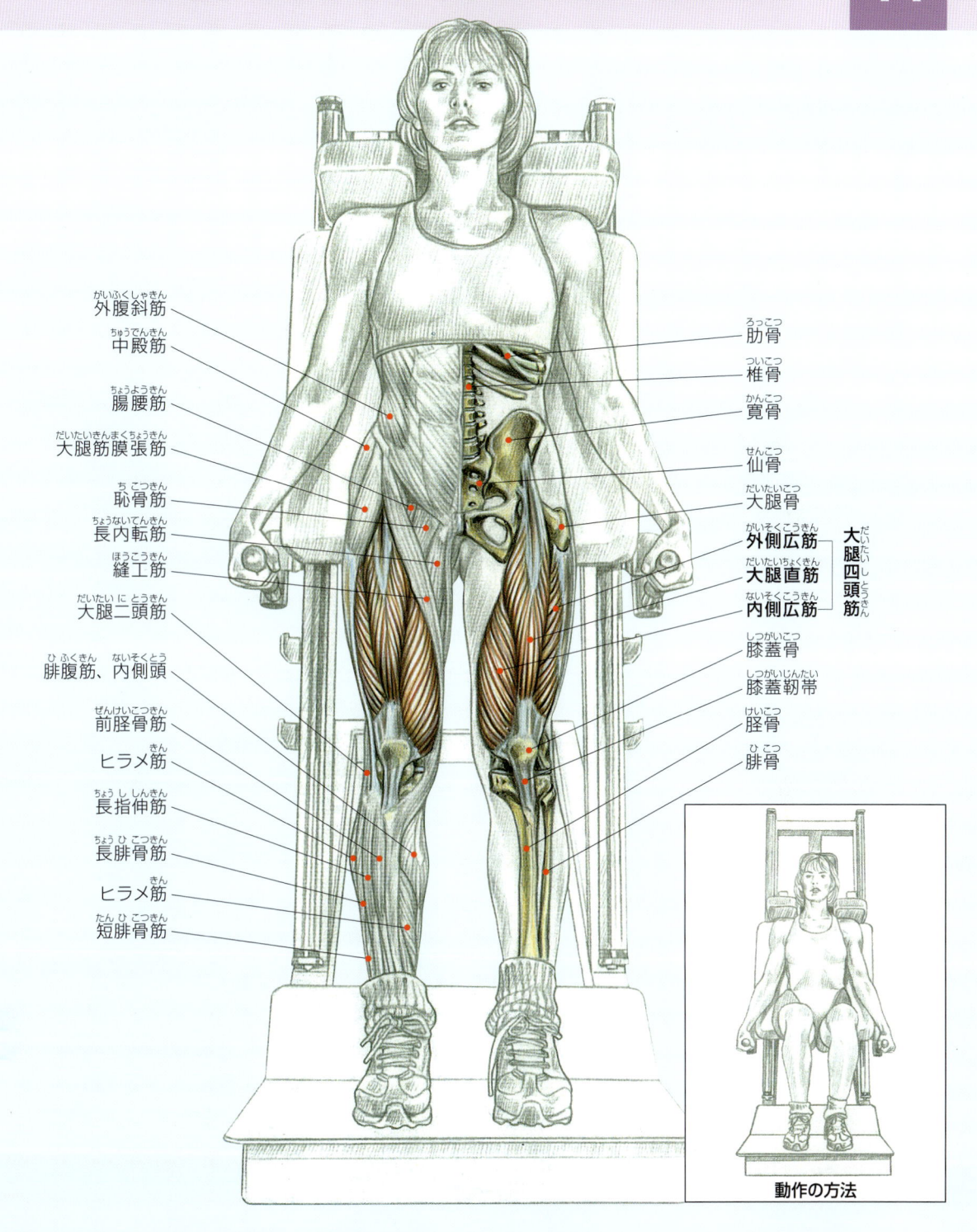

外腹斜筋
中殿筋
腸腰筋
大腿筋膜張筋
恥骨筋
長内転筋
縫工筋
大腿二頭筋
腓腹筋、内側頭
前脛骨筋
ヒラメ筋
長指伸筋
長腓骨筋
ヒラメ筋
短腓骨筋

肋骨
椎骨
寛骨
仙骨
大腿骨
外側広筋ー大腿四頭筋
大腿直筋
内側広筋
膝蓋骨
膝蓋靱帯
脛骨
腓骨

動作の方法

脚をぴんと伸ばし、背もたれに背中をつける。両肩をロールの下に固定させる（ハックとは「引き具」のこと。ロールが牽引用の動物にかける首輪を連想させることからそう呼ばれる）。両足を少し開く。息を吸い、ストッパーをはずし脚の伸展を行う。始めの姿勢にもどり、動きの最後に息を吐く。

この運動は働きを大腿四頭筋に集中させることができる。両足を前に置くほど殿筋により作用し、両足を開くほど内転筋により作用する。背中を守るために、腹筋を収縮させ、骨盤と脊柱を横方向に動かさないことが大事である。

脚部

15 インクライン・レッグプレス（マシンでの脚の伸展）

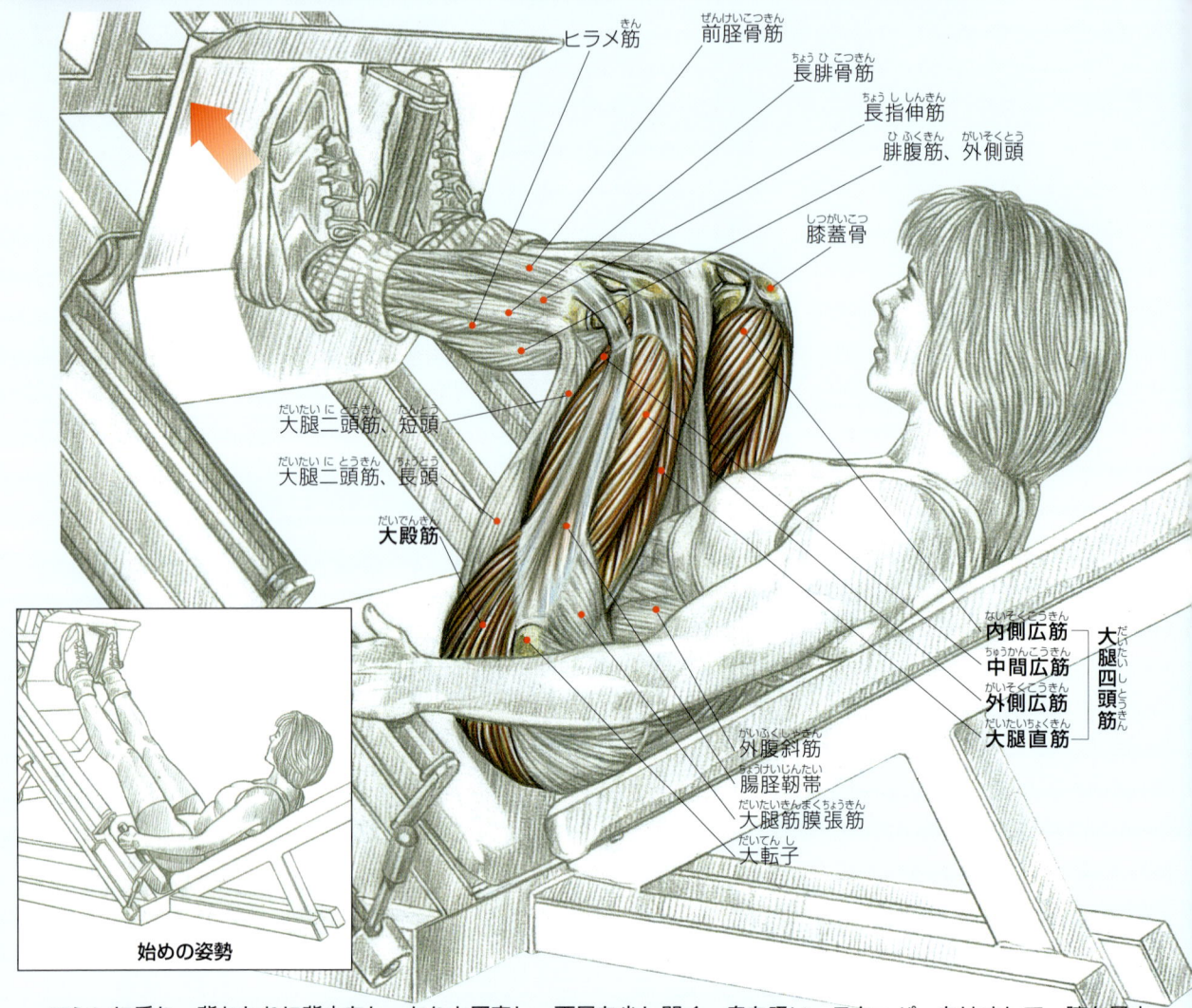

マシンに乗り、背もたれに背中をしっかりと固定し、両足を少し開く。息を吸い、ストッパーをはずして、膝を最大限に曲げ胸郭近くまで持ってきてから押し上げ、始めの姿勢にもどる。動きの最後に息を吐く。

両足をプラットフォームの低い位置につけるとまず大腿四頭筋に作用する。反対に、プラットフォームの高い位置につけると、殿筋とハムストリングスに作用する。両足を開けばさらに内転筋に作用する。

注意
重い負荷を用いるプレスでは、人によって仙腸骨蝶番関節の変位を引き起こし、非常な苦痛をともなう筋肉の痙縮をもたらす恐れがある。

備考
この運動は背中に問題を抱えスクワットができない人でも行うことができるが、背もたれから腰を決して浮かさないようにすること。

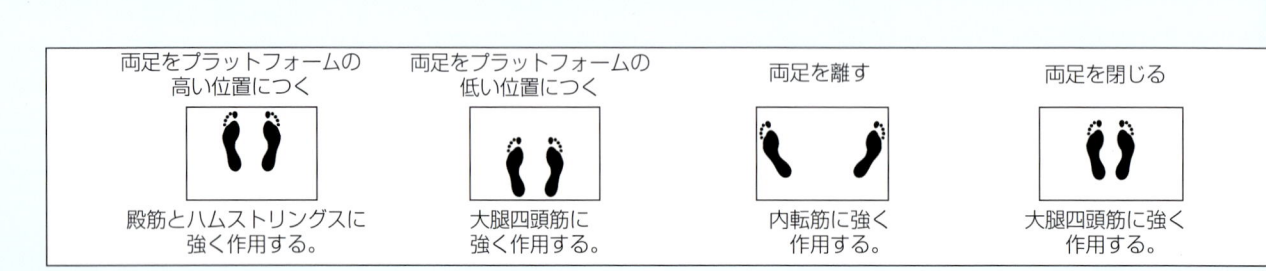

両足をプラットフォームの高い位置につく	両足をプラットフォームの低い位置につく	両足を離す	両足を閉じる
殿筋とハムストリングスに強く作用する。	大腿四頭筋に強く作用する。	内転筋に強く作用する。	大腿四頭筋に強く作用する。

脚部

靭帯の弛緩過剰

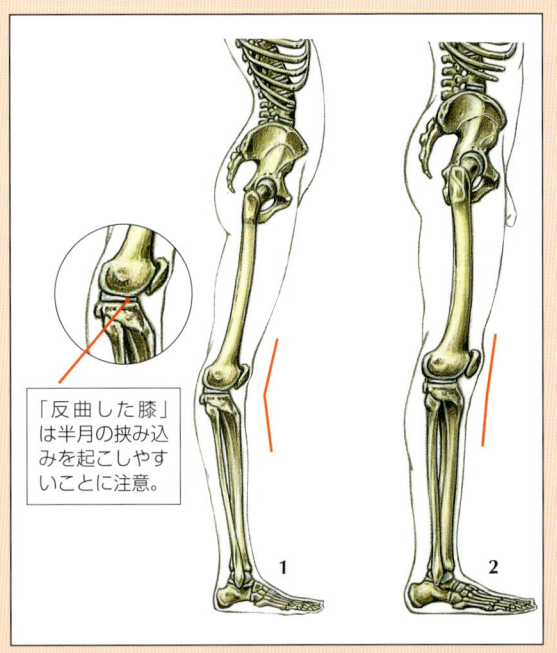

女性は生殖機能によってしばしば靭帯の弛緩過剰が起こり、動くことのない骨盤の関節（仙骨－腸骨と恥骨の関節）に小さなずれ（変位）が生じて、分娩時の胎児の通過を助けている。

この靭帯弛緩過剰によっていくつかの形態的特徴が生じることがある。たとえば、「反曲した膝」である。これは膝が伸びて関節が固定されたとき、脚が少し不適当な方向に曲がっているような印象を与える膝のことである。

病理学的な場合はまれではあるが、それでも「反曲した膝」は人によって合併症を引き起こす。たとえば半月の挟み込みである。これは、膝が非常に速く伸びてしまって半月が動くひまがないようなときや、重い負荷を使って行う大腿のエクササイズのときなどに起こる。集団レッスンのとき教師がよく膝を完全に伸ばさないで動くようにとか、レッグプレスやスクワットのような負荷をかけるエクササイズでは伸ばした膝を固定しないようにとすすめるのは理由のあることなのである（関節をロックさせないこと）。

しかし、慎重さが求められるのは病的な反曲膝の人だけであって、大半の人は伸展のとき何の心配もなく膝の固定ができる。関節は脊柱の諸要素のように積み重なっているものである、ということをあらためて留意すべきである。

「反曲した膝」は半月の挟み込みを起こしやすいことに注意。

1. 膝が反曲している典型的な女性の脚
2. 典型的な男性の脚、円柱の諸要素のように関節が積み重なっている。

備考
女性の靭帯弛緩は月経周期の間に変化し、排卵期間時に最高に達する。したがって、膝に損傷を起こす危険がもっとも高いのはこの時期である。

膝蓋骨の脱臼

膝蓋骨上の大腿四頭筋の牽引は大腿骨の軸の中、すなわち外側に傾いて行われるので、膝蓋骨は外側に向かって横に脱臼する傾向がある。しかし、大腿骨の外側顆がそれ以上に飛び出て外側への脱臼を防ぎ、大腿四頭筋の内側広筋の下部線維が引き上げられ内側に引き戻す。

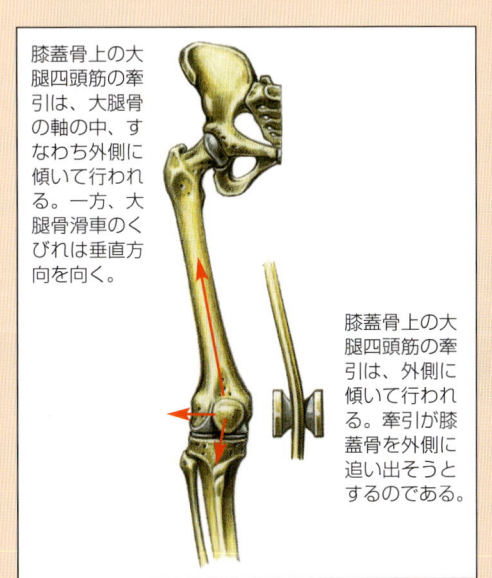

膝蓋骨上の大腿四頭筋の牽引は、大腿骨の軸の中、すなわち外側に傾いて行われる。一方、大腿骨滑車のくびれは垂直方向を向く。

膝蓋骨上の大腿四頭筋の牽引は、外側に傾いて行われる。牽引が膝蓋骨を外側に追い出そうとするのである。

女性は大腿骨の傾斜が顕著で、そのうえ外側顆の飛び出しが弱く、また靭帯の弛緩や大腿四頭筋の外側広筋・内側広筋の下部の筋緊張が不足気味であることなどが重なり、膝蓋骨の外側脱臼が起こりやすい。

この脱臼を防ぐためには「レッグエクステンション」（68頁参照）が優れている。というのは、大腿四頭筋の下部と、とりわけ内側広筋を強化するからである。

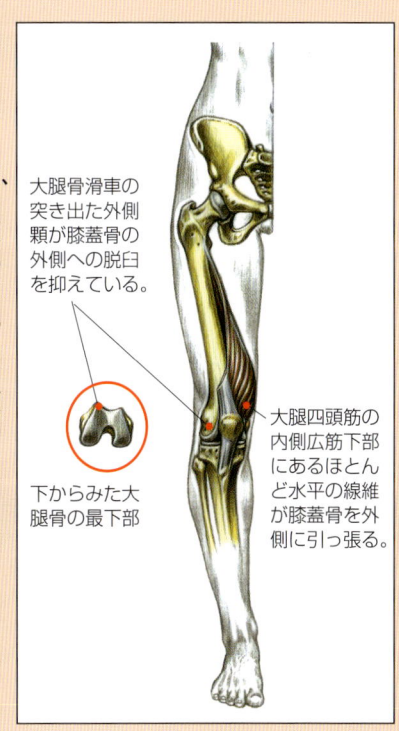

大腿骨滑車の突き出た外側顆が膝蓋骨の外側への脱臼を抑えている。

下からみた大腿骨の最下部

大腿四頭筋の内側広筋下部にあるほとんど水平の線維が膝蓋骨を外側に引っ張る。

67

脚部

16 レッグ・エクステンション（マシンで行う脚の伸展）

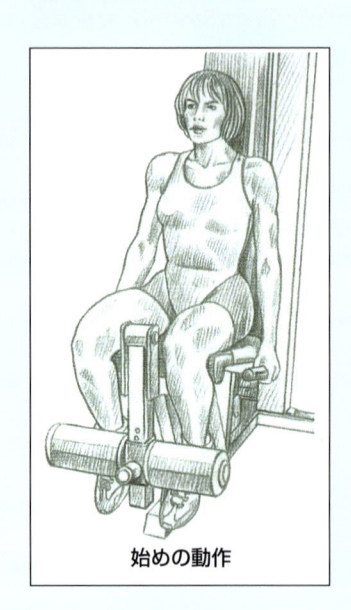

ラベル（上半身・大腿部・下肢）:
- 外腹斜筋
- 腹直筋
- 腸腰筋
- 恥骨筋
- 長内転筋
- 縫工筋
- 大腿四頭筋、大腿直筋
- 大腿四頭筋、内側広筋
- 膝蓋骨
- 膝蓋靭帯
- 上前腸骨棘
- 中殿筋
- 大腿四頭筋、外側広筋
- 大腿筋膜張筋
- 腸脛靭帯
- 大腿四頭筋、中間広筋
- 大殿筋
- 前脛骨筋
- 長指伸筋
- 長腓骨筋
- ヒラメ筋

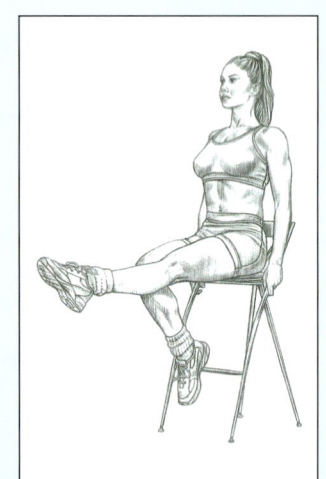

始めの動作

マシンに腰掛け、両手でグリップか椅子をつかみ胸を動かさず、膝を曲げ足関節をロールの下に置く。息を吸い、水平になるまで脚の伸展を行う。動きの終わりに息を吐く。

このエクササイズは大腿四頭筋の作用を取り出すのに適した運動である。マシンの背を傾けるほど、骨盤はより後傾することに注意。したがって大腿四頭筋のうち二関節の中央部分である大腿直筋が引き伸ばされ、脚の伸展のとき働きがより強化される。

筋力をつけてより技術的な運動に進もうとする初級者にふさわしい運動である。

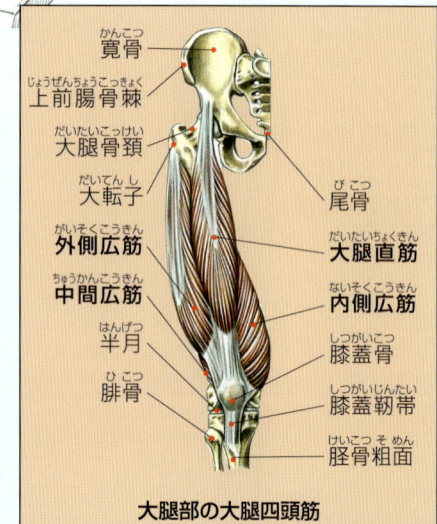

備考

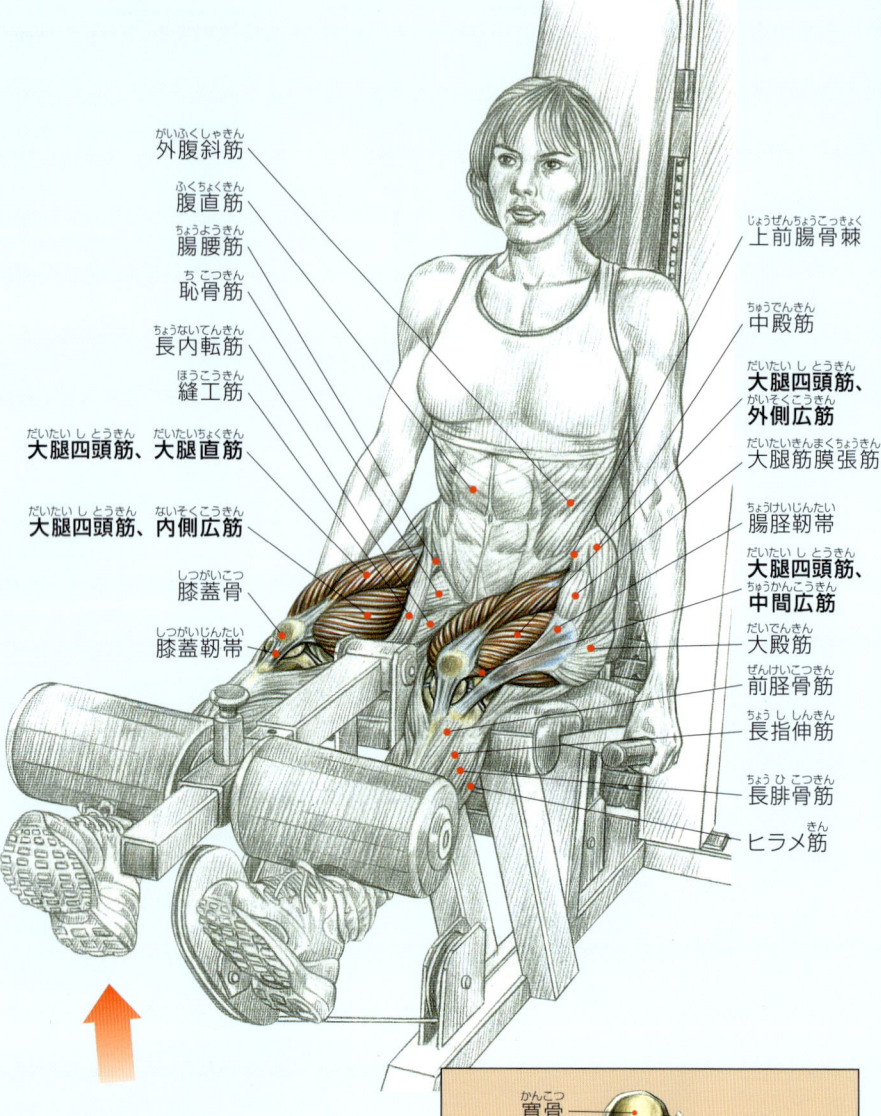

マシンを使用しなくても、椅子の上に腰掛けて脚の伸展を行うことができる。この場合、脚を交互にゆっくりと動かして、伸展の最後に筋肉の収縮に集中すること。

マシンでの伸展と同様に、胸を後ろに反らせば大腿四頭筋の大腿直筋に作用する。

大腿部の大腿四頭筋
- 寛骨
- 上前腸骨棘
- 大腿骨頚
- 大転子
- 外側広筋
- 中間広筋
- 半月
- 腓骨
- 尾骨
- 大腿直筋
- 内側広筋
- 膝蓋骨
- 膝蓋靭帯
- 脛骨粗面

68

脚部

サイレイズ① (大腿の持ち上げ)

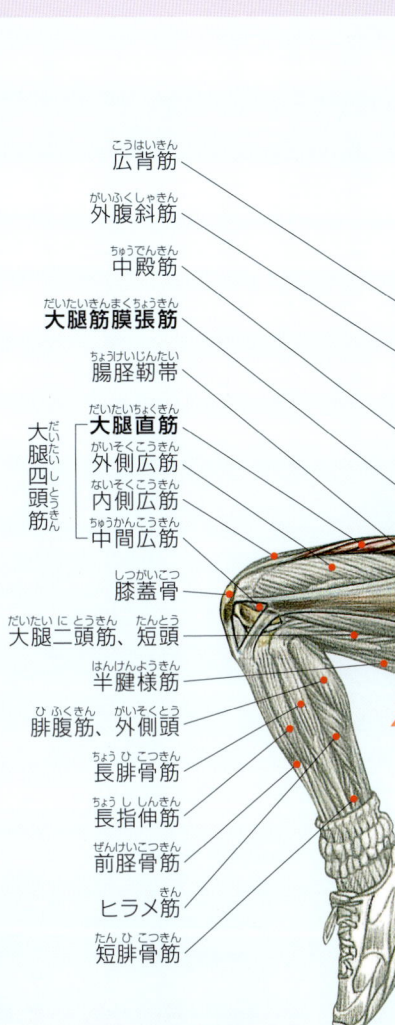

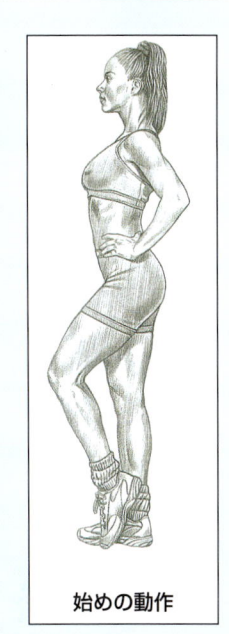

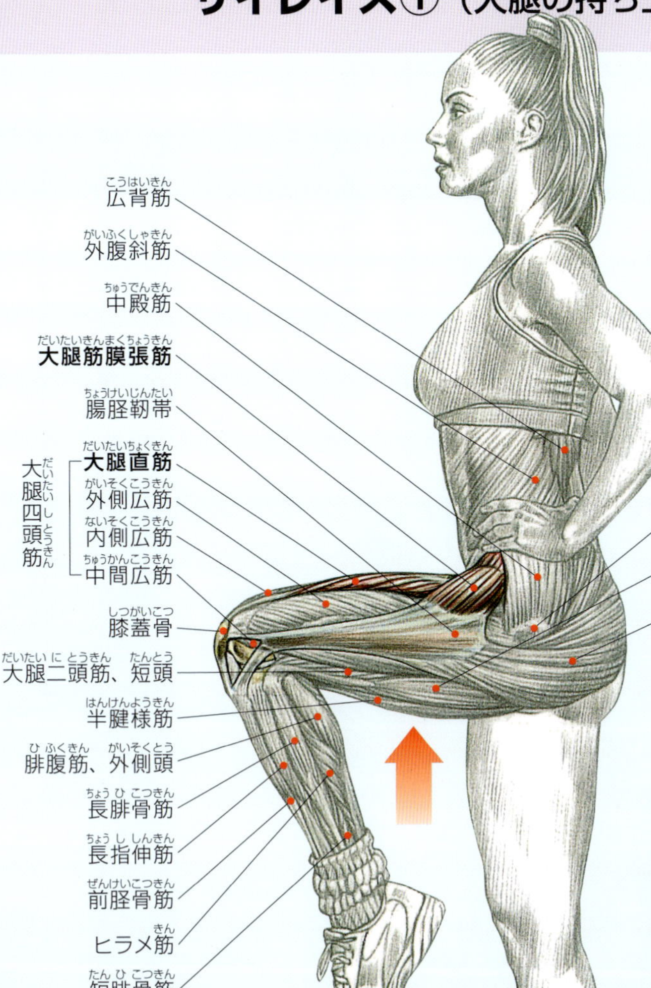

17

筋肉ラベル（上から）:
- 広背筋（こうはいきん）
- 外腹斜筋（がいふくしゃきん）
- 中殿筋（ちゅうでんきん）
- 大腿筋膜張筋（だいたいきんまくちょうきん）
- 腸脛靭帯（ちょうけいじんたい）
- 大腿四頭筋（だいたいしとうきん）
  - 大腿直筋（だいたいちょっきん）
  - 外側広筋（がいそくこうきん）
  - 内側広筋（ないそくこうきん）
  - 中間広筋（ちゅうかんこうきん）
- 膝蓋骨（しつがいこつ）
- 大腿二頭筋、短頭（だいたいにとうきん、たんとう）
- 半腱様筋（はんけんようきん）
- 腓腹筋、外側頭（ひふくきん、がいそくとう）
- 長腓骨筋（ちょうひこつきん）
- 長指伸筋（ちょうししんきん）
- 前脛骨筋（ぜんけいこつきん）
- ヒラメ筋
- 短腓骨筋（たんひこつきん）

- 大転子（だいてんし）
- 大腿二頭筋、長頭（だいたいにとうきん、ちょうとう）
- 大殿筋（だいでんきん）

始めの動作

立って背中を真っ直ぐにし、両手を腰に当て片足で立つ。もう一方の脚を少し曲げつま先を床につける。この脚を大腿が水平になるまで持ち上げ、続いて下ろすが足は床につけないで繰り返す。

このエクササイズは主に大腿直筋と大腿筋膜張筋に働く。腰のすべての屈筋、すなわち腸腰筋・縫工筋・恥骨筋にも作用するがそれほど強くはない。

より効果を高めるために、大腿を元気よく、できるだけ速く上げるとよい。ただし、下ろすときはゆっくりと。

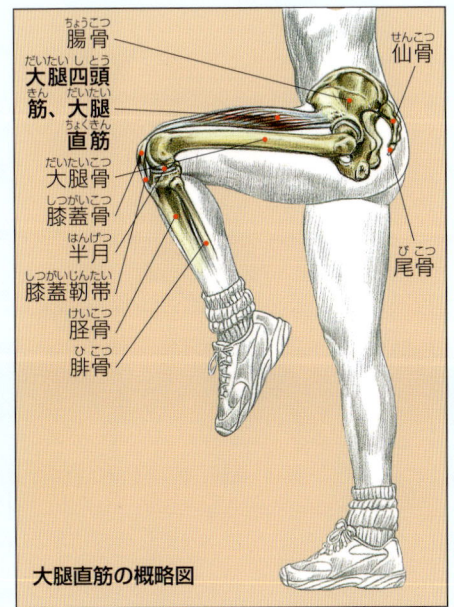

大腿直筋の概略図
- 腸骨（ちょうこつ）
- 大腿四頭筋、大腿直筋（だいたいしとうきん、だいたいちょっきん）
- 大腿骨（だいたいこつ）
- 膝蓋骨（しつがいこつ）
- 半月（はんげつ）
- 膝蓋靭帯（しつがいじんたい）
- 脛骨（けいこつ）
- 腓骨（ひこつ）
- 仙骨（せんこつ）
- 尾骨（びこつ）

大腿直筋は大腿四頭筋のうち二関節につながっている唯一の部分である。すなわち、筋肉の移動が二つの関節、膝関節と股関節に同時に起こるのである。つまり大腿直筋は大腿での強力な伸筋であり、同時に腰の強力な屈筋でもあるところが、このエクササイズを興味深いものにしている。

腰の屈筋
- 大腰筋（だいようきん）
- 小腰筋（しょうようきん）
- 腸骨筋（ちょうこつきん）
- 腸腰筋（ちょうようきん）
- 大腿直筋（だいたいちょっきん）
- 腸腰筋（ちょうようきん）
- 大腿筋膜張筋（だいたいきんまくちょうきん）
- 縫工筋（ほうこうきん）
- 外側広筋（がいそくこうきん）
- 大腿直筋（だいたいちょっきん）
- 内側広筋（ないそくこうきん）
- 大腿四頭筋（だいたいしとうきん）

69

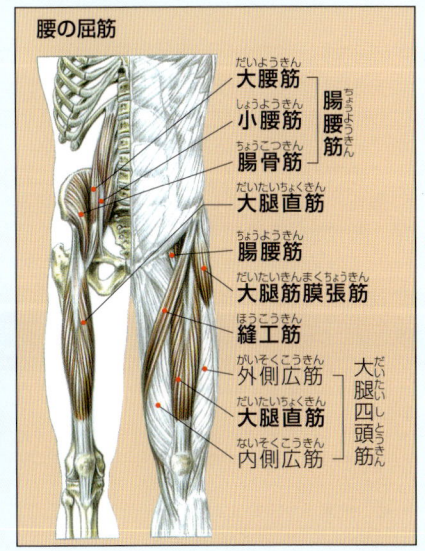

脚部

18 サイレイズ❷（負荷を用いる大腿の持ち上げ）

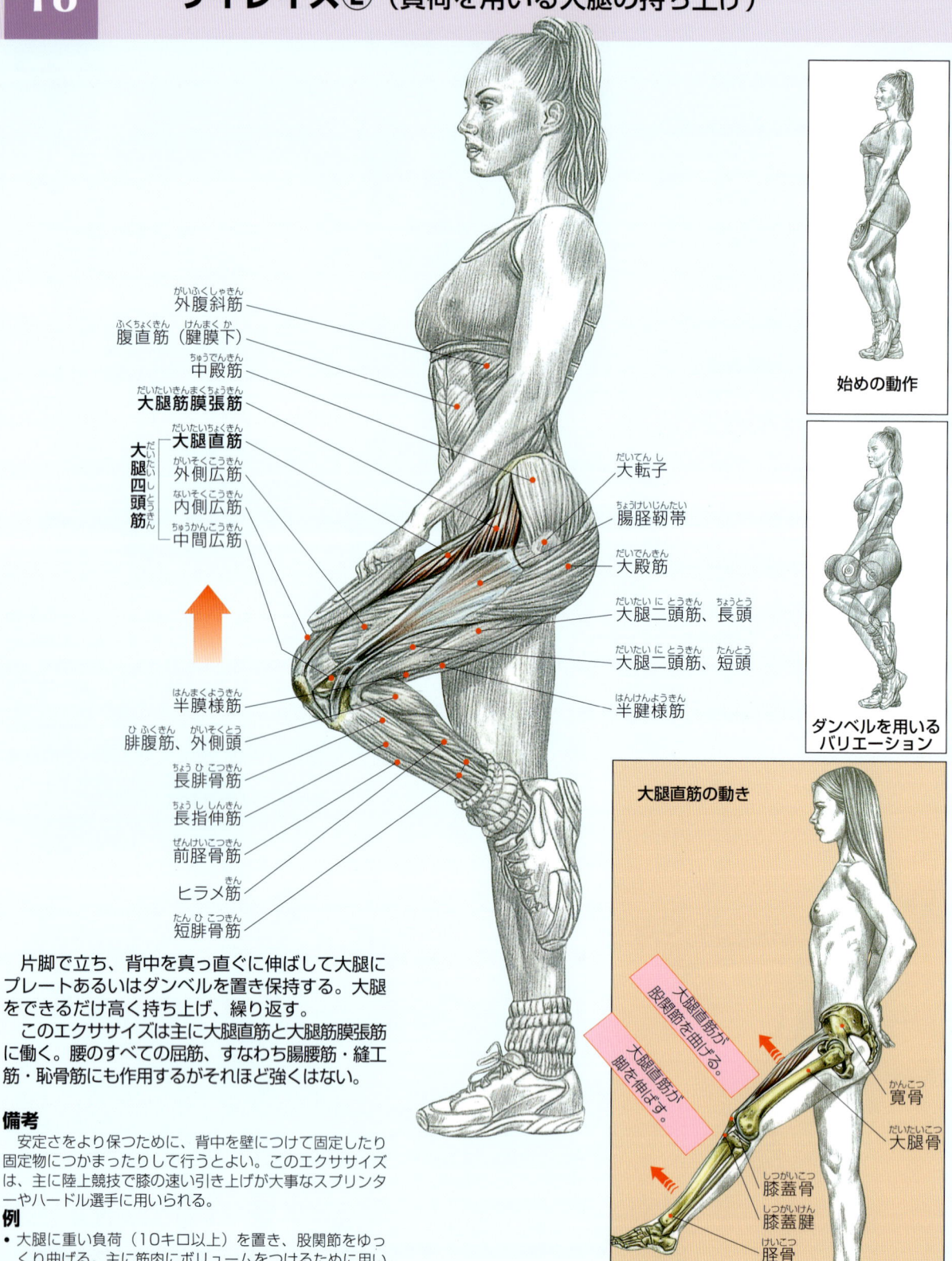

筋肉名（図中ラベル）：
- 外腹斜筋（がいふくしゃきん）
- 腹直筋（腱膜下）（ふくちょくきん・けんまくか）
- 中殿筋（ちゅうでんきん）
- 大腿筋膜張筋（だいたいきんまくちょうきん）
- 大腿直筋（だいたいちょっきん）
- 外側広筋（がいそくこうきん）
- 内側広筋（ないそくこうきん）
- 中間広筋（ちゅうかんこうきん）
- 大腿四頭筋（だいたいしとうきん）
- 半膜様筋（はんまくようきん）
- 腓腹筋、外側頭（ひふくきん・がいそくとう）
- 長腓骨筋（ちょうひこつきん）
- 長指伸筋（ちょうししんきん）
- 前脛骨筋（ぜんけいこつきん）
- ヒラメ筋
- 短腓骨筋（たんひこつきん）

- 大転子（だいてんし）
- 腸脛靱帯（ちょうけいじんたい）
- 大殿筋（だいでんきん）
- 大腿二頭筋、長頭（だいたいにとうきん、ちょうとう）
- 大腿二頭筋、短頭（だいたいにとうきん、たんとう）
- 半腱様筋（はんけんようきん）

右上図： 始めの動作
右中図： ダンベルを用いるバリエーション
右下図： 大腿直筋の動き
- 大腿直筋が股関節を曲げる。
- 大腿直筋が膝を伸ばす。
- 寛骨（かんこつ）
- 大腿骨（だいたいこつ）
- 膝蓋骨（しつがいこつ）
- 膝蓋腱（しつがいけん）
- 脛骨（けいこつ）

片脚で立ち、背中を真っ直ぐに伸ばして大腿にプレートあるいはダンベルを置き保持する。大腿をできるだけ高く持ち上げ、繰り返す。
　このエクササイズは主に大腿直筋と大腿筋膜張筋に働く。腰のすべての屈筋、すなわち腸腰筋・縫工筋・恥骨筋にも作用するがそれほど強くはない。

備考
安定さをより保つために、背中を壁につけて固定したり固定物につかまったりして行うとよい。このエクササイズは、主に陸上競技で膝の速い引き上げが大事なスプリンターやハードル選手に用いられる。

例
- 大腿に重い負荷（10キロ以上）を置き、股関節をゆっくり曲げる。主に筋肉にボリュームをつけるために用いられる方法。
- 軽い負荷（10キロ以下）で、脚をできるだけ速く上げ15回以上の反復を行う。

フロア・アダクション（床上で行う脚の内転） 19

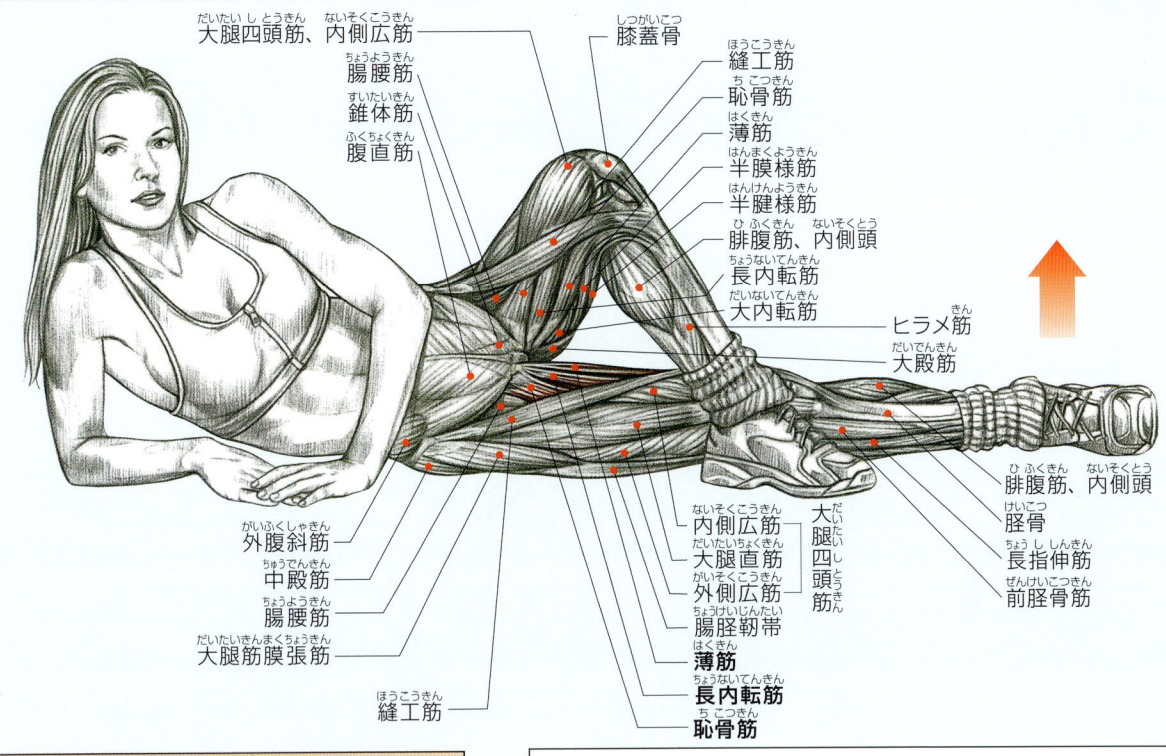

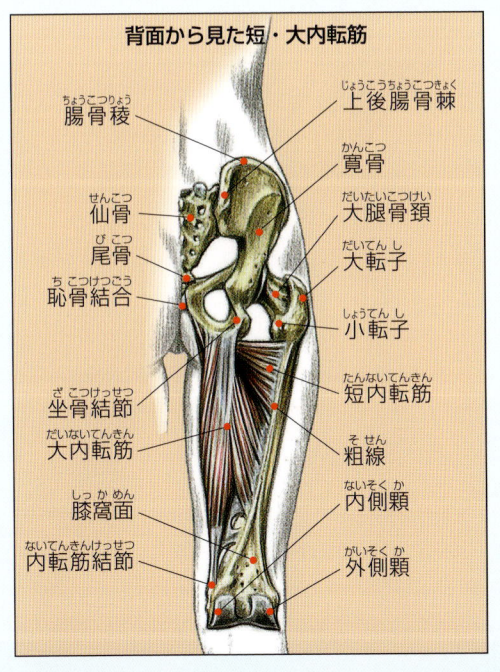

脚部

筋肉ラベル（上図）：
- 大腿四頭筋、内側広筋
- 腸腰筋
- 錐体筋
- 腹直筋
- 膝蓋骨
- 縫工筋
- 恥骨筋
- 薄筋
- 半膜様筋
- 半腱様筋
- 腓腹筋、内側頭
- 長内転筋
- 大内転筋
- ヒラメ筋
- 大殿筋
- 腓腹筋、内側頭
- 脛骨
- 長指伸筋
- 前脛骨筋
- 外腹斜筋
- 中殿筋
- 腸腰筋
- 大腿筋膜張筋
- 縫工筋
- 内側広筋
- 大腿直筋
- 外側広筋
- 腸脛靭帯
- 大腿四頭筋
- **薄筋**
- **長内転筋**
- **恥骨筋**

背面から見た短・大内転筋

- 腸骨稜
- 上後腸骨棘
- 寛骨
- 仙骨
- 大腿骨頸
- 尾骨
- 大転子
- 恥骨結合
- 小転子
- 坐骨結節
- 短内転筋
- 大内転筋
- 粗線
- 膝窩面
- 内側顆
- 内転筋結節
- 外側顆

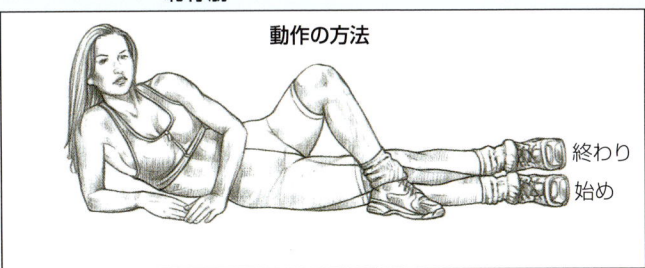

動作の方法
終わり / 始め

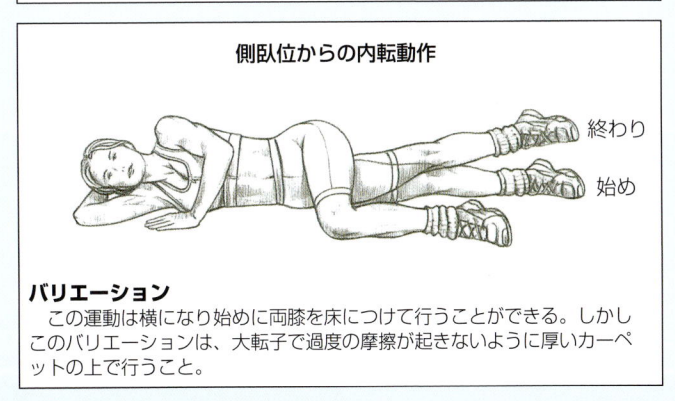

側臥位からの内転動作
終わり / 始め

バリエーション
　この運動は横になり始めに両膝を床につけて行うことができる。しかしこのバリエーションは、大転子で過度の摩擦が起きないように厚いカーペットの上で行うこと。

　横向きになって肘で体を支える。床の方の脚を伸ばし、もう一方の脚は膝を曲げ反対側の膝の前に足を平らに置く。床の方の脚をできるだけ高く上げ、2～3秒間収縮を保持する。繰り返す。
　この運動の幅はごくわずかなものである。しかし重みの大部分は大内転筋と薄筋にかかりながらも、恥骨筋、短内転筋、小内転筋、長内転筋にも働きが十分に感じられる運動である。10回から20回の反復をゆっくり行えばよい結果が得られる。
　バリエーションとしては、各反復の間に上げた足でアイソメトリックスによる収縮を約10秒間保持する方法がある。

脚部

20 ケーブル・アダクション（ロープーリーを使用しての脚の内転）

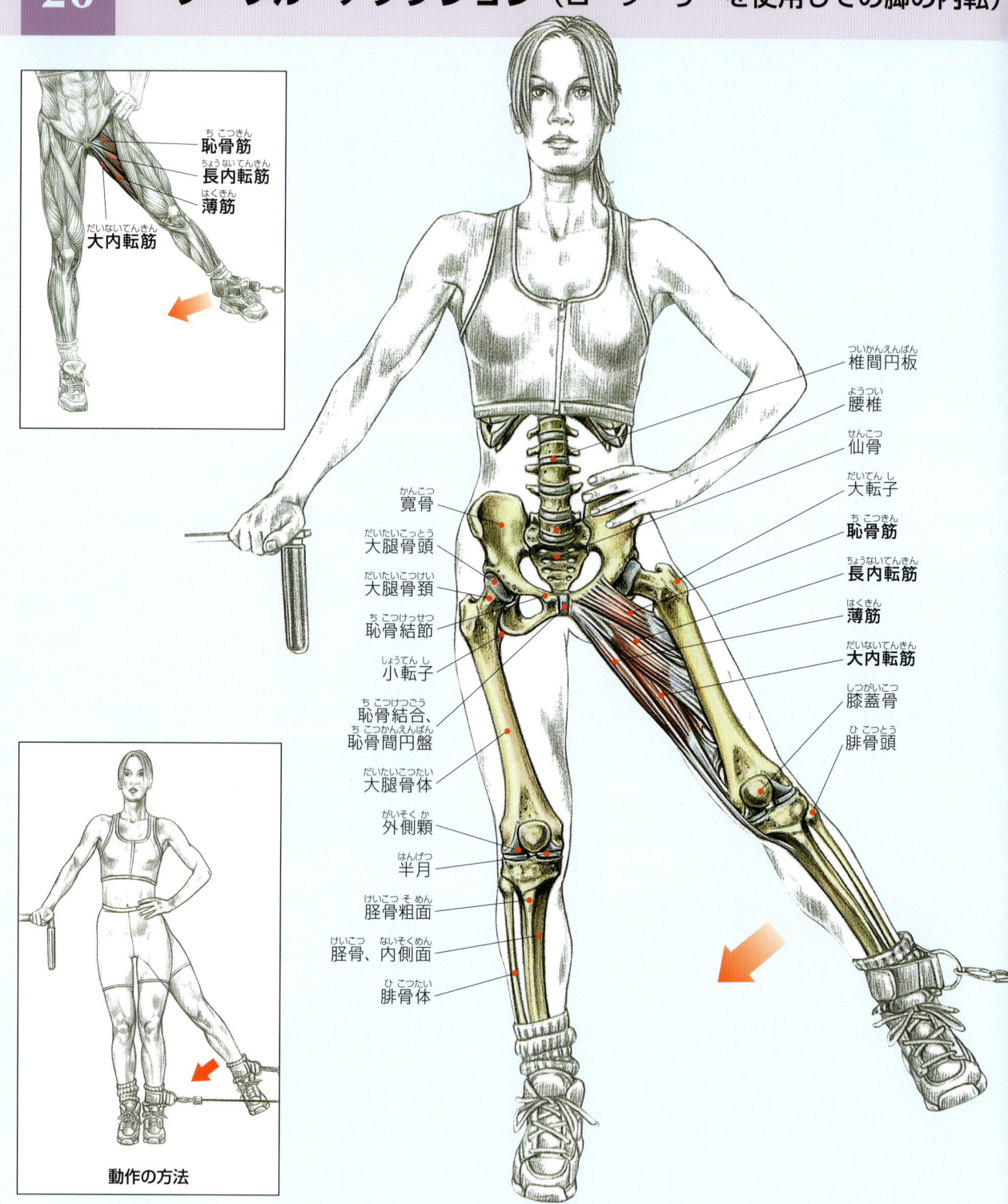

図中ラベル（上囲み）:
- 恥骨筋（ちこつきん）
- 長内転筋（ちょうないてんきん）
- 薄筋（はくきん）
- 大内転筋（だいないてんきん）

図中ラベル（本図）:
- 椎間円板（ついかんえんばん）
- 腰椎（ようつい）
- 仙骨（せんこつ）
- 大転子（だいてんし）
- 恥骨筋（ちこつきん）
- 長内転筋（ちょうないてんきん）
- 薄筋（はくきん）
- 大内転筋（だいないてんきん）
- 膝蓋骨（しつがいこつ）
- 腓骨頭（ひこつとう）
- 寛骨（かんこつ）
- 大腿骨頭（だいたいこつとう）
- 大腿骨頸（だいたいこつけい）
- 恥骨結節（ちこつけっせつ）
- 小転子（しょうてんし）
- 恥骨結合、恥骨間円盤（ちこつけつごう、ちこつかんえんばん）
- 大腿骨体（だいたいこつたい）
- 外側顆（がいそくか）
- 半月（はんげつ）
- 脛骨粗面（けいこつそめん）
- 脛骨、内側面（けいこつ、ないそくめん）
- 腓骨体（ひこつたい）

動作の方法

　片脚で立ち、もう一方の脚をベルトにつなぐ。反対側の手をマシンの枠かあるいは何か支持台のようなものの上に置く。ベルトにつないだ脚を支えている脚の前で交叉させながら引っ張ってくる。
　このエクササイズは、内転筋全体（恥骨筋、短内転筋、長内転筋、大内転筋、薄筋）に働く。作用の範囲を大腿内部に限定しているため、反復回数を多くして行われる。

72

脚部

シーテッド・ヒップアダクション
（マシンを用いて脚の内転）

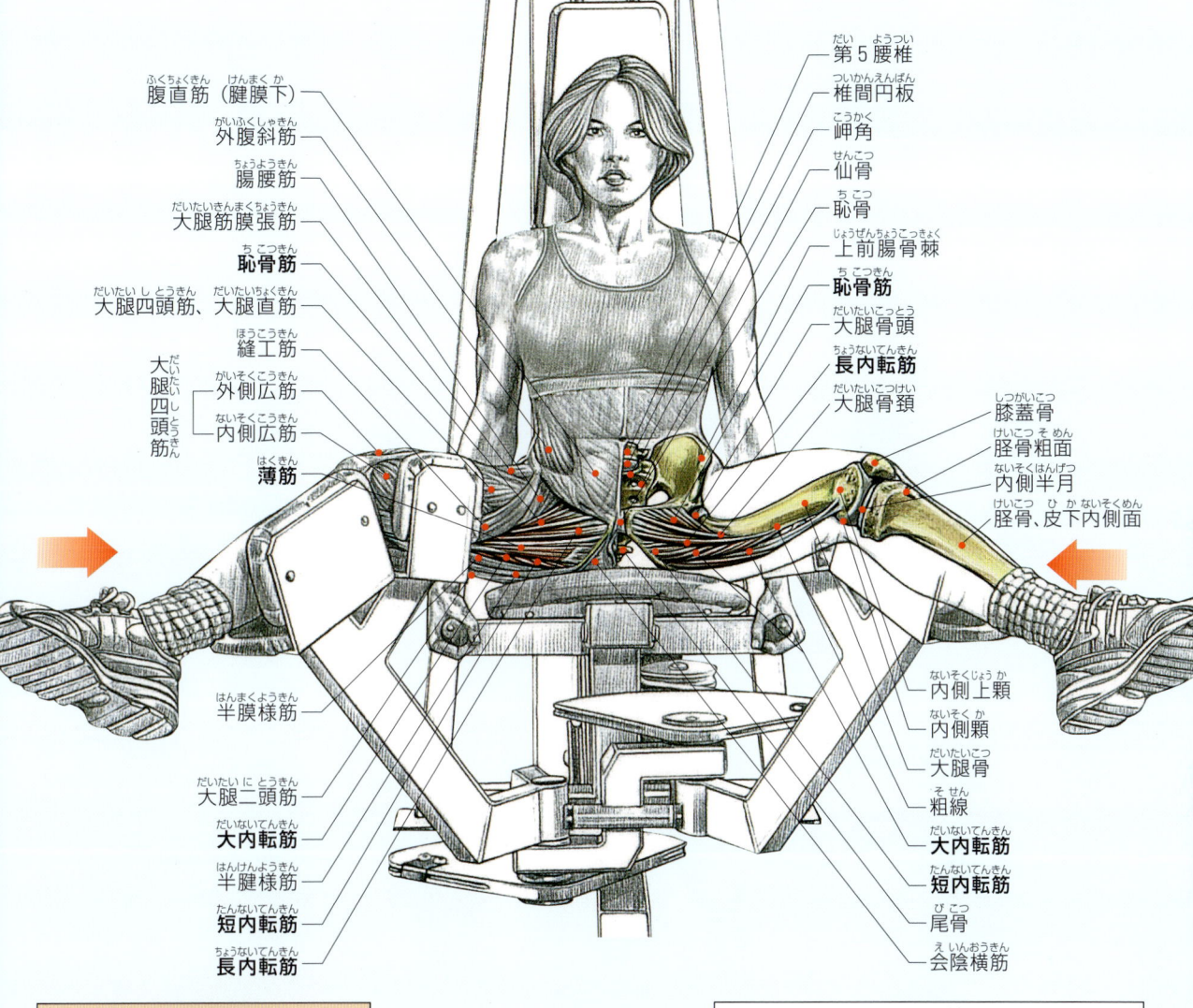

21

解剖図ラベル（左側、上から下）：
- 腹直筋（腱膜下）
- 外腹斜筋
- 腸腰筋
- 大腿筋膜張筋
- 恥骨筋
- 大腿四頭筋、大腿直筋
- 縫工筋
- 外側広筋
- 大腿四頭筋
- 内側広筋
- 薄筋
- 半膜様筋
- 大腿二頭筋
- 大内転筋
- 半腱様筋
- 短内転筋
- 長内転筋

解剖図ラベル（右側、上から下）：
- 第5腰椎
- 椎間円板
- 岬角
- 仙骨
- 恥骨
- 上前腸骨棘
- 恥骨筋
- 大腿骨頭
- 長内転筋
- 大腿骨頚
- 膝蓋骨
- 脛骨粗面
- 内側半月
- 脛骨、皮下内側面
- 内側上顆
- 内側顆
- 大腿骨
- 粗線
- 大内転筋
- 短内転筋
- 尾骨
- 会陰横筋

大腿の内転筋
- 寛骨
- 仙骨
- 内閉鎖筋
- 恥骨
- 恥骨筋
- 短内転筋
- 長内転筋
- 薄筋
- 大腿骨
- 大内転筋
- 膝蓋骨
- 共通付着（鵞足）
- 腓骨
- 脛骨

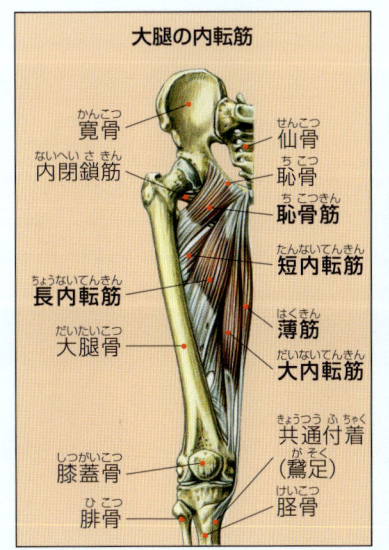

マシンに腰掛け脚を開く。大腿を閉じ、動きをコントロールしながら始めの姿勢にもどる。

このエクササイズは大腿の内転筋全体（恥骨筋、大内転筋、長内転筋、短内転筋、薄筋）に働く。ロープーリーよりも重い負荷がかかるが、動きの幅はもっと少ない。

焼けつくような感覚を得るまで反復回数を増やせばよりよい結果が得られる。

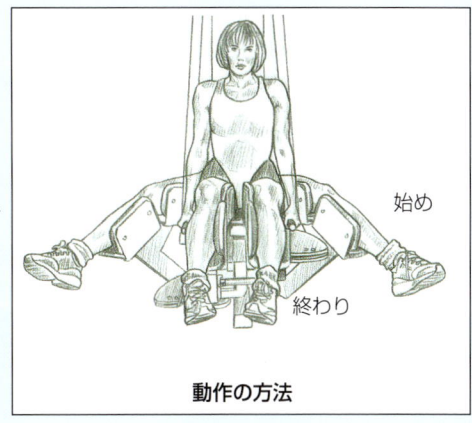

動作の方法 （始め／終わり）

備考
この運動は内転筋を強化する目的で行われるが、この筋肉群は激しく動かすと筋肉傷害を起こしやすい場所でもある。したがって、負荷を徐々に上げていき、重くしたときは最後に内転筋用の柔軟運動を行うことが望ましい。

73

脚部

22 スタンディング・アダクション（ボールを用いて脚の内転）

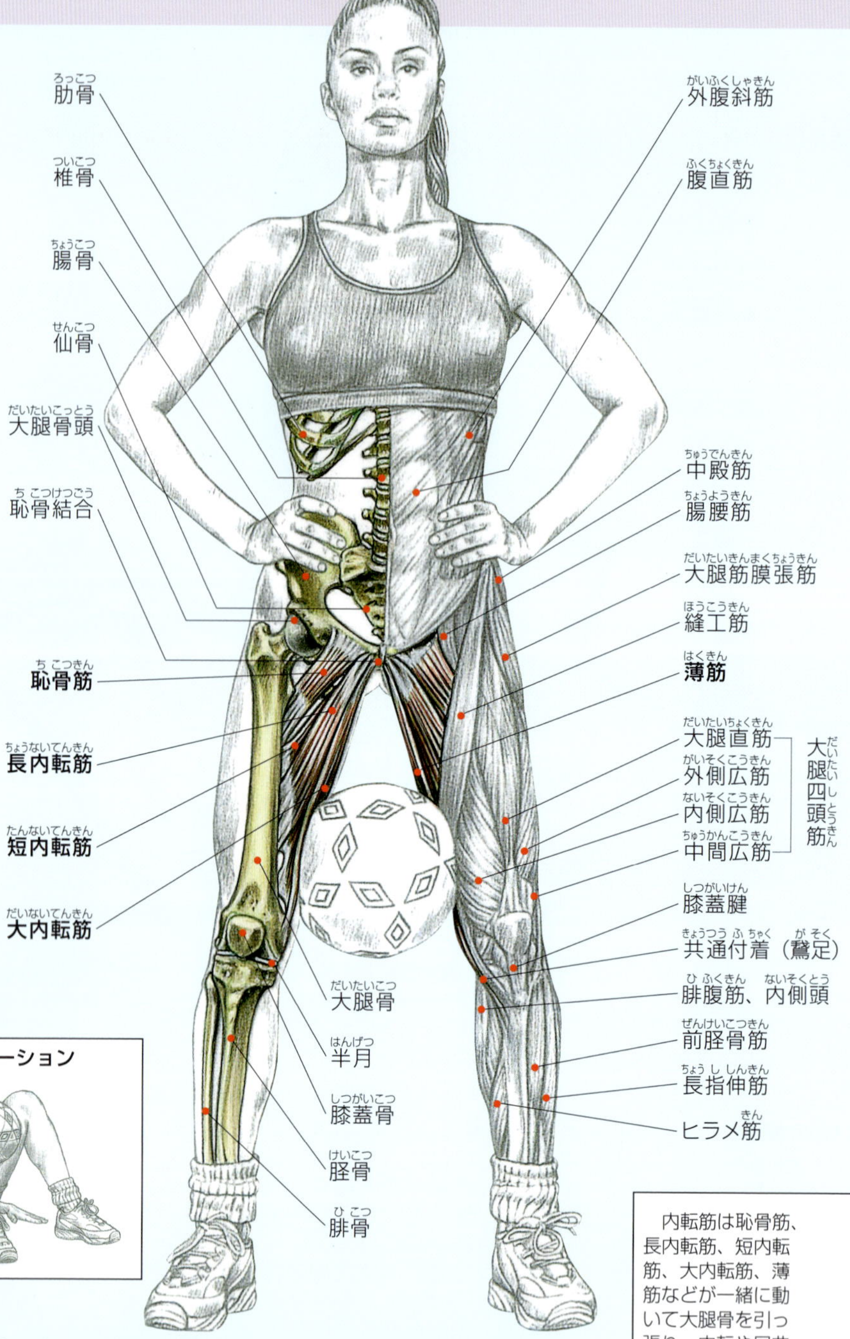

図中ラベル（左側、上から下）:
- 肋骨（ろっこつ）
- 椎骨（ついこつ）
- 腸骨（ちょうこつ）
- 仙骨（せんこつ）
- 大腿骨頭（だいたいこっとう）
- 恥骨結合（ちこつけつごう）
- 恥骨筋（ちこつきん）
- 長内転筋（ちょうないてんきん）
- 短内転筋（たんないてんきん）
- 大内転筋（だいないてんきん）
- 大腿骨（だいたいこつ）
- 半月（はんげつ）
- 膝蓋骨（しつがいこつ）
- 脛骨（けいこつ）
- 腓骨（ひこつ）

図中ラベル（右側、上から下）:
- 外腹斜筋（がいふくしゃきん）
- 腹直筋（ふくちょくきん）
- 中殿筋（ちゅうでんきん）
- 腸腰筋（ちょうようきん）
- 大腿筋膜張筋（だいたいきんまくちょうきん）
- 縫工筋（ほうこうきん）
- 薄筋（はくきん）
- 大腿直筋（だいたいちょっきん）
- 外側広筋（がいそくこうきん）
- 内側広筋（ないそくこうきん）
- 中間広筋（ちゅうかんこうきん）　[大腿四頭筋（だいたいしとうきん）]
- 膝蓋腱（しつがいけん）
- 共通付着（鵞足）（きょうつうふちゃく・がそく）
- 腓腹筋、内側頭（ひふくきん、ないそくとう）
- 前脛骨筋（ぜんけいこつきん）
- 長指伸筋（ちょうししんきん）
- ヒラメ筋

床上でのバリエーション

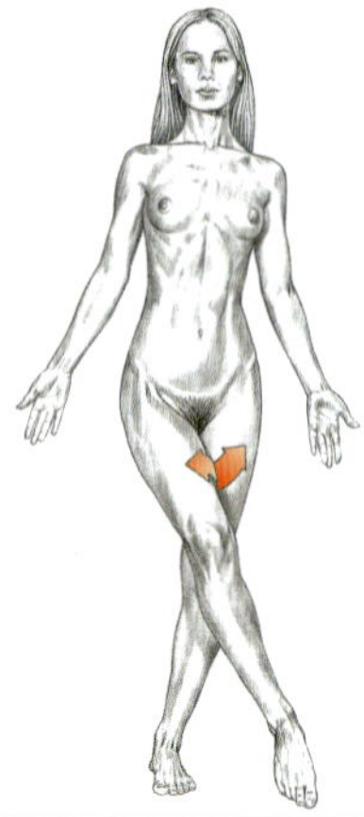

　立って膝を軽く曲げ、ボールを両脚の間に挟む。ボールをつぶそうとするくらいにできるだけ強く大腿を締めつける。数秒の間収縮を保持し、繰り返す。
　反復回数を多くすればよりよい効果が得られる。また、一度の収縮をできるだけ長く保持するのもよい。負荷をつけないすべての運動と同様に、効果を得るためには焼けつくような感覚を得るまで行う必要がある。
　このエクササイズは内転筋の全体、主に長・短・大内転筋、そして薄筋およびわずかながら恥骨筋にも働く。

備考
　筋肉を収縮させているとき（アイソメトリックス）に関節のずれ（変位）を起こすようなことはないので、股関節（寛骨－大腿骨関節）に問題を抱える人でも行える。

　内転筋は恥骨筋、長内転筋、短内転筋、大内転筋、薄筋などが一緒に動いて大腿骨を引っ張り、内転や屈曲、また外転を行うことが主な機能である。この大腿部における強力な共同作業ゆえに、ローマ人はcustodes virginitatis「徳の番人」と呼んだ。

74

脚部

スティッフ・レッグド・デッドリフト
（脚を伸ばして行うデッドリフト）

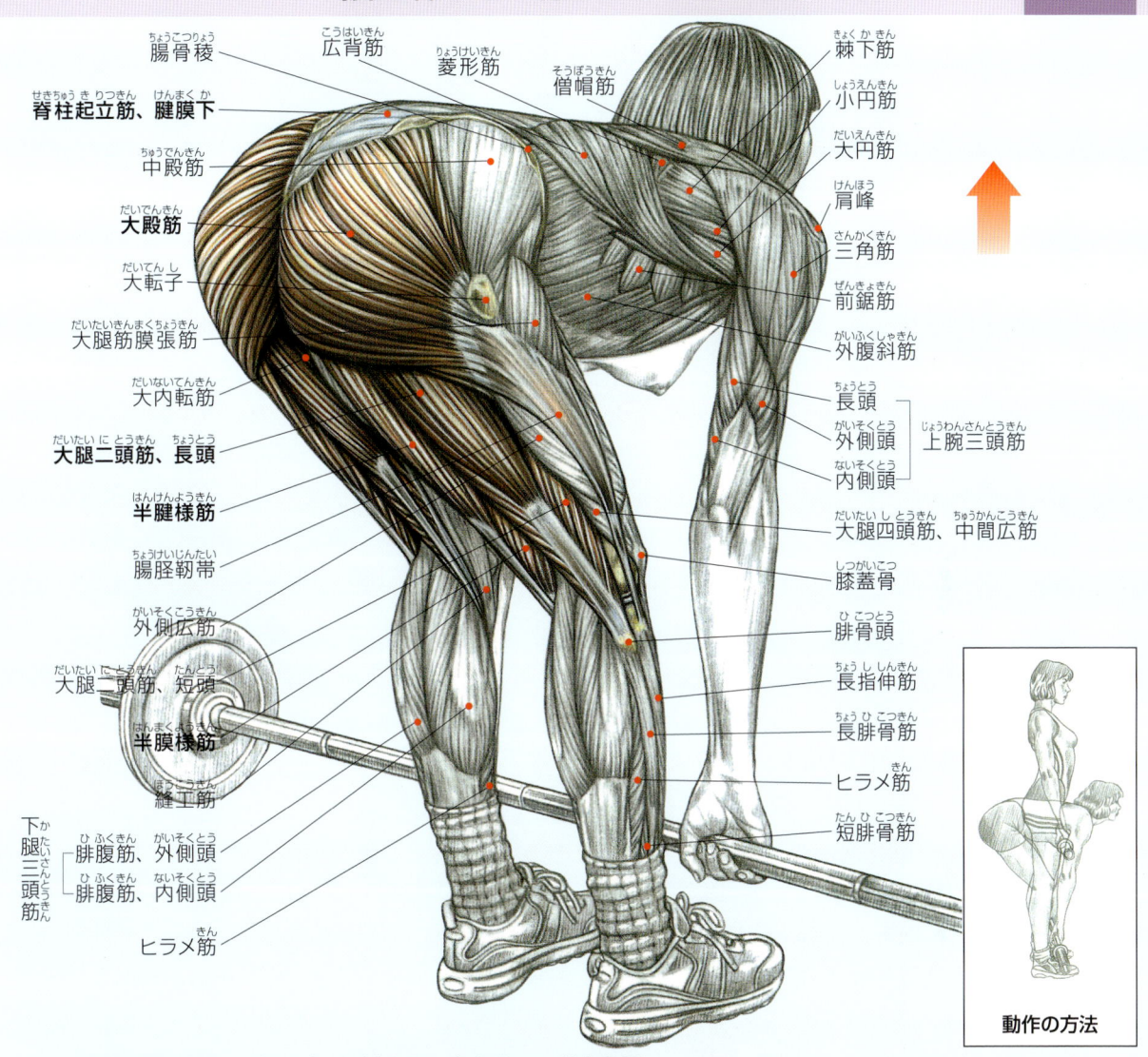

23

ラベル（左側、上から下）：
腸骨稜、広背筋、菱形筋、僧帽筋、棘下筋、小円筋、大円筋、肩峰、三角筋、前鋸筋、外腹斜筋、上腕三頭筋（長頭、外側頭、内側頭）、大腿四頭筋・中間広筋、膝蓋骨、腓骨頭、長指伸筋、長腓骨筋、ヒラメ筋、短腓骨筋

脊柱起立筋、腱膜下
中殿筋
大殿筋
大転子
大腿筋膜張筋
大内転筋
大腿二頭筋、長頭
半腱様筋
腸脛靭帯
外側広筋
大腿二頭筋、短頭
半膜様筋
縫工筋
下腿三頭筋 ― 腓腹筋、外側頭 / 腓腹筋、内側頭
ヒラメ筋

動作の方法

立って足を軽く開き、床のバーに対する。息を吸い、背中を反らせ脚をできるだけ伸ばしたままで上体を前に傾ける。腕を弛めたまま手のひらで（回内）バーを握る。背中は常に固定させ、上体を床と平行になるまで前屈させる。股関節のところで屈曲運動を行う。動きの終わりに息を吐く。始めの姿勢にもどるがバーは床に置かないで繰り返す。動作をしているときには傷害を避けるために決して背中を丸めない。

このエクササイズは脊柱起立筋全体に作用する。脊柱起立筋は脊柱（脊椎）の両側に沿ってある深層の筋肉で、脊柱を起立させる機能をもつ。上体を引き上げると骨盤が前後に動くが、このとき大殿筋とハムストリングス（大腿二頭筋の短頭を除く）が強く働いている。脚を伸ばしてのデッドリフトでは、大腿後部が引き伸ばされる。より効果を高めるためには、バーに対して足を一段上げることも可能である。

備考
非常に軽い負荷で行うとき、脚を伸ばしてのデッドリフトはハムストリングス用のストレッチングと考えられる。負荷を大きくすればするほど大殿筋はハムストリングスと交換して骨盤の起立にそなえることになる。

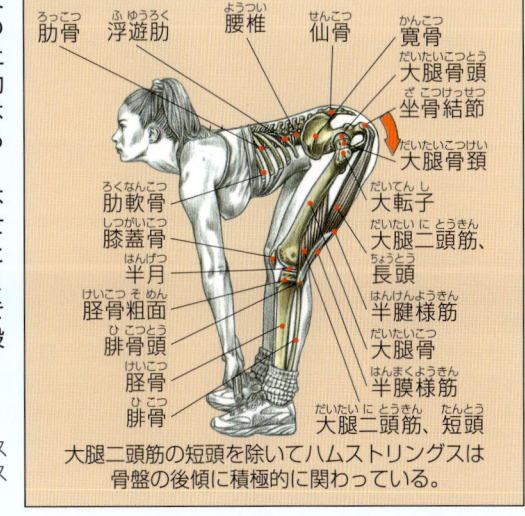

（右下の骨格図ラベル）
肋骨、浮遊肋、腰椎、仙骨、寛骨、大腿骨頭、坐骨結節、大腿骨頚、肋軟骨、大転子、膝蓋骨、大腿二頭筋、長頭、半月、半腱様筋、脛骨粗面、大腿骨、腓骨頭、半膜様筋、脛骨、腓骨、大腿二頭筋、短頭

大腿二頭筋の短頭を除いてハムストリングスは骨盤の後傾に積極的に関わっている。

75

脚部

24 グッドモーニング・エクササイズ①
(バーベルを用いる股関節の屈曲)

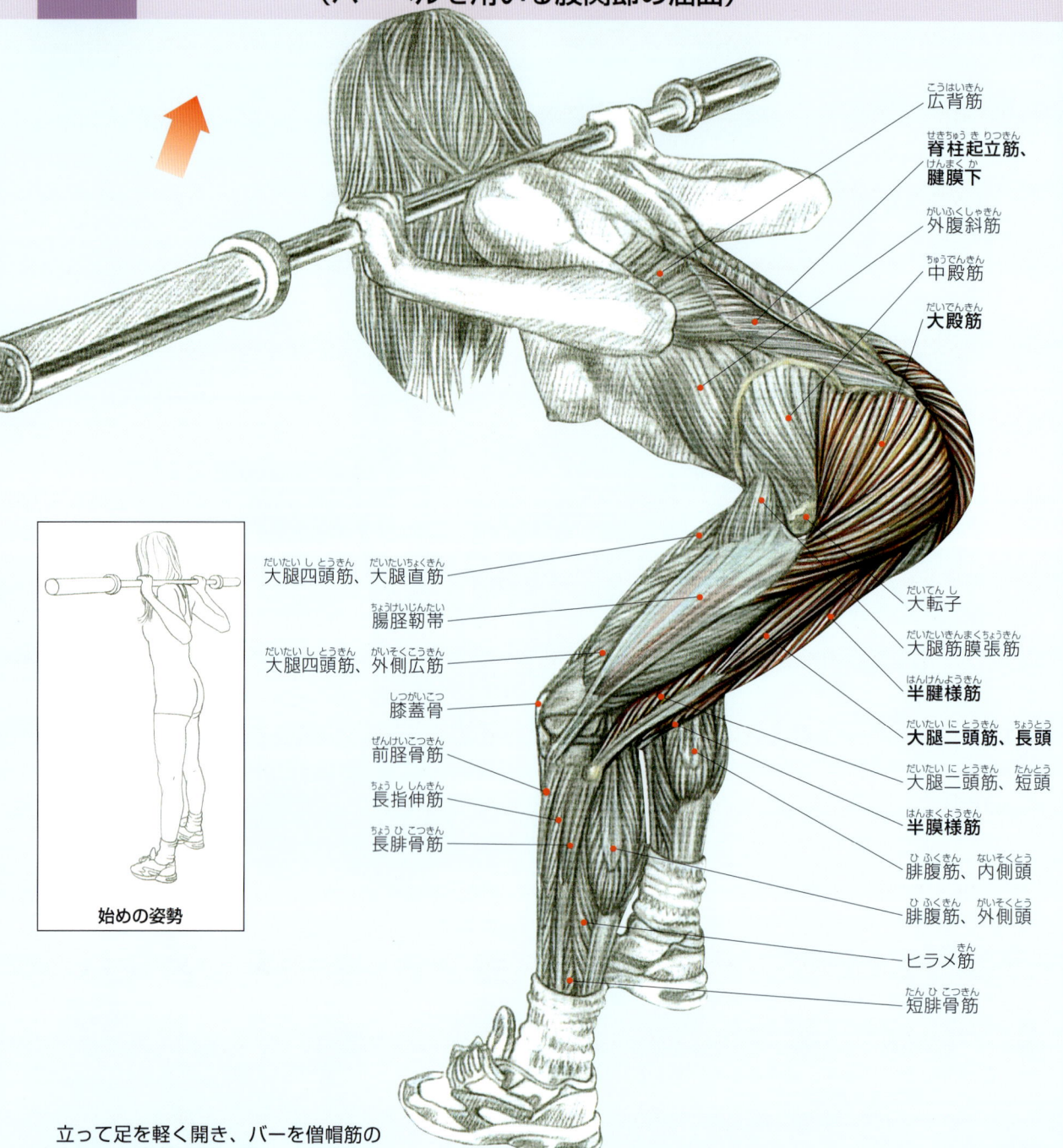

- 広背筋 こうはいきん
- 脊柱起立筋、腱膜下 せきちゅうきりつきん、けんまくか
- 外腹斜筋 がいふくしゃきん
- 中殿筋 ちゅうでんきん
- 大殿筋 だいでんきん
- 大転子 だいてんし
- 大腿筋膜張筋 だいたいきんまくちょうきん
- 半腱様筋 はんけんようきん
- 大腿二頭筋、長頭 だいたいにとうきん、ちょうとう
- 大腿二頭筋、短頭 だいたいにとうきん、たんとう
- 半膜様筋 はんまくようきん
- 腓腹筋、内側頭 ひふくきん、ないそくとう
- 腓腹筋、外側頭 ひふくきん、がいそくとう
- ヒラメ筋 きん
- 短腓骨筋 たんひこつきん

- 大腿四頭筋・大腿直筋 だいたいしとうきん・だいたいちょくきん
- 腸脛靱帯 ちょうけいじんたい
- 大腿四頭筋、外側広筋 だいたいしとうきん、がいそくこうきん
- 膝蓋骨 しつがいこつ
- 前脛骨筋 ぜんけいこつきん
- 長指伸筋 ちょうししんきん
- 長腓骨筋 ちょうひこつきん

始めの姿勢

　立って足を軽く開き、バーを僧帽筋の上または三角筋後面に置く。息を吸い、背中を真っ直ぐにしたまま上体を水平になるまで曲げる。屈曲の軸は寛骨－大腿骨関節（股関節）を通る。始めの姿勢にもどり、息を吐く。動きやすくするために膝を軽く曲げてもよい。

　大殿筋と脊柱起立筋全体に働くこの運動は、ハムストリングス（脚の屈筋である大腿二頭筋の短頭を除く）への作用でとりわけ注目される。ハムストリングスは主たる機能として、膝関節の屈曲に加え、腹筋と腰仙筋にアイソメトリックスによる収縮を連動させれば、上体を起こし骨盤の後傾を促す。

　ハムストリングスへの作用をよりよく感じるためには、決して重い負荷は用いないようにすること。「グッドモーニング」は、ネガティヴなフェーズで、大腿後部を伸ばすのに適している。規則的に行えば、重い負荷でスクワットを行うときに起こり得る傷害を防ぐことができる。

脚部

「グッドモーニング」の二つの方法
1. 膝を曲げる　　2. 脚を伸ばす

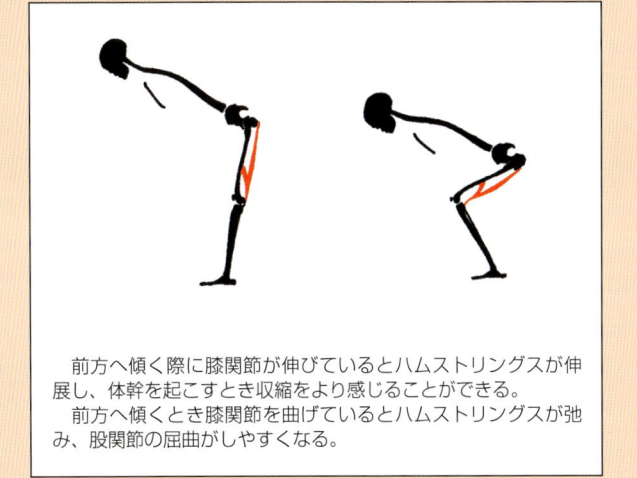

前方へ傾く際に膝関節が伸びているとハムストリングスが伸展し、体幹を起こすとき収縮をより感じることができる。

前方へ傾くとき膝関節を曲げているとハムストリングスが弛み、股関節の屈曲がしやすくなる。

骨盤屈曲の際の筋肉の安定化作用

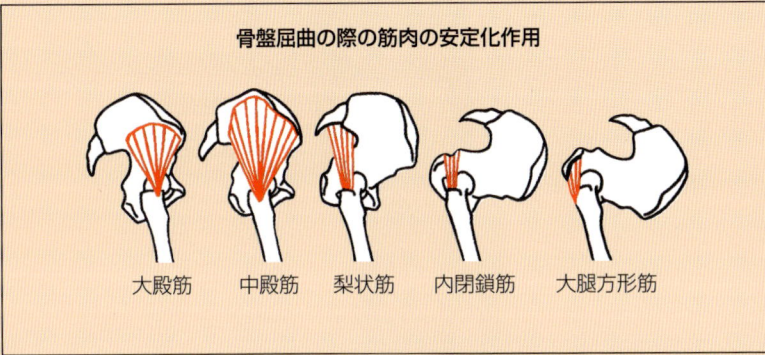

大殿筋　中殿筋　梨状筋　内閉鎖筋　大腿方形筋

骨盤を起こす際のハムストリングスおよび大殿筋の作用

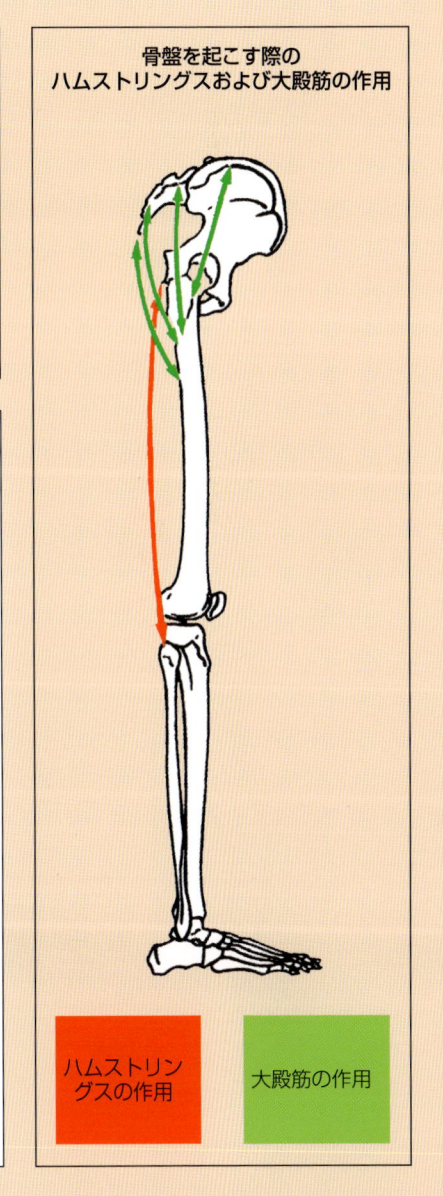

ハムストリングスの作用

大殿筋の作用

ハムストリングスの萎縮

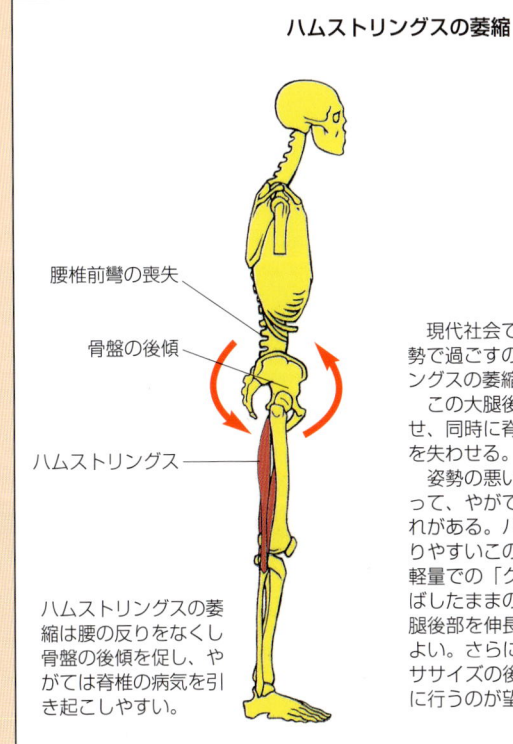

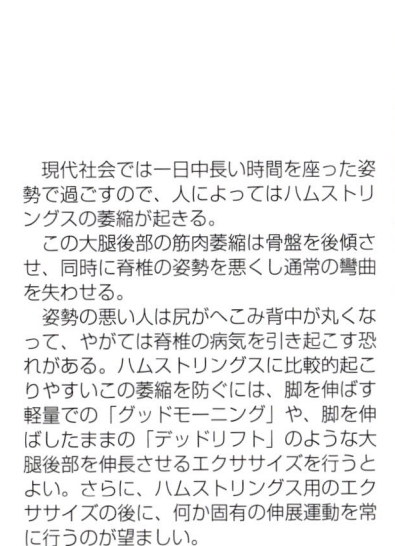

- 腰椎前彎の喪失
- 骨盤の後傾
- ハムストリングス

現代社会では一日中長い時間を座った姿勢で過ごすので、人によってはハムストリングスの萎縮が起きる。

この大腿後部の筋肉萎縮は骨盤を後傾させ、同時に脊椎の姿勢を悪くし通常の彎曲を失わせる。

姿勢の悪い人は尻がへこみ背中が丸くなって、やがては脊椎の病気を引き起こす恐れがある。ハムストリングスに比較的起こりやすいこの萎縮を防ぐには、脚を伸ばす軽量での「グッドモーニング」や、脚を伸ばしたままの「デッドリフト」のような大腿後部を伸長させるエクササイズを行うとよい。さらに、ハムストリングス用のエクササイズの後に、何か固有の伸展運動を常に行うのが望ましい。

ハムストリングスの萎縮は腰の反りをなくし骨盤の後傾を促し、やがては脊椎の病気を引き起こしやすい。

77

脚部

25 グッドモーニング・エクササイズ②
（バーを用いる股関節の屈曲）

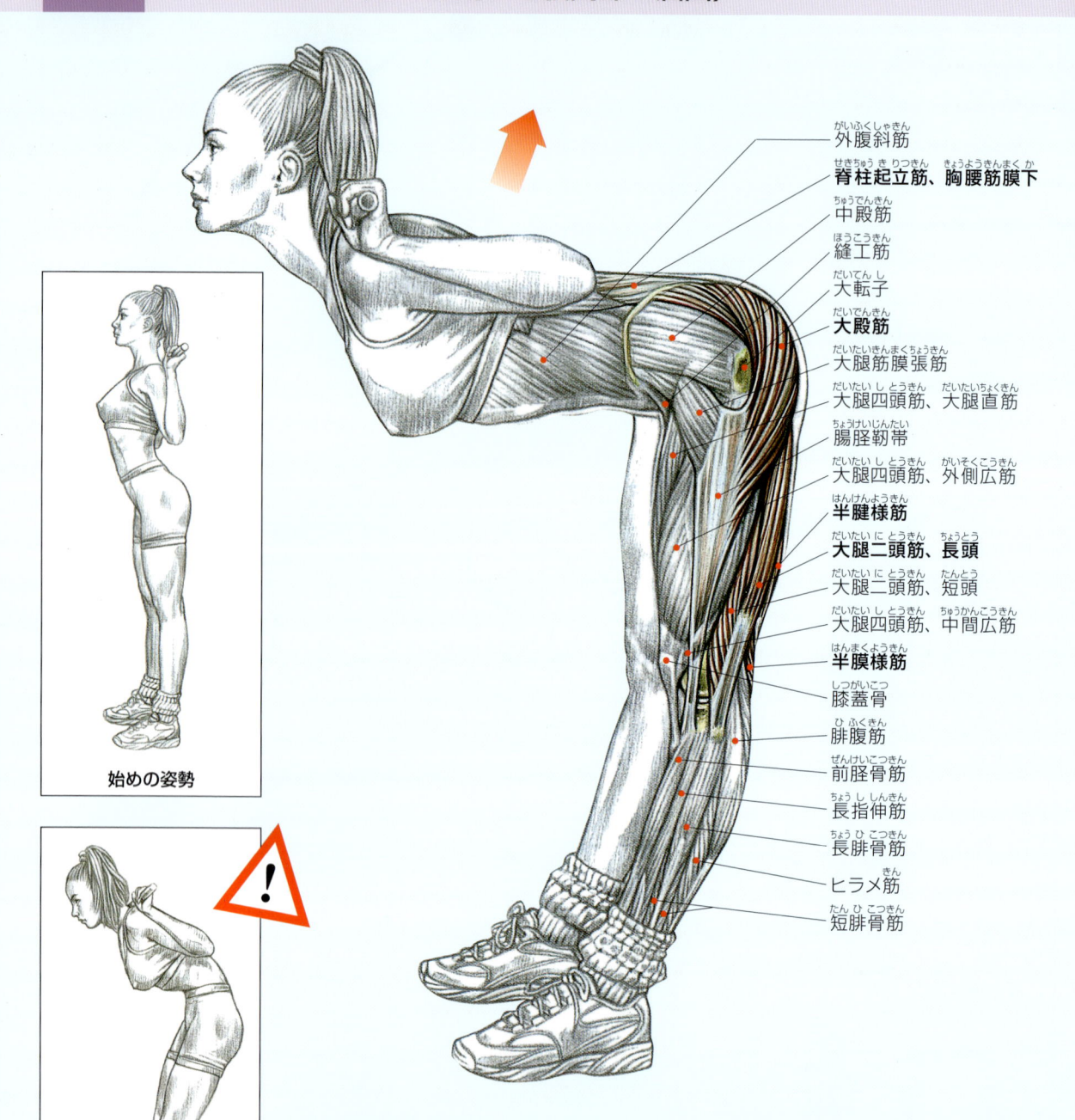

外腹斜筋
脊柱起立筋、胸腰筋膜下
中殿筋
縫工筋
大転子
大殿筋
大腿筋膜張筋
大腿四頭筋、大腿直筋
腸脛靭帯
大腿四頭筋、外側広筋
半腱様筋
大腿二頭筋、長頭
大腿二頭筋、短頭
大腿四頭筋、中間広筋
半膜様筋
膝蓋骨
腓腹筋
前脛骨筋
長指伸筋
長腓骨筋
ヒラメ筋
短腓骨筋

始めの姿勢

立って足を軽く開き、バーを僧帽筋の上あるいは三角筋後面に置く。息を吸い、脚を伸ばして背中を真っ直ぐにしたまま上体を水平になるまで曲げる。屈曲の軸は寛骨－大腿骨関節（股関節）。始めの姿勢にもどり、動きの最後にヒップを締め息を吐く。
　このエクササイズは、ハムストリングスとりわけ大腿二頭筋長頭、半腱様筋、半膜様筋に働く。また、大殿筋と腰部の脊柱起立筋にも作用する。

バーベルを用いる「グッドモーニング」と同様に、バーによる「グッドモーニング」でも決して背中を丸めないこと。

備考
- この運動は筋肉の感覚に集中しながらゆっくり行うことが大切である。
- 大腿後面部の筋肉のウォーミングアップ・伸展に適したエクササイズである。スクワットやマシーンを使うハムストリングスの運動の中にこれを常に取り入れると、負荷が重くなったときに損傷が避けられる。
- バーベルで行う前のフォーム（姿勢）づくりに重要である。

脚部

レッグカール（マシンに横たわり脚の屈曲） 26

大腿二頭筋、短頭
半腱様筋
大腿二頭筋、長頭
大殿筋
大転子
大腿筋膜張筋
中殿筋
広背筋

半膜様筋
腓腹筋
長腓骨筋
長指伸筋
ヒラメ筋

短腓骨筋
前脛骨筋

外腹斜筋
腸脛靭帯
大腿四頭筋、大腿直筋
大腿四頭筋、外側広筋
大腿四頭筋、内側広筋
膝蓋骨
大腿四頭筋、中間広筋

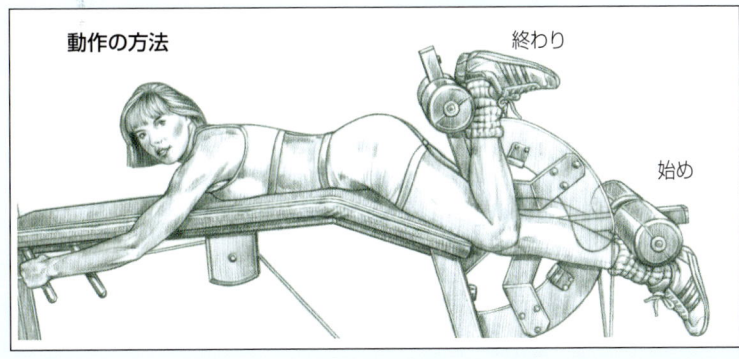

動作の方法
始め / 終わり

両足の間にダンベルを挟むバリエーション

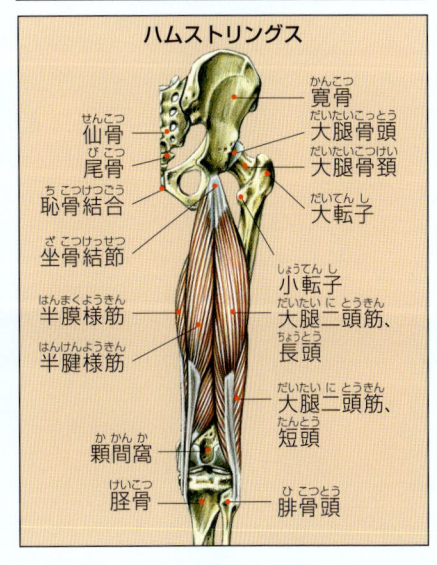

ハムストリングス

寛骨
仙骨
尾骨
恥骨結合
坐骨結節
半膜様筋
半腱様筋
膕窩
脛骨
大腿骨頭
大腿骨頸
大転子
小転子
大腿二頭筋、長頭
大腿二頭筋、短頭
腓骨頭

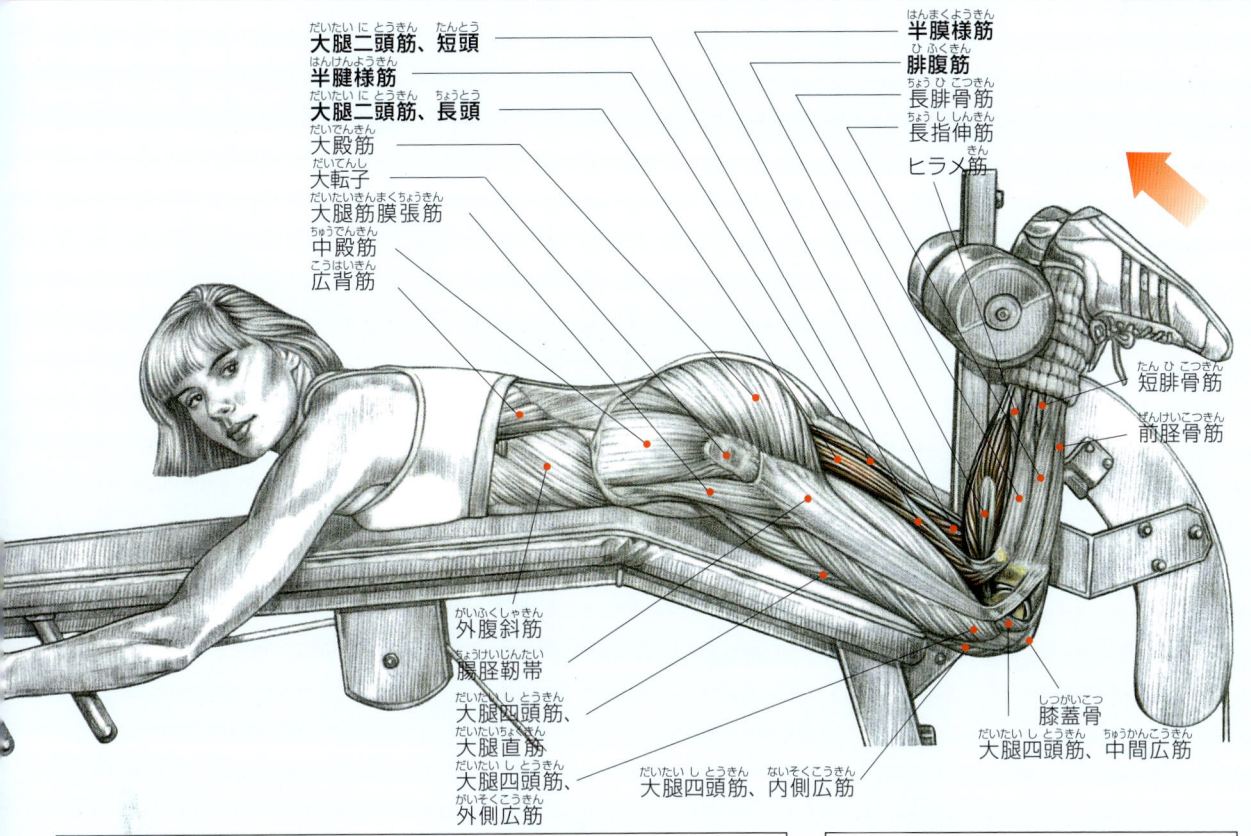

　マシンの上に腹ばいになり、両手でグリップを握る。脚を伸ばし、足関節をロールの下に差し込む。息を吸い、かかとを殿部に届かせるようにして両脚を同時に曲げる。動作の最後に息を吐く。動きをコントロールしながら始めの姿勢にもどる。
　このエクササイズはハムストリングス全体に働く。同時に、腓腹筋と深層で膝窩筋にも働く。理論的には屈曲のとき作用の範囲を限定することもできる。たとえば、足を内旋させれば半腱様筋と半膜様筋に作用し、足を外旋させれば大腿二頭筋長頭と短頭に作用する。しかし実際には確認するのがむずかしく、やはりハムストリングスと腓腹筋のみに働きの多くが優先されやすい。足を伸ばすとハムストリングスへの働きが優先し、足を曲げると腓腹筋への働きが優先する。

バリエーション
脚を交互に曲げながら行うこともできる。

脚部

27 スタンディング・レッグカール
(マシンで行う立位での脚の屈曲)

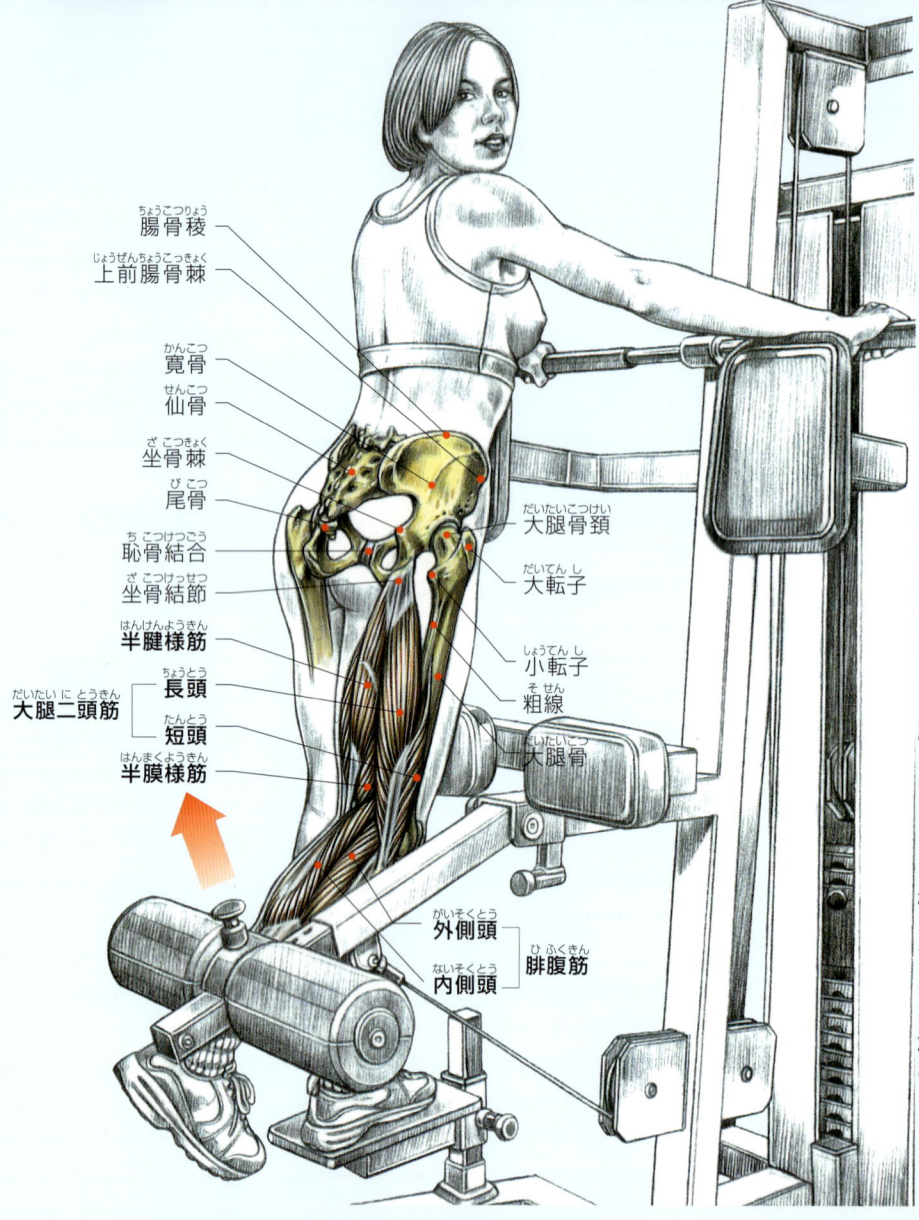

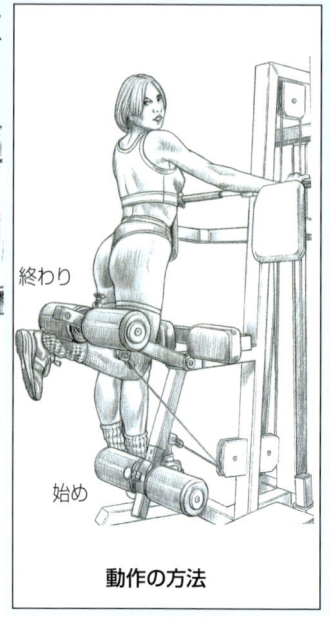

ラベル（左側の脚部図）:
- 腸骨稜
- 上前腸骨棘
- 寛骨
- 仙骨
- 坐骨棘
- 尾骨
- 恥骨結合
- 坐骨結節
- 半腱様筋
- 大腿二頭筋（長頭／短頭）
- 半膜様筋
- 大腿骨頸
- 大転子
- 小転子
- 粗線
- 大腿骨
- 腓腹筋（外側頭／内側頭）

右上図: 動作の方法（始め／終わり）

立って上体を支持台にあずけ、膝を固定、脚を伸ばし足関節をロールの下に差し込む。息を吸い膝を曲げる。動作の最後に息を吐く。

このエクササイズはハムストリングス全体（半腱様筋、半膜様筋、大腿二頭筋短頭と長頭）と、わずかながら腓腹筋に作用する。腓腹筋の参加を高めるには、膝を屈曲させるとき足関節を背屈しておくとよい。参加を減らしたいのなら足を底屈しておけばよい。

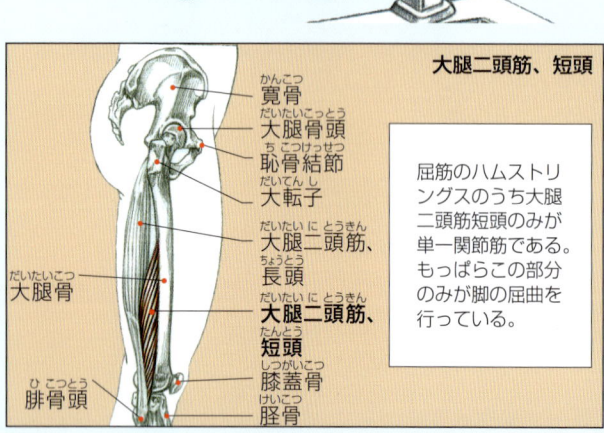

大腿二頭筋、短頭

ラベル：寛骨／大腿骨頭／恥骨結合／大転子／大腿二頭筋、長頭／大腿骨／大腿二頭筋、短頭／腓骨頭／膝蓋骨／脛骨

屈筋のハムストリングスのうち大腿二頭筋短頭のみが単一関節筋である。もっぱらこの部分のみが脚の屈曲を行っている。

膝窩筋

ラベル：大腿骨／顆／膝窩筋／腓骨／脛骨

膝関節では、脚の後部の深層にある膝窩筋が、ハムストリングスと腓腹筋と共に大腿の屈曲に参加する。

シーテッド・レッグカール （マシンで行う座位での脚の屈曲）

28 脚部

主な筋肉ラベル（上図）：
- 大腿四頭筋、中間広筋
- 膝蓋骨
- 前脛骨筋
- 長指伸筋
- 第3腓骨筋
- 長腓骨筋
- 短腓骨筋
- ヒラメ筋
- 腓腹筋
- 半膜様筋
- 半腱様筋
- 大腿四頭筋、大腿直筋
- 外腹斜筋
- 大腿筋膜張筋
- 中殿筋
- 腸脛靭帯
- 大転子
- 大殿筋
- 大腿四頭筋、外側広筋
- **大腿二頭筋、短頭**
- **大腿二頭筋、長頭**

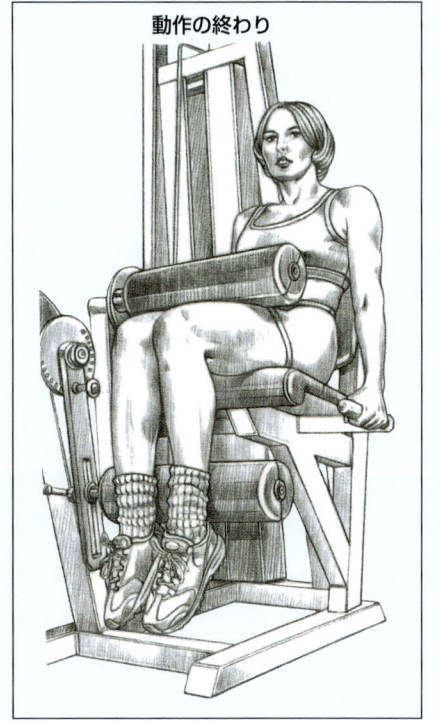

動作の終わり

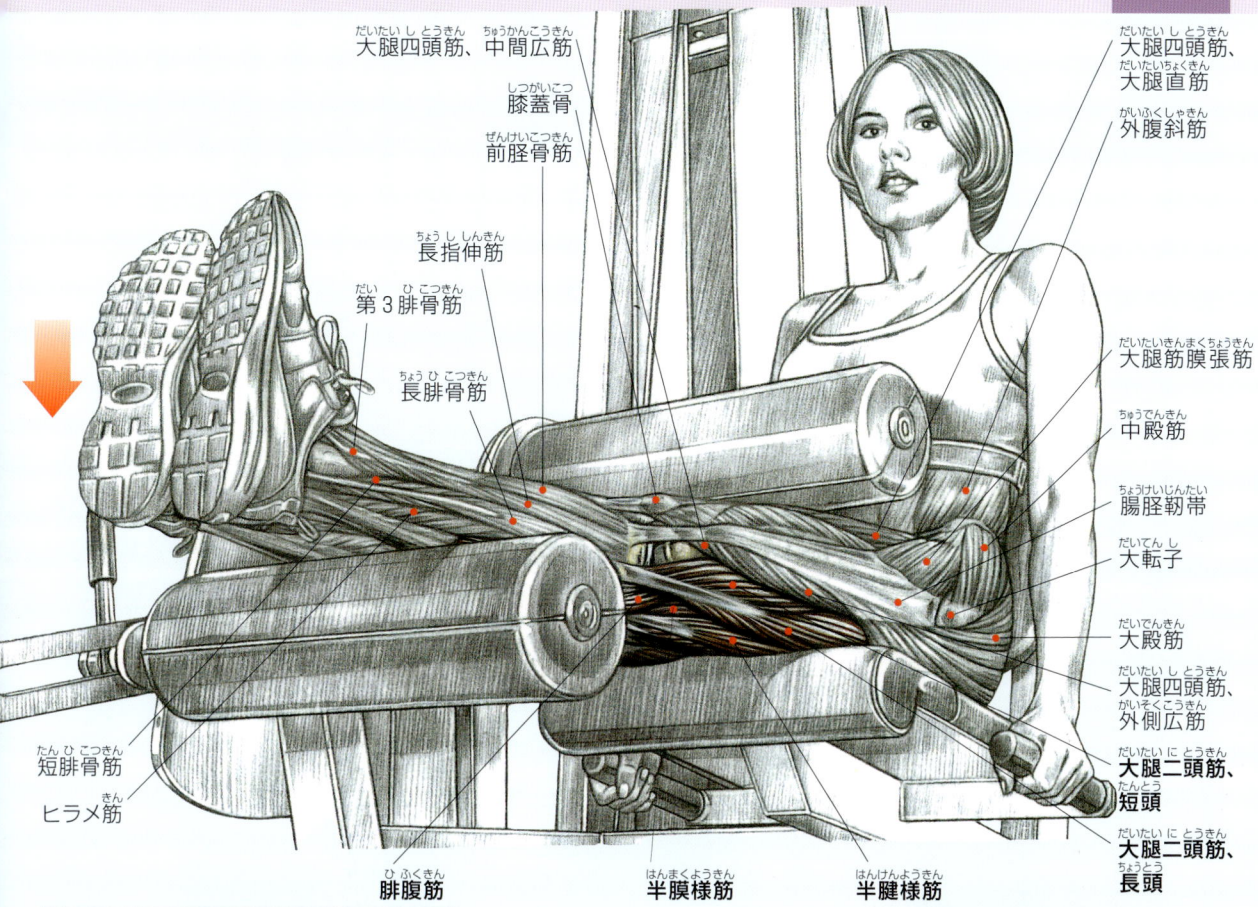

マシンに腰掛け脚を伸ばす。足関節をロールの上に置き、大腿を固定させ、両手でグリップを握る。息を吸い、脚の屈曲を行う。動作の最後に息を吐く。

このエクササイズは、ハムストリングス全体と深層では膝窩筋に、またわずかながら腓腹筋にも作用する。

バリエーション
- 足の甲を曲げると働きが部分的に腓腹筋に作用する。
- 足を伸ばすと働きは主にハムストリングスに限られる。

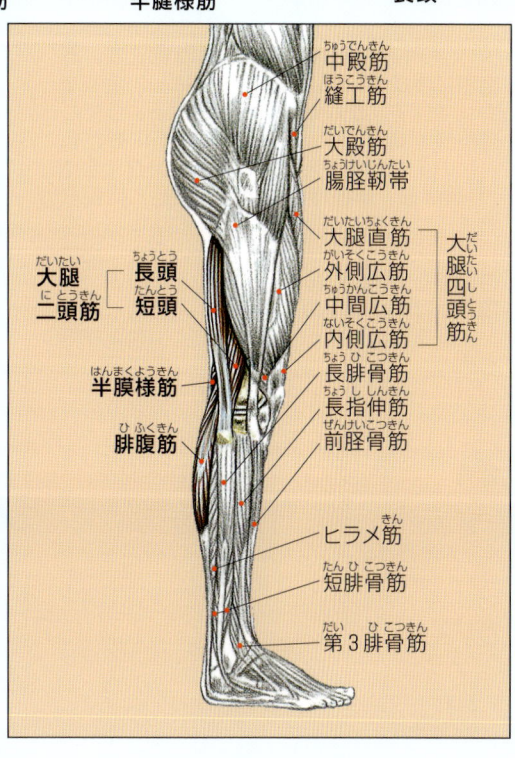

下肢後面図ラベル：
- 中殿筋
- 縫工筋
- 大殿筋
- 腸脛靭帯
- 大腿直筋
- 外側広筋
- 中間広筋
- 内側広筋
- **大腿二頭筋**：長頭／短頭
- 半膜様筋
- 腓腹筋
- 長腓骨筋
- 長指伸筋
- 前脛骨筋
- ヒラメ筋
- 短腓骨筋
- 第3腓骨筋
- 大腿四頭筋

81

脚部

29 ベンチ・レッグカール（ベンチを使って脚の屈曲）

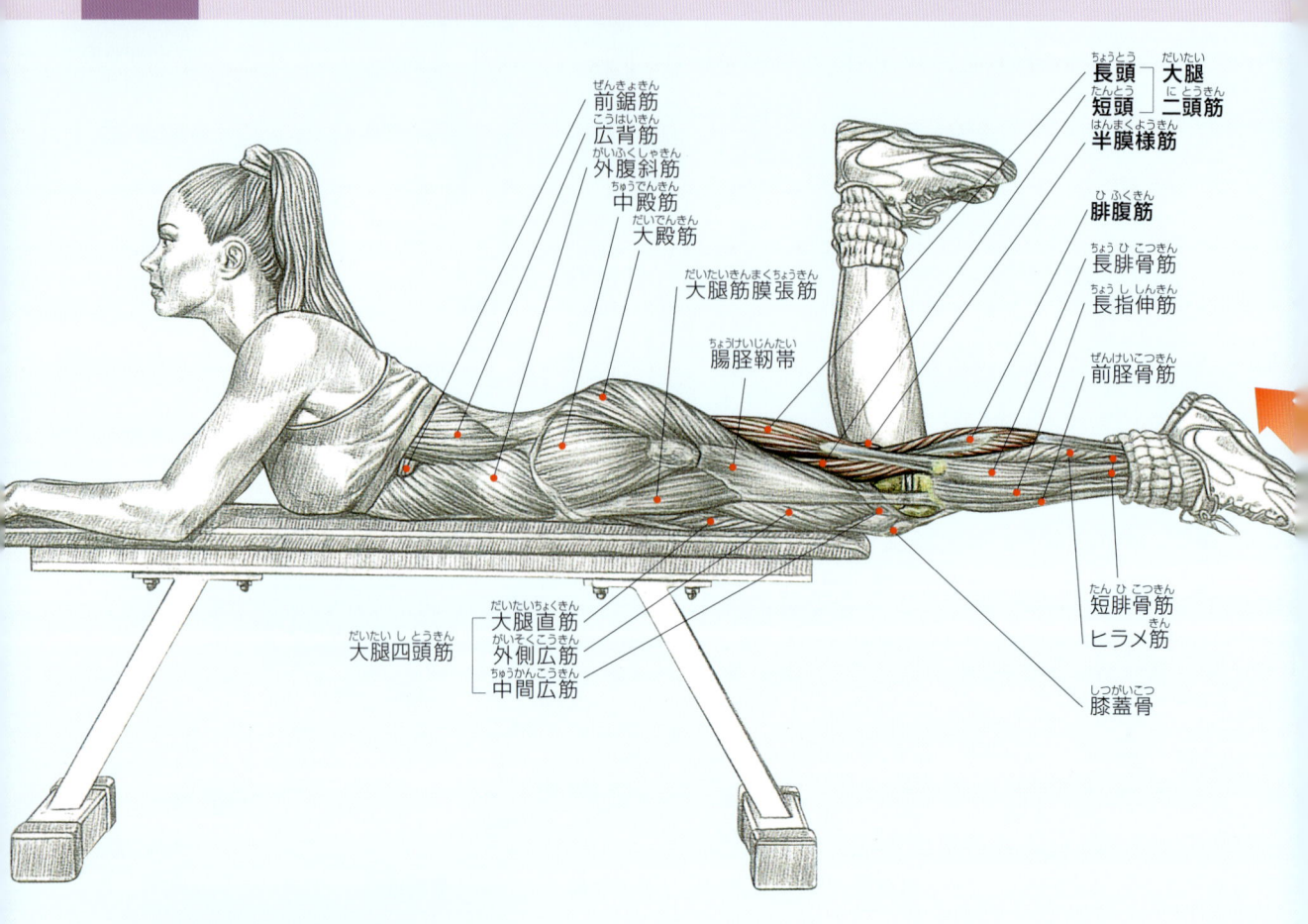

前鋸筋
広背筋
外腹斜筋
中殿筋
大殿筋
大腿筋膜張筋
腸脛靭帯

長頭 ┐ 大腿
短頭 ┘ 二頭筋
半膜様筋
腓腹筋
長腓骨筋
長指伸筋
前脛骨筋

大腿四頭筋 ┐ 大腿直筋
外側広筋
中間広筋

短腓骨筋
ヒラメ筋
膝蓋骨

　ベンチに腹ばいで横たわり頭を起こす。膝を宙に浮かせ、脚はぴったり伸ばし、足もきつく伸ばす。かかとを殿部につけるようにして両脚を同時に曲げる。始めの姿勢にもどる。
　このエクササイズはハムストリングス全体（半膜様筋、半腱様筋、大腿二頭筋）に働き、同時に腓腹筋にも働く。この運動はゆっくり行う。大切なことは、脚の屈曲の最後に筋肉の収縮を集中的に最大限行うことである。負荷をかけない大半のエクササイズと同じように、反復回数を多くすることでよい効果が得られる。

備考
- 足の甲を曲げて大腿の屈曲を行えば、部分的に腓腹筋に働く。
- 足を伸ばして大腿の屈曲を行えば、主にハムストリングスに働く。

バリエーション
- より強化するために、足関節に負荷をかけるのもよい。
- 足関節にダンベルを挟めば働きの負荷を高めることができる。

足関節にダンベルを挟むバリエーション

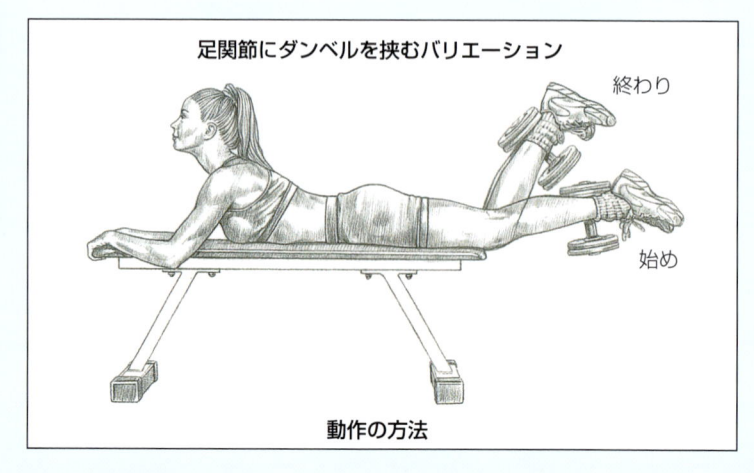

終わり
始め

動作の方法

フロア・レッグカール（床上での脚の屈曲）

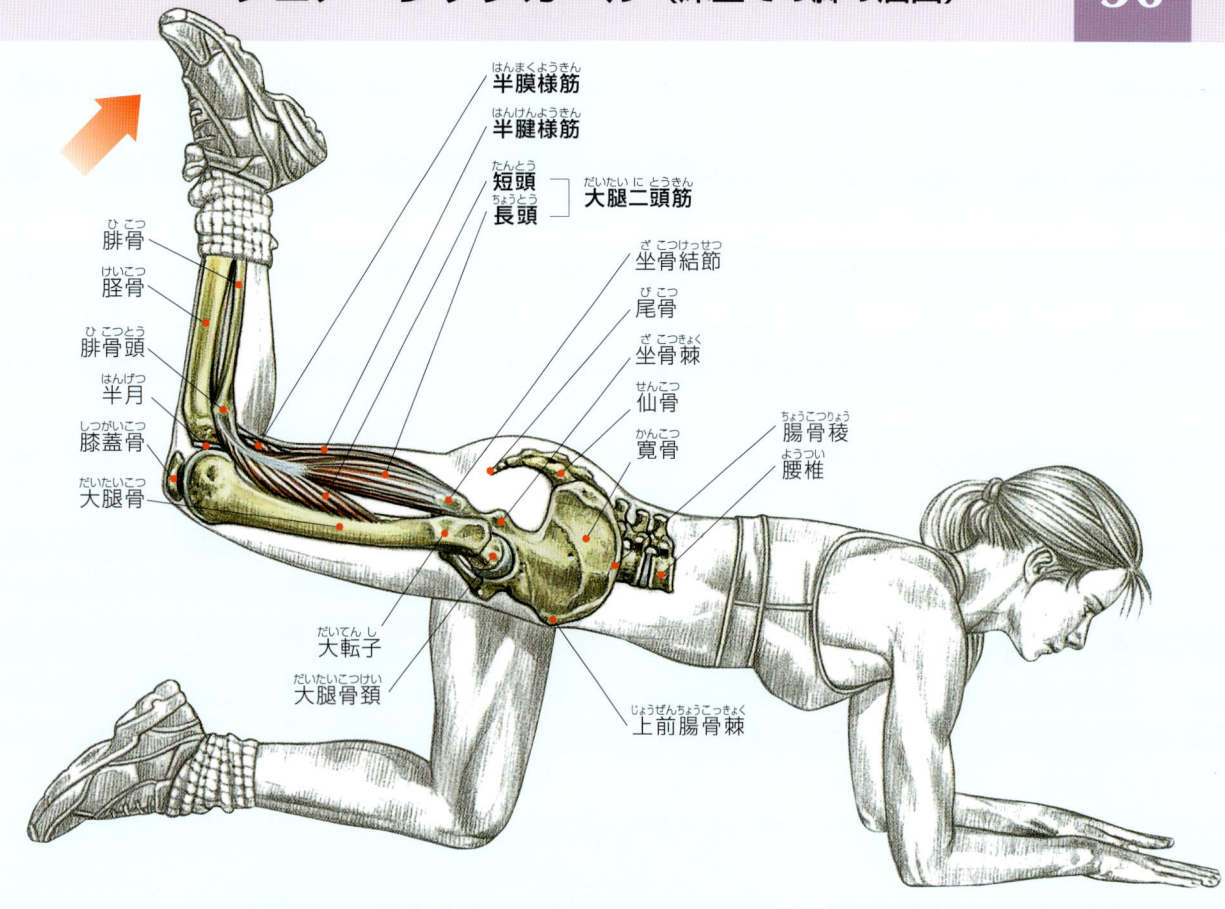

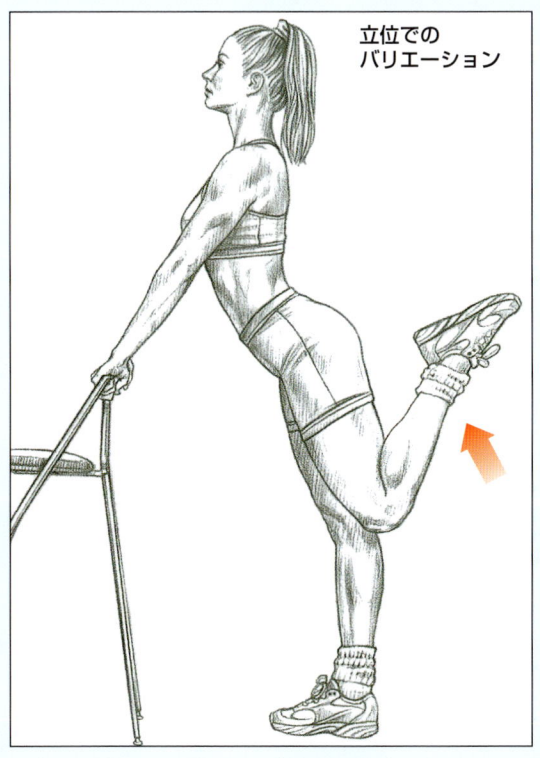

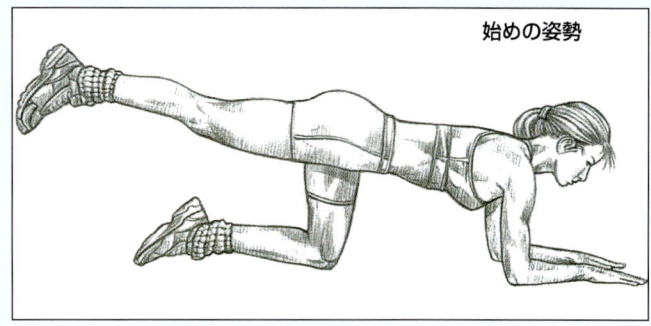

脚部 30

解剖図ラベル：
- 半膜様筋
- 半腱様筋
- 大腿二頭筋（短頭・長頭）
- 腓骨
- 脛骨
- 腓骨頭
- 半月
- 膝蓋骨
- 大腿骨
- 大転子
- 大腿骨頚
- 坐骨結節
- 尾骨
- 坐骨棘
- 仙骨
- 寛骨
- 腸骨稜
- 腰椎
- 上前腸骨棘

図キャプション：
- 立位でのバリエーション
- 始めの姿勢

片脚は膝をつき、もう一方の脚は水平に伸ばして肘で体を支える。かかとを殿部につけるようにしてゆっくりと脚を曲げる。曲げた方の脚でアイソメトリックスによる収縮を2秒間保持する。始めの姿勢にもどり、繰り返す。反復回数を多くすればよりよい効果が得られる。

このエクササイズは主にハムストリングス（大腿二頭筋、半膜様筋、半腱様筋）に働く。また、非常にわずかながら腓腹筋と大殿筋にも作用する。

バリエーション
- より強化するために、足関節に負荷をかけるのもよい。
- この運動は片脚で立って行うこともできる。

脚部

31 ニーリング・フォワード・ベンド
（膝をついて前傾のバランス）

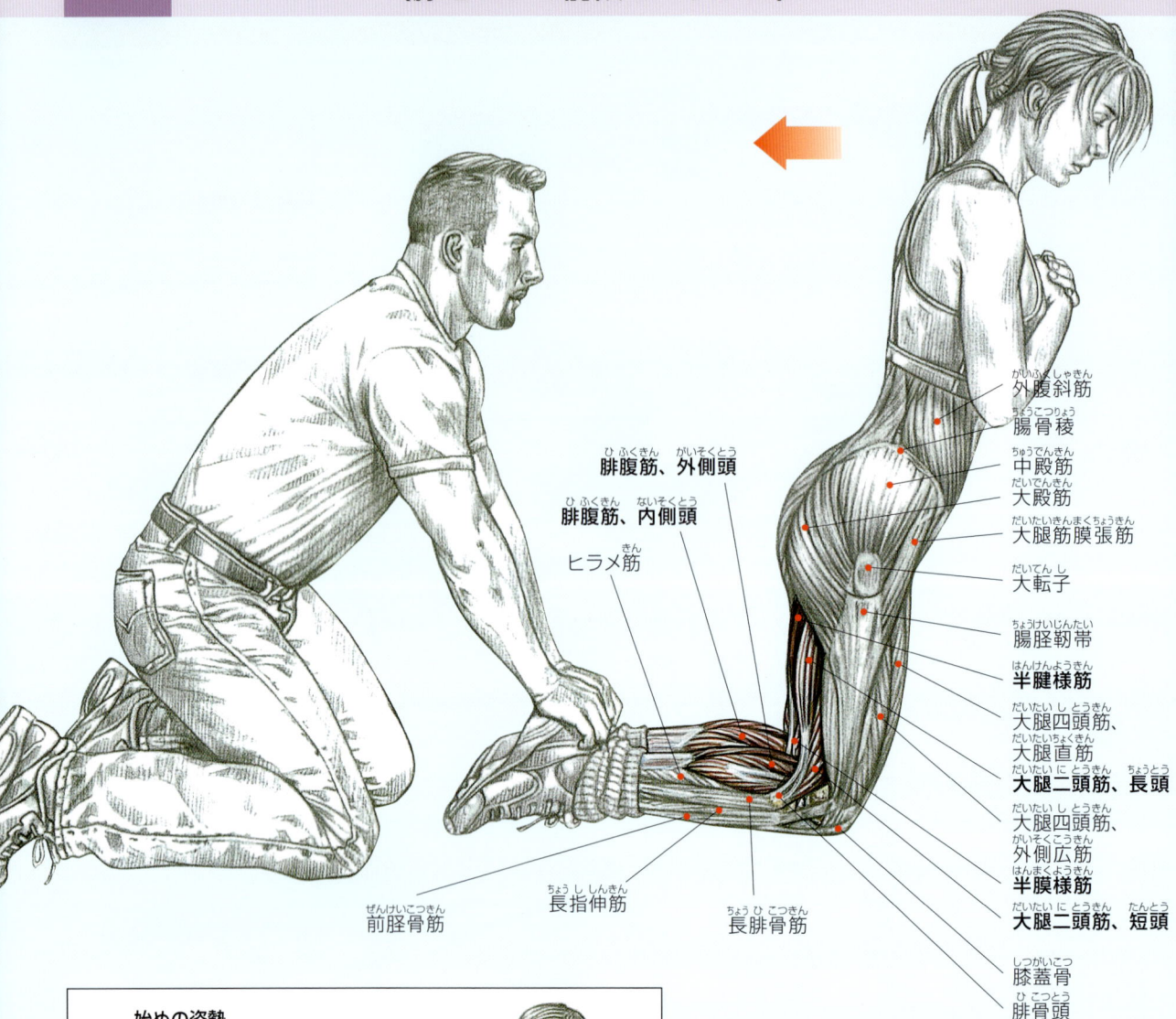

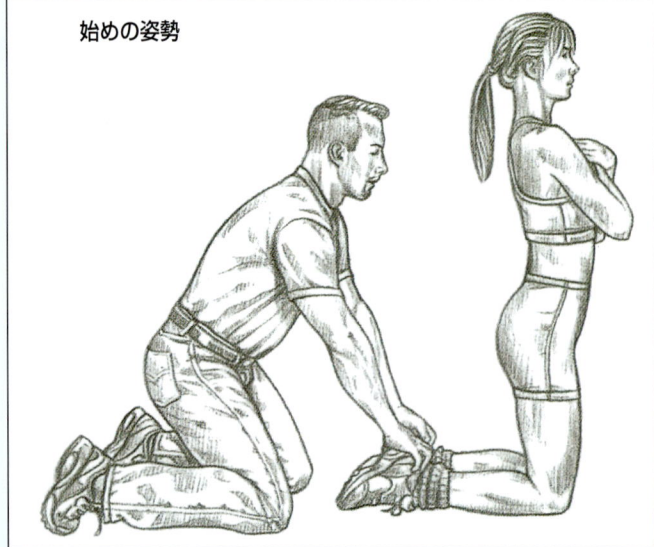

筋肉ラベル（図中）:
- 腓腹筋、外側頭（ひふくきん、がいそくとう）
- 腓腹筋、内側頭（ひふくきん、ないそくとう）
- ヒラメ筋
- 前脛骨筋（ぜんけいこつきん）
- 長指伸筋（ちょうししんきん）
- 長腓骨筋（ちょうひこつきん）
- 外腹斜筋（がいふくしゃきん）
- 腸骨稜（ちょうこつりょう）
- 中殿筋（ちゅうでんきん）
- 大殿筋（だいでんきん）
- 大腿筋膜張筋（だいたいきんまくちょうきん）
- 大転子（だいてんし）
- 腸脛靱帯（ちょうけいじんたい）
- **半腱様筋**（はんけんようきん）
- 大腿四頭筋、大腿直筋（だいたいしとうきん、だいたいちょっきん）
- **大腿二頭筋、長頭**（だいたいにとうきん、ちょうとう）
- 大腿四頭筋、外側広筋（だいたいしとうきん、がいそくこうきん）
- **半膜様筋**（はんまくようきん）
- **大腿二頭筋、短頭**（だいたいにとうきん、たんとう）
- 膝蓋骨（しつがいこつ）
- 腓骨頭（ひこつとう）

始めの姿勢

できればスポンジ状のマットあるいは柔らかい台の上に膝をつき、両脚はパートナーに押さえてもらう。ゆっくりと体を前方に傾ける。傾斜の中心を膝におく。始めの姿勢にもどる。

注意

負荷をつけない運動ではあるが、このエクササイズはハムストリングス（大腿二頭筋、半膜様筋、半腱様筋）には大変ハードなものである。小さな振り子運動から始めるとか、バーを用いる「グッドモーニング」のようなエクササイズで、あらかじめハムストリングスをウォーミングアップしておくのが望ましい。

脚部

スタンディング・カーフレイズ（マシンで足の底屈） 32

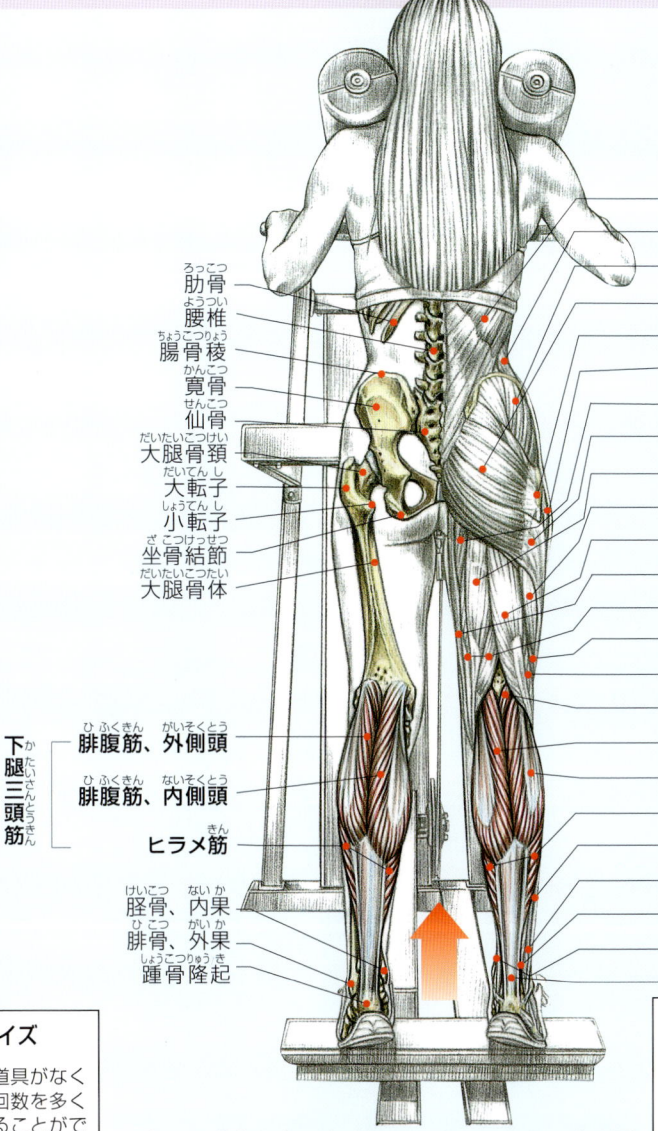

動作の方法

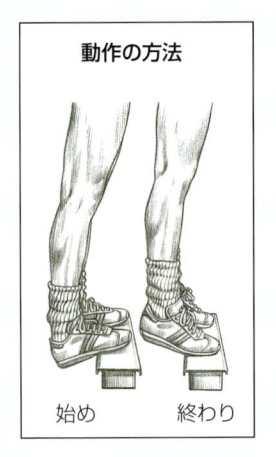

始め　終わり

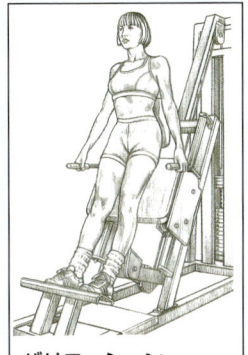

バリエーション

傾斜したマシーンで行えば、背中にあまり負担をかけないでふくらはぎをきたえることができる。

マシンなしでのカーフレイズ

ふくらはぎをきたえるための道具がなくても、足の伸展を行える。反復回数を多くすれば焼けつくような感覚を得ることができる。

より安定した姿勢で伸展を行うために、椅子など何か固定したものにつかまるとよい。

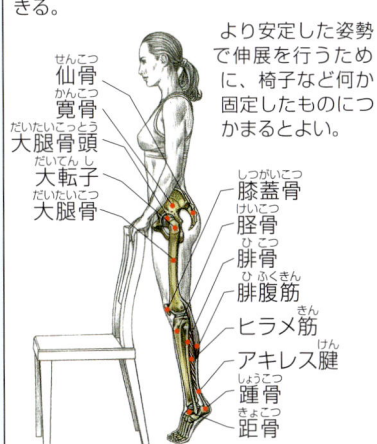

ラベル（骨）: 肋骨、腰椎、腸骨稜、寛骨、仙骨、大腿骨頚、大転子、小転子、坐骨結節、大腿骨体、脛骨・内果、腓骨・外果、踵骨隆起、仙骨、寛骨、大腿骨頭、大転子、大腿骨、膝蓋骨、脛骨、腓骨、踵骨、距骨

ラベル（筋）: 広背筋、外腹斜筋、中殿筋、大殿筋、大転子、大腿筋膜張筋、大内転筋、腸脛靭帯、半腱様筋、大腿四頭筋・外側広筋、大腿二頭筋・長頭、薄筋、半膜様筋、大腿四頭筋・中間広筋、大腿二頭筋・短頭、足底筋、腓腹筋・外側頭、腓腹筋・内側頭、ヒラメ筋、長腓骨筋、短腓骨筋、長母指屈筋、長指屈筋、アキレス腱

下腿三頭筋：腓腹筋・外側頭、腓腹筋・内側頭、ヒラメ筋

腓腹筋内側頭

腓腹筋外側頭

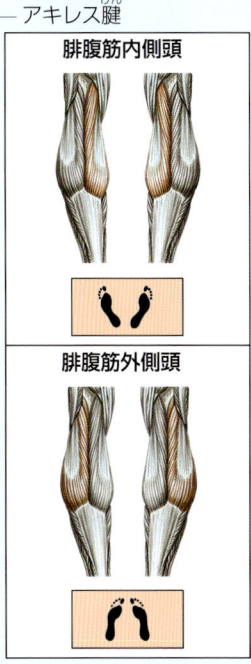

立って背中を真っ直ぐにし、マシンのロールの下に肩を入れる。足の前部を台の上に置き、足関節はパッシブ（受動的）に背屈させる。膝関節を常に伸ばしたままで足の伸展を行う（底屈）。

このエクササイズは下腿三頭筋に作用する。反復ごとに完全な背屈を行い、筋肉をよく引っ張ることが大切である。理論的には、働きを腓腹筋内側頭（つま先を外側に向ける）、あるいは腓腹筋外側頭（つま先を内側に向ける）だけに限ることはできるが、実際に確認するのはむずかしい。簡単に行えるのは、ヒラメ筋と下腿三頭筋に分けて働かせることだけである（膝関節を曲げて腓腹筋を弛めると、働きはヒラメ筋に作用する）。

バリエーション

この運動は、フレームガイドで足の下に台を置いて行うこともできる。あるいは、自由にバーを用いたり、バランスをとるために台を使わないで行うこともできるが、運動の幅は限られたものになる。

脚部

33 ドンキー・カーフレイズ（マシンで足の底屈）

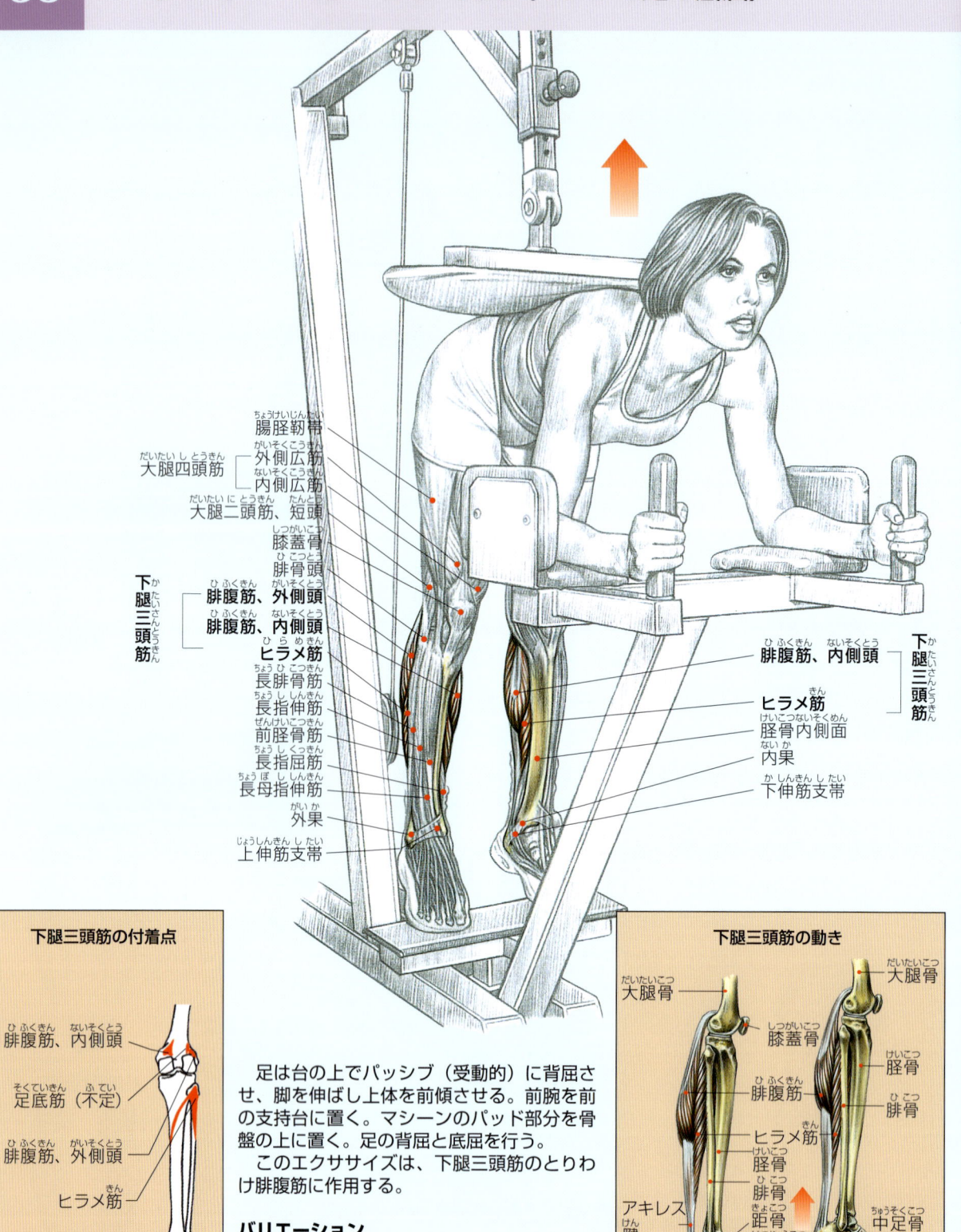

筋肉名（図の注記）:
- 腸脛靭帯
- 大腿四頭筋
  - 外側広筋
  - 内側広筋
- 大腿二頭筋、短頭
- 膝蓋骨
- 腓骨頭
- 下腿三頭筋
  - 腓腹筋、外側頭
  - 腓腹筋、内側頭
  - ヒラメ筋
- 長腓骨筋
- 長指伸筋
- 前脛骨筋
- 長指屈筋
- 長母指伸筋
- 外果
- 上伸筋支帯
- 腓腹筋、内側頭
- ヒラメ筋
- 脛骨内側面
- 内果
- 下伸筋支帯

下腿三頭筋の付着点
- 腓腹筋、内側頭
- 足底筋（不定）
- 腓腹筋、外側頭
- ヒラメ筋
- アキレス腱

下腿三頭筋の動き
- 大腿骨
- 膝蓋骨
- 脛骨
- 腓腹筋
- 腓骨
- ヒラメ筋
- 脛骨
- 腓骨
- アキレス腱
- 距骨
- 楔状骨
- 踵骨
- 舟状骨
- 立方骨
- 中足骨

足は台の上でパッシブ（受動的）に背屈させ、脚を伸ばし上体を前傾させる。前腕を前の支持台に置く。マシーンのパッド部分を骨盤の上に置く。足の背屈と底屈を行う。
このエクササイズは、下腿三頭筋のとりわけ腓腹筋に作用する。

バリエーション
この運動は、足の下に台を置き、上体を曲げ前腕を支持台の上に置いて、骨盤あるいは下背部の上に一人がまたがって行うこともできる。

脚部

ワンレッグ・カーフレイズ（ダンベルを用いて足の底屈） 34

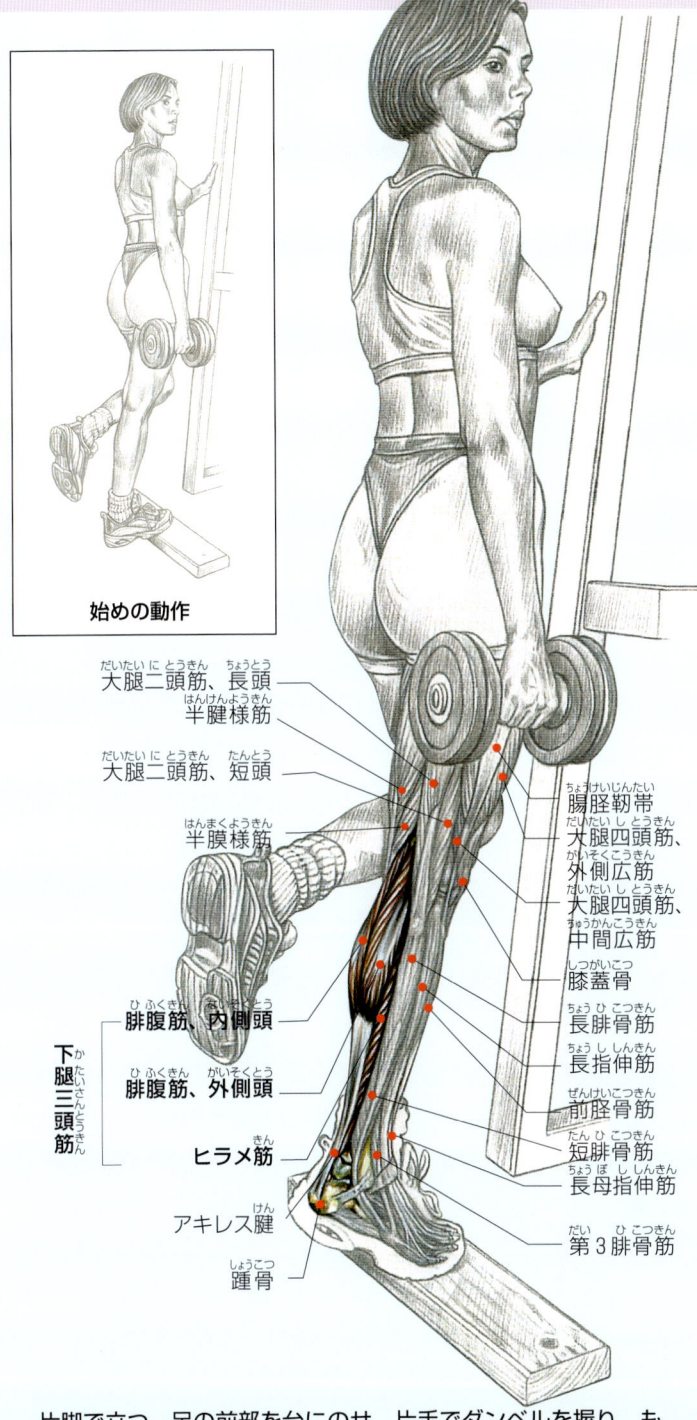

始めの動作

大腿二頭筋、長頭
半腱様筋
大腿二頭筋、短頭
半膜様筋
腸脛靭帯
大腿四頭筋、外側広筋
大腿四頭筋、中間広筋
膝蓋骨
長腓骨筋
長指伸筋
前脛骨筋
短腓骨筋
長母指伸筋
第3腓骨筋
腓腹筋、内側頭
腓腹筋、外側頭
ヒラメ筋
アキレス腱
踵骨
下腿三頭筋

ふくらはぎの二つのタイプ

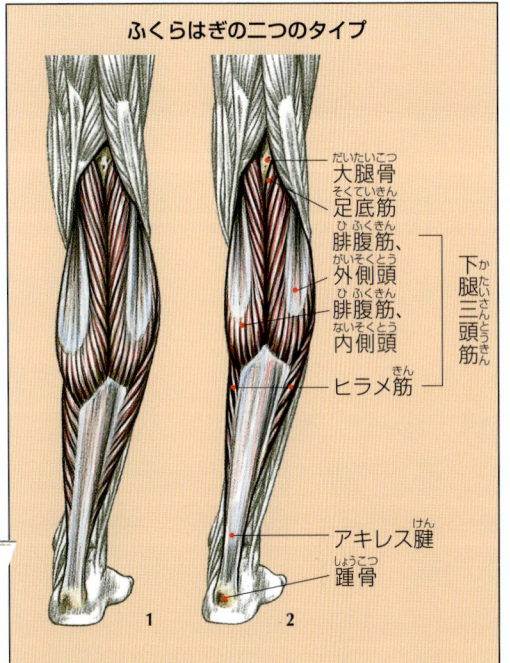

大腿骨
足底筋
腓腹筋、外側頭
腓腹筋、内側頭
ヒラメ筋
下腿三頭筋
アキレス腱
踵骨

1. 長いふくらはぎ：下方にある腓腹筋とヒラメ筋
2. 短いふくらはぎ：上方にある腓腹筋とヒラメ筋、長いアキレス腱をともなう。

備考

人によっては、トレーニングをしても下腿三頭筋に厚みがつかないという珍しい筋肉をもった人がいる。こういう人はただ力がつくだけである。長いふくらはぎ、すなわち腓腹筋とヒラメ筋が非常に下がっている場合は容易に筋肉がつく。反対に、短いふくらはぎでは筋肉がつくのは容易ではない。

下腿三頭筋

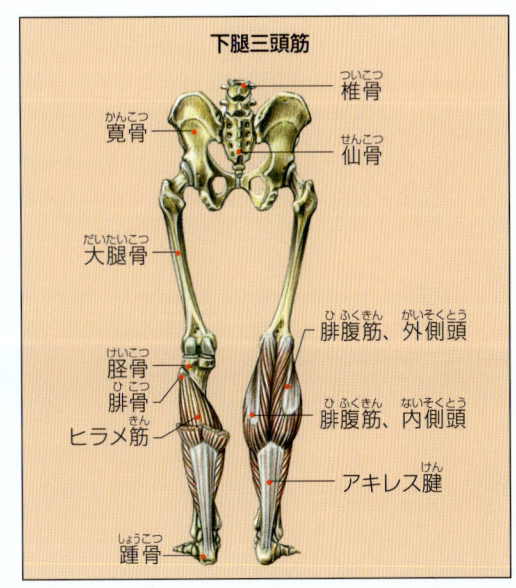

椎骨
寛骨
仙骨
大腿骨
脛骨
腓骨
ヒラメ筋
腓腹筋、外側頭
腓腹筋、内側頭
アキレス腱
踵骨

　片脚で立つ。足の前部を台にのせ、片手でダンベルを握り、もう一方の手で支持台をつかみバランスをとる。足の伸展（足底の屈曲）を行う。膝関節は伸ばしたままか軽く曲げた状態にしておく。始めの姿勢にもどる。

　このエクササイズは下腿三頭筋（ヒラメ筋、腓腹筋内側頭・外側頭）に作用する。

　反復のたびに足の屈曲を完全に行い、下腿三頭筋を引っ張ることが大切である。反復回数を多くして焼けつくような感覚になるまで行えばよい効果が得られる。

脚部

35 スタンディング・バーベル・カーフレイズ
（バーを用いる足の底屈）

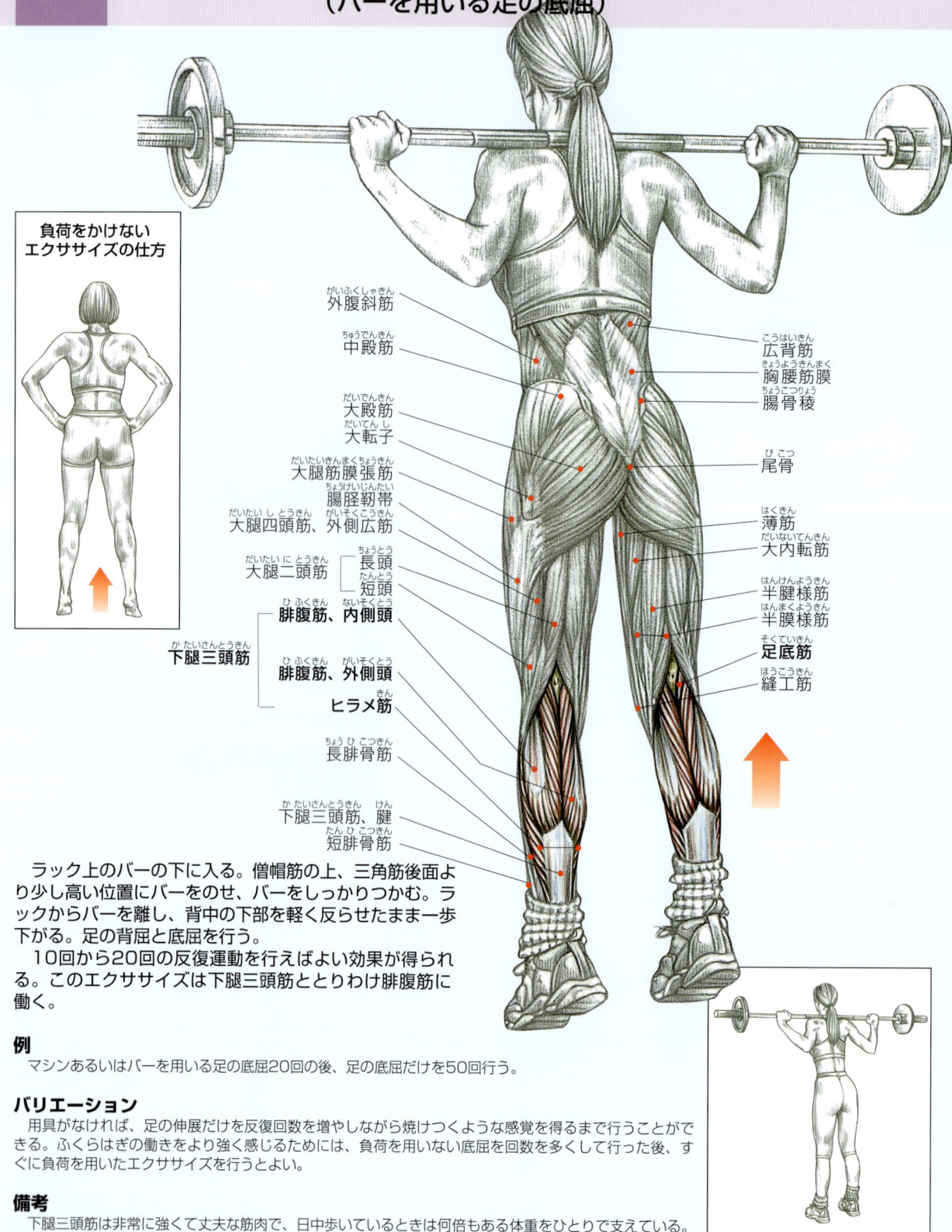

負荷をかけない エクササイズの仕方

- 外腹斜筋（がいふくしゃきん）
- 中殿筋（ちゅうでんきん）
- 大殿筋（だいでんきん）
- 大転子（だいてんし）
- 大腿筋膜張筋（だいたいきんまくちょうきん）
- 腸脛靭帯（ちょうけいじんたい）
- 大腿四頭筋、外側広筋（だいたいしとうきん、がいそくこうきん）
- 大腿二頭筋（だいたいにとうきん）
  - 長頭（ちょうとう）
  - 短頭（たんとう）
- **腓腹筋、内側頭**（ひふくきん、ないそくとう）
- 下腿三頭筋（かたいさんとうきん）
- **腓腹筋、外側頭**（ひふくきん、がいそくとう）
- **ヒラメ筋**
- 長腓骨筋（ちょうひこつきん）
- 下腿三頭筋、腱（かたいさんとうきん、けん）
- 短腓骨筋（たんひこつきん）

- 広背筋（こうはいきん）
- 胸腰筋膜（きょうようきんまく）
- 腸骨稜（ちょうこつりょう）
- 尾骨（びこつ）
- 薄筋（はくきん）
- 大内転筋（だいないてんきん）
- 半腱様筋（はんけんようきん）
- 半膜様筋（はんまくようきん）
- 足底筋（そくていきん）
- 縫工筋（ほうこうきん）

ラック上のバーの下に入る。僧帽筋の上、三角筋後面より少し高い位置にバーをのせ、バーをしっかりつかむ。ラックからバーを離し、背中の下部を軽く反らせたまま一歩下がる。足の背屈と底屈を行う。

10回から20回の反復運動を行えばよい効果が得られる。このエクササイズは下腿三頭筋ととりわけ腓腹筋に働く。

例
マシンあるいはバーを用いる足の底屈20回の後、足の底屈だけを50回行う。

バリエーション
用具がなければ、足の伸展だけを反復回数を増やしながら焼けつくような感覚を得るまで行うことができる。ふくらはぎの働きをより強く感じるためには、負荷を用いない底屈を回数を多くして行った後、すぐに負荷を用いたエクササイズを行うとよい。

備考
下腿三頭筋は非常に強くて丈夫な筋肉で、日中歩いているときは何倍もある体重をひとりで支えている。したがって、重い負荷をかけて働かせるのをためらってはならない。

始めの姿勢

脚部

シーテッド・バーベル・カーフレイズ
（バーベルを用いて座位での底屈）

36

始めの動作

縫工筋
恥骨筋
内側広筋
大腿四頭筋、外側広筋
膝蓋骨
腸脛靭帯
長内転筋
大腿二頭筋　短頭
薄筋
長頭
半膜様筋
腓腹筋、外側頭
半腱様筋
前脛骨筋
腓腹筋、内側頭
ヒラメ筋
ヒラメ筋
脛骨
長指伸筋
長指屈筋
長腓骨筋
短腓骨筋

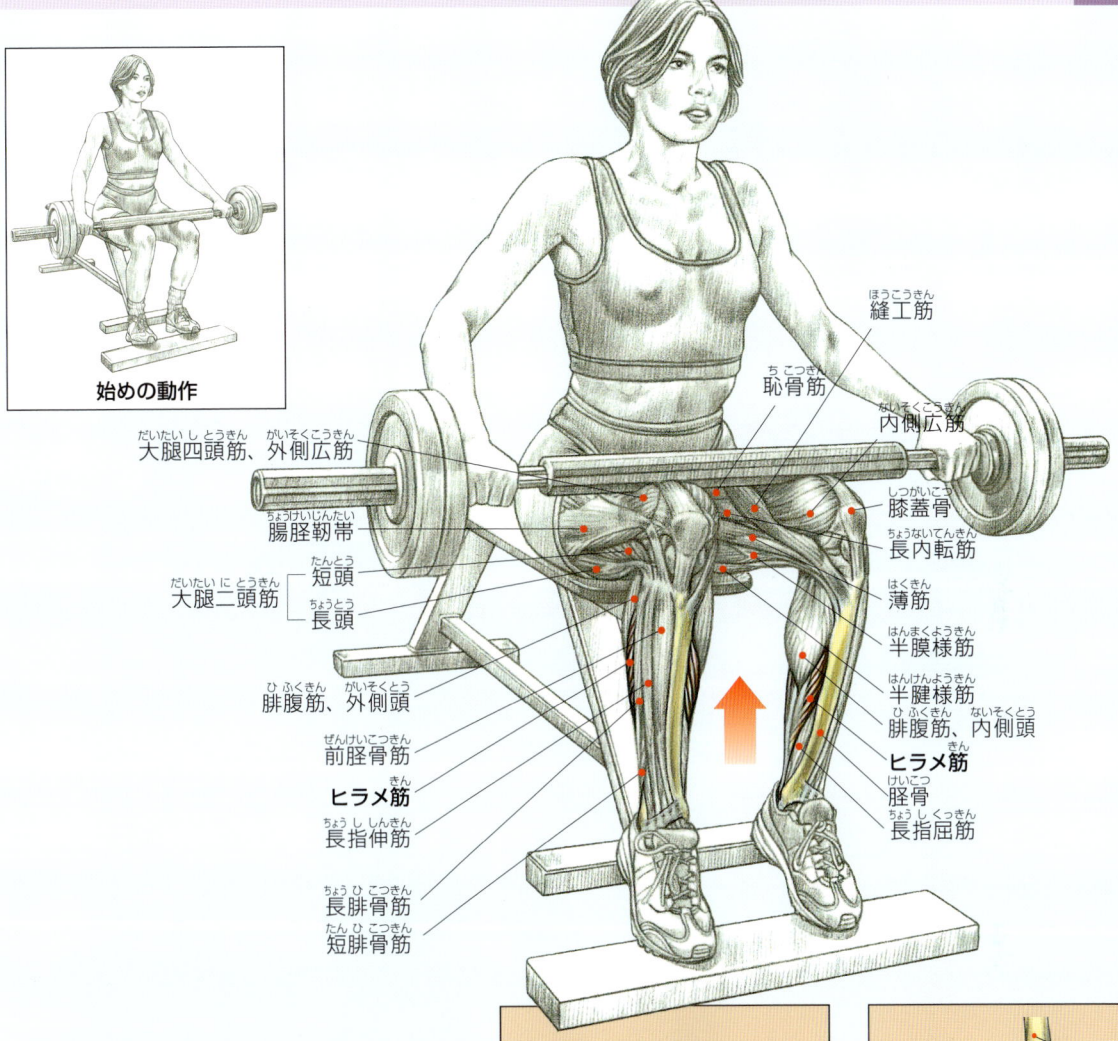

ベンチに腰掛け、台を足の前部の下に置き、大腿下部にバーをのせる。足の底屈（足底の屈曲）を行う。

注意
痛さをやわらげるためにバーにはゴムのロールを巻くのが望ましい。なければタオルを大腿の上にしいておくかバーに巻いておくのもよい。
このエクササイズは主にヒラメ筋に作用する。この筋肉は下腿三頭筋の一部をなし、上部で脛骨と腓骨の上につながっている。下部では（アキレス腱によって）踵骨に接していて、足関節の伸展作用をもっている。重い負荷をかけて働かせることのできる腓腹筋のプレスと反対に、この運動は負荷をかけるのがむずかしいので、あまり重くしないで行う方がよい。よりよい効果を得るためには、15回から20回の反復を行うのが望ましい。

バリエーション
椅子やベンチの上で負荷をかけずに行うことができる。この場合は、反復回数を多くして焼けつくような感覚を得るまで行うことが必要である。

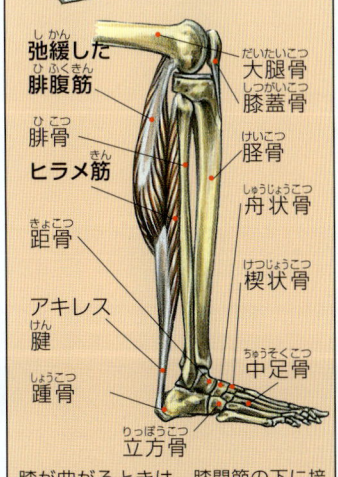

弛緩した腓腹筋
大腿骨
膝蓋骨
腓骨
脛骨
ヒラメ筋
舟状骨
距骨
楔状骨
アキレス腱
中足骨
踵骨
立方骨

膝が曲がるときは、膝関節の下に接している腓腹筋が弛む。この姿勢では、腓腹筋は足の底屈にわずかしか関与せず、働きは主にヒラメ筋によってなされる。

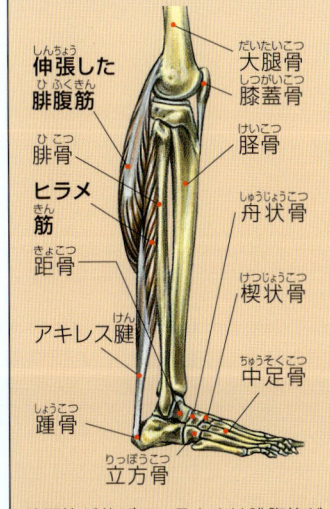

伸張した腓腹筋
大腿骨
膝蓋骨
腓骨
脛骨
ヒラメ筋
舟状骨
距骨
楔状骨
アキレス腱
中足骨
踵骨
立方骨

膝関節が伸びているときは腓腹筋が引っ張られる。この姿勢では、腓腹筋は足の伸展に積極的に関与し、ヒラメ筋の働きを補う。

脚部

37 シーテッド・カーフレイズ（マシンで行う座位での足の底屈）

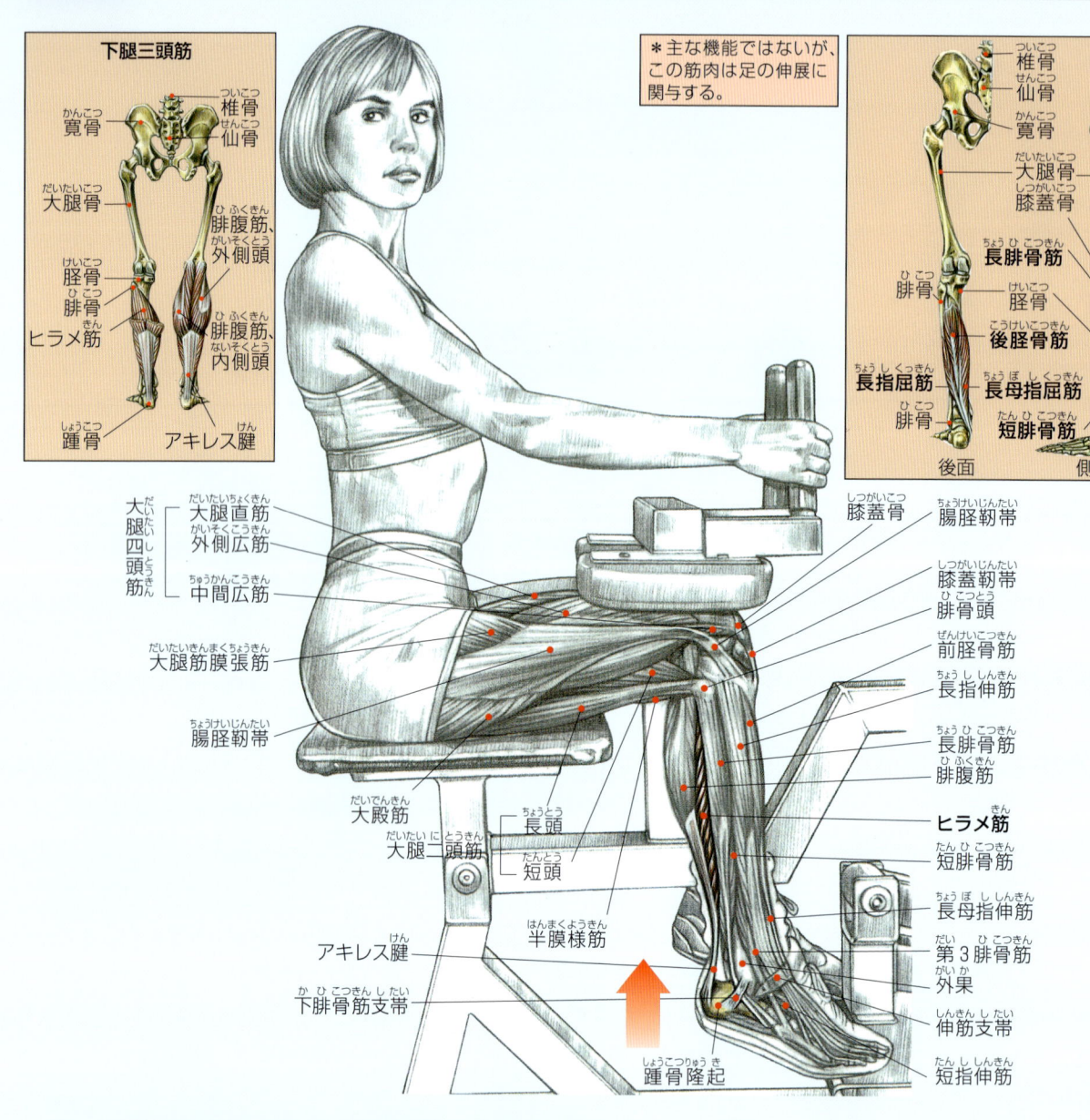

*主な機能ではないが、この筋肉は足の伸展に関与する。

下腿三頭筋
- 椎骨
- 寛骨
- 仙骨
- 大腿骨
- 腓腹筋、外側頭
- 脛骨
- 腓骨
- ヒラメ筋
- 腓腹筋、内側頭
- 踵骨
- アキレス腱

- 椎骨
- 仙骨
- 寛骨
- 大腿骨
- 膝蓋骨
- 長腓骨筋
- 腓骨
- 脛骨
- 後脛骨筋
- 長指屈筋
- 長母指屈筋
- 腓骨
- 短腓骨筋

後面　側面

- 大腿四頭筋
  - 大腿直筋
  - 外側広筋
  - 中間広筋
- 大腿筋膜張筋
- 腸脛靭帯
- 大殿筋
- 大腿二頭筋
  - 長頭
  - 短頭
- 半膜様筋
- アキレス腱
- 下腓骨筋支帯

- 膝蓋骨
- 腸脛靭帯
- 膝蓋靭帯
- 腓骨頭
- 前脛骨筋
- 長指伸筋
- 長腓骨筋
- 腓腹筋
- ヒラメ筋
- 短腓骨筋
- 長母指伸筋
- 第3腓骨筋
- 外果
- 伸筋支帯
- 短指伸筋
- 踵骨隆起

　マシンに腰掛け、大腿下部にパッド部分を置く。台の上に足の前面部をのせて、足関節をパッシブ（受動的）に背屈させる。足の底屈を行う。
　このエクササイズは主にヒラメ筋（平たい魚のヒラメを想像させるのでこの名がついた）に作用する（この筋肉は、上部で脛骨と腓骨の上に接しており、アキレス腱によって踵骨につながっている。足関節の背屈、底屈に関与する）。膝を曲げた姿勢では、膝関節の上部につながり下部でアキレス腱につながっている腓腹筋が弛む。したがって腓腹筋は足の底屈にはわずかしか関与しない。

バリエーション
　この運動は、ベンチに腰掛け足の下に台を置き、大腿下部にバーベルをのせて行うことができる。痛さをやわらげるために、バーにはゴムのロールを巻く（あるいは大腿にタオルを置く）必要があるだろう。

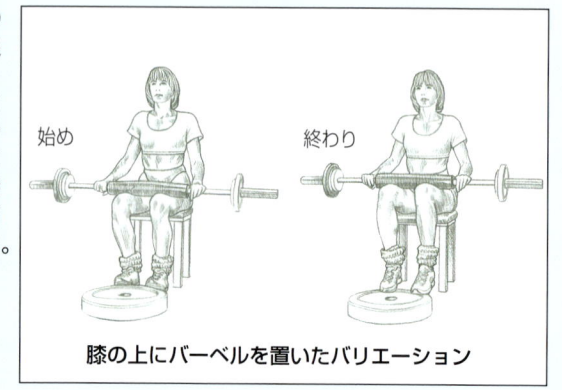

始め　終わり

膝の上にバーベルを置いたバリエーション

腹　　部　III

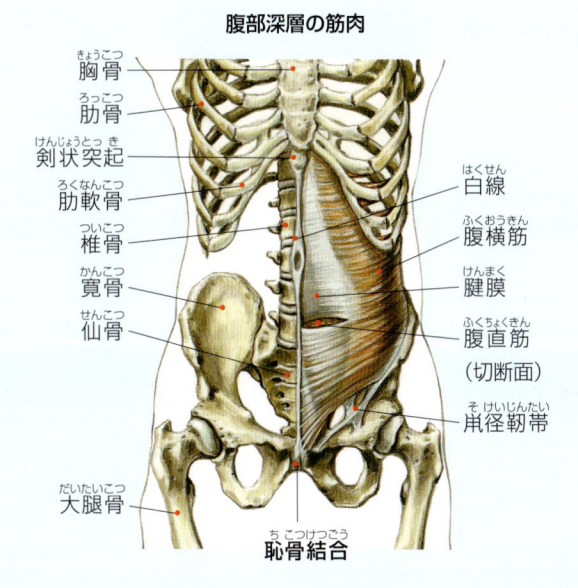

1. クランチ① ……………………………93
2. クランチ② ……………………………94
3. ロッキングマシン・クランチ ………95
4. シットアップ …………………………96
5. ハーフ・シットアップ ………………98
6. クランチ③ ……………………………99
7. フロア・レッグエクステンション① ……100
8. フロア・レッグエクステンション② ……101
9. ジムラダー・シットアップ …………102
10. ニーレイズ …………………………103
11. インクラインベンチ・シットアップ ……104
12. インクラインボード・シットアップ ……105
13. サスペンティッド・シットアップ ……106
14. エルボーサポート・レッグレイズ ……107
15. ハンギング・レッグレイズ …………108
16. インクラインボード・レッグレイズ ……109
17. ヒップリフト …………………………110
18. フロア・ヒップローテーション ……111
19. オブリーク・クランチ ………………112
20. オールターニット・オブリーク ……114
21. フロア・ライイング・サイドベンド ……115
22. ハイプーリー・クランチ ……………116
23. マシン・クランチ ……………………117
24. ライイング・サイドベンド …………118
25. ロッキングマシン・オブリーク ……119
26. ケーブル・サイドベンド① …………120
27. ケーブル・サイドベンド② …………121
28. ダンベル・サイドベンド ……………122
29. バー・ツイスト ………………………123
30. シーテッド・バー・ツイスト ………124
31. シーテッドマシン・ツイスト ………126
32. スタンディングマシン・ツイスト ……127
33. シーテッド・タミーサック …………128
34. ホリゾンタル・スタビリゼーション① ……129

腹部表層の筋肉

胸骨
肋骨
白線
外腹斜筋
寛骨
大腿骨
肋軟骨
腹直筋
内腹斜筋
腱膜（切断面）
錐体筋
恥骨結合

腹部深層の筋肉

胸骨
肋骨
剣状突起
肋軟骨
椎骨
寛骨
仙骨
大腿骨
白線
腹横筋
腱膜
腹直筋（切断面）
鼡径靭帯
恥骨結合

腹部

注意

　他の筋肉トレーニングと異なり、腹筋群とりわけ腹直筋のためのエクササイズは必ず背中（脊柱）を丸めて行われなければならない。

　上体を持ち上げる（挙上）ときと同様に、脊柱を丸めて行うときは椎骨の関節によって機械的な制約を受けるが、それはスクワットやデッドリフトあるいはその他の立位で支える運動と同じ制約ではない。なぜなら、スクワットやデッドリフト、「グッドモーニング」やその他の負荷をかけるエクササイズのときは、腰部のところの脊柱が反っていなければ、背を丸めることで脊柱に大きな圧力が加わることになる。すると椎間板を後方に突き出して神経を締めつけ、椎間板ヘルニアのために坐骨神経痛を引き起こしかねないからである。

　反対に、腹筋のエクササイズでは腹直筋や腹斜筋を強く収縮させて背を丸めないと、腰の強力な屈筋（大腰筋）が腰部をさらに反らせるので、脊柱の圧力によって不安定になっている椎間板が前方にせり出しやすくなる。そして腰椎後部に過度の圧力がかかり、ぎっくり腰や、悪くすれば圧縮や摩滅による関節の悪化を招きかねないのである。

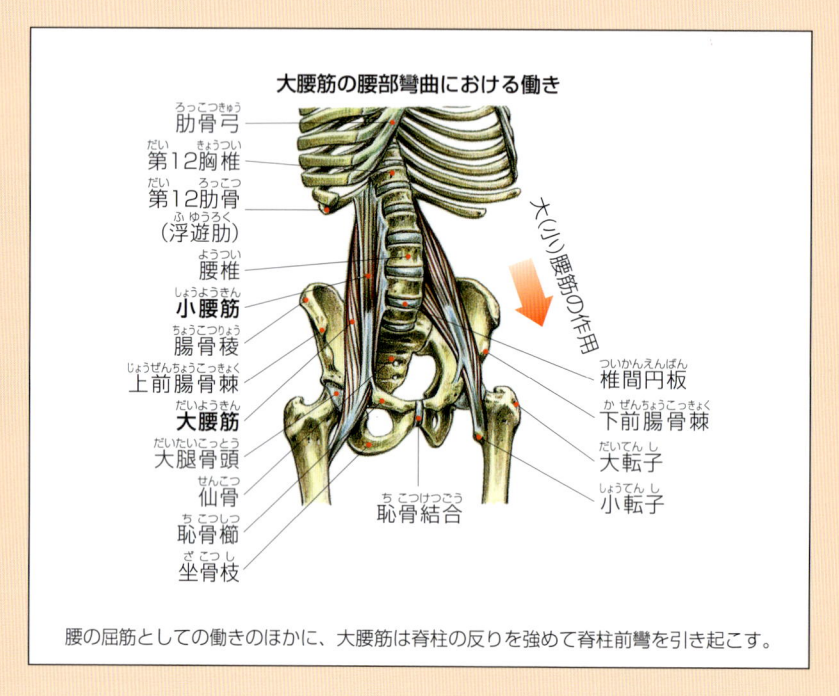

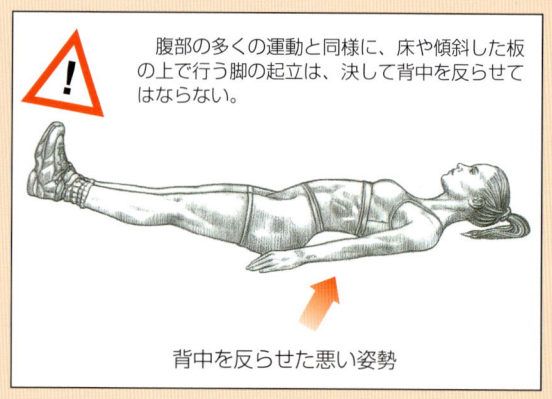

大腰筋の腰部彎曲における働き

肋骨弓
第12胸椎
第12肋骨
（浮遊肋）
腰椎
小腰筋
腸骨稜
上前腸骨棘
大腰筋
大腿骨頭
仙骨
恥骨櫛
坐骨枝
恥骨結合
大(小)腰筋の作用
椎間円板
下前腸骨棘
大転子
小転子

腰の屈筋としての働きのほかに、大腰筋は脊柱の反りを強めて脊柱前彎を引き起こす。

⚠ 腹部のエクササイズでは背中を丸めることが大切である

背中を丸めたよい姿勢　　背中を反らせた悪い姿勢

⚠ 腹部の多くの運動と同様に、床や傾斜した板の上で行う脚の起立は、決して背中を反らせてはならない。

背中を反らせた悪い姿勢

腹部

クランチ①

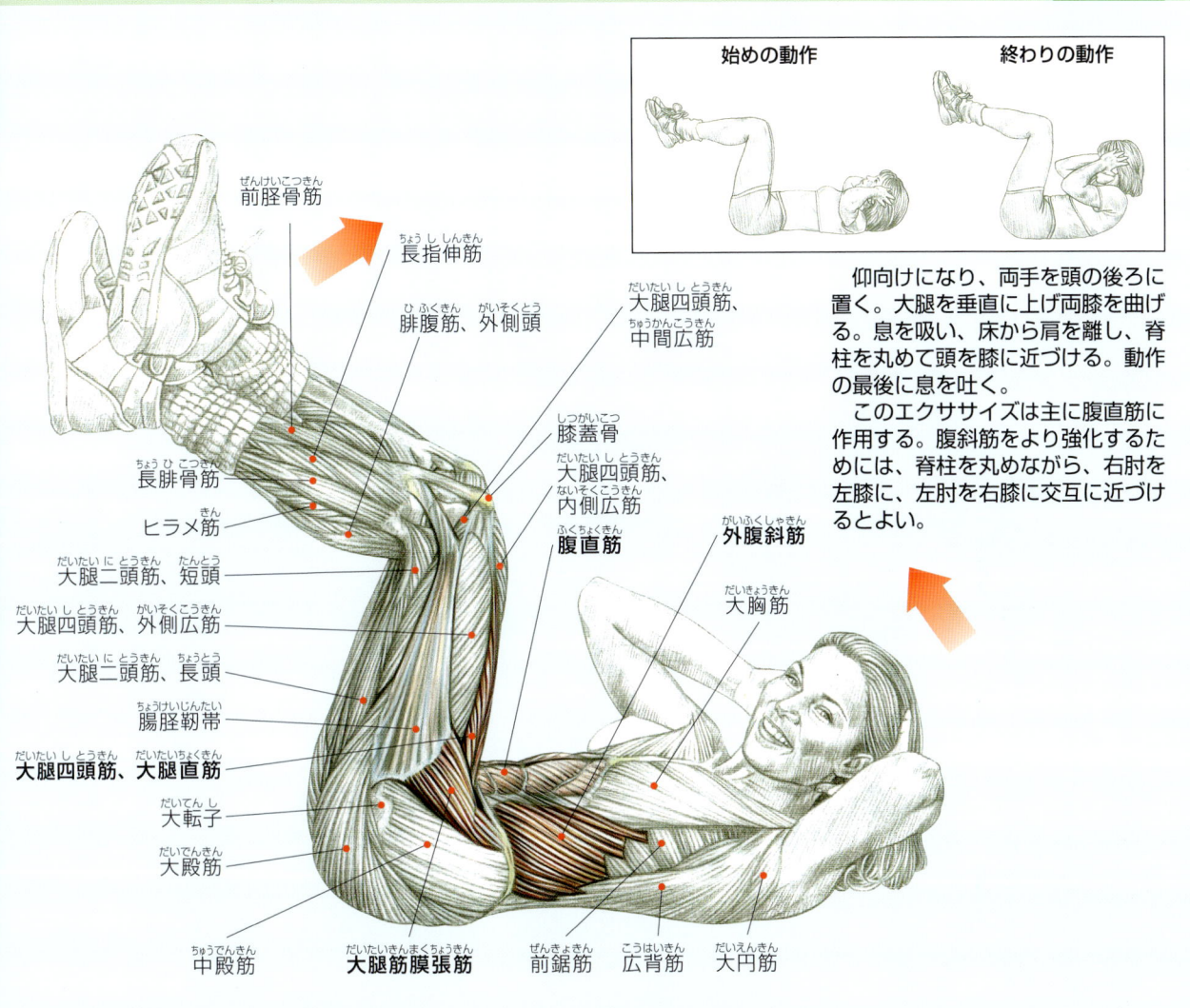

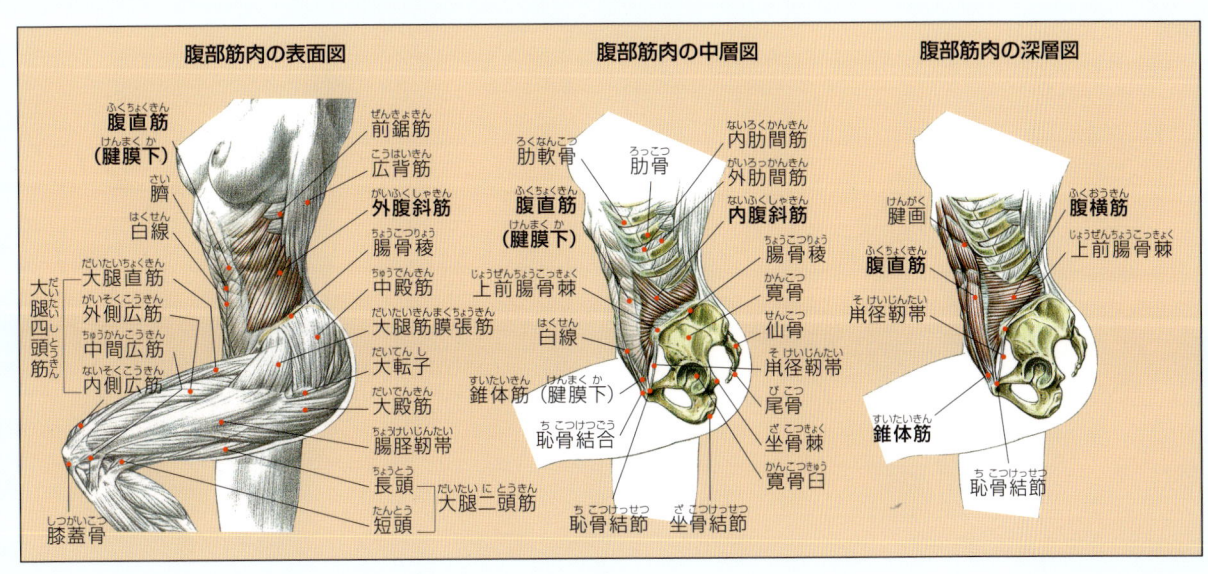

1

始めの動作　　**終わりの動作**

仰向けになり、両手を頭の後ろに置く。大腿を垂直に上げ両膝を曲げる。息を吸い、床から肩を離し、脊柱を丸めて頭を膝に近づける。動作の最後に息を吐く。

このエクササイズは主に腹直筋に作用する。腹斜筋をより強化するためには、脊柱を丸めながら、右肘を左膝に、左肘を右膝に交互に近づけるとよい。

前脛骨筋
長指伸筋
腓腹筋、外側頭
大腿四頭筋、中間広筋
膝蓋骨
大腿四頭筋、内側広筋
腹直筋
外腹斜筋
大胸筋
長腓骨筋
ヒラメ筋
大腿二頭筋、短頭
大腿四頭筋、外側広筋
大腿二頭筋、長頭
腸脛靭帯
大腿四頭筋、大腿直筋
大転子
大殿筋
中殿筋
大腿筋膜張筋
前鋸筋
広背筋
大円筋

腹部筋肉の表面図

腹直筋（腱膜下）
前鋸筋
広背筋
臍
外腹斜筋
白線
腸骨稜
大腿直筋
中殿筋
外側広筋
大腿筋膜張筋
中間広筋
大転子
内側広筋
大殿筋
腸脛靭帯
長頭
大腿二頭筋
短頭
膝蓋骨

腹部筋肉の中層図

肋軟骨
肋骨
内肋間筋
外肋間筋
腹直筋（腱膜下）
内腹斜筋
腸骨稜
寛骨
上前腸骨棘
仙骨
白線
鼠径靭帯
錐体筋（腱膜下）
尾骨
恥骨結合
坐骨棘
寛骨臼
恥骨結節
坐骨結節

腹部筋肉の深層図

腱画
腹横筋
上前腸骨棘
腹直筋
鼠径靭帯
錐体筋
恥骨結節

腹部

2 クランチ②（足を床につけて背を丸める）

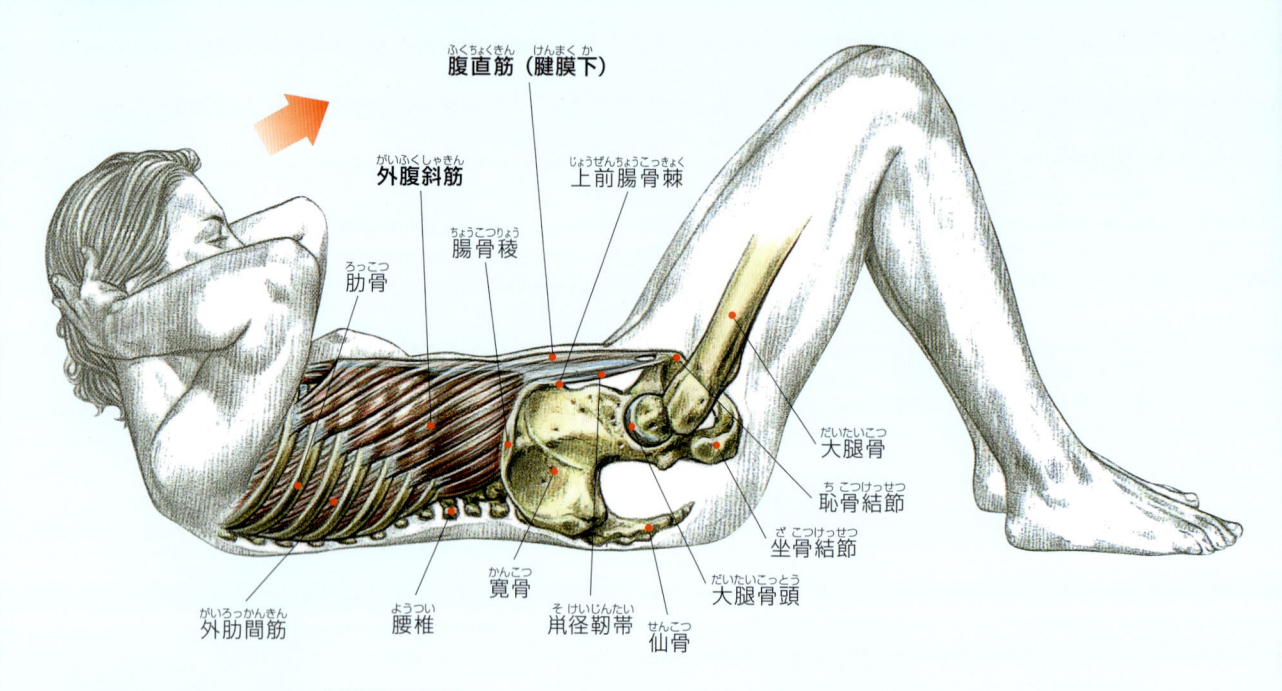

腹直筋（腱膜下）
外腹斜筋
上前腸骨棘
腸骨稜
肋骨
大腿骨
恥骨結節
坐骨結節
大腿骨頭
仙骨
鼠径靭帯
寛骨
腰椎
外肋間筋

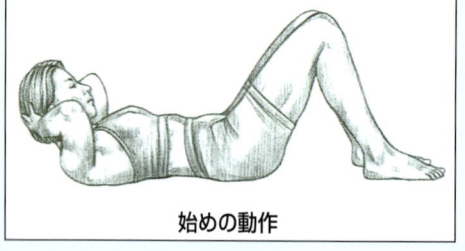

始めの動作　　　終わりの動作

　仰向けになり、両手を頭の後ろに置き、大腿を曲げて両足は床につける。息を吸い、脊柱を丸めて背中を床から離す。動作の最後に息を吐く。
　このエクササイズは、腹直筋とりわけへその上部に働き、さらにわずかながら腹斜筋にも作用する。この足を床につけて背中を丸める動作は、腹筋運動への導入として適している。背中をいためている人でも危険なしに行え、分娩の後、腹筋を鍛えるための運動としてもすすめられる。
　反復回数を多くしてゆっくり行えばよい結果が得られる。

備考
　腹筋に働くすべてのエクササイズと同様に、あごを胸に近づけて自分の腹を見るようにするとよい。この姿勢によって腹直筋の軽い反射的収縮を引き出せる。頭に沿えた手を強く引くと首をいためることがあるので注意すること。

手と肘の位置

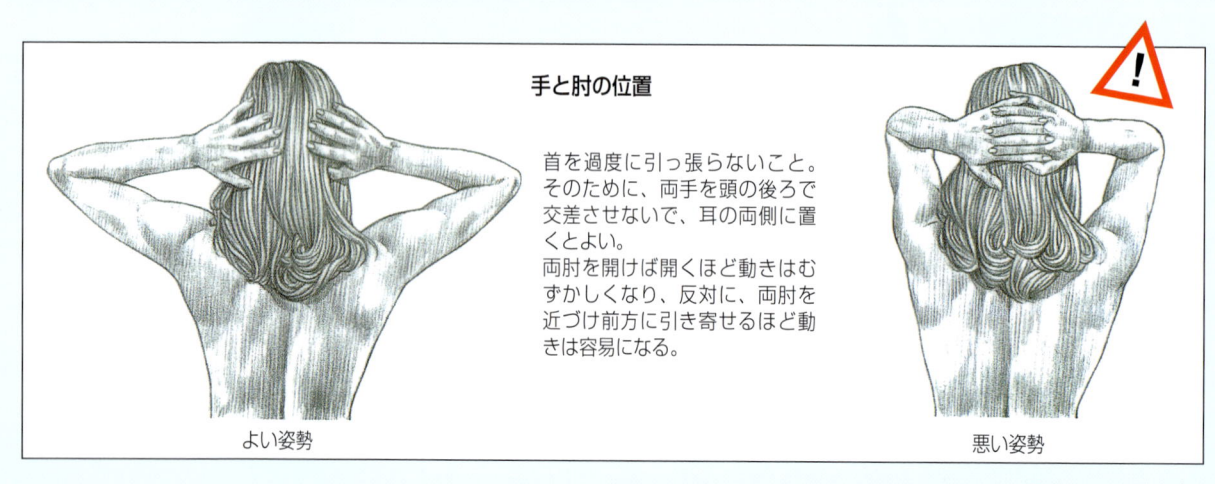

首を過度に引っ張らないこと。そのために、両手を頭の後ろで交差させないで、耳の両側に置くとよい。
両肘を開けば開くほど動きはむずかしくなり、反対に、両肘を近づけ前方に引き寄せるほど動きは容易になる。

よい姿勢　　　悪い姿勢

腹部

ロッキングマシン・クランチ
（ロッキングマシンを使って背を丸める）

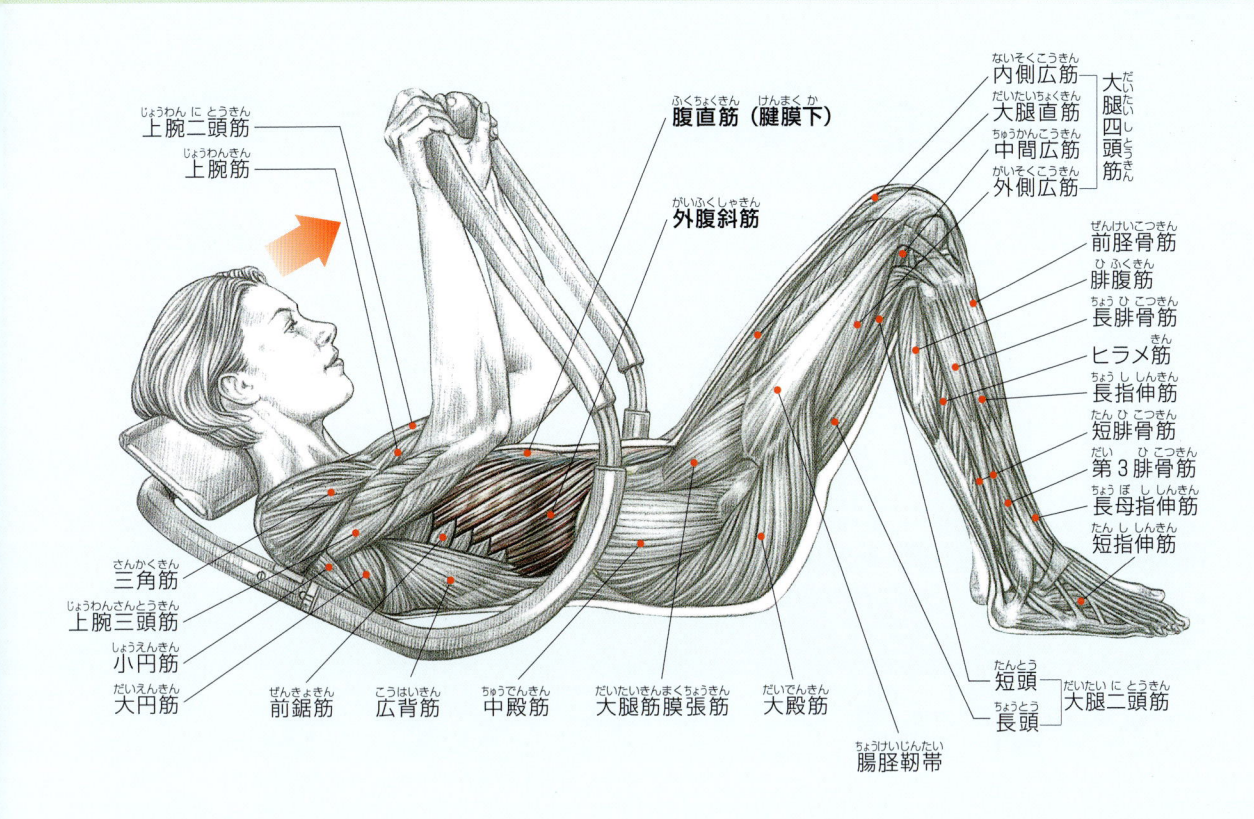

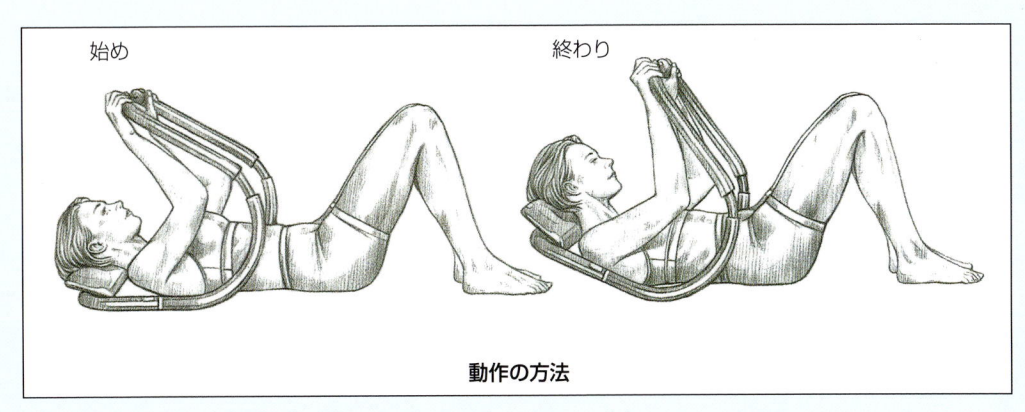

3

上腕二頭筋　上腕筋　腹直筋（腱膜下）　外腹斜筋　内側広筋　大腿直筋　中間広筋　外側広筋　大腿四頭筋　前脛骨筋　腓腹筋　長腓骨筋　ヒラメ筋　長指伸筋　短腓骨筋　第3腓骨筋　長母指伸筋　短指伸筋　三角筋　上腕三頭筋　小円筋　大円筋　前鋸筋　広背筋　中殿筋　大腿筋膜張筋　大殿筋　腸脛靱帯　短頭　長頭　大腿二頭筋

始め　終わり

動作の方法

　仰向けになり、ヘッドレストに頭をのせる。両手でグリップの高いところを握り、膝を曲げ足は床に置く。息を吸い、上体をできるだけ高く持ち上げる。背中を丸め、頭は常にヘッドレストの上に置き、下背部は床にしっかりとつけておく。動作の終わりに息を吐く。ゆっくりと始めの姿勢にもどり、繰り返す。
　このエクササイズは主に腹直筋に働くが負荷は上部に集中する。また、外腹斜筋と内腹斜筋にも作用する。
　10回から20回、あるいはそれ以上の回数で反復運動を行えば大変よい効果が得られる。

バリエーション
　両手でグリップの下部を握ればそれだけ負荷は大きくなる。

備考
　初級者でも腹筋の働きが直ちに感じられるまれなエクササイズである。

95

腹部

4 シットアップ（床上で上体の挙上）

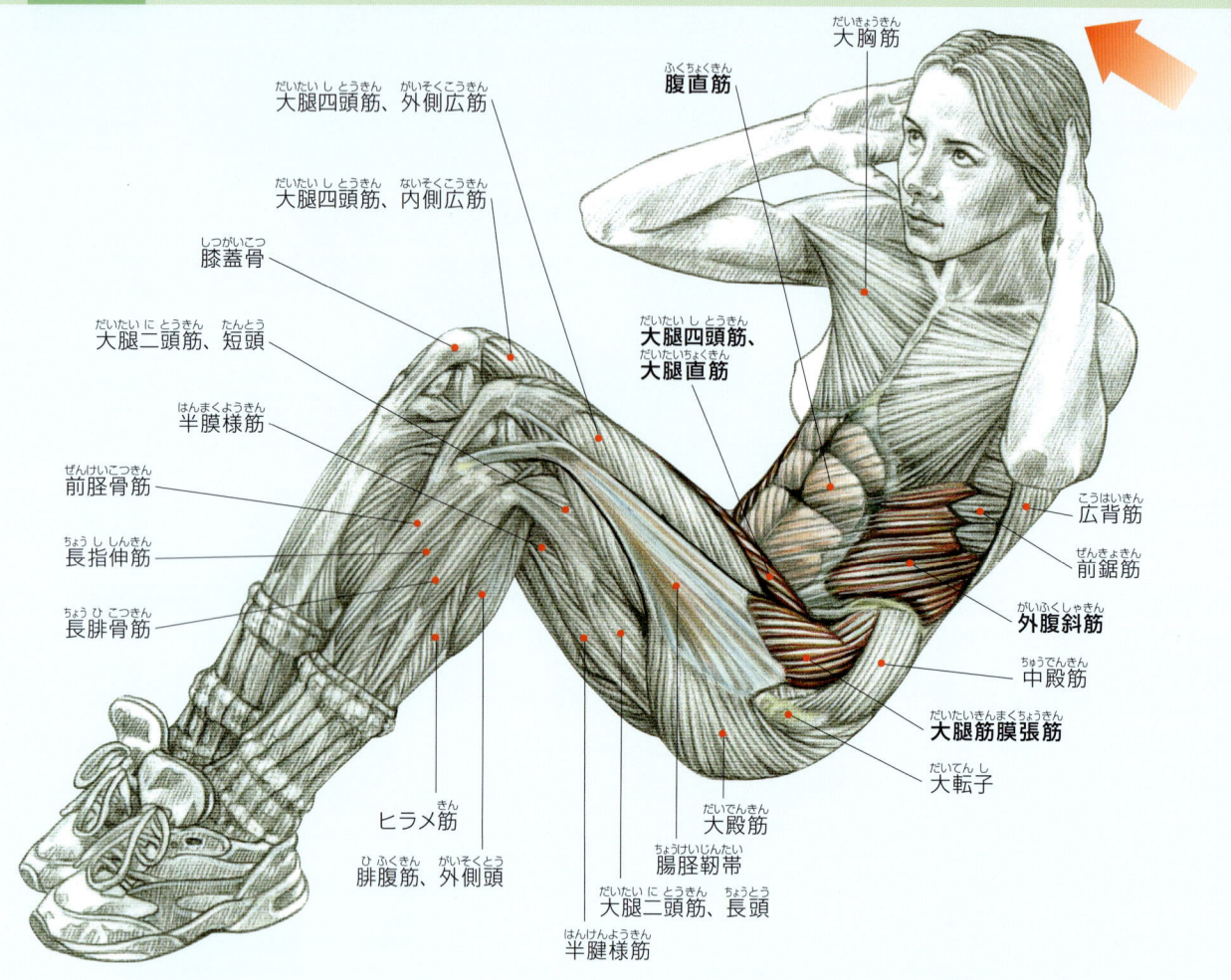

筋肉ラベル（図中）:
- 大胸筋
- 腹直筋
- 大腿四頭筋、外側広筋
- 大腿四頭筋、内側広筋
- 膝蓋骨
- 大腿二頭筋、短頭
- 半膜様筋
- 前脛骨筋
- 長指伸筋
- 長腓骨筋
- 大腿四頭筋、大腿直筋
- 広背筋
- 前鋸筋
- 外腹斜筋
- 中殿筋
- 大腿筋膜張筋
- 大転子
- ヒラメ筋
- 腓腹筋、外側頭
- 大殿筋
- 腸脛靭帯
- 大腿二頭筋、長頭
- 半腱様筋

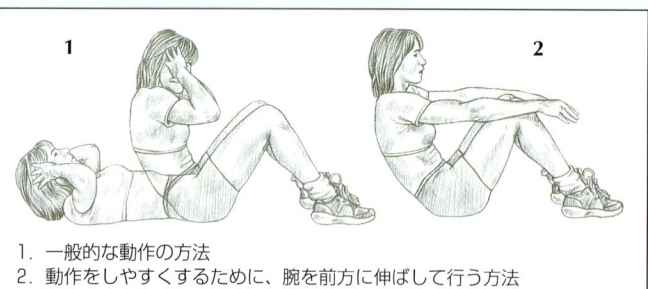

1. 一般的な動作の方法
2. 動作をしやすくするために、腕を前方に伸ばして行う方法

パートナーに足を押さえてもらって行う方法

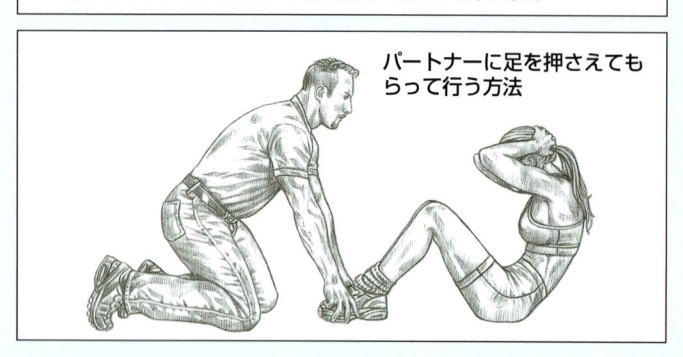

仰向けになり、両膝を曲げる。両足を床につけ、両手を頭の後ろに置く。息を吸い、背中を丸めながら上体を挙上する。動作の最後に息を吐く。始めの姿勢にもどるが、上体は床につけない。腹部に焼けつくような感覚が現れるまで繰り返す。

このエクササイズは、腹斜筋と同様に股関節屈筋に働くが、主な作用は腹直筋に向けられる。

バリエーション
- 動作をやりやすくするために、パートナーに足を押さえてもらう方法がある。
- 腕を前方に伸ばして行うとエクササイズはやさしくなり、初級者でもらくにできる。
- より強化するために傾斜したボードで行う方法もある（105頁参照）。

備考
　一般に、女性は男性よりも上体の発達は弱いが脚のボリュームが大きいため、上体を起こしながら足を床から離さない動作は男性より容易にできる。

腹部

上体の挙上で作用する筋肉

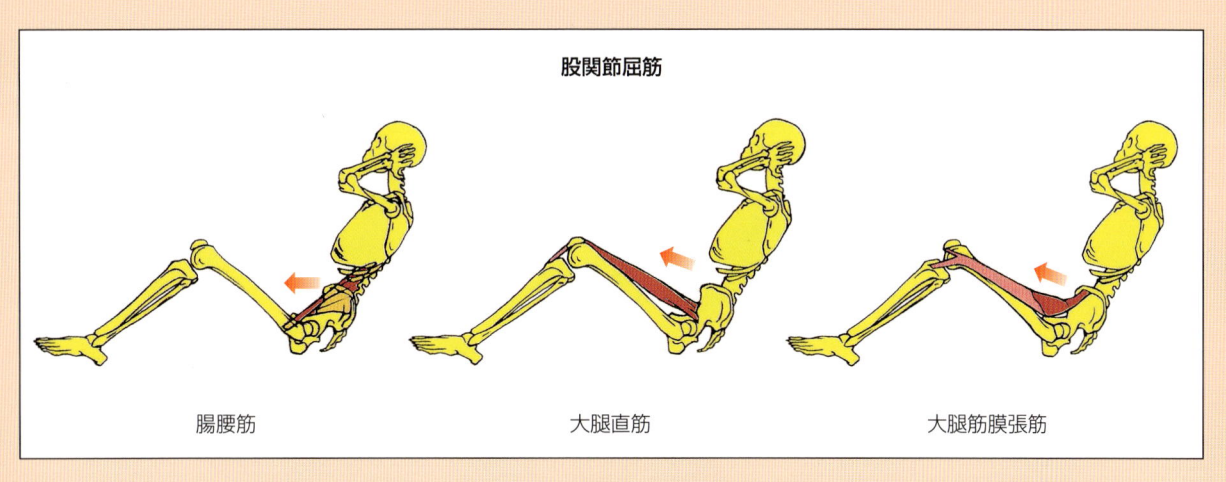

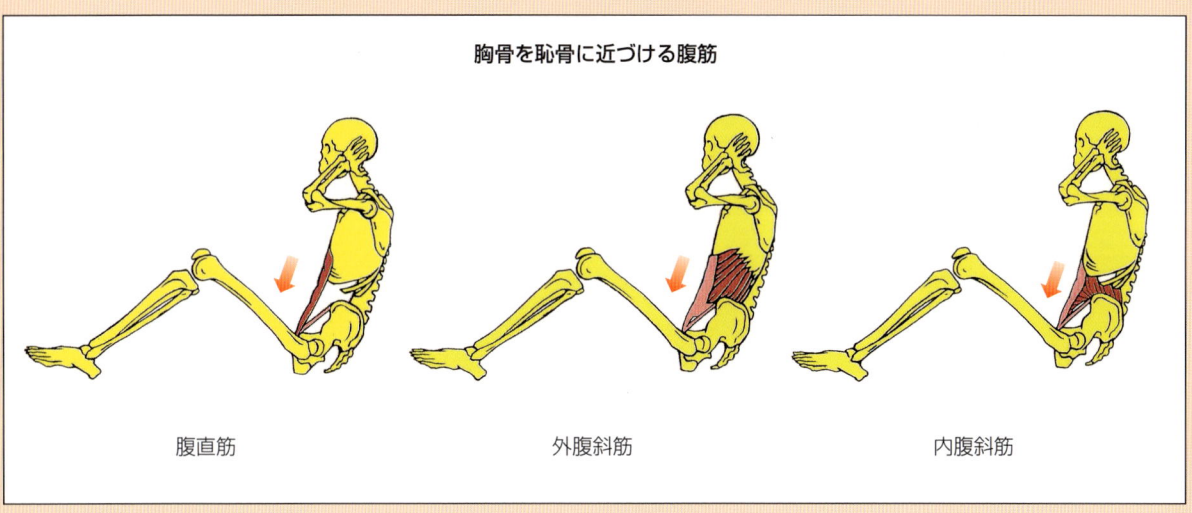

股関節屈筋

腸腰筋 　　　　　大腿直筋 　　　　　大腿筋膜張筋

胸骨を恥骨に近づける腹筋

腹直筋 　　　　　外腹斜筋 　　　　　内腹斜筋

脊柱における腹筋の働き		
筋肉	主な働き	付随的な働き
屈筋	腹直筋	外腹斜筋 内腹斜筋 腸腰筋
側面屈筋	外腹斜筋 内腹斜筋 腰方形筋 脊柱起立筋	腹直筋
回旋筋	外腹斜筋 内腹斜筋 脊柱起立筋	
伸筋	脊柱起立筋	広背筋

腹部

5 ハーフ・シットアップ（床上で上体の半挙上）

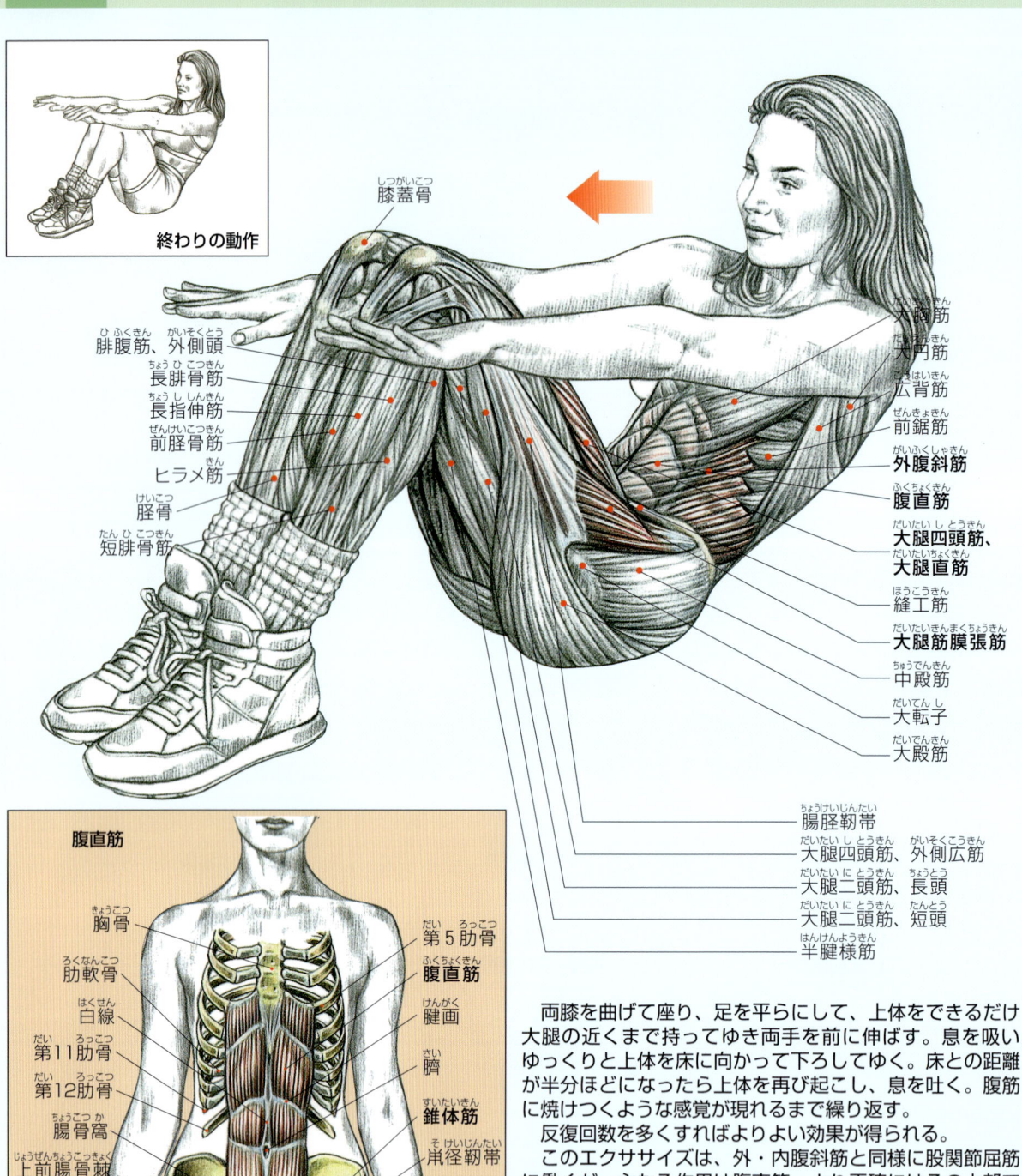

終わりの動作

膝蓋骨
腓腹筋、外側頭
長腓骨筋
長指伸筋
前脛骨筋
ヒラメ筋
脛骨
短腓骨筋

大胸筋
大円筋
広背筋
前鋸筋
外腹斜筋
腹直筋
大腿四頭筋、大腿直筋
縫工筋
大腿筋膜張筋
中殿筋
大転子
大殿筋
腸脛靭帯
大腿四頭筋、外側広筋
大腿二頭筋、長頭
大腿二頭筋、短頭
半腱様筋

腹直筋

胸骨
肋軟骨
白線
第11肋骨
第12肋骨
腸骨窩
上前腸骨棘
大腿骨頭
恥骨結節
大転子

第5肋骨
腹直筋
腱画
臍
錐体筋
鼠径靭帯
大腿骨頚
大腿骨
恥骨結合

　両膝を曲げて座り、足を平らにして、上体をできるだけ大腿の近くまで持ってゆき両手を前に伸ばす。息を吸い、ゆっくりと上体を床に向かって下ろしてゆく。床との距離が半分ほどになったら上体を再び起こし、息を吐く。腹筋に焼けつくような感覚が現れるまで繰り返す。
　反復回数を多くすればよりよい効果が得られる。
　このエクササイズは、外・内腹斜筋と同様に股関節屈筋に働くが、主たる作用は腹直筋、より正確にはその上部である。

バリエーション
　より強化するためには、上体を下ろし再び起こす前に、固定した姿勢のままでアイソメトリックスによる収縮を約10秒間保持するとよい。

備考
　腹筋の働きをより強く感じ取るために、動作の間、常に背中を軽く丸めていることが大切である。

クランチ③（脚をベンチにのせた状態でクランチ）

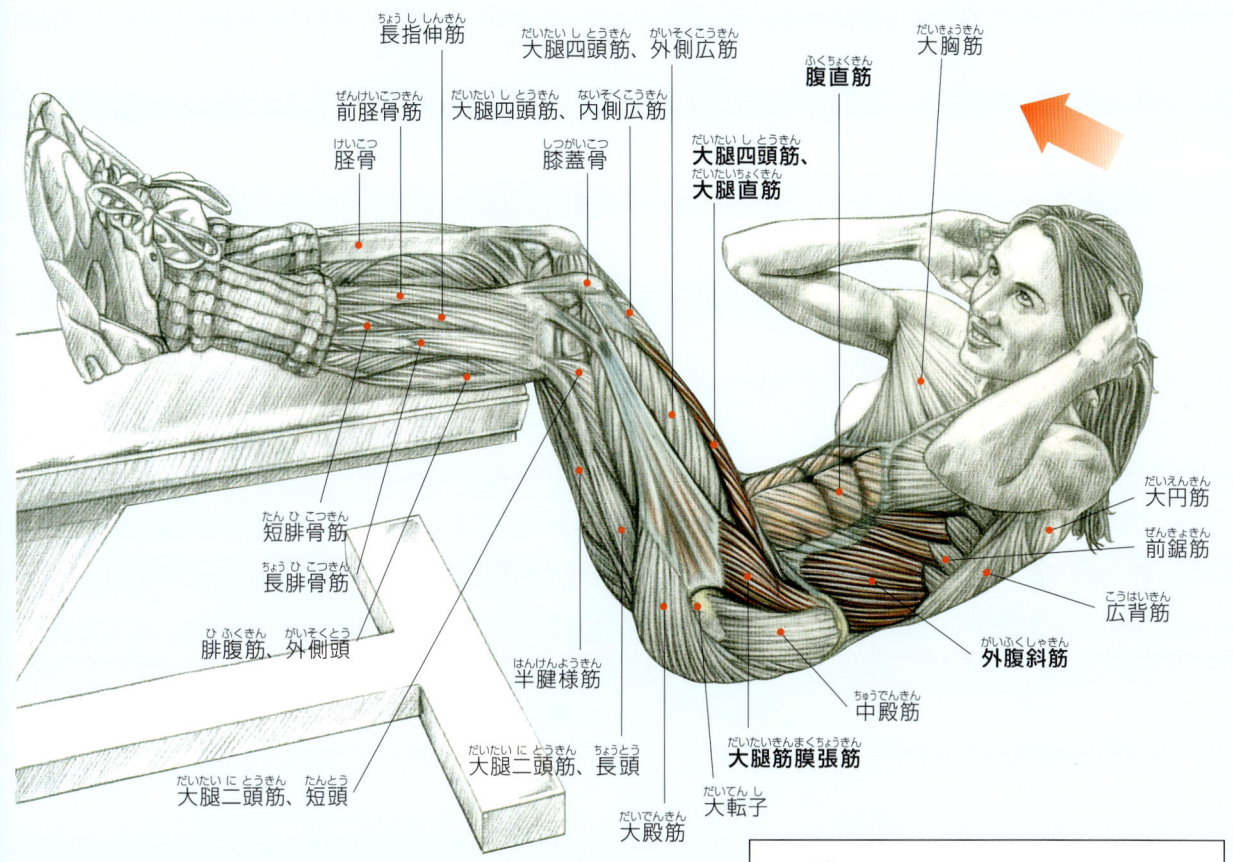

腹部 6

筋肉名（上部ラベル）：
- 長指伸筋
- 前脛骨筋
- 脛骨
- 大腿四頭筋、外側広筋
- 大腿四頭筋、内側広筋
- 膝蓋骨
- 大腿四頭筋、大腿直筋
- 腹直筋
- 大胸筋

筋肉名（下部ラベル）：
- 短腓骨筋
- 長腓骨筋
- 腓腹筋、外側頭
- 大腿二頭筋、短頭
- 半腱様筋
- 大腿二頭筋、長頭
- 大殿筋
- 大転子
- 大腿筋膜張筋
- 中殿筋
- 外腹斜筋
- 広背筋
- 前鋸筋
- 大円筋

両脚をベンチにのせ、上体を床に下ろす。両手を頭の後ろに置く。息を吸い、背中を丸めて両肩を床から離す。頭を膝につけるようにする。動作の最後に息を吐く。

このエクササイズは働きが腹直筋に限られるが、そのうちより強く働くのはへそ上部である。上体をベンチから離すほど骨盤の可動性が高まり、腸腰筋、大腿筋膜張筋、大腿直筋の収縮によって股関節が曲がり上体を起こすようになる。

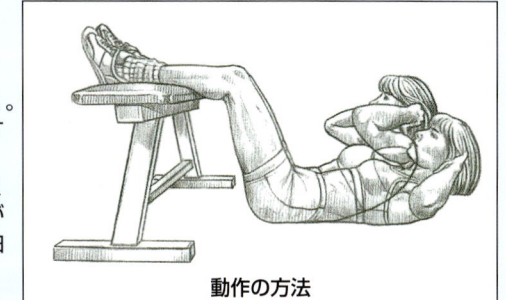

動作の方法

分娩後の腹筋の鍛え方

腹筋は妊娠末期に伸びて弾力を失うので、活力を取り戻し、これを「縮める」エクササイズを行うことが大切である。
このため、小さな振幅で常に背を丸めたままで行う「クランチ」、あるいは脊柱を丸める運動が強くすすめられる。

注意
腹筋の極端な引き伸ばしを避けるため、脚の持ち上げ、上体の挙上、あるいは床上で脚を伸展させるような振幅の大きなエクササイズはすべて、腹筋が強化されてから行うべきである。

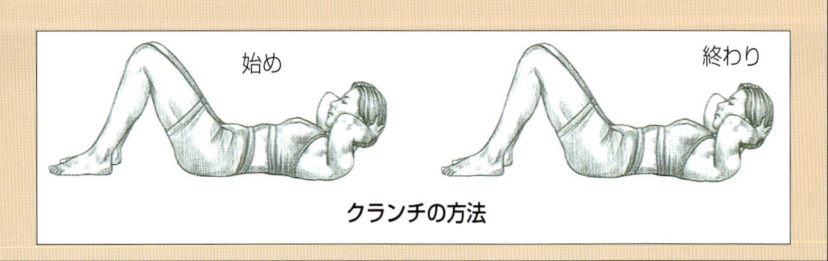

始め　　終わり

クランチの方法

腹部

7 フロア・レッグエクステンション①
（床上で脚の伸展・足を下げる）

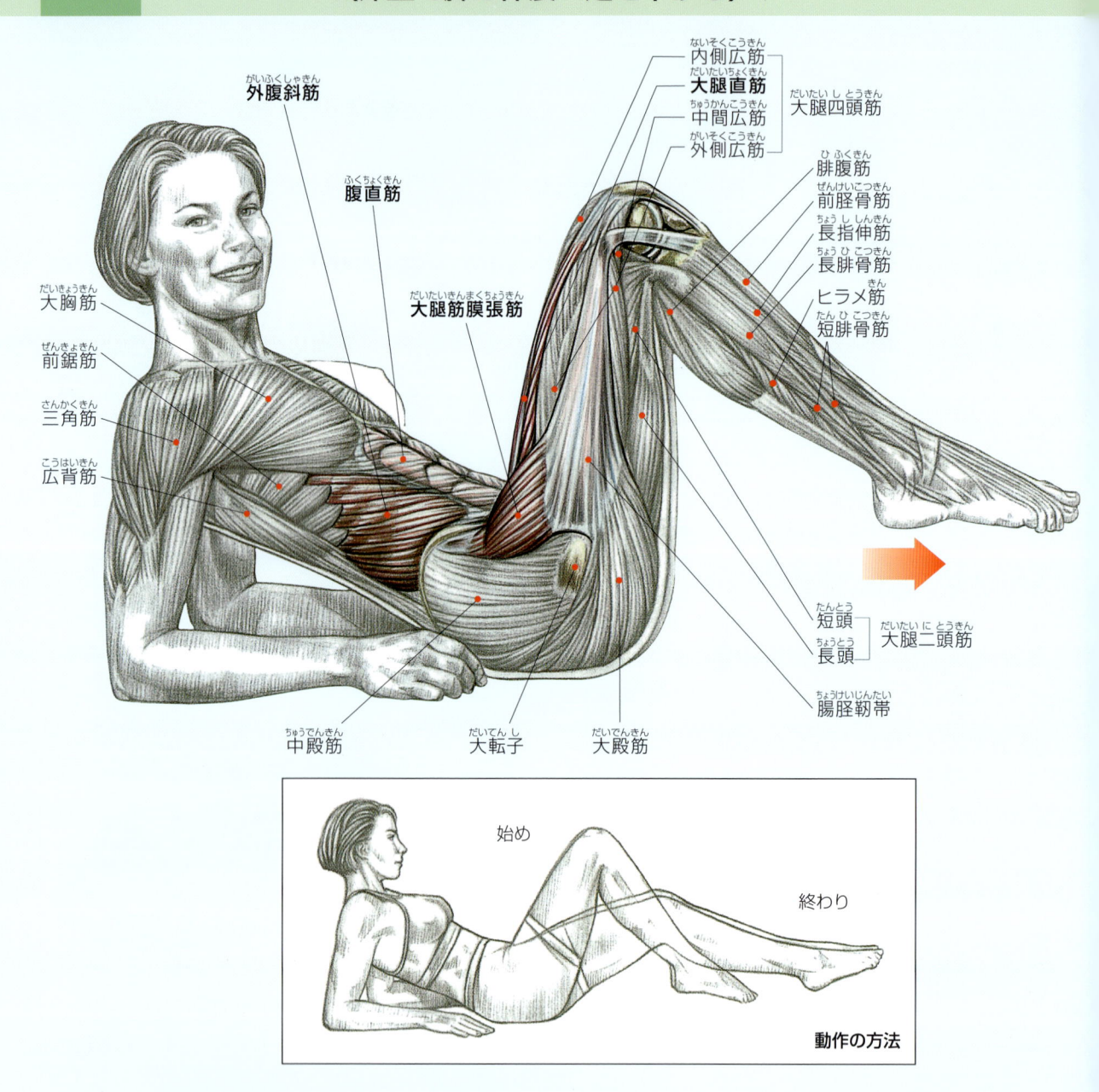

外腹斜筋 (がいふくしゃきん)
腹直筋 (ふくちょくきん)
大腿筋膜張筋 (だいたいきんまくちょうきん)
内側広筋 (ないそくこうきん)
大腿直筋 (だいたいちょっきん)
中間広筋 (ちゅうかんこうきん)
外側広筋 (がいそくこうきん)
大腿四頭筋 (だいたいしとうきん)
腓腹筋 (ひふくきん)
前脛骨筋 (ぜんけいこつきん)
長指伸筋 (ちょうししんきん)
長腓骨筋 (ちょうひこつきん)
ヒラメ筋 (きん)
短腓骨筋 (たんひこつきん)
大胸筋 (だいきょうきん)
前鋸筋 (ぜんきょきん)
三角筋 (さんかくきん)
広背筋 (こうはいきん)
短頭 (たんとう)
長頭 (ちょうとう)
大腿二頭筋 (だいたいにとうきん)
腸脛靭帯 (ちょうけいじんたい)
中殿筋 (ちゅうでんきん)
大転子 (だいてんし)
大殿筋 (だいでんきん)

始め
終わり
動作の方法

　床に座り、両肘で体を支えながら両膝を曲げる。息を吸い、床に足をつけないようにして両脚を伸展させる。腹筋を最大限に収縮させながら始めの姿勢にもどり、息を吐く。
　このエクササイズは常にゆっくりとなめらかに行うこと。腹筋の働きをしっかりと感じ取り腰部の筋肉の痙縮を避けるために、動作の間は軽く背中を丸めていることが望ましい。他のすべての腹筋運動と同様に、反復回数を多くすればよりよい効果が得られる。
　床上での脚の伸展は主として、股関節屈筋全体（大腿筋膜張筋、大腿直筋、腸腰筋）、腹直筋と外・内腹斜筋に作用する。

備考
　脚が体から離れると腹部の引き伸ばしは非常に強くなる。このため、出産後間もない女性は、このエクササイズは避けて腹筋を極端に引っ張らないようにすべきである。

腹部 8

フロア・レッグエクステンション②
(床上で脚の伸展・足を上げる)

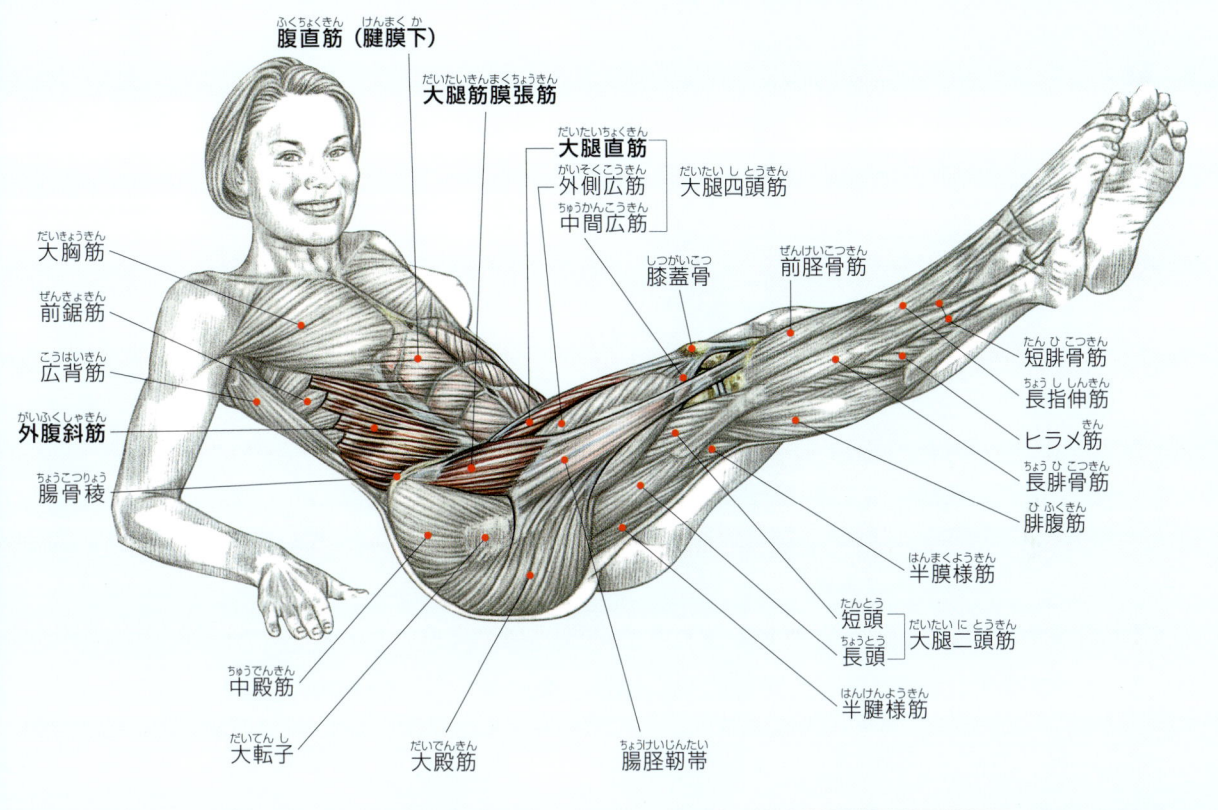

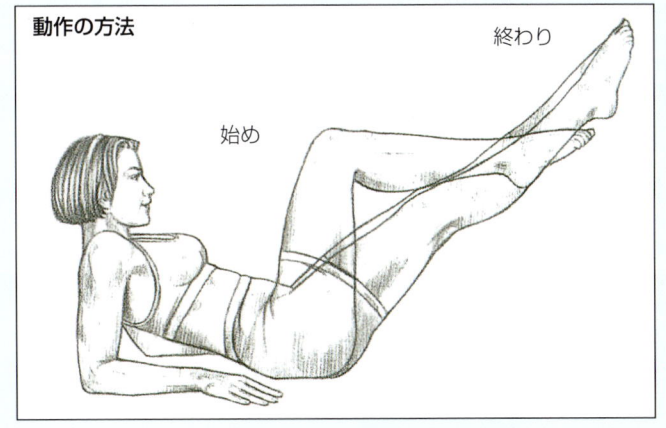

腹直筋（腱膜下）
大腿筋膜張筋
大腿直筋
外側広筋
中間広筋
大腿四頭筋
膝蓋骨
前脛骨筋
大胸筋
前鋸筋
広背筋
外腹斜筋
短腓骨筋
長指伸筋
ヒラメ筋
長腓骨筋
腸骨稜
腓腹筋
半膜様筋
短頭
長頭
大腿二頭筋
半腱様筋
中殿筋
大転子
大殿筋
腸脛靱帯

動作の方法

始め　終わり

　床に座り、両肘で体を支えながら大腿を垂直に上げ脚は床と平行させる。息を吸い、脚を床から十分離したままの姿勢で脚を伸ばす。腹筋を最大限に収縮させながら始めの姿勢にもどる。動作の最後に息を吐く。
　このエクササイズはゆっくりとなめらかに行うこと。腹筋の働きをしっかりと感じ取り腰部の筋肉の痙縮を避けるために、動作の間は軽く背中を丸めていることが大切である。焼けつくような感覚を覚えるまで反復回数を増やせばよりよい効果が得られる。
　このエクササイズは主として、股関節屈筋の全体（大腿筋膜張筋、大腿直筋、腸腰筋、付随して恥骨筋）と同様に、腹直筋とわずかながら外・内腹斜筋に作用する。

腹部

9 ジムラダー・シットアップ（肋木を用いる上体の挙上）

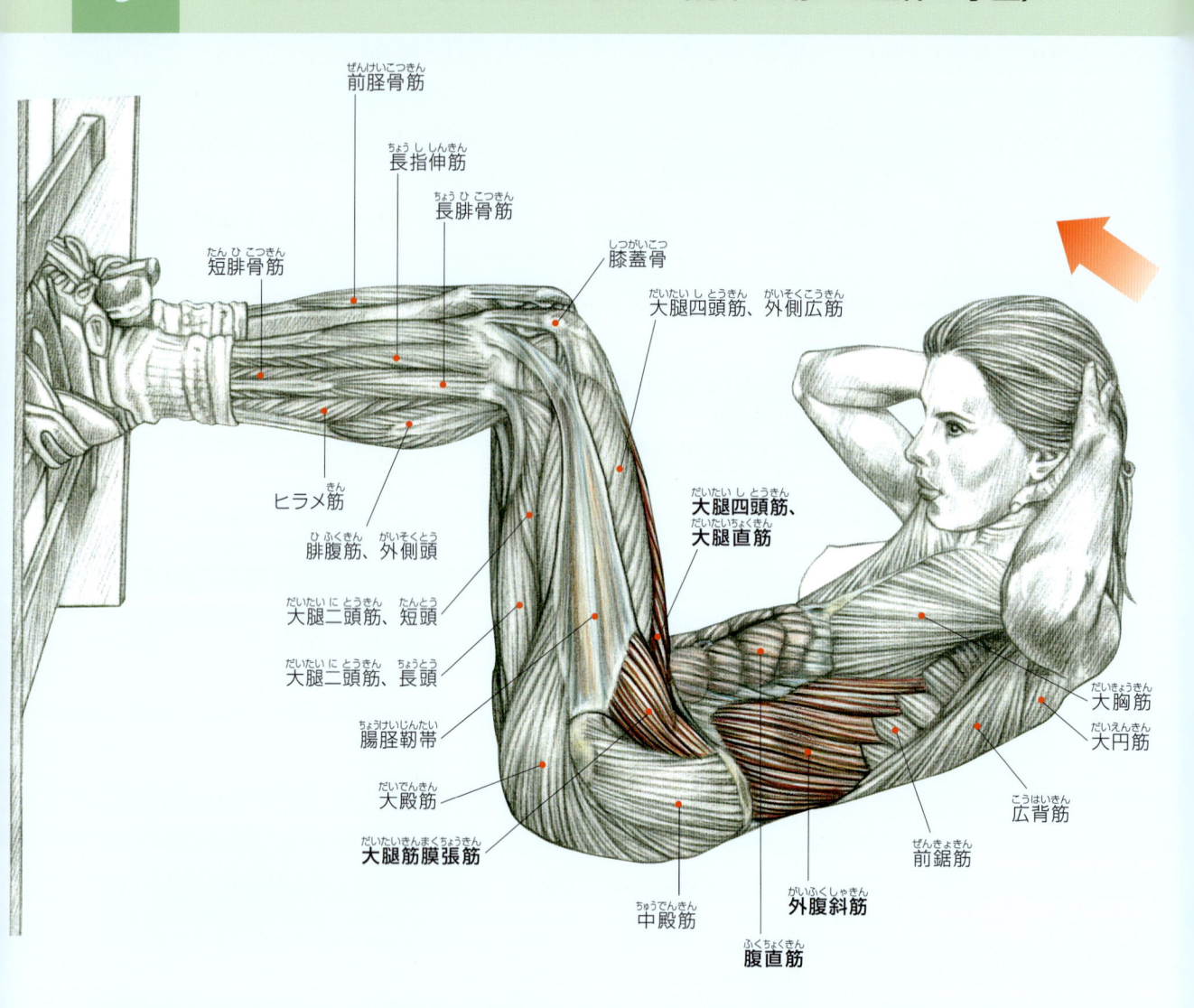

筋肉ラベル（図中）：
- 前脛骨筋
- 長指伸筋
- 長腓骨筋
- 短腓骨筋
- 膝蓋骨
- 大腿四頭筋、外側広筋
- ヒラメ筋
- 腓腹筋、外側頭
- 大腿四頭筋、大腿直筋
- 大腿二頭筋、短頭
- 大腿二頭筋、長頭
- 腸脛靭帯
- 大殿筋
- 大腿筋膜張筋
- 中殿筋
- 外腹斜筋
- 腹直筋
- 大胸筋
- 大円筋
- 広背筋
- 前鋸筋

両脚を肋木に引っかける。大腿を垂直に、上体は床に下ろして両手を頭の後ろに置く。息を吸い、背中を丸めながら上体をできるだけ高く挙上する。動作の最後に息を吐く。

このエクササイズは腹直筋とわずかながら外・内腹斜筋に働く。肋木にかける足の位置を低くして、上体を肋木から遠ざけるほど骨盤の可動性が増し、より振幅の大きな動きが可能となって股関節屈筋（腸腰筋、大腿直筋、大腿筋膜張筋）に効果的に作用する。

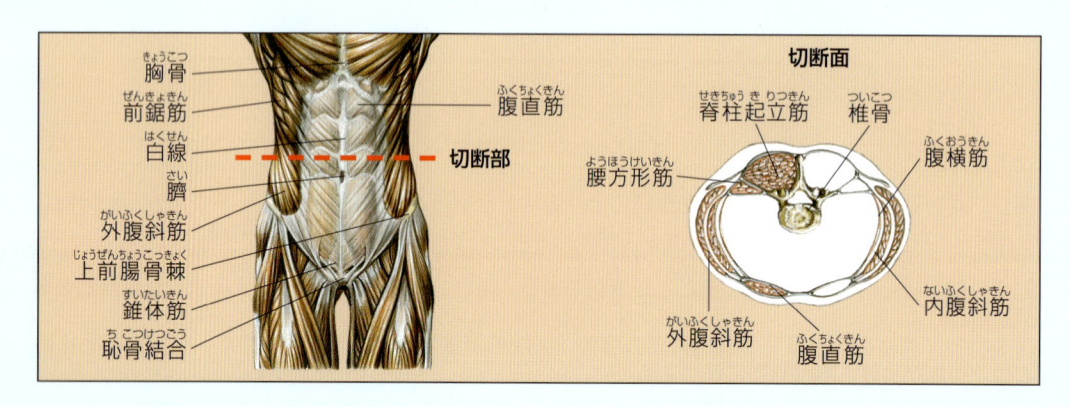

下部図ラベル：
- 胸骨
- 前鋸筋
- 白線
- 臍
- 外腹斜筋
- 上前腸骨棘
- 錐体筋
- 恥骨結合
- 腹直筋
- 切断部

切断面：
- 脊柱起立筋
- 椎骨
- 腰方形筋
- 腹横筋
- 外腹斜筋
- 腹直筋
- 内腹斜筋

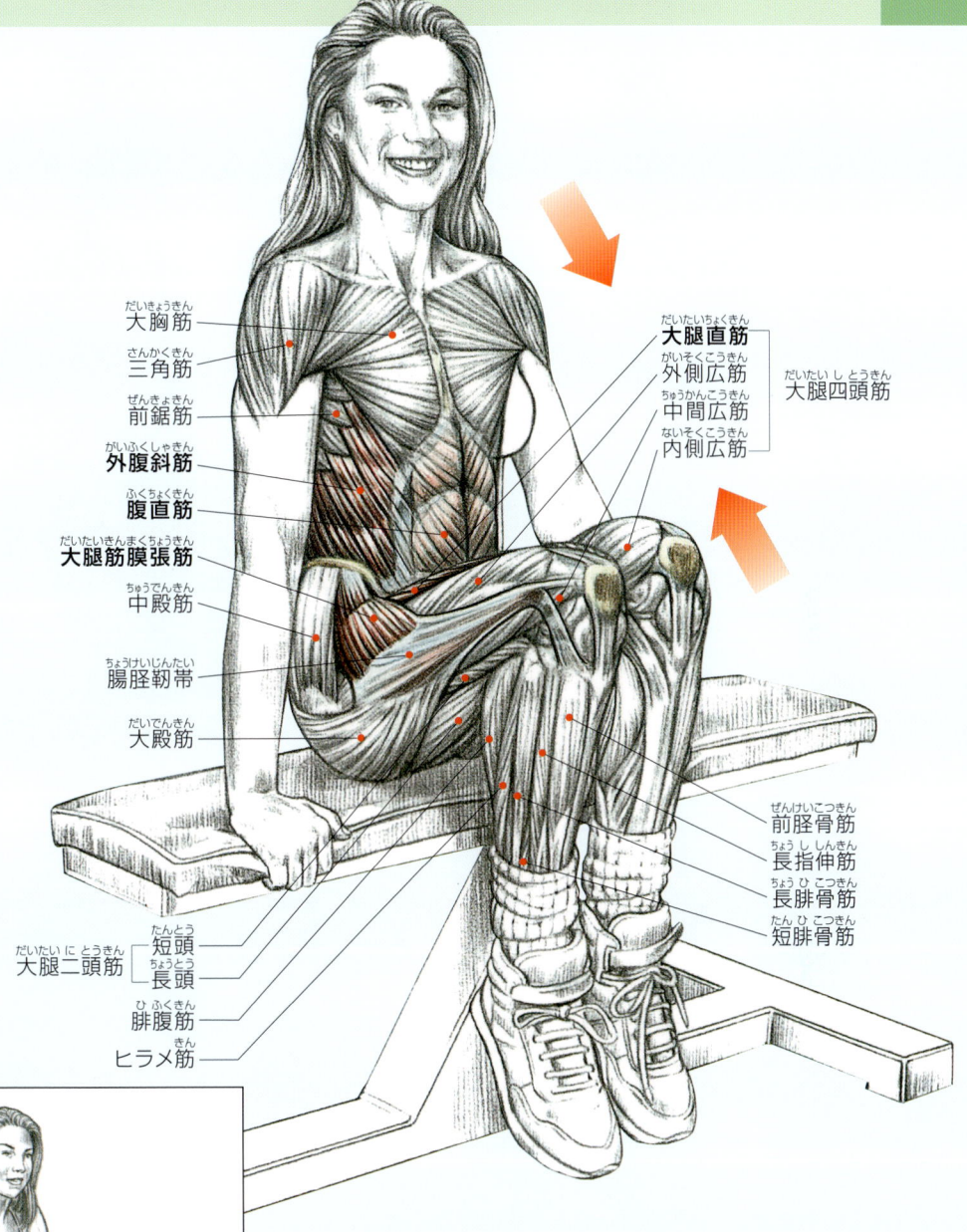

ニーレイズ（ベンチに腰掛け脚の挙上）

腹部
10

- 大胸筋（だいきょうきん）
- 三角筋（さんかくきん）
- 前鋸筋（ぜんきょきん）
- 外腹斜筋（がいふくしゃきん）
- 腹直筋（ふくちょくきん）
- 大腿筋膜張筋（だいたいきんまくちょうきん）
- 中殿筋（ちゅうでんきん）
- 腸脛靭帯（ちょうけいじんたい）
- 大殿筋（だいでんきん）
- 大腿二頭筋（だいたいにとうきん）
  - 短頭（たんとう）
  - 長頭（ちょうとう）
- 腓腹筋（ひふくきん）
- ヒラメ筋（きん）

- 大腿直筋（だいたいちょくきん）
- 外側広筋（がいそくこうきん）
- 中間広筋（ちゅうかんこうきん）
- 内側広筋（ないそくこうきん）
- 大腿四頭筋（だいたいしとうきん）
- 前脛骨筋（ぜんけいこつきん）
- 長指伸筋（ちょうししんきん）
- 長腓骨筋（ちょうひこつきん）
- 短腓骨筋（たんひこつきん）

終わりの動作

　ベンチに腰掛け、両手をそれぞれのヒップ側に置き、両足を床から離す。息を吸い、膝を胸まで持ち上げる。同時に背中を丸める。息を吐きながら始めの姿勢にもどり、繰り返す。
　このエクササイズは主に腹直筋に働く。
　また、股関節屈筋（大腿筋膜張筋、大腿直筋、深層の腸腰筋）、外・内腹斜筋にも作用する。

備考
- 腹直筋の働きをしっかり感じ取るために、膝を持ち上げたときアイソメトリックスによる収縮を1〜2秒間保持することが大切である。
- 20回あるいはそれ以上の反復を行えばよりよい効果が得られる。

腹部

11 インクラインベンチ・シットアップ
（インクラインベンチを用いて上体の挙上）

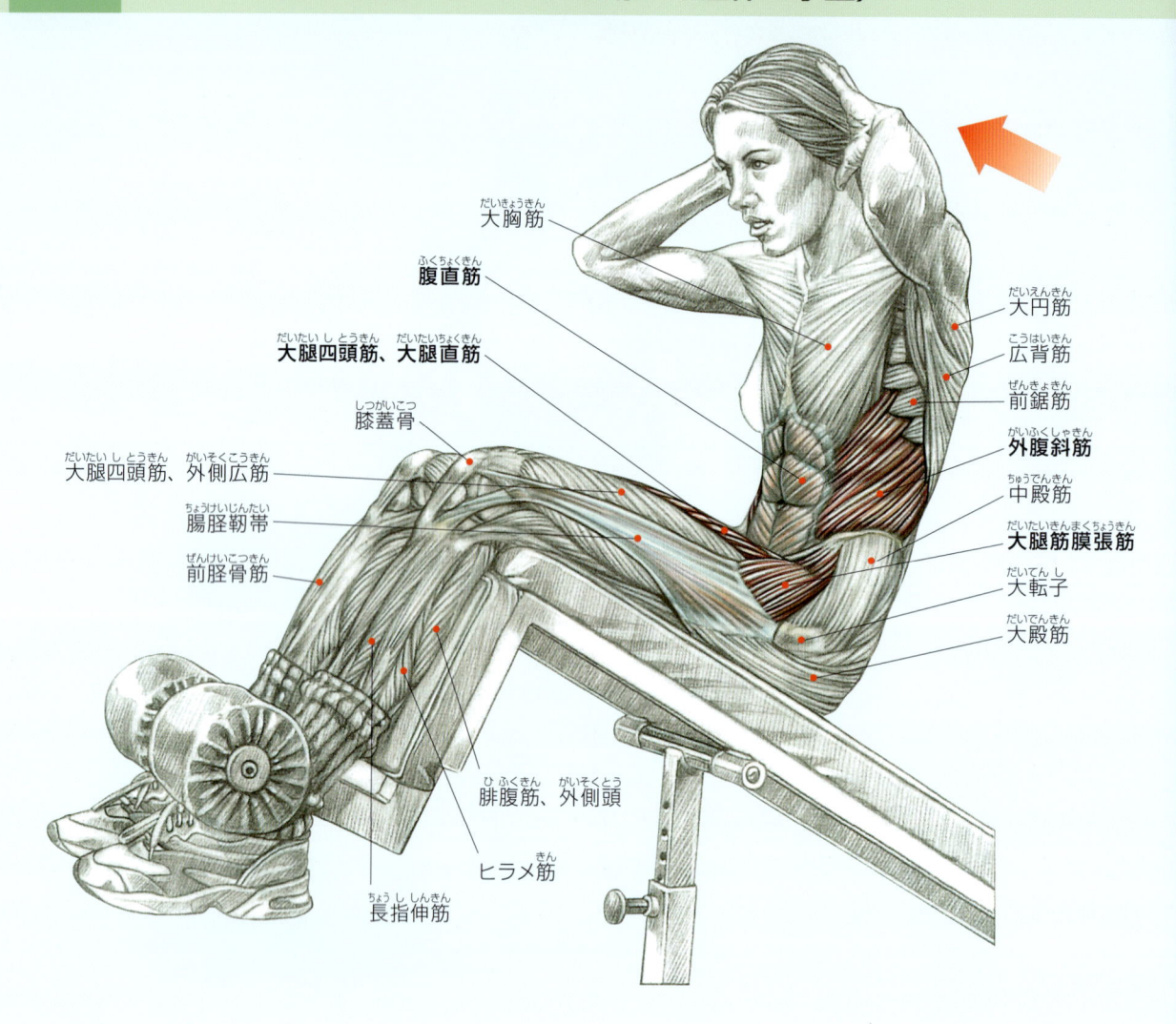

図中ラベル:
- 大胸筋（だいきょうきん）
- **腹直筋**（ふくちょくきん）
- **大腿四頭筋、大腿直筋**（だいたいしとうきん、だいたいちょっきん）
- 膝蓋骨（しつがいこつ）
- 大腿四頭筋、外側広筋（だいたいしとうきん、がいそくこうきん）
- 腸脛靭帯（ちょうけいじんたい）
- 前脛骨筋（ぜんけいこつきん）
- 腓腹筋、外側頭（ひふくきん、がいそくとう）
- ヒラメ筋
- 長指伸筋（ちょうししんきん）
- 大円筋（だいえんきん）
- 広背筋（こうはいきん）
- 前鋸筋（ぜんきょきん）
- **外腹斜筋**（がいふくしゃきん）
- 中殿筋（ちゅうでんきん）
- **大腿筋膜張筋**（だいたいきんまくちょうきん）
- 大転子（だいてんし）
- 大殿筋（だいでんきん）

上体を回旋させるバリエーション

ベンチに座り、両足をロールにかけ、両手を頭の後ろに置く。息を吸い、上体を傾ける。20度を越さないようにする。腹直筋がより働くように背中を軽く丸めながら上体を起こす。動作の最後に息を吐く。
　このエクササイズは反復回数を多くして行われる。腹筋全体と、腸腰筋、大腿筋膜張筋、大腿四頭筋の大腿直筋に働く。この後者の三筋、すなわち股関節屈筋は骨盤前傾位で働く。

例
　左にひねると、右の外腹斜筋と左の内腹斜筋に作用する。同様に右側の腹直筋にも作用する。ひねりは、左右交互に行う方法と、片方ずつ行う方法がある。いずれにしても、目的は筋肉の感覚に集中することであり、ベンチの傾斜を極端にきつくしても意味がない。

バリエーション
　起こすときに上体を回旋させると、負荷の一部が腹斜筋にも作用する。

腹部

インクラインボード・シットアップ
（インクラインボードを用いて上体の挙上）

12

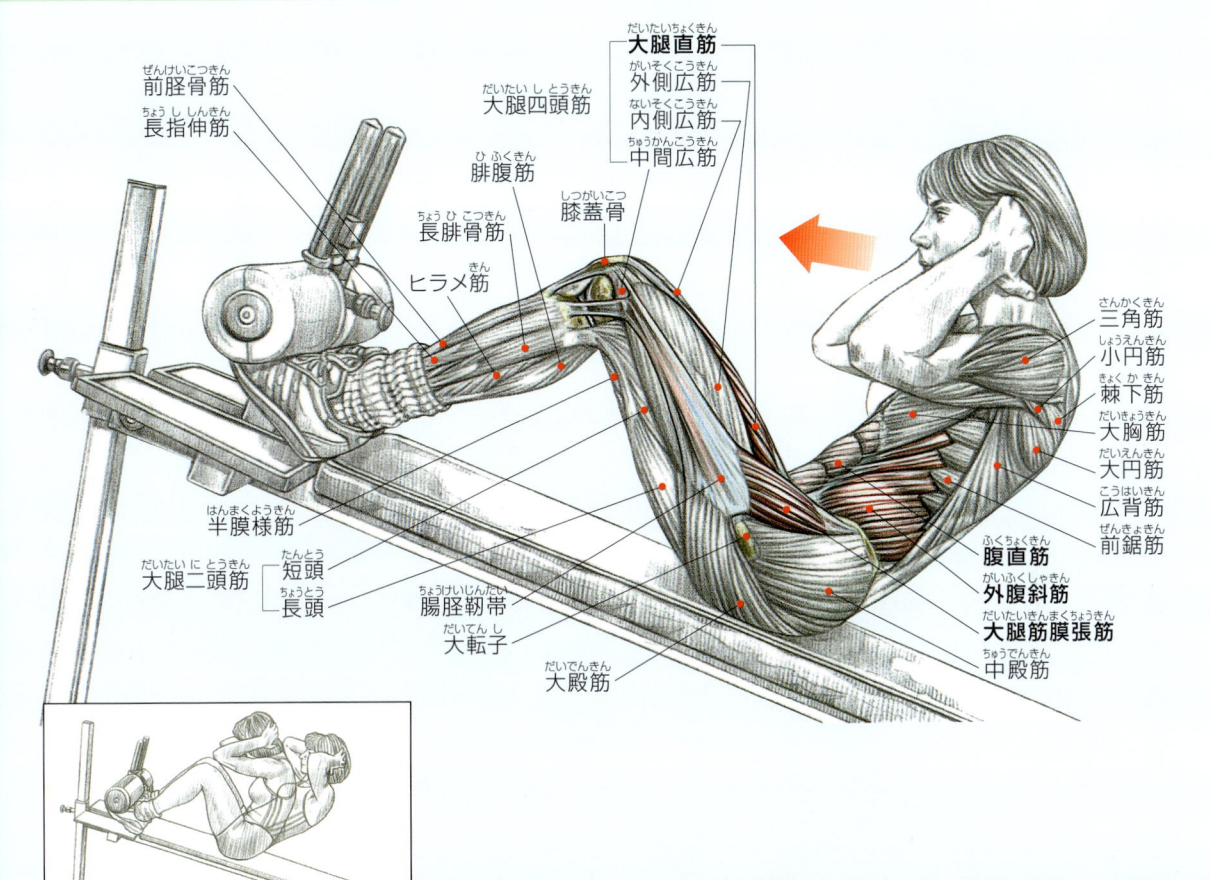

筋肉ラベル（図中）:
- 前脛骨筋（ぜんけいこつきん）
- 長指伸筋（ちょうししんきん）
- 大腿四頭筋（だいたいしとうきん）
- 腓腹筋（ひふくきん）
- 長腓骨筋（ちょうひこつきん）
- 膝蓋骨（しつがいこつ）
- ヒラメ筋（きん）
- 大腿直筋（だいたいちょくきん）
- 外側広筋（がいそくこうきん）
- 内側広筋（ないそくこうきん）
- 中間広筋（ちゅうかんこうきん）
- 三角筋（さんかくきん）
- 小円筋（しょうえんきん）
- 棘下筋（きょくかきん）
- 大胸筋（だいきょうきん）
- 大円筋（だいえんきん）
- 広背筋（こうはいきん）
- 前鋸筋（ぜんきょきん）
- 腹直筋（ふくちょくきん）
- 外腹斜筋（がいふくしゃきん）
- 大腿筋膜張筋（だいたいきんまくちょうきん）
- 中殿筋（ちゅうでんきん）
- 半膜様筋（はんまくようきん）
- 大腿二頭筋（だいたいにとうきん）
- 短頭（たんとう）
- 長頭（ちょうとう）
- 腸脛靭帯（ちょうけいじんたい）
- 大転子（だいてんし）
- 大殿筋（だいでんきん）

動作の方法

インクラインボードに座り、両足をロールにかけ、両膝を曲げる。息を吸い、背中を丸めながら上体を起こす。動作の最後に息を吐く。背中を丸めた姿勢のまま両肩をボードに向かって下ろしてゆくが、上体はボードにつけない。腹部に焼けつくような感覚を覚えるまで繰り返す。

このエクササイズは主に腹筋、とりわけ腹直筋に働く。また、股関節屈筋の全体すなわち腸腰筋、大腿筋膜張筋、縫工筋と大腿直筋に強く作用する。

この運動は、バリエーションに応じて多かれ少なかれ反復回数を重ねて行われる（10回から20回の反復）。

バリエーション
- ボードが傾いているほど上体挙上の負荷は大きい。
- 動作の幅を小さくしたり（上体の小振幅）、大きくして上体がほとんどベンチにつくくらいまで下ろすことも可能である。
- やりやすくするために、両腕を前方に伸ばして行ってもよい。

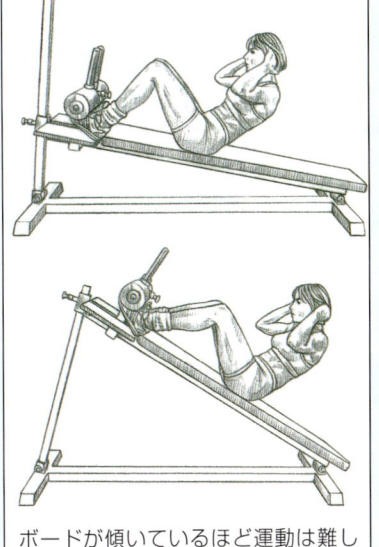

ボードが傾いているほど運動は難しくなる

腕を前方に伸ばしエクササイズをやりやすくするバリエーション

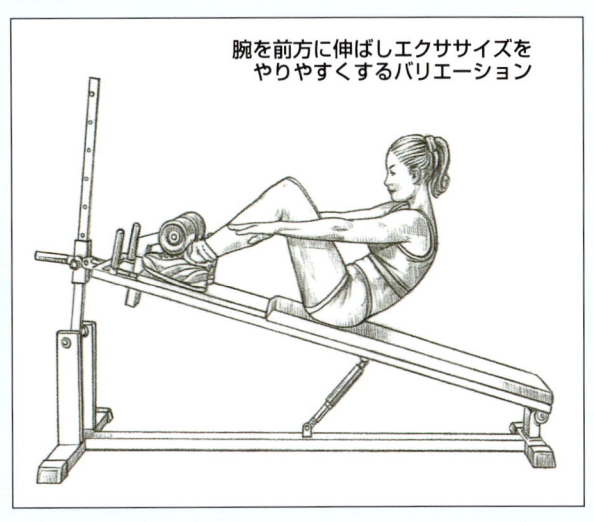

腹部

13 サスペンティッド・シットアップ
（ベンチにぶら下がり上体の挙上）

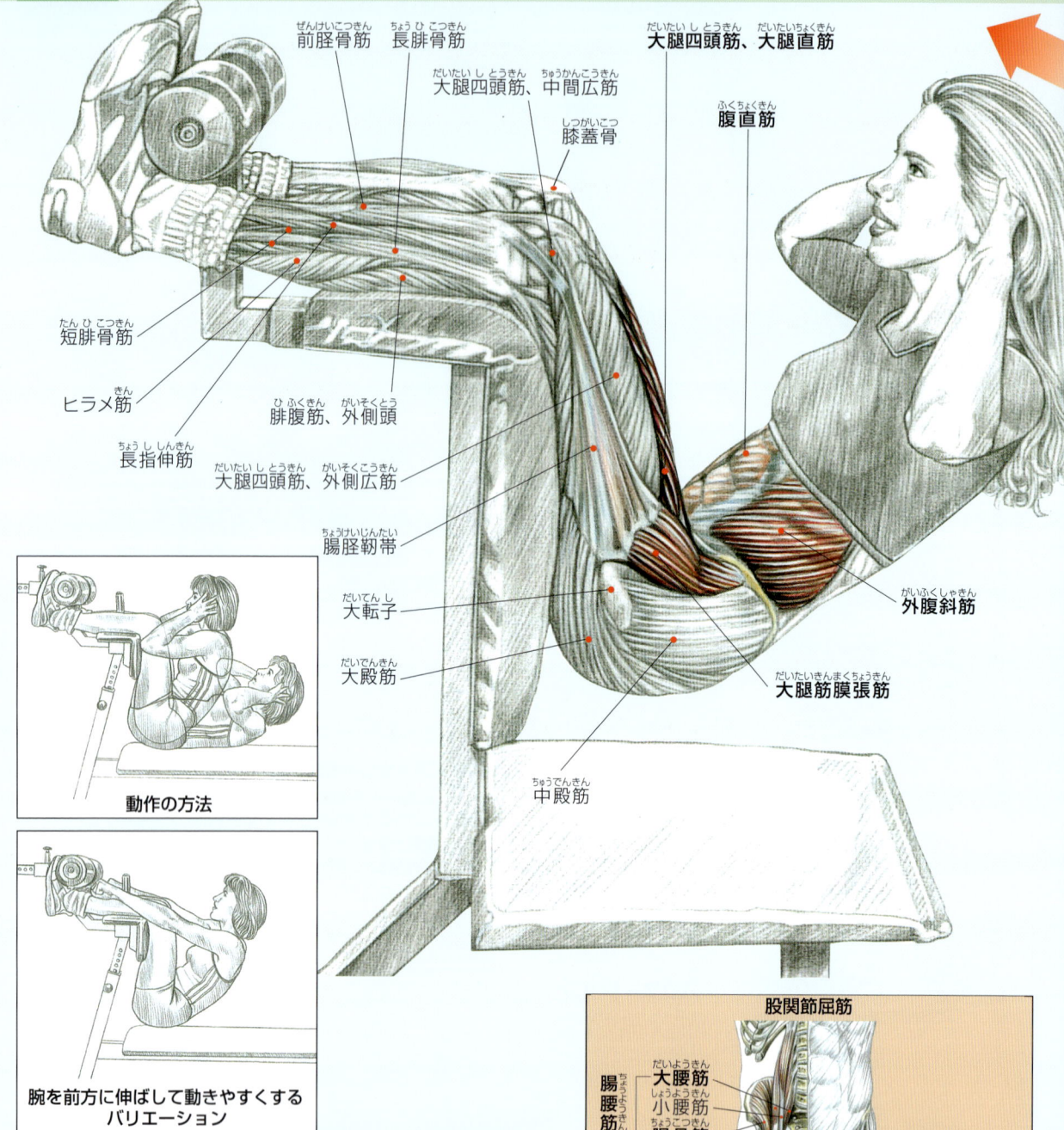

ラベル（図中）：
- 前脛骨筋
- 長腓骨筋
- 大腿四頭筋、中間広筋
- 膝蓋骨
- 大腿四頭筋、大腿直筋
- 腹直筋
- 短腓骨筋
- ヒラメ筋
- 腓腹筋、外側頭
- 長指伸筋
- 大腿四頭筋、外側広筋
- 腸脛靱帯
- 大転子
- 大殿筋
- 外腹斜筋
- 大腿筋膜張筋
- 中殿筋

動作の方法

腕を前方に伸ばして動きやすくするバリエーション

股関節屈筋（図）：
- 腸腰筋
- 大腰筋
- 小腰筋
- 腸骨筋
- 腸腰筋
- 大腿筋膜張筋
- 縫工筋
- 大腿直筋
- 外側広筋
- 大腿直筋
- 内側広筋
- 大腿四頭筋

両足をロールにかけ、上体を宙に浮かせる。両手は頭の後ろに置く。息を吸い、上体を持ち上げ、頭が膝につくぐらいにする。常に背中が丸まっているように注意する。収縮の最後に息を吐く。

このエクササイズは腹直筋をきたえるのに適している。また、それほど強くはないが腹斜筋にも作用する。骨盤が前傾していると、大腿直筋、腸腰筋ならびに大腿筋膜張筋が強く作用する。

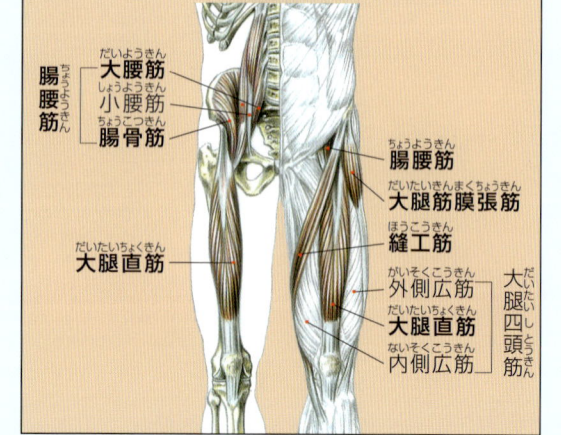

備考
　この運動はある程度の筋力が要求されるので、前もってもっと強度の低いエクササイズで筋力を十分につけてから行うべきである。

腹部

エルボーサポート・レッグレイズ
（ディップマシンで脚の挙上）

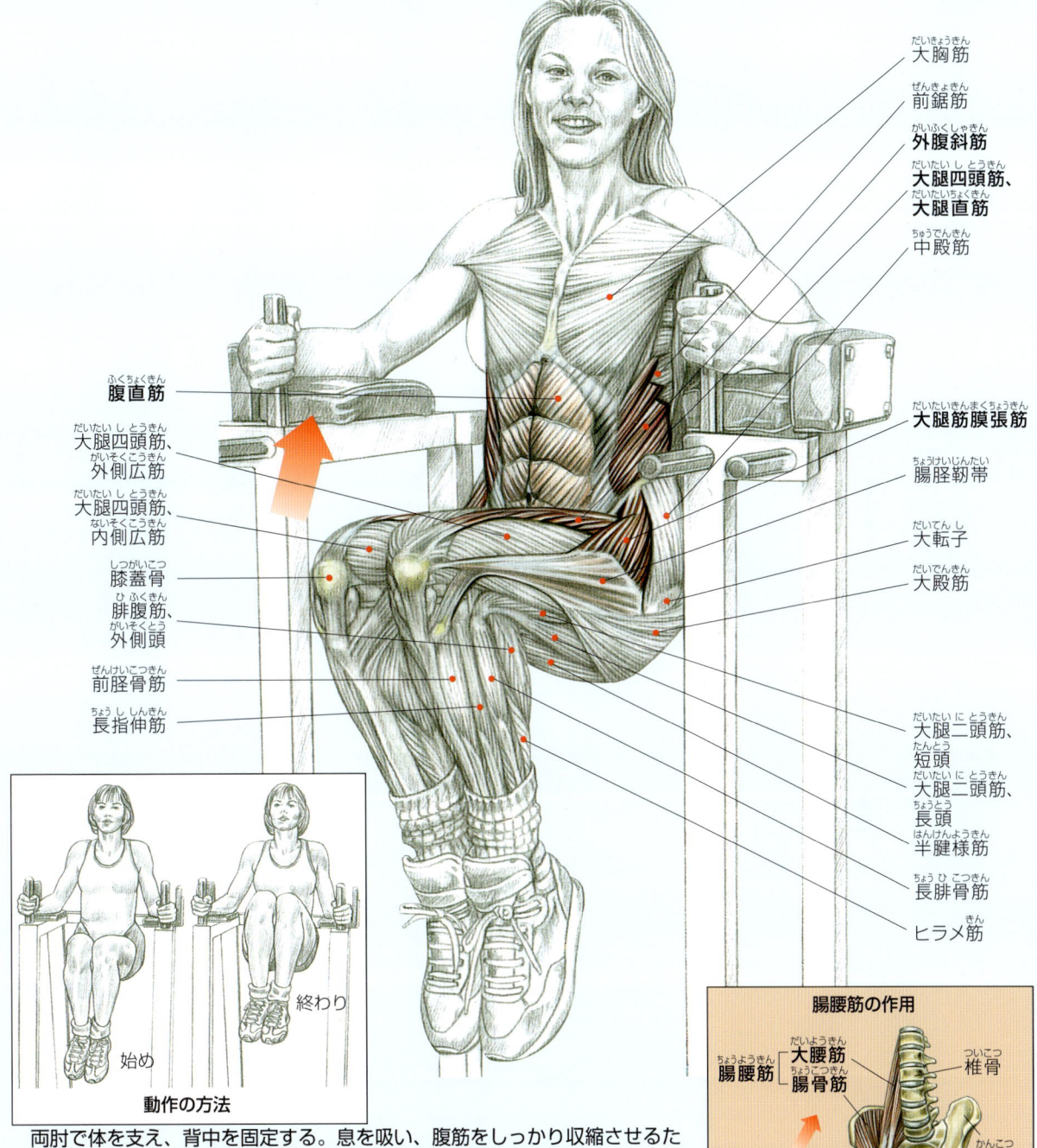

14

筋肉名ラベル（図中）:
- 大胸筋
- 前鋸筋
- 外腹斜筋
- 大腿四頭筋、大腿直筋
- 中殿筋
- 大腿筋膜張筋
- 腸脛靭帯
- 大転子
- 大殿筋
- 大腿二頭筋、短頭
- 大腿二頭筋、長頭
- 半腱様筋
- 長腓骨筋
- ヒラメ筋
- 腹直筋
- 大腿四頭筋、外側広筋
- 大腿四頭筋、内側広筋
- 膝蓋骨
- 腓腹筋、外側頭
- 前脛骨筋
- 長指伸筋

動作の方法: 始め／終わり

腸腰筋の作用
- 大腰筋
- 腸腰筋（大腰筋・腸骨筋）
- 腸骨筋
- 椎骨
- 寛骨
- 仙骨
- 恥骨結合
- 大腿骨頭
- 大腿骨

　両肘で体を支え、背中を固定する。息を吸い、腹筋をしっかり収縮させるために背中を丸めながら両膝を胸まで挙上する。動作の最後に息を吐く。
　このエクササイズは、股関節屈筋の主に腸腰筋ならびに腹斜筋、腹直筋に働く。腹直筋は下部に強く作用する。

バリエーション
- 腹筋に働きを集中させるために、背中を丸め、膝を水平以下に下ろさないで、脚の振幅を小さくするとよい。
- 強度を高めるためには、脚を伸ばして行う方法もあるが、これはハムストリングスの柔軟性のレベルが要求される。
- 最後には、両膝を胸につけたままでアイソメトリックスによる収縮を数秒間保持する方法がある。

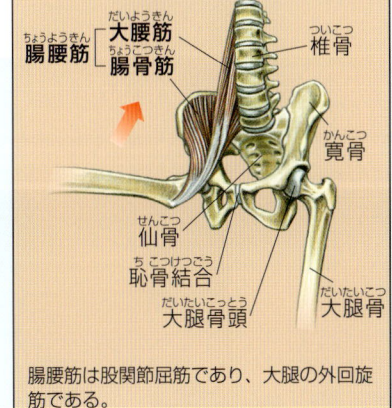

腸腰筋は股関節屈筋であり、大腿の外回旋筋である。

腹部

15 ハンギング・レッグレイズ（バーにぶら下がり脚の挙上）

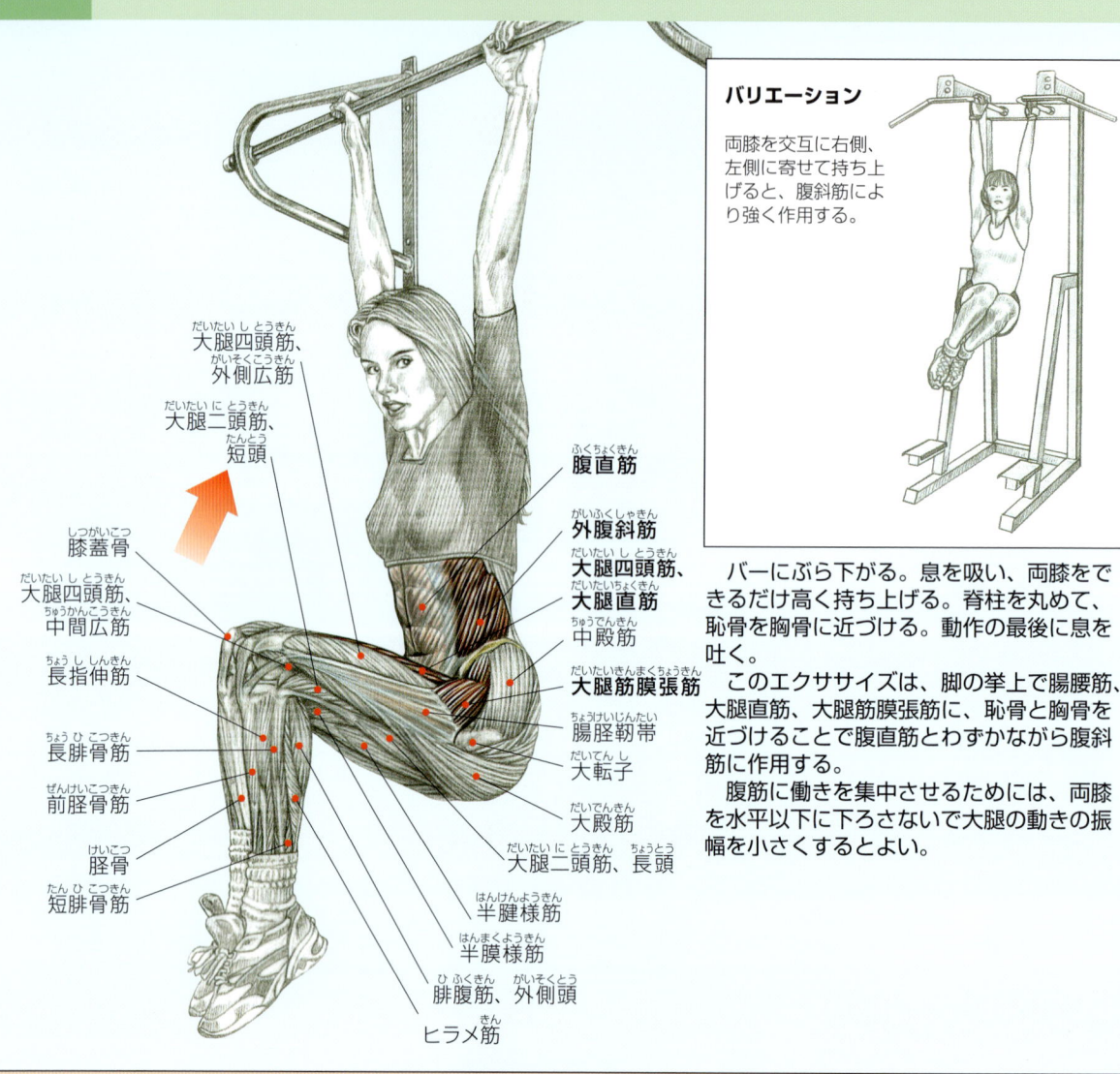

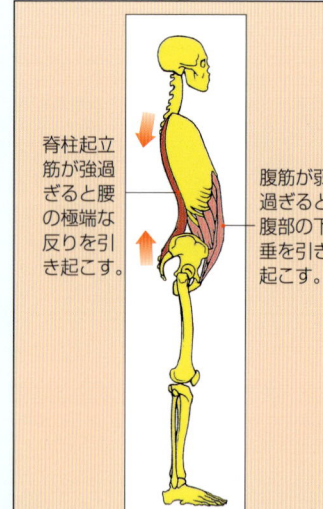

バリエーション

両膝を交互に右側、左側に寄せて持ち上げると、腹斜筋により強く作用する。

【筋肉の名称（図中ラベル）】
- 大腿四頭筋、外側広筋
- 大腿二頭筋、短頭
- 膝蓋骨
- 大腿四頭筋、中間広筋
- 長指伸筋
- 長腓骨筋
- 前脛骨筋
- 脛骨
- 短腓骨筋
- 腹直筋
- 外腹斜筋
- 大腿四頭筋、大腿直筋
- 中殿筋
- 大腿筋膜張筋
- 腸脛靭帯
- 大転子
- 大殿筋
- 大腿二頭筋、長頭
- 半腱様筋
- 半膜様筋
- 腓腹筋、外側頭
- ヒラメ筋

バーにぶら下がる。息を吸い、両膝をできるだけ高く持ち上げる。脊柱を丸めて、恥骨を胸骨に近づける。動作の最後に息を吐く。

このエクササイズは、脚の挙上で腸腰筋、大腿直筋、大腿筋膜張筋に、恥骨と胸骨を近づけることで腹直筋とわずかながら腹斜筋に作用する。

腹筋に働きを集中させるためには、両膝を水平以下に下ろさないで大腿の動きの振幅を小さくするとよい。

腹腰部のバランス

腹筋と脊柱起立筋を起立させる背筋をバランスよく働かせることが重要である。

活力をなくしたり、あるいは逆に2グループの筋肉の一方だけがあまりに強過ぎたりすると、姿勢の悪さとなってやがては病理的なものを引き起こしかねない。

例

脊柱起立筋下部（腰仙骨群）が強過ぎ、腹筋が弱過ぎると、腹部下垂をともなった脊柱の過前彎を引き起こす。この姿勢の欠陥は、うまく間に合えば腹筋の強化によって是正される。

逆に、腹筋が強過ぎ、脊柱起立筋とりわけその高い位置にある筋肉（胸部の棘筋、最長筋、腸肋筋）が衰えると、腰部脊柱の反りがなくなり脊柱後彎（背中の上部が丸くなる）を引き起こす。この姿勢の欠陥は、脊柱起立筋を強化させる特別のエクササイズで是正される。

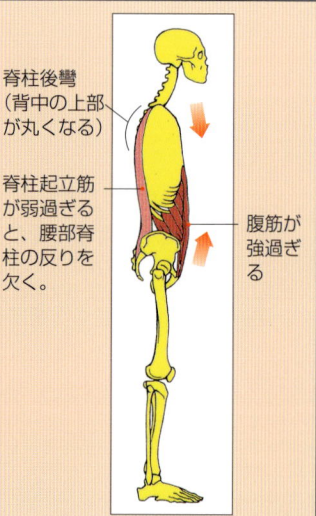

- 脊柱起立筋が強過ぎると腰の極端な反りを引き起こす。
- 腹筋が弱過ぎると腹部の下垂を引き起こす。
- 脊柱後彎（背中の上部が丸くなる）
- 脊柱起立筋が弱過ぎると、腰部脊柱の反りがなくなる。
- 腹筋が強過ぎる

腹部

インクラインボード・レッグレイズ
（インクラインボードで脚を挙上し、背を丸め骨盤を浮かせる）

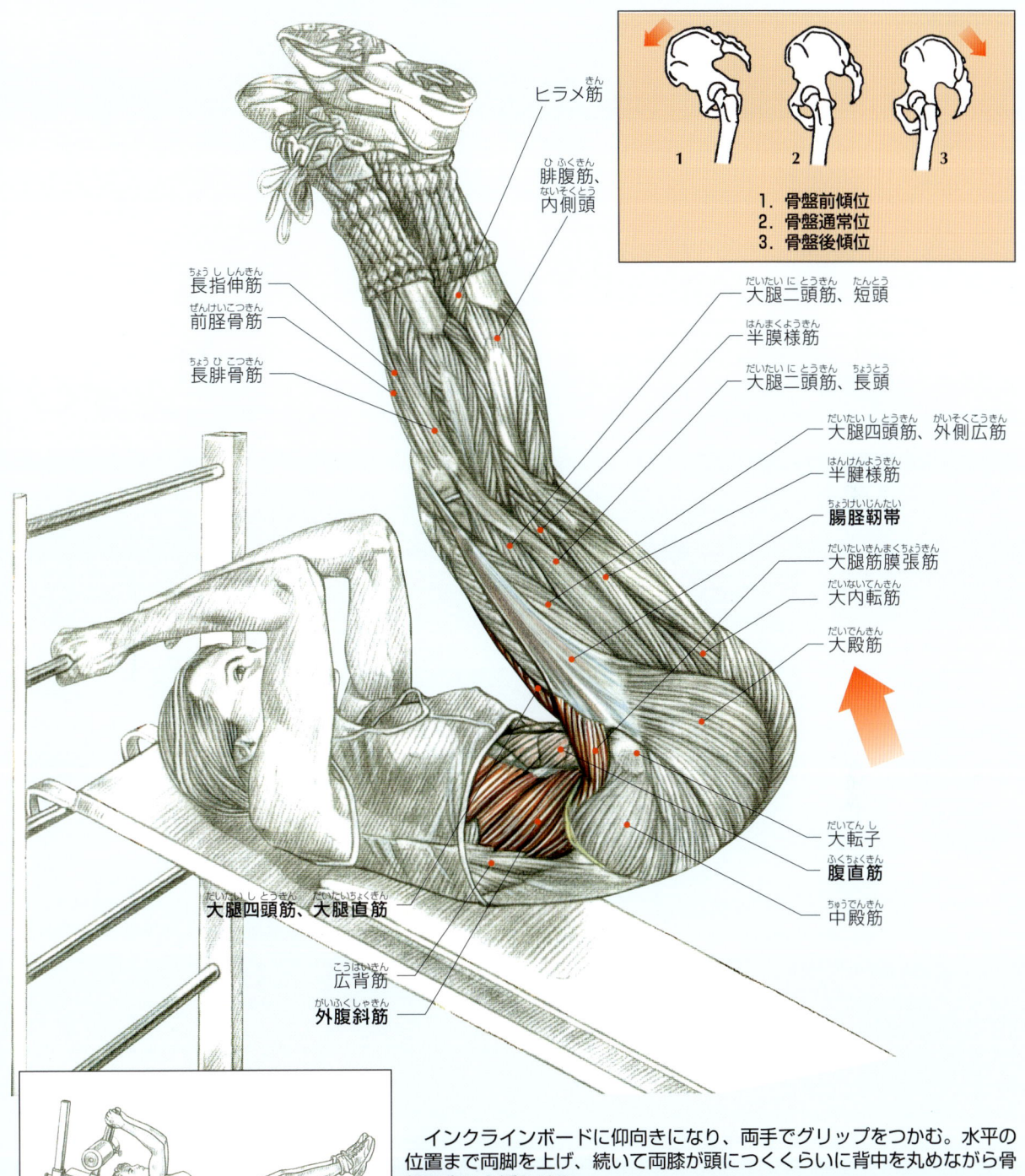

16

1. 骨盤前傾位
2. 骨盤通常位
3. 骨盤後傾位

ヒラメ筋
腓腹筋、内側頭
長指伸筋
前脛骨筋
長腓骨筋
大腿二頭筋、短頭
半膜様筋
大腿二頭筋、長頭
大腿四頭筋、外側広筋
半腱様筋
腸脛靭帯
大腿筋膜張筋
大内転筋
大殿筋
大転子
腹直筋
中殿筋
大腿四頭筋、大腿直筋
広背筋
外腹斜筋

脚の振幅を小さくして行うバリエーション

インクラインボードに仰向きになり、両手でグリップをつかむ。水平の位置まで両脚を上げ、続いて両膝が頭につくくらいに背中を丸めながら骨盤を床から浮かせる。

このエクササイズは、最初の脚の挙上のときは腸腰筋、大腿筋膜張筋、大腿四頭筋の大腿直筋に働く。二番目の骨盤を浮かし背中を丸めるときの腹筋は主に腹直筋の下腹部に作用する。

備考
このエクササイズは腹筋下部の作用に問題を抱えている人にふさわしい。エクササイズのむずかしさを考えれば、初級者にはボードを調節して傾斜をゆるくすることをすすめる。

109

腹部

17　ヒップリフト（床上で骨盤を浮かせる）

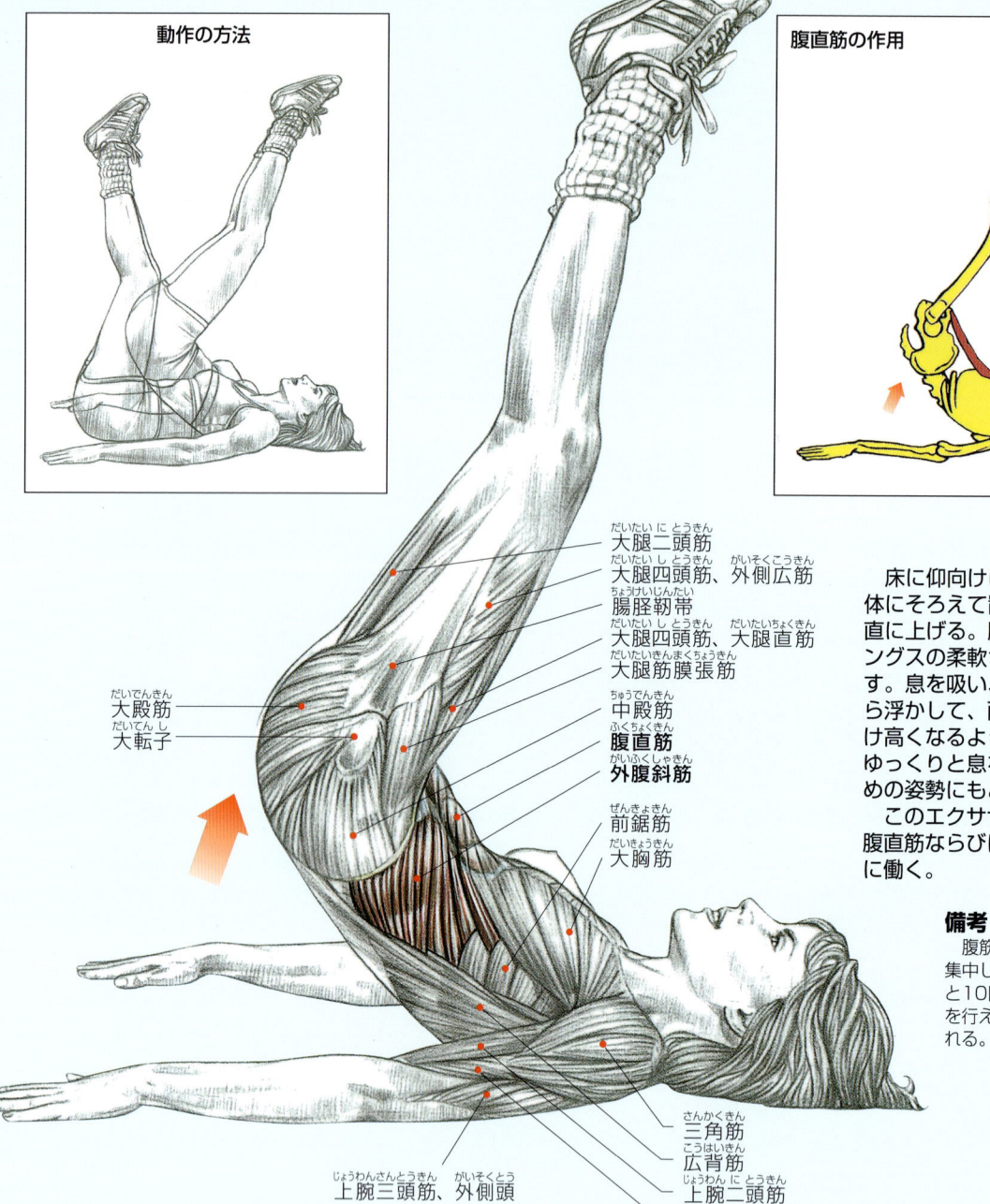

動作の方法

腹直筋の作用

大腿二頭筋
大腿四頭筋、外側広筋
腸脛靱帯
大腿四頭筋、大腿直筋
大腿筋膜張筋
大殿筋
中殿筋
大転子
腹直筋
外腹斜筋
前鋸筋
大胸筋
三角筋
広背筋
上腕三頭筋、外側頭
上腕二頭筋
上腕筋

床に仰向けになる。両手を体にそろえて置き、大腿を垂直に上げる。脚をハムストリングスの柔軟さに応じて伸ばす。息を吸い、ヒップを体から浮かして、両足をできるだけ高くなるように持ち上げる。ゆっくりと息を吐きながら始めの姿勢にもどり、繰り返す。
　このエクササイズは、主に腹直筋ならびに外・内腹斜筋に働く。

備考
　腹筋が収縮する感覚に集中しながら、ゆっくりと10回程度の反復運動を行えばよい効果が得られる。

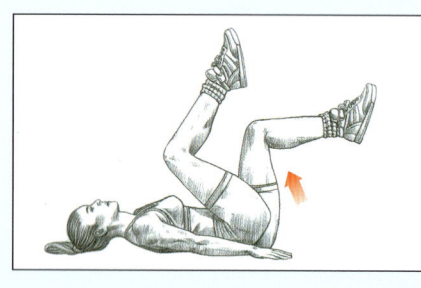

小さな振幅のバリエーション
　この運動は小さな振幅、すなわち骨盤は浮かすが背中を床につけたままで行うこともできる。このバリエーションでは、下腹部で腹直筋の働きを感じることができる。
　20回程度の反復運動を行えばよい効果が得られる。

110

腹部

フロア・ヒップローテーション（床上で骨盤の回旋） 18

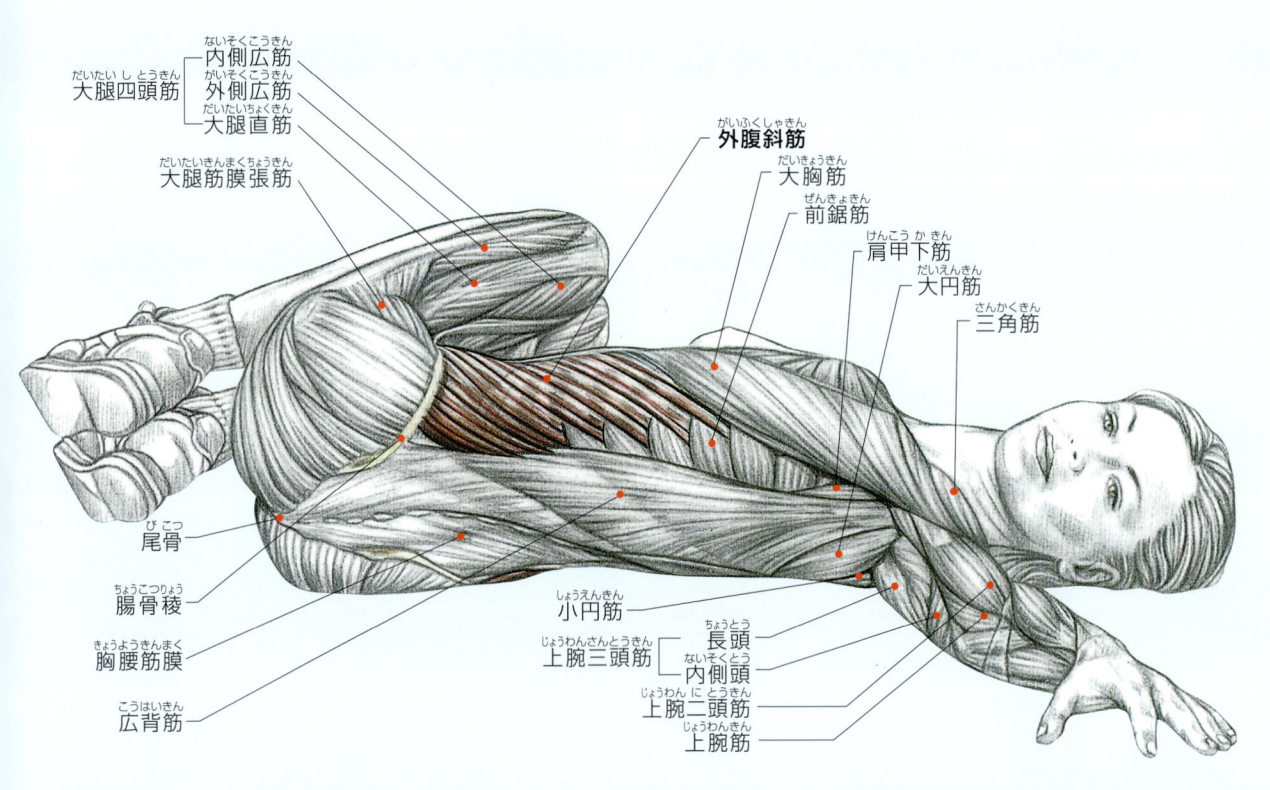

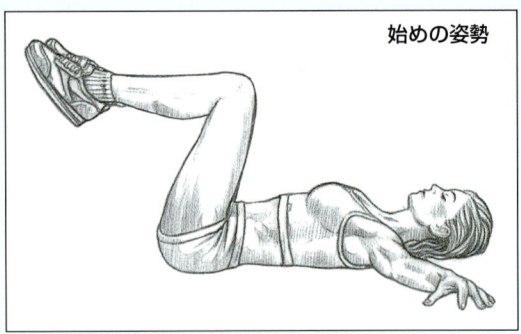

仰向けになり、両手を十字に広げる。大腿を垂直に上げ、両膝を曲げる。息を吸い、ゆっくりと両膝を床に下ろしながら息を吐く。息を吸いながら始めの姿勢にもどる。引き続きもう一方の側に同じ動作を行う。
このエクササイズは股関節屈筋への作用は穏やかではあるが、主に外・内腹斜筋と下腹部の腹直筋に働く。
20回から30回の完全な回旋反復をゆっくり行えばよりよい効果が得られる。

バリエーション
- 大腿後部が柔軟な人は、脚をぴんと伸ばして行うことで強度を増すことができる。
- 腹斜筋をさらに引っ張るためには、骨盤の回旋のたびに頭を回すとよい。たとえば、両膝を左側に下ろすときは頭を右側に回すというように。このバリエーションは腹斜筋と腰部のストレッチングと考えることができる。

備考
エクササイズを確実にし腹斜筋をよく引き伸ばすために、膝降下のたびに頭と肩を床につけておくことが大切である。

腹部

19 オブリーク・クランチ（床に足をつけて斜めのクランチ）

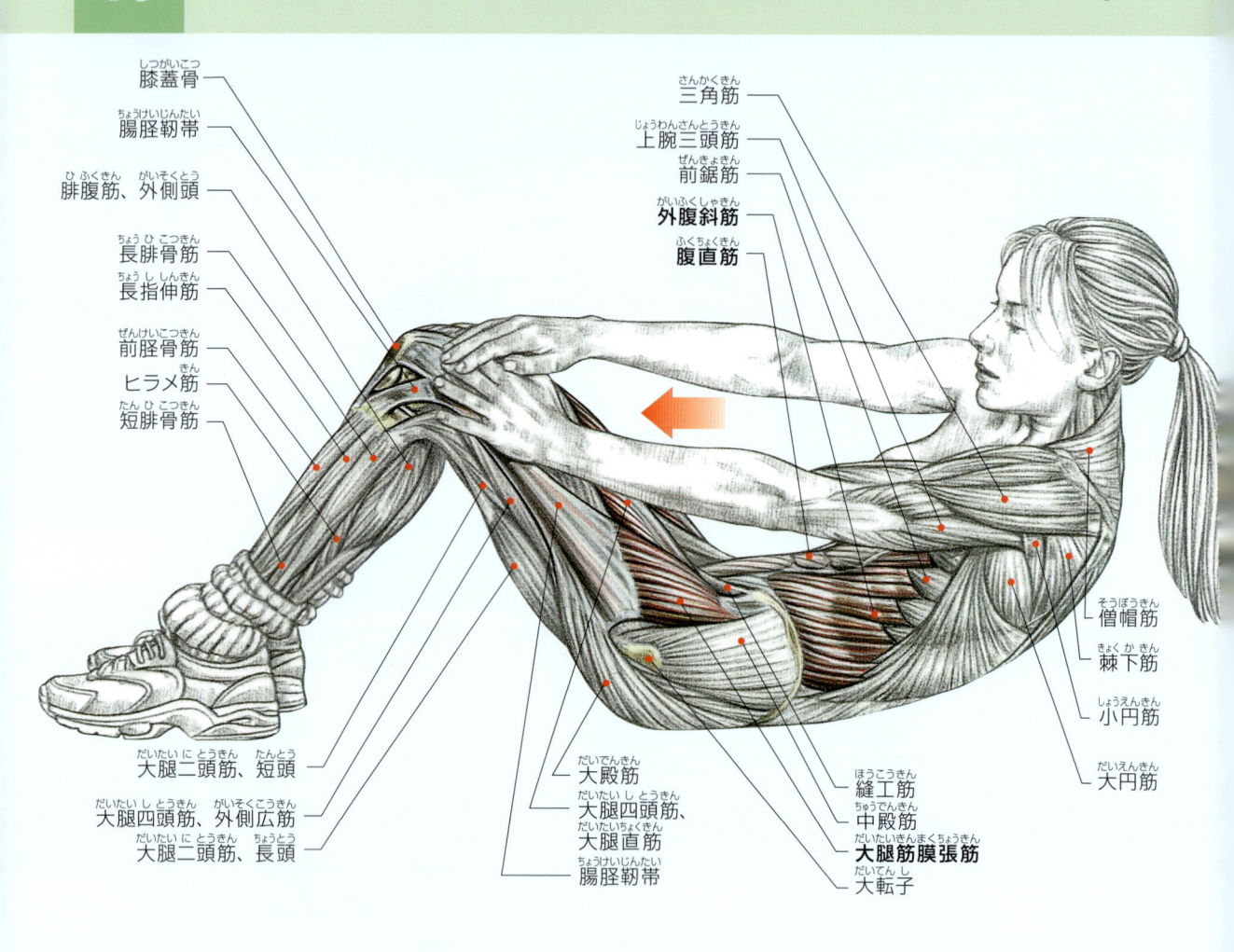

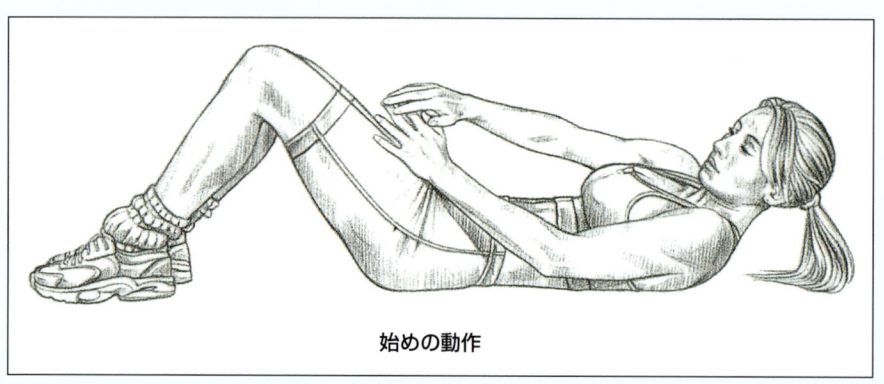

膝蓋骨
腸脛靭帯
腓腹筋、外側頭
長腓骨筋
長指伸筋
前脛骨筋
ヒラメ筋
短腓骨筋

三角筋
上腕三頭筋
前鋸筋
外腹斜筋
腹直筋

僧帽筋
棘下筋
小円筋
大円筋

大腿二頭筋、短頭
大腿四頭筋、外側広筋
大腿二頭筋、長頭
大殿筋
大腿四頭筋、大腿直筋
腸脛靭帯
縫工筋
中殿筋
大腿筋膜張筋
大転子

始めの動作

　仰向けになり、両膝を曲げ両足を床につける。両腕を体の片側に沿って平行に伸ばす。息を吸い、背中を丸めながら両肩を床から浮かす。上体を軽くひねり両手を膝につける。動作の最後に息を吐く。始めの姿勢にもどるが、今度は上体を床につけない。一方からもう一方の側へと交互に繰り返し、焼けつくような感覚を覚えるまで続ける。
　このエクササイズは主に外・内腹斜筋や腹直筋に働く。また、股関節の動きが少ないのでそれほど強くはないが、大腿直筋、腸腰筋、大腿筋膜張筋にも作用する。

腹部

腹部のタイプの違いを認識すること

　型どおりにいえば、脂肪の厚みの少ない扁平な腹部が活力ある腹部の象徴である。しかし、脂肪に「くるまれた」腹部の人でも強靭な腹筋をそなえた人たちがいる。そうした人たちにとって腹部の厚みをへらす唯一の方法は、定期的なエクササイズの実施と共に、バランスのとれた食餌療法を行って脂肪層の厚みを減らすことであろう。
　反対に、脂肪過多ではないやせ型の人たちには、活力に欠け腹筋が弛緩している腹部の人たちがいる。この人たちは、もっぱら姿勢を正すための特別なエクササイズで腹壁の筋力トレーニングが必要とされよう。

腹壁の異なるタイプの断面図

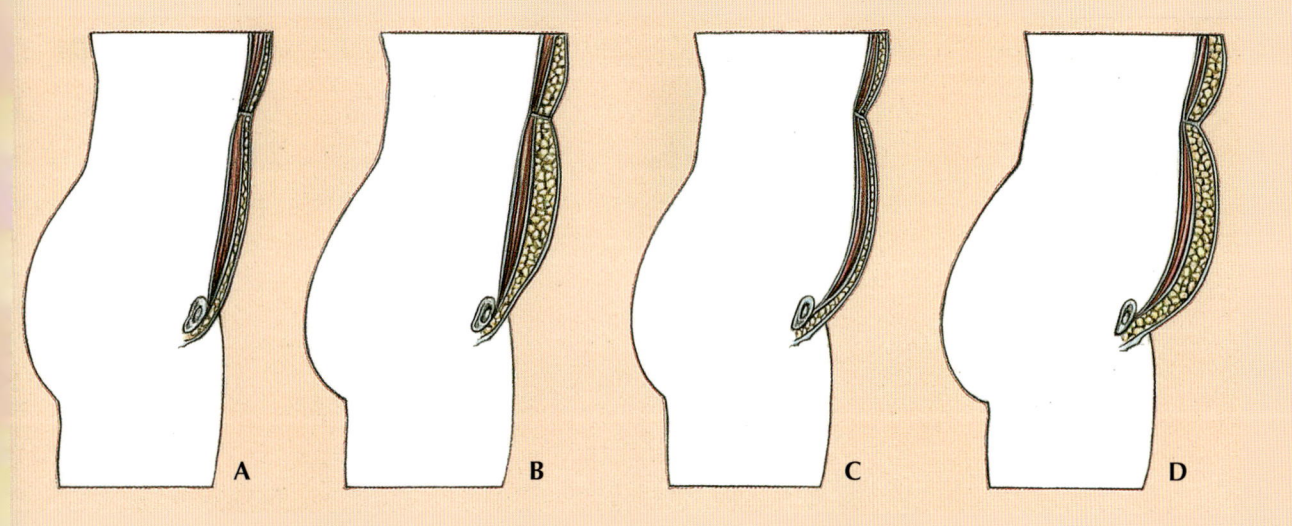

A. 強い筋肉のそなわった通常型腹壁
B. 強い筋肉と下垂（＊）を思わせるほどの皮下脂肪過多をした通常型腹壁
C. 脂肪過多ではないが筋肉の活力を欠いた腹壁下垂
D. 脂肪過多で筋肉の活力も欠いている腹壁下垂

＊下垂：内臓の下方移動。もっとも多いのは内臓保持構造の弛緩によって引き起こされたもの。腹壁が活力を失うと内臓を保持できなくなり、腹部が沈下して腸係蹄をともなったたるみができる。

腹部

20 オールターニット・オブリーク
（床上で交互に斜めになってサイクリング）

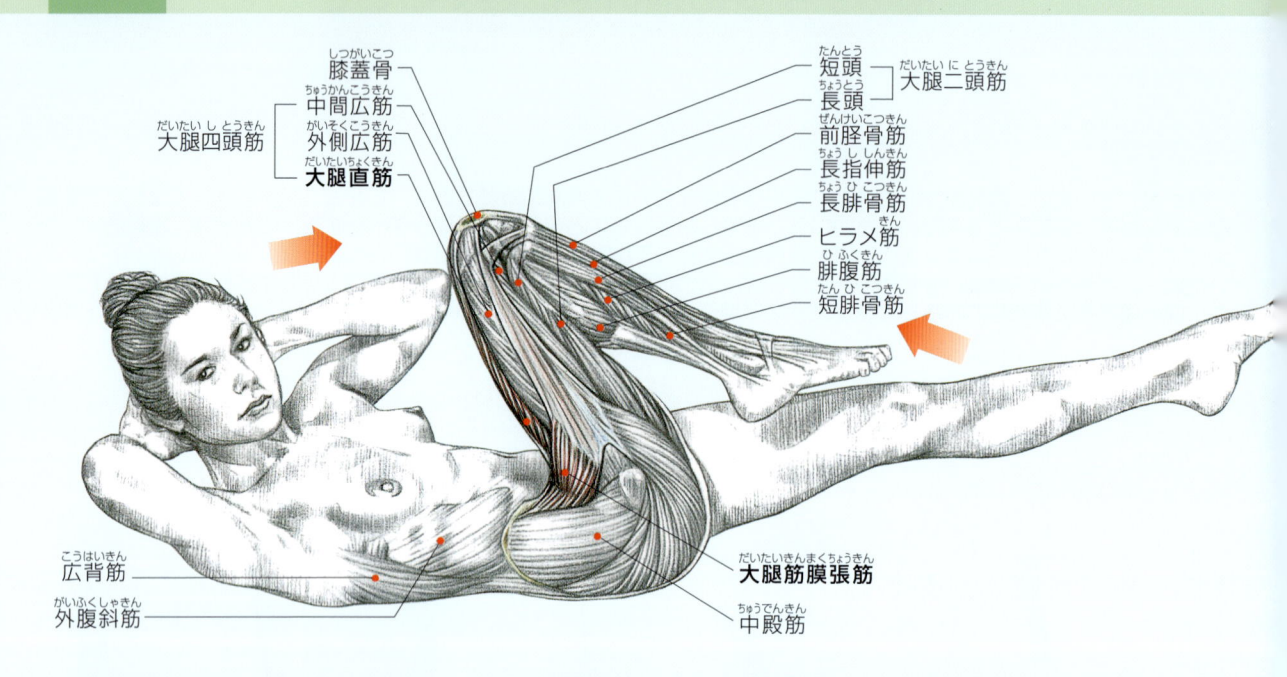

上図ラベル（上半身側）:
- 膝蓋骨
- 中間広筋
- 外側広筋
- 大腿四頭筋
- 大腿直筋
- 短頭
- 長頭
- 大腿二頭筋
- 前脛骨筋
- 長指伸筋
- 長腓骨筋
- ヒラメ筋
- 腓腹筋
- 短腓骨筋
- 広背筋
- 外腹斜筋
- 大腿筋膜張筋
- 中殿筋

床で横になり、両手を首の後ろで組む。交互に方向を変えて、肘が反対側の膝につくようにする。

運動の効果を確かなものにするためには、肘と膝を接近させるときに両肩を床から浮かせ脊椎（脊柱）を巻き込むようにし、脚を伸展させながら足は決して床につけないことが大事である。

このエクササイズは、腹部に焼けつくような感覚を覚えるまで反復回数を多くして行うこと。

主として外・内腹斜筋と腹直筋、さらに股関節屈曲のとき大腿直筋、大腿筋膜張筋、縫工筋、深層で腸腰筋に作用する。

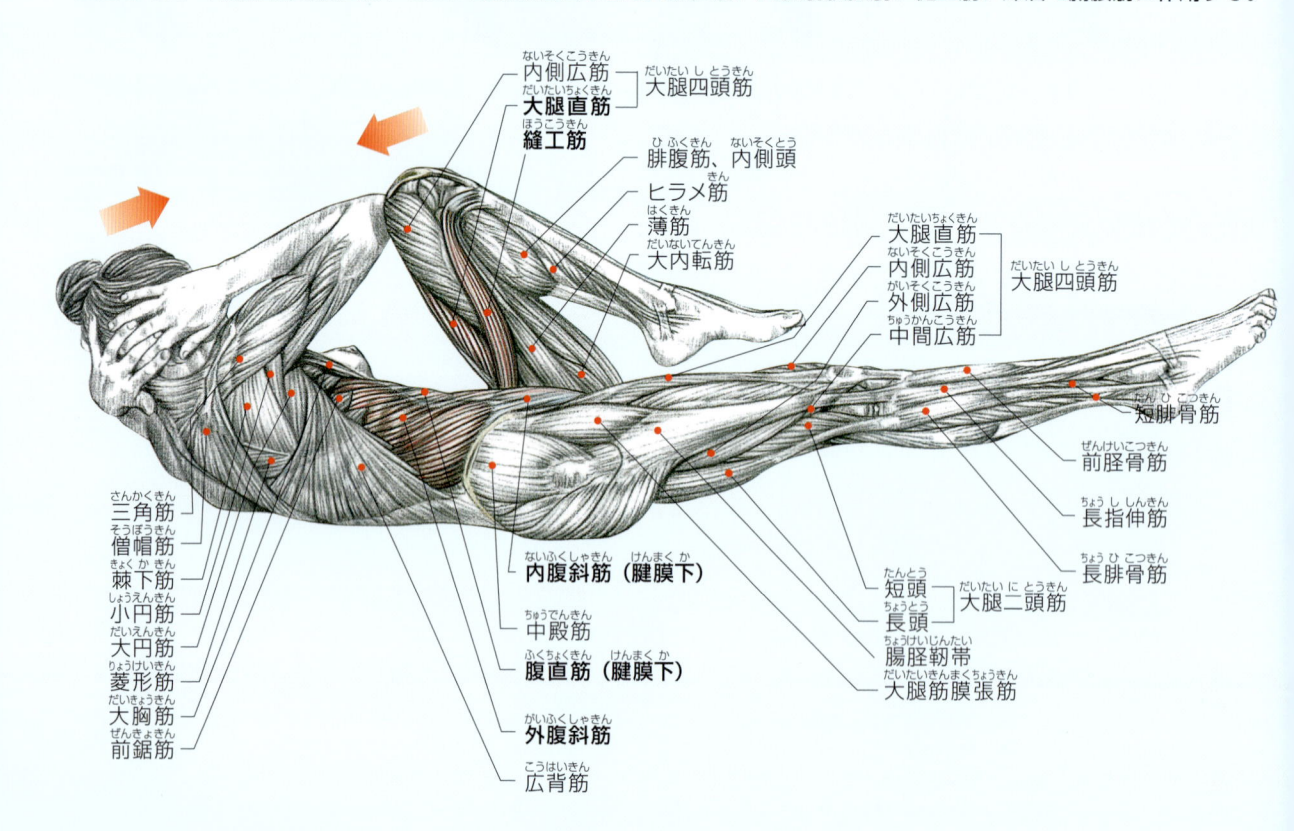

下図ラベル:
- 内側広筋
- 大腿直筋
- 大腿四頭筋
- 縫工筋
- 腓腹筋、内側頭
- ヒラメ筋
- 薄筋
- 大内転筋
- 大腿直筋
- 内側広筋
- 外側広筋
- 中間広筋
- 大腿四頭筋
- 短腓骨筋
- 前脛骨筋
- 長指伸筋
- 長腓骨筋
- 短頭
- 長頭
- 大腿二頭筋
- 腸脛靭帯
- 大腿筋膜張筋
- 三角筋
- 僧帽筋
- 棘下筋
- 小円筋
- 大円筋
- 菱形筋
- 大胸筋
- 前鋸筋
- 内腹斜筋（腱膜下）
- 中殿筋
- 腹直筋（腱膜下）
- 外腹斜筋
- 広背筋

114

腹部

フロア・ライイング・サイドベンド
（床上で上体の側面屈曲）

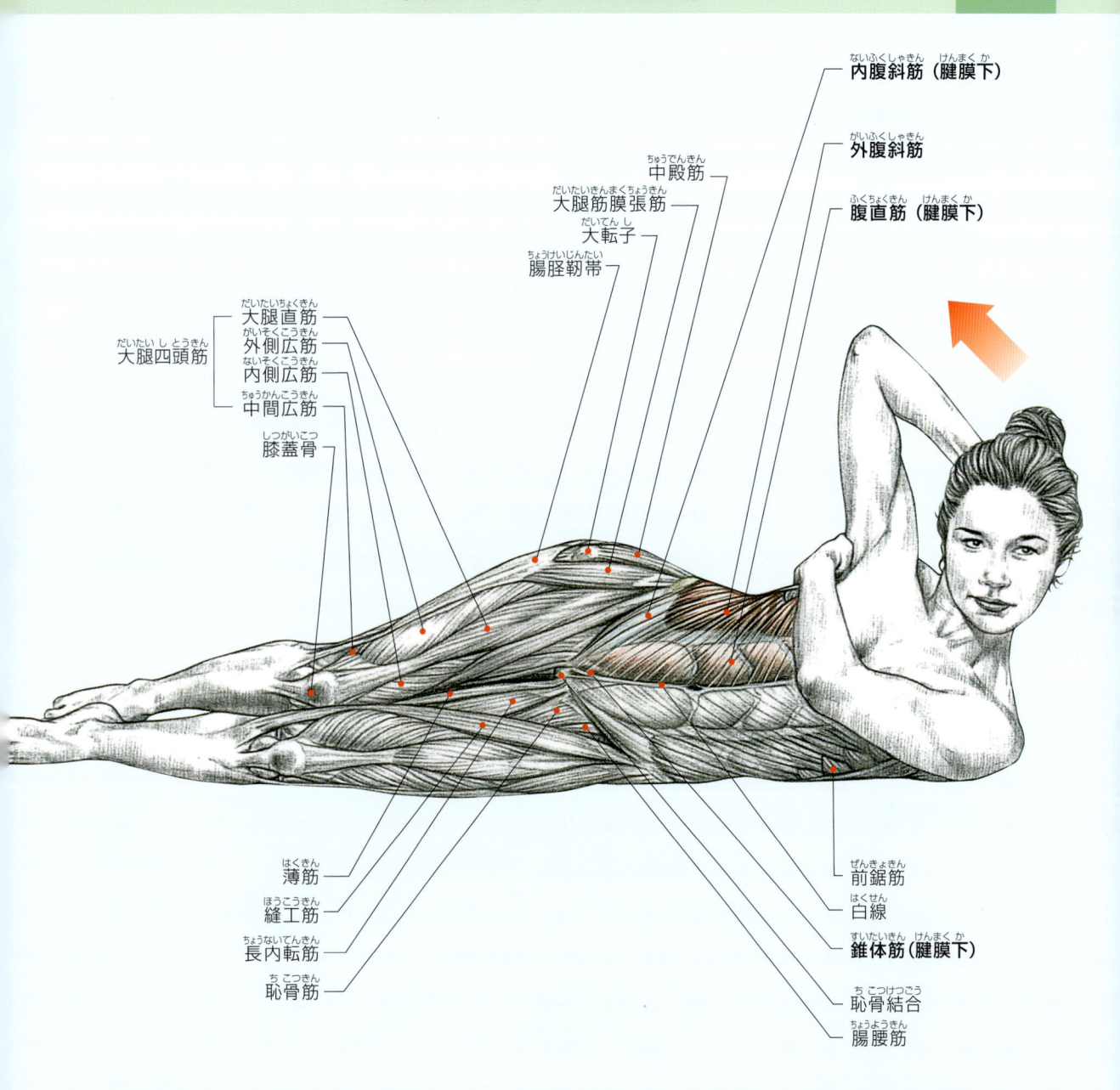

21

- 大腿四頭筋
  - 大腿直筋（だいたいちょっきん）
  - 外側広筋（がいそくこうきん）
  - 内側広筋（ないそくこうきん）
  - 中間広筋（ちゅうかんこうきん）
- 膝蓋骨（しつがいこつ）
- 中殿筋（ちゅうでんきん）
- 大腿筋膜張筋（だいたいきんまくちょうきん）
- 大転子（だいてんし）
- 腸脛靭帯（ちょうけいじんたい）
- 内腹斜筋（腱膜下）（ないふくしゃきん・けんまくか）
- 外腹斜筋（がいふくしゃきん）
- 腹直筋（腱膜下）（ふくちょくきん・けんまくか）
- 薄筋（はくきん）
- 縫工筋（ほうこうきん）
- 長内転筋（ちょうないてんきん）
- 恥骨筋（ちこつきん）
- 前鋸筋（ぜんきょきん）
- 白線（はくせん）
- 錐体筋（腱膜下）（すいたいきん・けんまくか）
- 恥骨結合（ちこつけつごう）
- 腸腰筋（ちょうようきん）

横向きになり脚を伸ばす。片方の手を頭の後ろに置き、もう一方の手で脇からそれを支える。床についている方の肩を10センチほど浮かすようにして、上方へ上体の側面屈曲を行う。始めの姿勢にもどるが、肩は床につけないで繰り返す。
このエクササイズは主に屈曲する側で、外・内腹斜筋、腹直筋、腰方形筋に、さらにわずかながら脊柱起立筋に働く。
この運動は、交互に向きを変えながら焼けつくような感覚を覚えるまでゆっくりと反復回数を多くして行う。

バリエーション
動きやすくするためには、両足を家具の下に挟むとか、ジムのウォールバーに固定する、あるいはパートナーに押さえてもらう方法がある。

腹部

22 ハイプーリー・クランチ
（ハイプーリーを用いて背中を丸める）

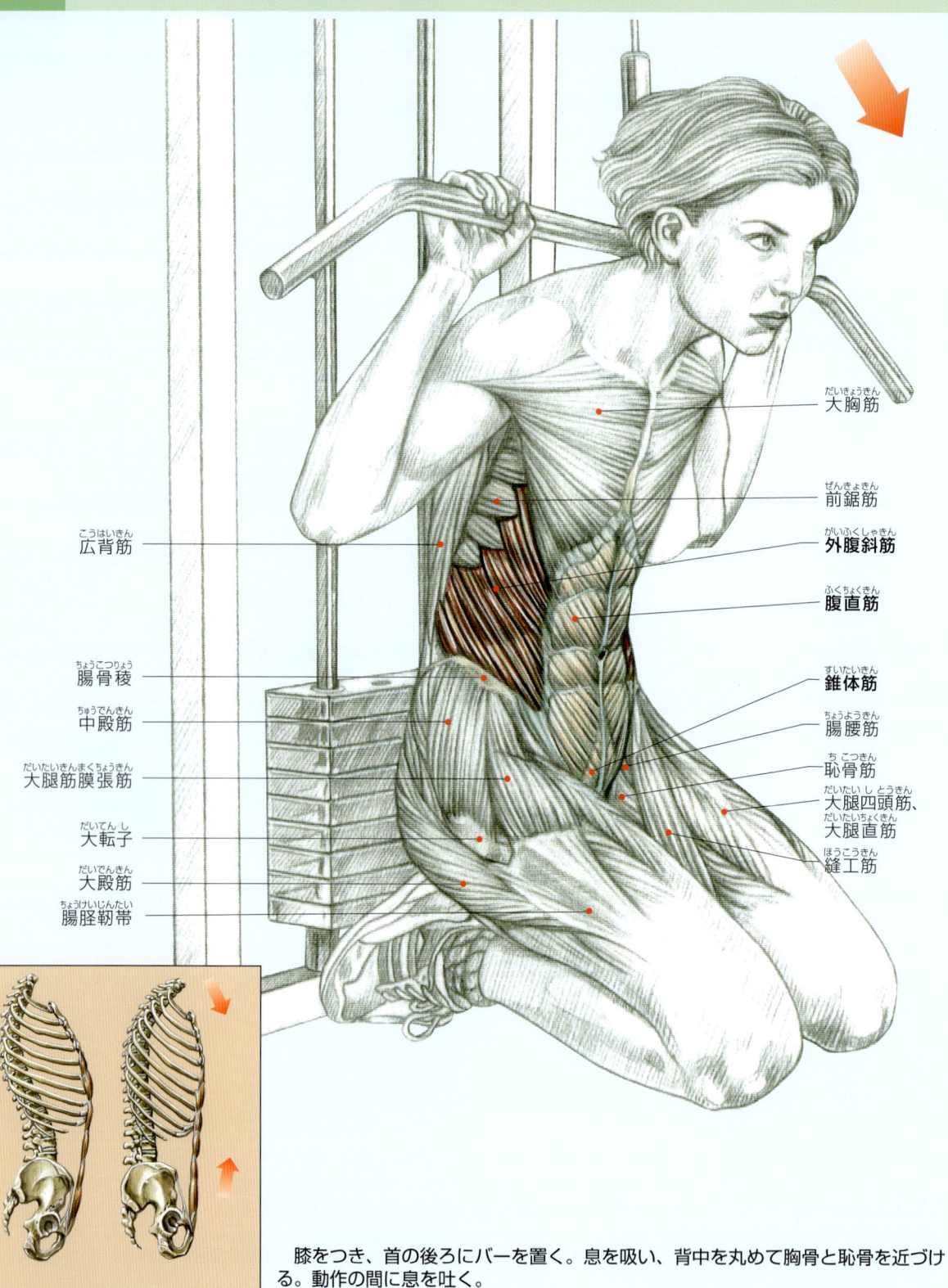

ラベル（左側）:
- 広背筋（こうはいきん）
- 腸骨稜（ちょうこつりょう）
- 中殿筋（ちゅうでんきん）
- 大腿筋膜張筋（だいたいきんまくちょうきん）
- 大転子（だいてんし）
- 大殿筋（だいでんきん）
- 腸脛靭帯（ちょうけいじんたい）

ラベル（右側）:
- 大胸筋（だいきょうきん）
- 前鋸筋（ぜんきょきん）
- **外腹斜筋**（がいふくしゃきん）
- **腹直筋**（ふくちょくきん）
- 錐体筋（すいたいきん）
- 腸腰筋（ちょうようきん）
- 恥骨筋（ちこつきん）
- 大腿四頭筋（だいたいしとうきん）、大腿直筋（だいたいちょくきん）
- 縫工筋（ほうこうきん）

腹直筋の作用

膝をつき、首の後ろにバーを置く。息を吸い、背中を丸めて胸骨と恥骨を近づける。動作の間に息を吐く。

この運動は決してハードにならないこと。重要なことは、働きが腹筋群のとりわけ腹直筋により効果的に作用するように気持ちを集中することである。

116

腹部

マシン・クランチ（マシンを用いて背中を丸める） 23

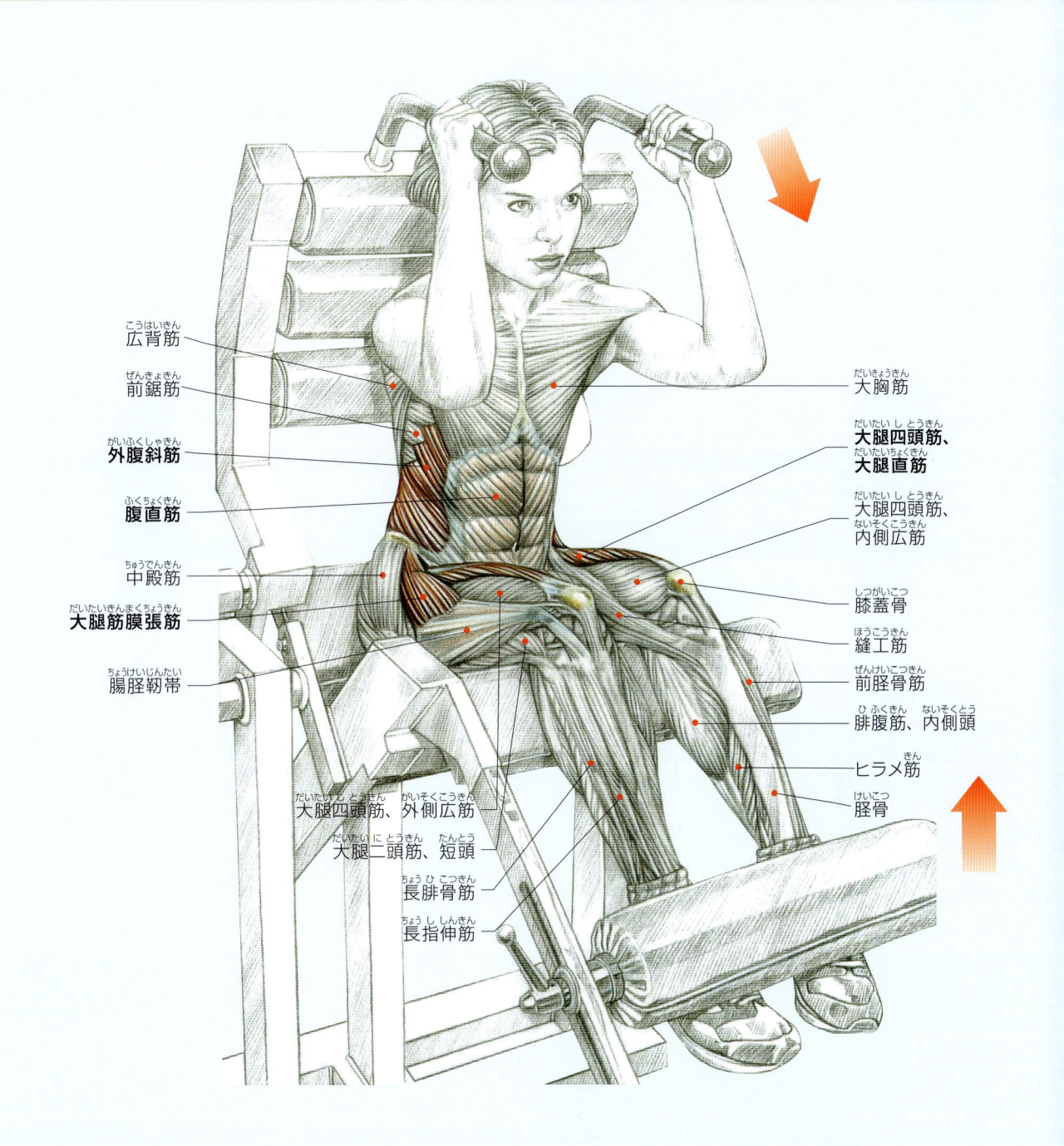

マシンに腰掛け、両手でグリップを握る。両足をロールにかける。息を吸い、胸骨と恥骨をできるだけ近づけるようにして背中を丸める。動作の最後に息を吐く。
　このエクササイズは、負荷をそれぞれのレベルに合わせられる点で優れている。初級者には軽い負荷で、またトレーニングを積んだアスリートの場合は重い負荷で危険なく行うことができる。

117

腹部

24 ライイング・サイドベンド（ベンチで上体の側面屈曲）

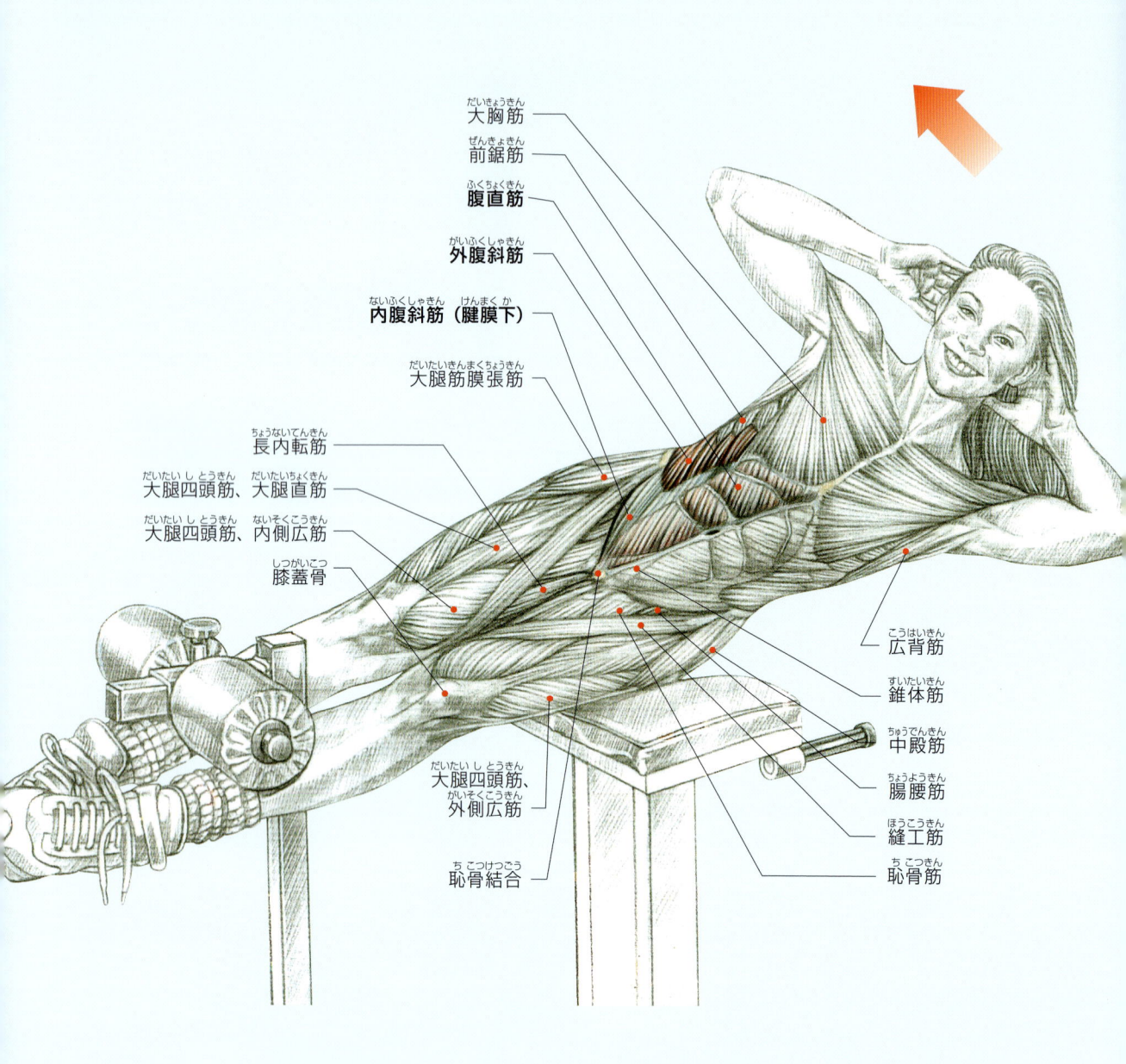

- 大胸筋
- 前鋸筋
- **腹直筋**
- **外腹斜筋**
- **内腹斜筋（腱膜下）**
- 大腿筋膜張筋
- 長内転筋
- 大腿四頭筋、大腿直筋
- 大腿四頭筋、内側広筋
- 膝蓋骨
- 大腿四頭筋、外側広筋
- 恥骨結合
- 広背筋
- 錐体筋
- 中殿筋
- 腸腰筋
- 縫工筋
- 恥骨筋

　このエクササイズは腰部の伸展用に作られたベンチで行う。斜めになって股関節をベンチの上に置き、上体を宙に浮かせる。両手を頭の後ろか胸に置き、両足はロールの下にかける。上体を上げて側面屈曲を行う。
　この運動は主に屈曲する側の腹斜筋と腹直筋に働くが、上体が水平以下に下がらないようにするための静的な収縮（アイソメトリックス）でも反対側の腹斜筋と腹直筋に作用する。
　かなり窮屈な姿勢なので、ベンチの詰め物が不十分だったりすると股関節が締めつけられて苦しく、動きがむずかしいものとなるので、しっかりしたパッドを置くとよい。

備考
上体の側面屈曲のとき腰方形筋が常に作用する。

腹部

ロッキングマシン・オブリーク
（マシンで上体の側面屈曲）

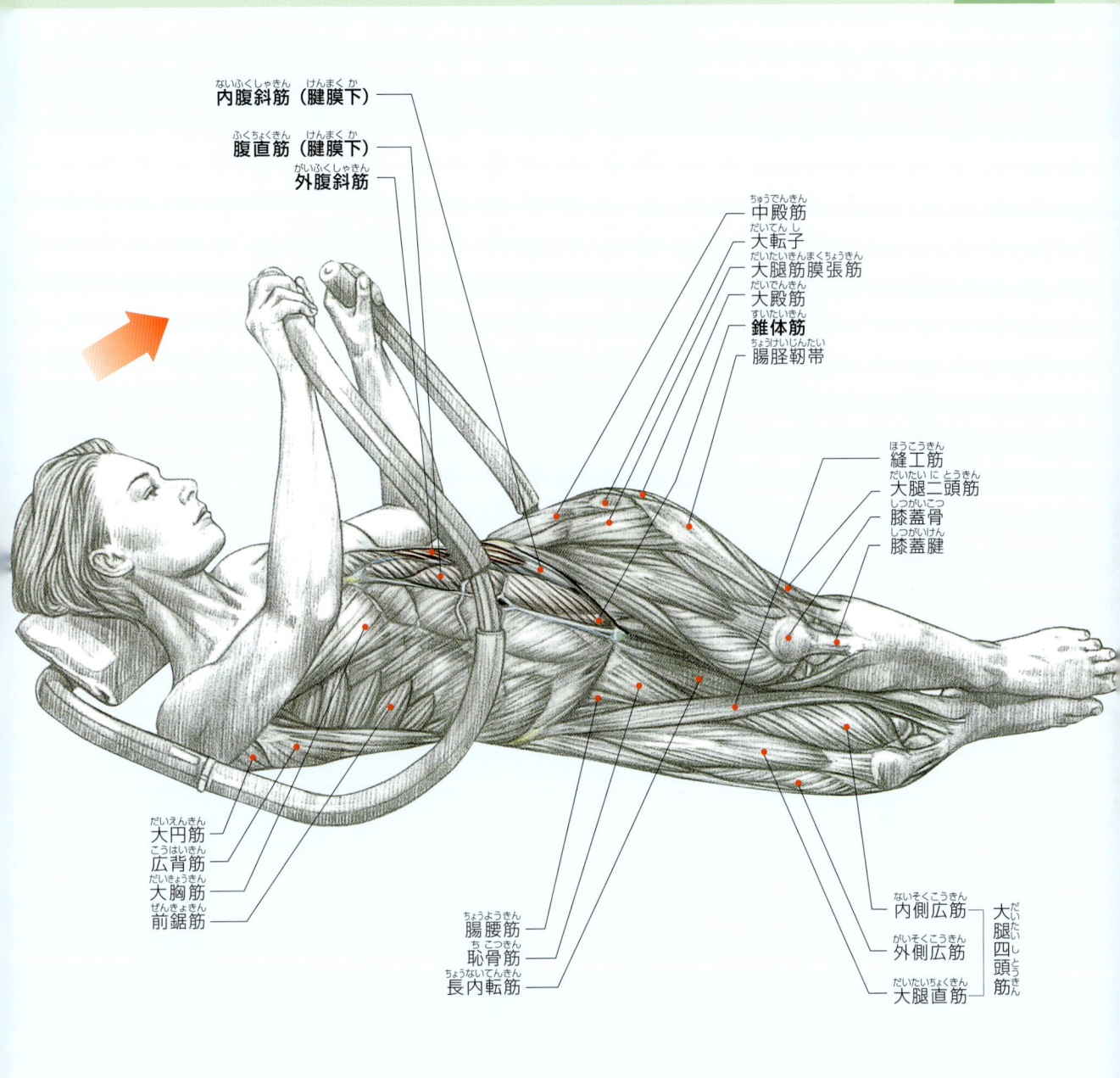

25

内腹斜筋（腱膜下）
腹直筋（腱膜下）
外腹斜筋

中殿筋
大転子
大腿筋膜張筋
大殿筋
錐体筋
腸脛靭帯

縫工筋
大腿二頭筋
膝蓋骨
膝蓋腱

大円筋
広背筋
大胸筋
前鋸筋

腸腰筋
恥骨筋
長内転筋

内側広筋
外側広筋
大腿直筋
大腿四頭筋

横向きになり、両方の大腿を軽くたたみこみ両膝を曲げる。両手でグリップの高いところを握り、頭をヘッドレストにのせる。息を吸い、横向きのまま上体を上げる。動作の最後で息を吐く。ゆっくりと始めの姿勢にもどり、繰り返す。このエクササイズは主に屈曲側で外・内腹斜筋に、またわずかながら腹直筋に作用する。

腹部

26 ケーブル・サイドベンド①
(ロープーリーで上体の側面屈曲)

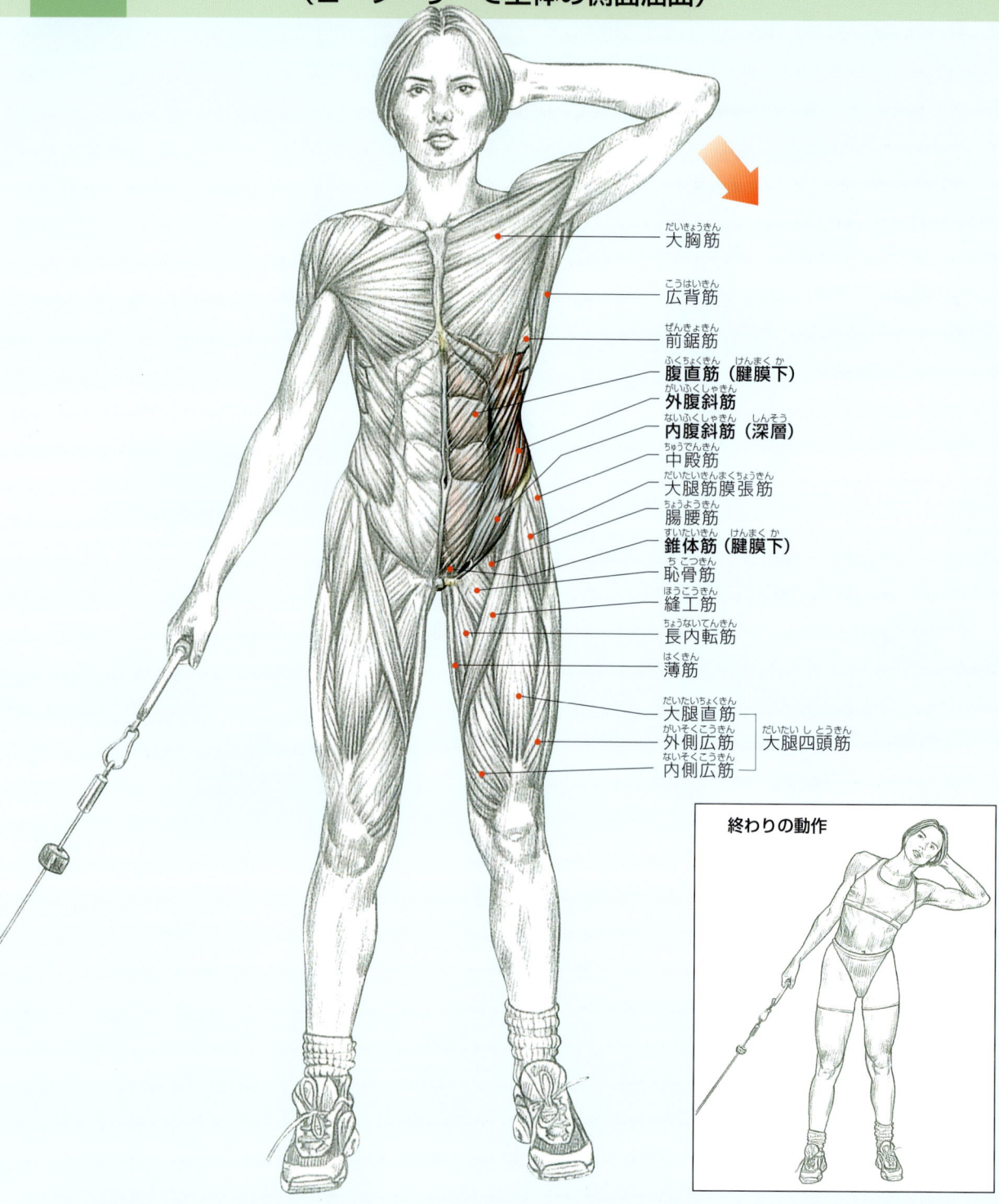

大胸筋（だいきょうきん）
広背筋（こうはいきん）
前鋸筋（ぜんきょきん）
腹直筋（腱膜下）（ふくちょくきん けんまくか）
外腹斜筋（がいふくしゃきん）
内腹斜筋（深層）（ないふくしゃきん しんそう）
中殿筋（ちゅうでんきん）
大腿筋膜張筋（だいたいきんまくちょうきん）
腸腰筋（ちょうようきん）
錐体筋（腱膜下）（すいたいきん けんまくか）
恥骨筋（ちこつきん）
縫工筋（ほうこうきん）
長内転筋（ちょうないてんきん）
薄筋（はくきん）
大腿直筋（だいたいちょくきん）
外側広筋（がいそくこうきん） ┐ 大腿四頭筋（だいたいしとうきん）
内側広筋（ないそくこうきん） ┘

終わりの動作

立って脚を軽く開き、片方の手を頭の後ろに、もう一方の手でプーリーのグリップをつかむ。プーリーと反対側に上体の側面屈曲を行う。ゆっくりと始めの姿勢にもどる。一方の側と別の側の反復運動を時間をおかずに交互に行う。

このエクササイズは主に屈曲側で、外・内腹斜筋に、またわずかながら腹直筋、腰方形筋、背中の深部の筋に働く。

ダンベルを用いる上体の側面屈曲（122頁参照）と比較すると、プーリーを用いるエクササイズはより重い負荷でもやりやすく、斜筋の働きをより感じることができる。

腹部

ケーブル・サイドベンド②
（ハイプーリーで上体の側面屈曲）

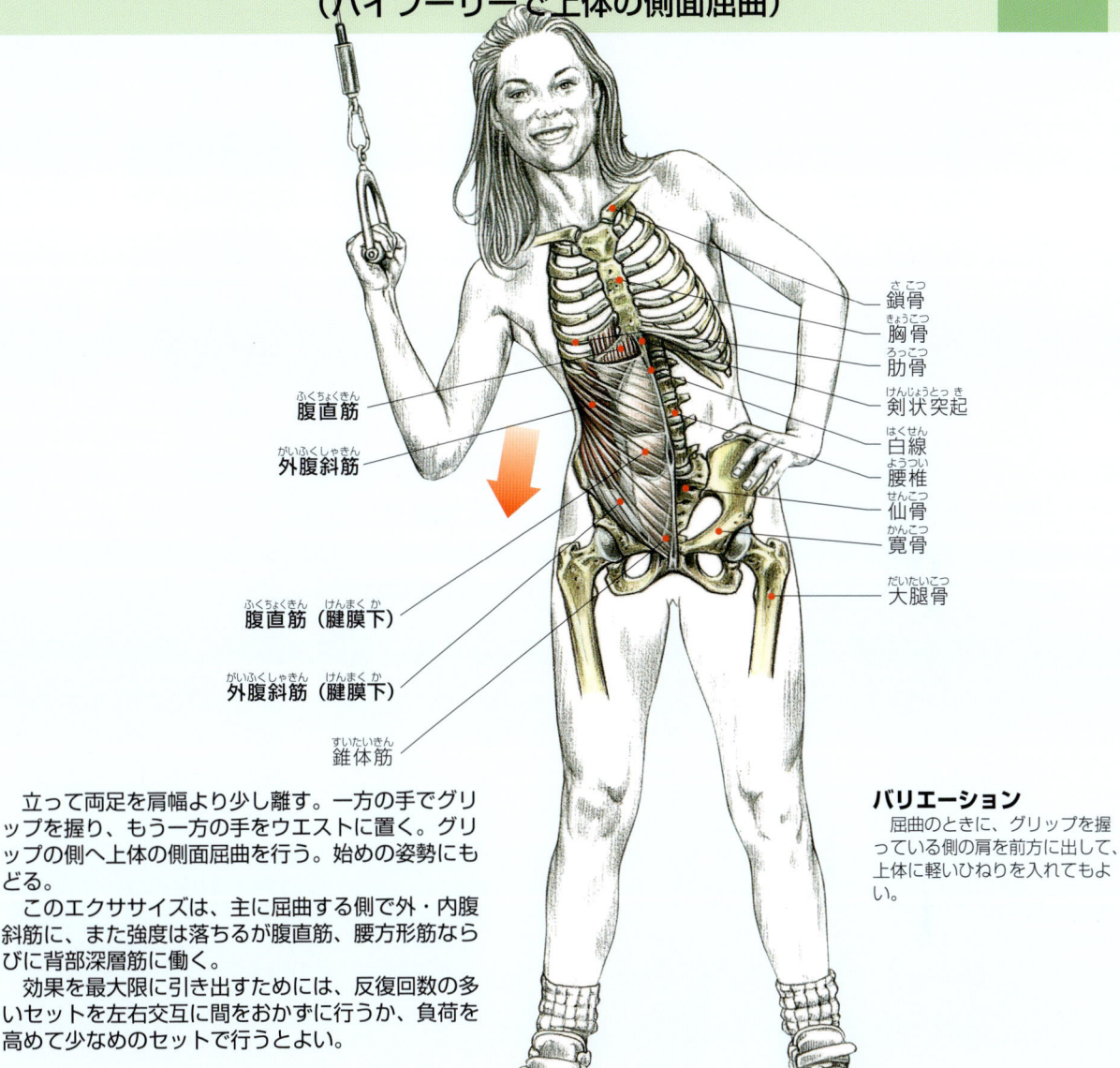

27

ラベル（人体図）：
- 腹直筋
- 外腹斜筋
- 腹直筋（腱膜下）
- 外腹斜筋（腱膜下）
- 錐体筋
- 鎖骨
- 胸骨
- 肋骨
- 剣状突起
- 白線
- 腰椎
- 仙骨
- 寛骨
- 大腿骨

立って両足を肩幅より少し離す。一方の手でグリップを握り、もう一方の手をウエストに置く。グリップの側へ上体の側面屈曲を行う。始めの姿勢にもどる。

このエクササイズは、主に屈曲する側で外・内腹斜筋に、また強度は落ちるが腹直筋、腰方形筋ならびに背部深層筋に働く。

効果を最大限に引き出すためには、反復回数の多いセットを左右交互に間をおかずに行うか、負荷を高めて少なめのセットで行うとよい。

バリエーション
屈曲のときに、グリップを握っている側の肩を前方に出して、上体に軽いひねりを入れてもよい。

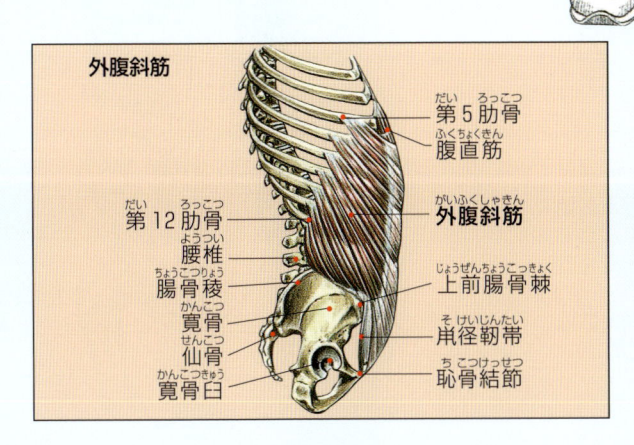

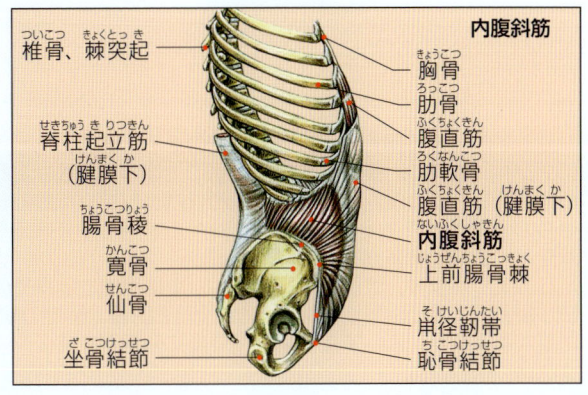

外腹斜筋
- 第5肋骨
- 腹直筋
- 外腹斜筋
- 第12肋骨
- 腰椎
- 腸骨稜
- 寛骨
- 仙骨
- 寛骨臼
- 上前腸骨棘
- 鼡径靭帯
- 恥骨結節

内腹斜筋
- 椎骨、棘突起
- 胸骨
- 肋骨
- 腹直筋
- 脊柱起立筋（腱膜下）
- 肋軟骨
- 腹直筋（腱膜下）
- 腸骨稜
- 寛骨
- 仙骨
- 坐骨結節
- 内腹斜筋
- 上前腸骨棘
- 鼡径靭帯
- 恥骨結節

121

腹部

28 ダンベル・サイドベンド
（ダンベルを用いて上体の側面屈曲）

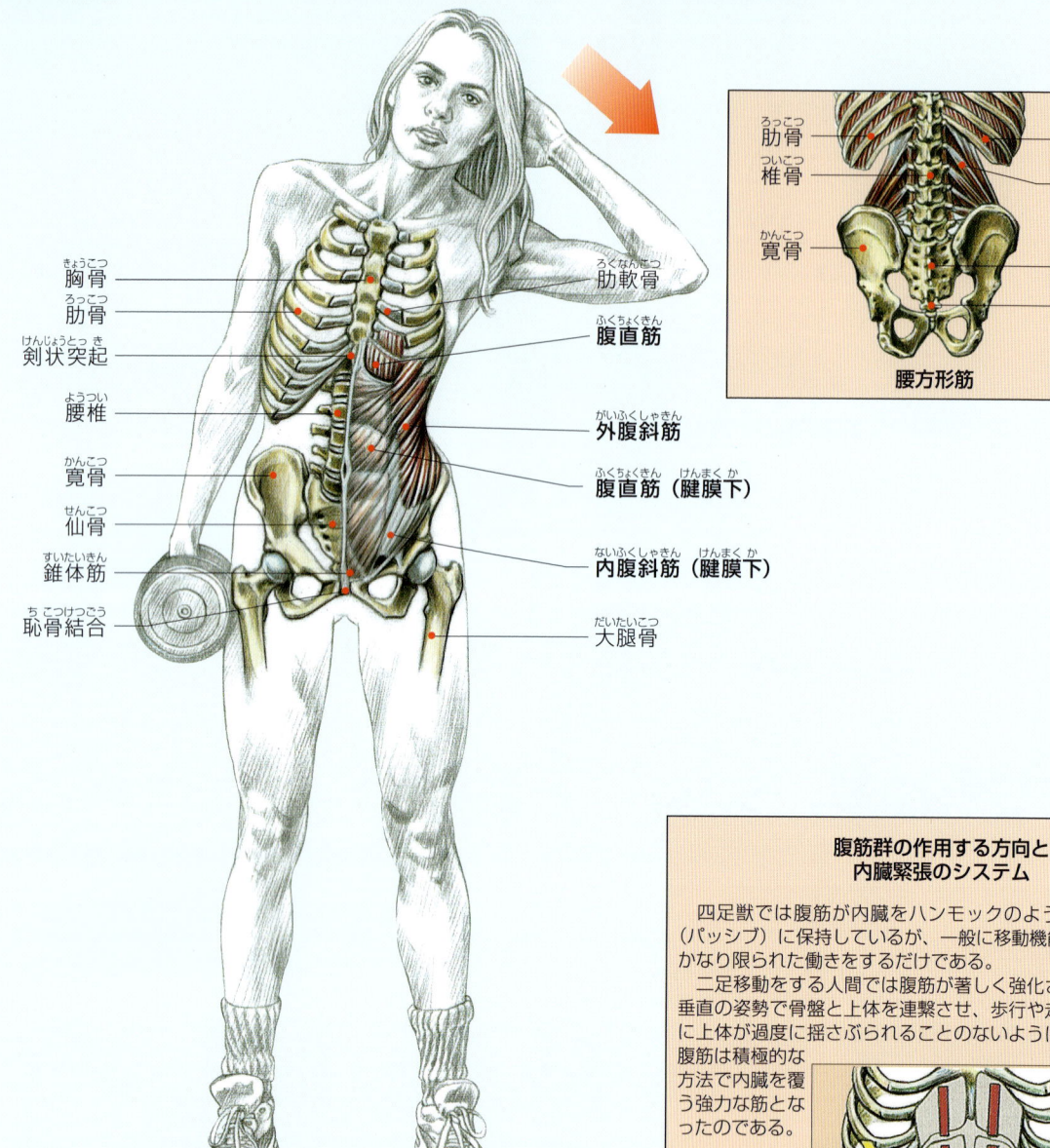

解剖図ラベル（人体図）：
- 胸骨（きょうこつ）
- 肋骨（ろっこつ）
- 剣状突起（けんじょうとっき）
- 腰椎（ようつい）
- 寛骨（かんこつ）
- 仙骨（せんこつ）
- 錐体筋（すいたいきん）
- 恥骨結合（ちこつけつごう）
- 肋軟骨（ろくなんこつ）
- 腹直筋（ふくちょくきん）
- 外腹斜筋（がいふくしゃきん）
- 腹直筋（腱膜下）（ふくちょくきん　けんまくか）
- 内腹斜筋（腱膜下）（ないふくしゃきん　けんまくか）
- 大腿骨（だいたいこつ）

腰方形筋（図）：
- 肋骨（ろっこつ）
- 椎骨（ついこつ）
- 寛骨（かんこつ）
- 肋間筋（ろっかんきん）
- 腰方形筋（ようほうけいきん）
- 仙骨（せんこつ）
- 尾骨（びこつ）

立って脚を軽く開く。一方の手を頭の後ろに置き、もう一方の手にダンベルを持つ。ダンベルの反対側に上体の側面屈曲を行う。始めの姿勢にもどるか、あるいは受動的（パッシブ）な屈曲によって始めの姿勢以上に上体をもどす。ダンベルを持ちかえ方向を変えて、間をおかずに反復運動を行う。

このエクササイズは腹斜筋に作用し、主に屈曲する側で強度は低いが腹直筋、背部深層筋と腰方形筋（第12肋骨、腰椎の横突起に付着する後腹筋）に、また同時に腸骨稜にも作用する。

腹筋群の作用する方向と内臓緊張のシステム

四足獣では腹筋が内臓をハンモックのように受動的（パッシブ）に保持しているが、一般に移動機能としてはかなり限られた働きをするだけである。

二足移動をする人間では腹筋が著しく強化されており、垂直の姿勢で骨盤と上体を連繋させ、歩行や走行のときに上体が過度に揺さぶられることのないようにしている。腹筋は積極的な方法で内臓を覆う強力な筋となったのである。

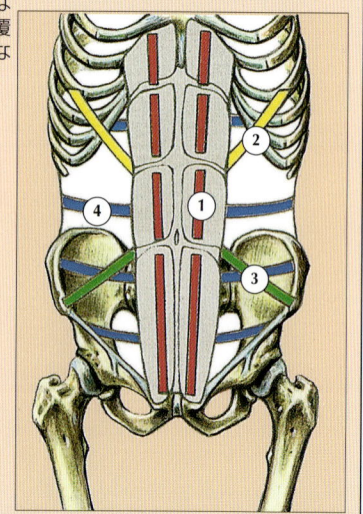

1. 腹直筋
2. 外腹斜筋
3. 内腹斜筋
4. 腹横筋

腹部

バー・ツイスト（バーを用いて上体の回旋） 29

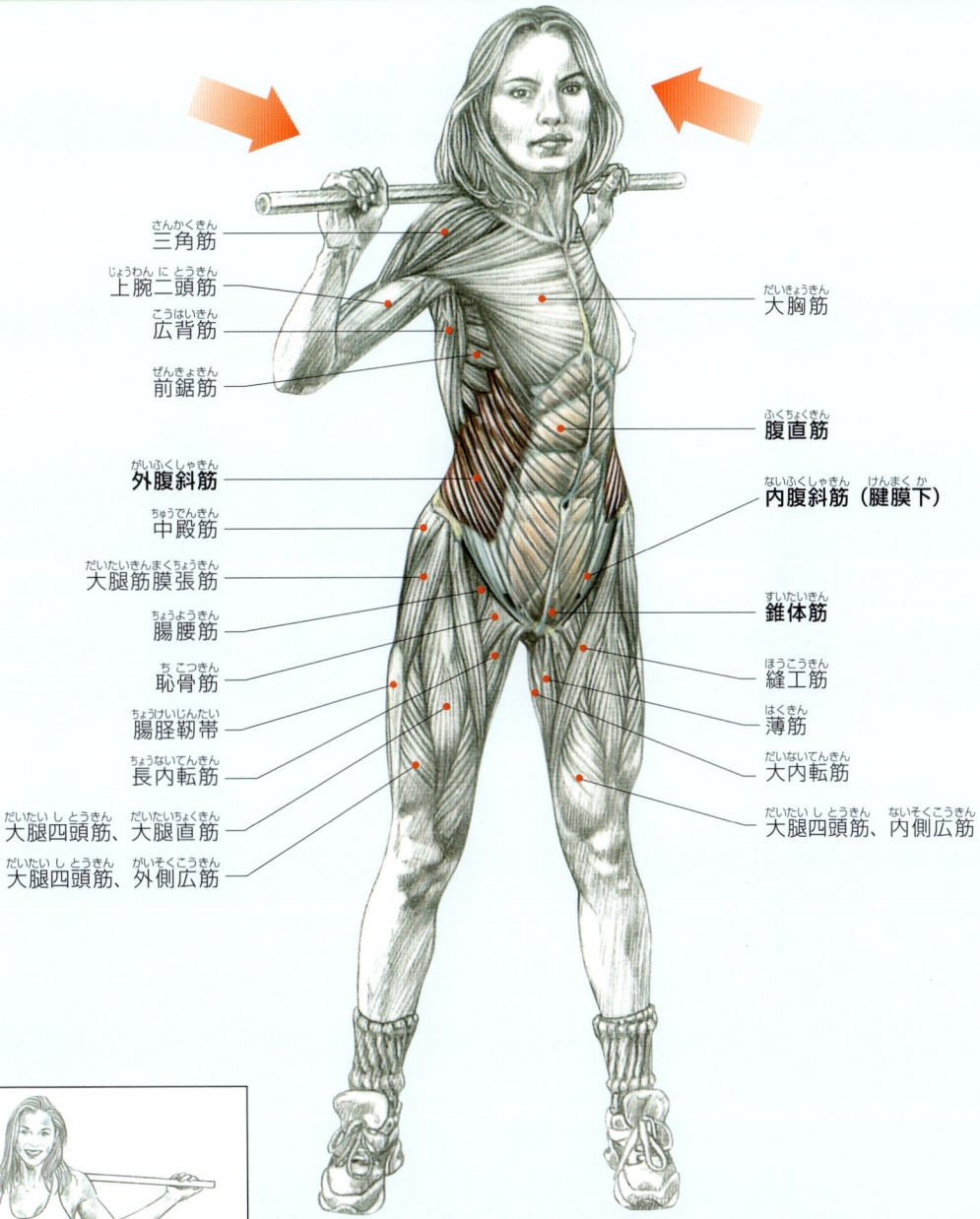

- さんかくきん　三角筋
- じょうわんにとうきん　上腕二頭筋
- こうはいきん　広背筋
- ぜんきょきん　前鋸筋
- がいふくしゃきん　**外腹斜筋**
- ちゅうでんきん　中殿筋
- だいたいきんまくちょうきん　大腿筋膜張筋
- ちょうようきん　腸腰筋
- ちこつきん　恥骨筋
- ちょうけいじんたい　腸脛靭帯
- ちょうないてんきん　長内転筋
- だいたいしとうきん、だいたいちょっきん　大腿四頭筋、大腿直筋
- だいたいしとうきん、がいそくこうきん　大腿四頭筋、外側広筋
- だいきょうきん　大胸筋
- ふくちょくきん　**腹直筋**
- ないふくしゃきん（けんまくか）　**内腹斜筋（腱膜下）**
- すいたいきん　**錐体筋**
- ほうこうきん　縫工筋
- はくきん　薄筋
- だいないてんきん　大内転筋
- だいたいしとうきん、ないそくこうきん　大腿四頭筋、内側広筋

ベンチに腰掛けて行うバリエーション

　立って脚を開き、バーを三角筋後面の上の僧帽筋に置く。両手をバーの上にかけるがあまり強くもたせかけない。一方の側、続いてもう一方の側にと上体の回旋を行う。腕でなく腹部から回旋するようにし、殿筋のアイソメトリックス収縮によって骨盤を動かさないようにする。
　このエクササイズは、右肩が前方にあるときには右側の外腹斜筋、深層で左側の内腹斜筋に働き、わずかながら腹直筋、腰方形筋、ならびに左側の脊柱伸筋群にも働く。より強度を高めるために背中を軽く丸めるとよい。
　バリエーションとして、ベンチに腰掛けて行う方法もあるが、この方法だと骨盤を固定し、負荷を腹筋だけに集中させることができる。
　よりよい効果を得るために数分間の反復をセットにする。

腹部

30 シーテッド・バー・ツイスト
（腰掛けてバーを用いる上体の回旋）

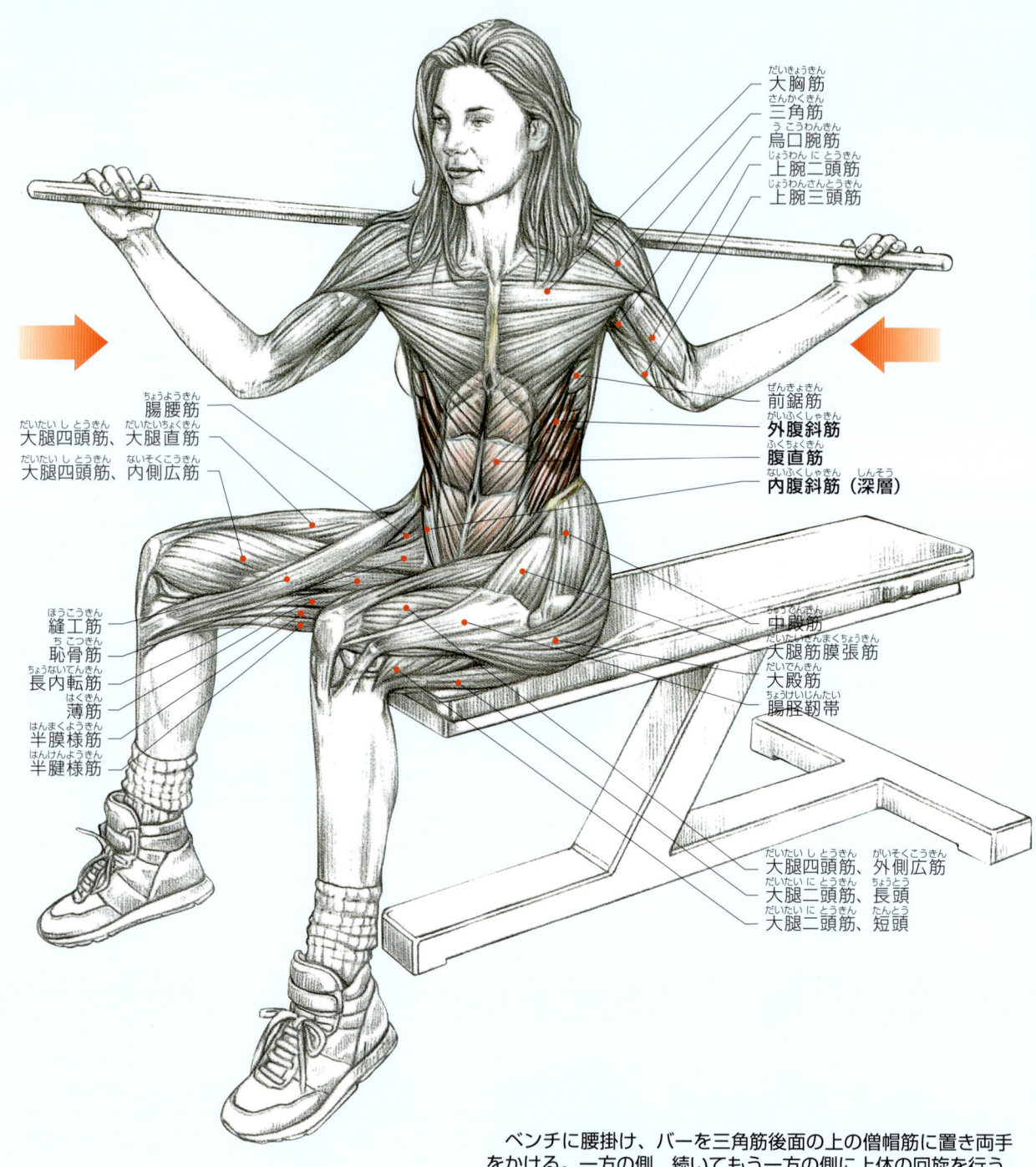

主な筋肉名（図中ラベル）：
- 大胸筋（だいきょうきん）
- 三角筋（さんかくきん）
- 烏口腕筋（うこうわんきん）
- 上腕二頭筋（じょうわんにとうきん）
- 上腕三頭筋（じょうわんさんとうきん）
- 前鋸筋（ぜんきょきん）
- 外腹斜筋（がいふくしゃきん）
- 腹直筋（ふくちょくきん）
- 内腹斜筋（深層）（ないふくしゃきん）
- 腸腰筋（ちょうようきん）
- 大腿四頭筋、大腿直筋（だいたいしとうきん、だいたいちょくきん）
- 大腿四頭筋、内側広筋（だいたいしとうきん、ないそくこうきん）
- 縫工筋（ほうこうきん）
- 恥骨筋（ちこつきん）
- 長内転筋（ちょうないてんきん）
- 薄筋（はくきん）
- 半膜様筋（はんまくようきん）
- 半腱様筋（はんけんようきん）
- 中殿筋（ちゅうでんきん）
- 大腿筋膜張筋（だいたいきんまくちょうきん）
- 大殿筋（だいでんきん）
- 腸脛靭帯（ちょうけいじんたい）
- 大腿四頭筋、外側広筋（だいたいしとうきん、がいそくこうきん）
- 大腿二頭筋、長頭（だいたいにとうきん、ちょうとう）
- 大腿二頭筋、短頭（だいたいにとうきん、たんとう）

ベンチに腰掛け、バーを三角筋後面の上の僧帽筋に置き両手をかける。一方の側、続いてもう一方の側に上体の回旋を行う。

右肩が前方にあるとき、このエクササイズは右側の外腹斜筋、深層で左側の内腹斜筋に働き、またわずかながら右側の腹直筋、腰方形筋、左側の脊柱伸筋群にも働く。

より強度を高めるために軽く背中を丸めるとよい。数分間の反復運動でよりよい効果が得られる。同じセットの中で、交互にゆっくりとした回旋と速い回旋を混ぜてもよい（例：100回のゆっくりした回旋のあと直ちに50回の速い回旋）。

腹部

骨盤の傾斜

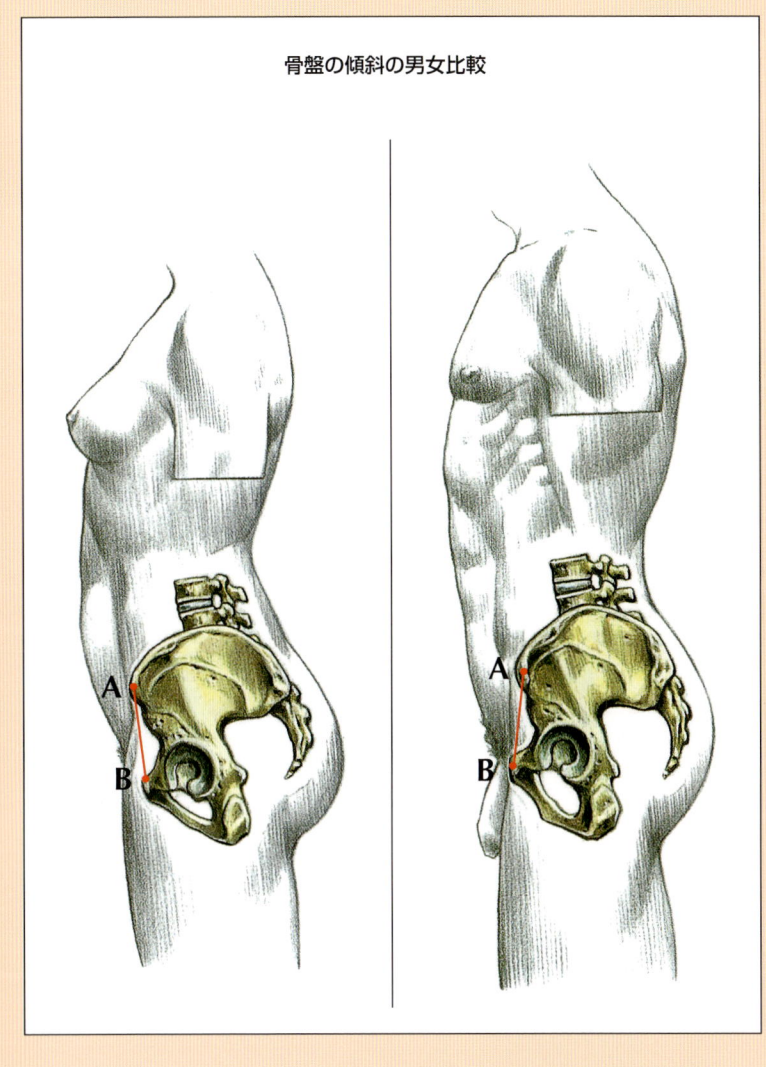

男性と比較して、女性は一般に前方に少し傾いた骨盤をしている。この「前傾」のために殿部が突き出ており、恥骨が大腿の間に引っ込んでいて、下腹部が少し張り出しているような印象を与える。女性に特有のこの「小さな腹」が、骨盤の前傾がない男性の垂直な腹壁とコントラストをなしている。

女性固有の骨盤の位置によって、妊娠時に胎児が過度に内臓を圧迫しない（胎児の体重の一部を腹筋が支えている）ようになっているのである。

骨盤の傾斜の男女比較

A. 上前腸骨棘
B. 恥骨結節

妊娠女性の腹部正中断面図

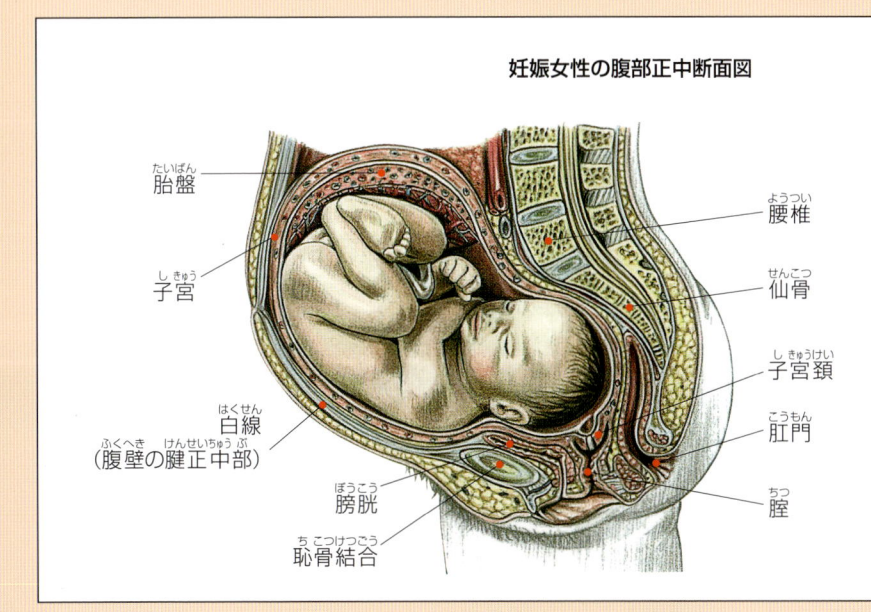

胎盤
子宮
白線
（腹壁の腱正中部）
膀胱
恥骨結合
腰椎
仙骨
子宮頚
肛門
腟

備考

女性の骨盤は前方へ傾斜（前傾）していることから、胎児の体重の一部を腹筋で支えることができる。そのため、腹筋は「ハンモック」にたとえられる。

腹部

31 シーテッドマシン・ツイスト
（マシンに腰掛けて上体の回旋）

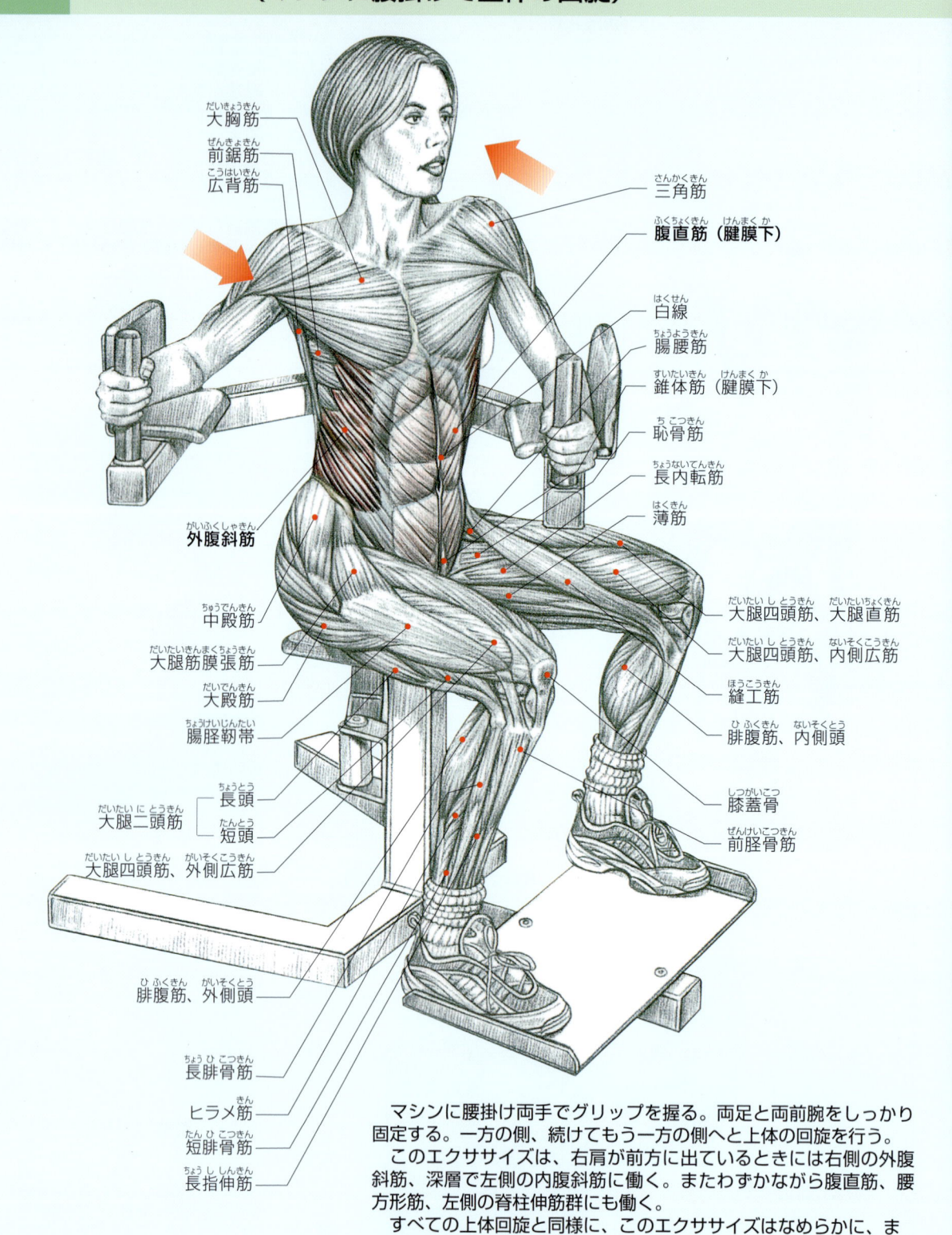

ラベル（人体図）：

- 大胸筋（だいきょうきん）
- 前鋸筋（ぜんきょきん）
- 広背筋（こうはいきん）
- 三角筋（さんかくきん）
- **腹直筋（腱膜下）**（ふくちょくきん　けんまくか）
- 白線（はくせん）
- 腸腰筋（ちょうようきん）
- 錐体筋（腱膜下）（すいたいきん　けんまくか）
- 恥骨筋（ちこつきん）
- 長内転筋（ちょうないてんきん）
- 薄筋（はくきん）
- **外腹斜筋**（がいふくしゃきん）
- 中殿筋（ちゅうでんきん）
- 大腿筋膜張筋（だいたいきんまくちょうきん）
- 大殿筋（だいでんきん）
- 腸脛靱帯（ちょうけいじんたい）
- 大腿二頭筋（だいたいにとうきん）
- 長頭（ちょうとう）
- 短頭（たんとう）
- 大腿四頭筋、外側広筋（だいたいしとうきん　がいそくこうきん）
- 腓腹筋、外側頭（ひふくきん　がいそくとう）
- 長腓骨筋（ちょうひこつきん）
- ヒラメ筋（きん）
- 短腓骨筋（たんひこつきん）
- 長指伸筋（ちょうししんきん）
- 大腿四頭筋、大腿直筋（だいたいしとうきん　だいたいちょくきん）
- 大腿四頭筋、内側広筋（だいたいしとうきん　ないそくこうきん）
- 縫工筋（ほうこうきん）
- 腓腹筋、内側頭（ひふくきん　ないそくとう）
- 膝蓋骨（しつがいこつ）
- 前脛骨筋（ぜんけいこつきん）

マシンに腰掛け両手でグリップを握る。両足と両前腕をしっかり固定する。一方の側、続けてもう一方の側へと上体の回旋を行う。

このエクササイズは、右肩が前方に出ているときには右側の外腹斜筋、深層で左側の内腹斜筋に働く。またわずかながら腹直筋、腰方形筋、左側の脊柱伸筋群にも働く。

すべての上体回旋と同様に、このエクササイズはなめらかに、また動きをコントロールして行うこと。焼けつくような感覚を覚えるまで数分間の反復運動を行えばよりよい効果が得られる。

腹部

スタンディングマシン・ツイスト
（立位でマシンを用いる上体の回旋）

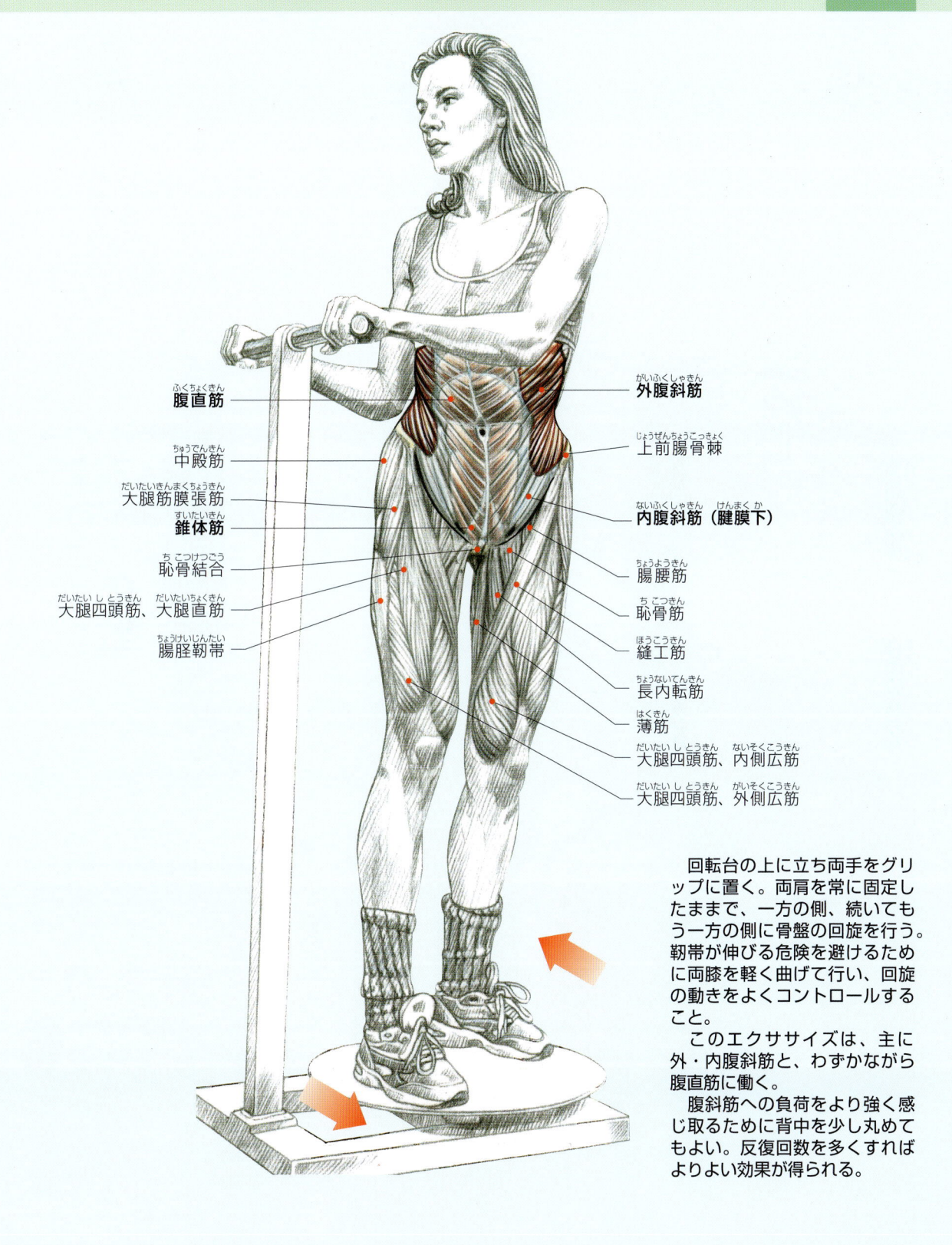

32

腹直筋（ふくちょくきん）
中殿筋（ちゅうでんきん）
大腿筋膜張筋（だいたいきんまくちょうきん）
錐体筋（すいたいきん）
恥骨結合（ちこつけつごう）
大腿四頭筋、大腿直筋（だいたいしとうきん、だいたいちょっきん）
腸脛靭帯（ちょうけいじんたい）

外腹斜筋（がいふくしゃきん）
上前腸骨棘（じょうぜんちょうこつきょく）
内腹斜筋（腱膜下）（ないふくしゃきん けんまくか）
腸腰筋（ちょうようきん）
恥骨筋（ちこつきん）
縫工筋（ほうこうきん）
長内転筋（ちょうないてんきん）
薄筋（はくきん）
大腿四頭筋、内側広筋（だいたいしとうきん、ないそくこうきん）
大腿四頭筋、外側広筋（だいたいしとうきん、がいそくこうきん）

　回転台の上に立ち両手をグリップに置く。両肩を常に固定したままで、一方の側、続いてもう一方の側に骨盤の回旋を行う。靭帯が伸びる危険を避けるために両膝を軽く曲げて行い、回旋の動きをよくコントロールすること。
　このエクササイズは、主に外・内腹斜筋と、わずかながら腹直筋に働く。
　腹斜筋への負荷をより強く感じ取るために背中を少し丸めてもよい。反復回数を多くすればよりよい効果が得られる。

腹部

33 シーテッド・タミーサック（座位で腹部をへこます）

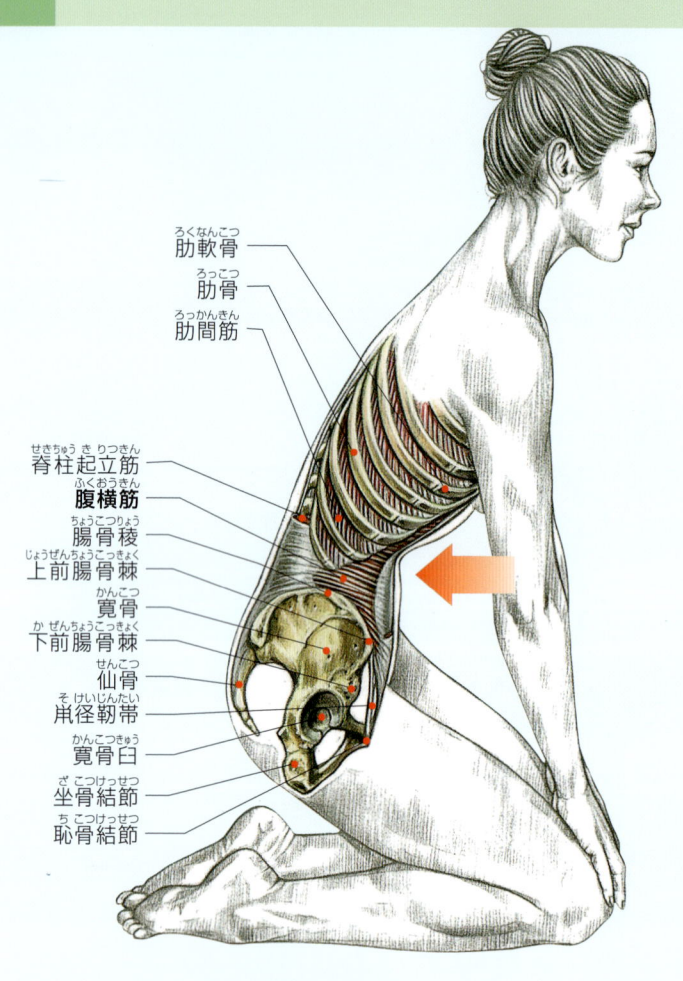

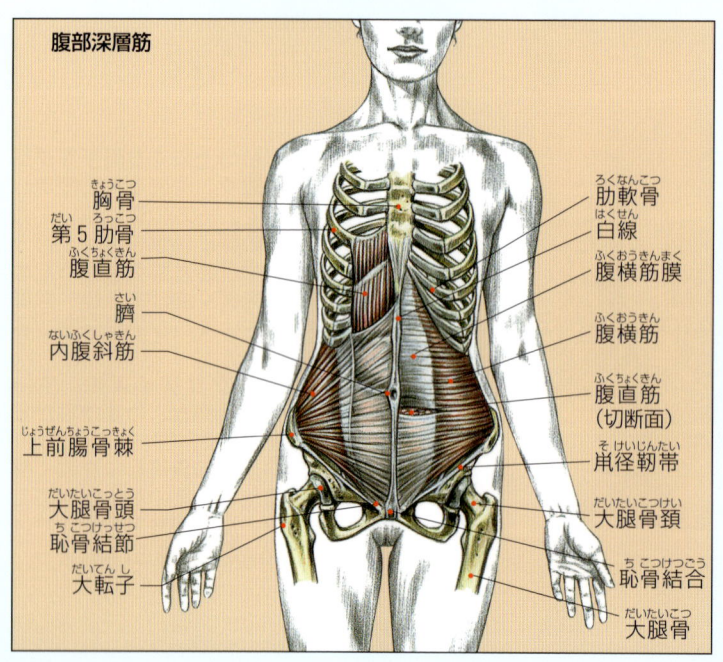

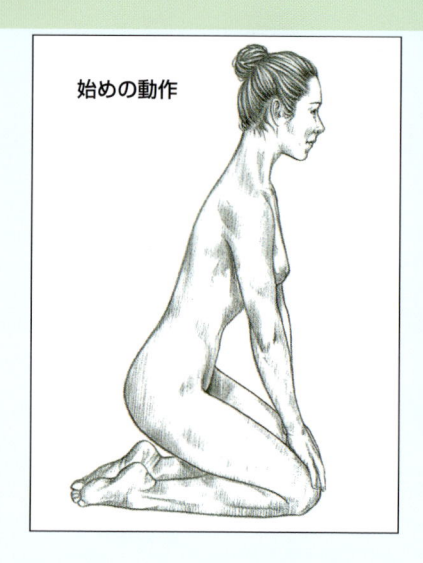

始めの動作

膝をつき、ヒップをかかとから軽く浮かせ、両腕を伸ばす。大腿の上に両手を置き背中を少し丸める。息を吸い、呼吸をブロックして腹部を最大限にへこます。息を吐きながら始めの姿勢にもどる。

このエクササイズは、主に腹筋群の最深部である腹横筋に働く。腹横筋の円環形で水平をなす線維が収縮しながら腹部の直径を縮めるのである。

このエクササイズは妊娠で弛んだ腹横筋を強化させるので、出産後の女性にすすめられる。

バリエーション
腹横筋への作用は、背中を軽く丸めた「四足」のスタイルでも得ることができる。座位の運動と同様に、息を吸い、呼吸をブロックして腹部をへこませ、始めの姿勢にもどりながら息を吐くこと。

備考
腹横筋の収縮を感じ取るのはむずかしい。したがって、作用の強度よりも筋肉の感覚に集中するようにしたい。

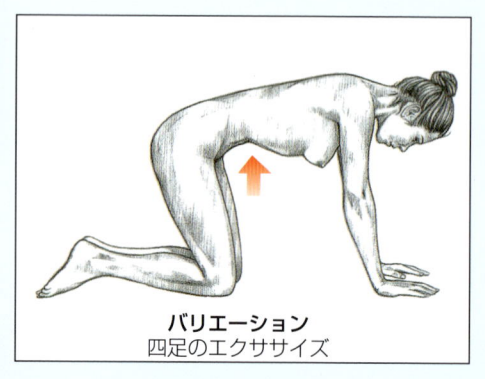

腹部深層筋

バリエーション
四足のエクササイズ

128

腹部

ホリゾンタル・スタビリゼーション①
（体を水平にして体幹を固定する）

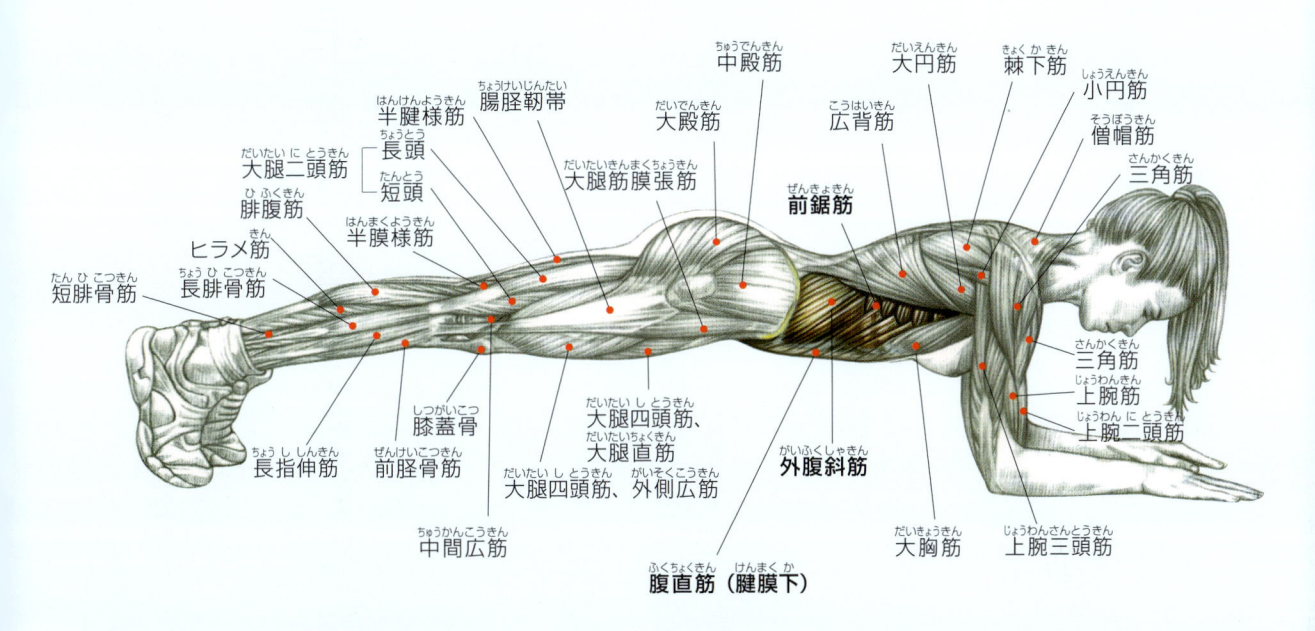

34

筋肉ラベル（図中）:
- 半腱様筋（はんけんようきん）
- 腸脛靭帯（ちょうけいじんたい）
- 中殿筋（ちゅうでんきん）
- 大殿筋（だいでんきん）
- 大円筋（だいえんきん）
- 棘下筋（きょっかきん）
- 小円筋（しょうえんきん）
- 大腿二頭筋（だいたいにとうきん）
- 長頭（ちょうとう）
- 大腿筋膜張筋（だいたいきんまくちょうきん）
- 広背筋（こうはいきん）
- 僧帽筋（そうぼうきん）
- 腓腹筋（ひふくきん）
- 短頭（たんとう）
- 前鋸筋（ぜんきょきん）
- 三角筋（さんかくきん）
- ヒラメ筋（きん）
- 半膜様筋（はんまくようきん）
- 短腓骨筋（たんひこつきん）
- 長腓骨筋（ちょうひこつきん）
- 三角筋（さんかくきん）
- 上腕筋（じょうわんきん）
- 上腕二頭筋（じょうわんにとうきん）
- 長指伸筋（ちょうししんきん）
- 前脛骨筋（ぜんけいこつきん）
- 膝蓋骨（しつがいこつ）
- 大腿四頭筋、大腿直筋（だいたいしとうきん、だいたいちょっきん）
- 外腹斜筋（がいふくしゃきん）
- 大腿四頭筋、外側広筋（だいたいしとうきん、がいそくこうきん）
- 中間広筋（ちゅうかんこうきん）
- 腹直筋（腱膜下）（ふくちょくきん、けんまくか）
- 大胸筋（だいきょうきん）
- 上腕三頭筋（じょうわんさんとうきん）

　両手を床につき、両肘とつま先で体を支える。体をできるだけ伸ばし、背中はあまり反らせないようにする。10秒間から20秒間この姿勢を続ける。呼吸は通常。頭を床と正対させ、首にあまり力をかけないようにする。
　このエクササイズは、主に腹直筋ならびに外・内腹斜筋に働く。また、胸郭に付着している肩甲骨を支えようとして前鋸筋にも強く作用する。

備考
　体を水平にする姿勢は、静的なアイソメトリックスによるエクササイズである。すなわち、筋の収縮によって関節が動くようなことはない。
　上体の挙上や「クランチ」のように関節の働きをきたえる動的なエクササイズの後で、このエクササイズをメニューに加えるとよい。

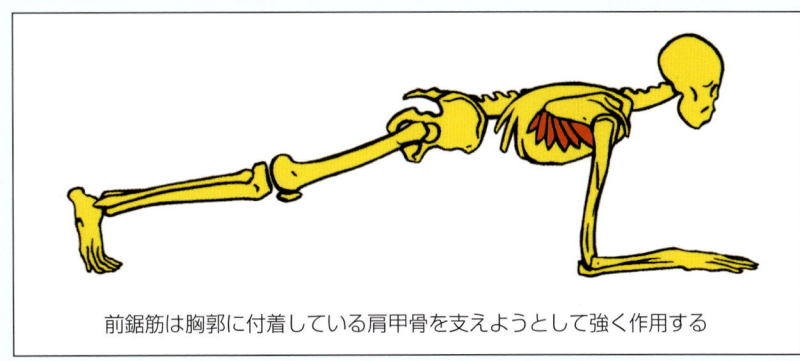

前鋸筋は胸郭に付着している肩甲骨を支えようとして強く作用する

バリエーション
- 腹斜筋を強化するために側面静止の方法がある（アイソメトリックス）。
- 骨盤をゆっくりと下ろしながら、床につけないでまた始めの姿勢にもどるという軽めの動的エクササイズもある。

　後者のバリエーションでは、反復10回をゆっくりと行うとよい。

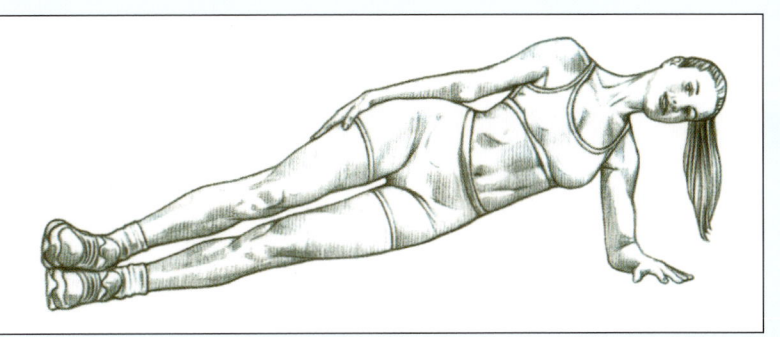

背部 IV

1. プローン・ボディアーチ …………132
2. ホリゾンタル・スタビリゼーション② ……133
3. バックエクステンション …………134
4. デッドリフト ……………………136
5. ワイドスタンス・デッドリフト ……138
6. マシン・バックエクステンション ……139

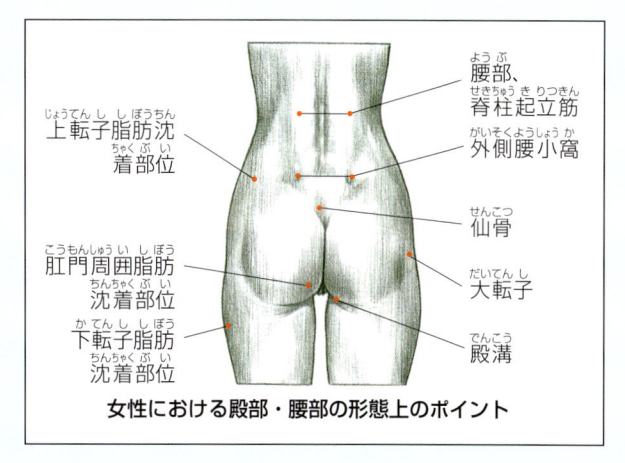

女性における殿部・腰部の形態上のポイント

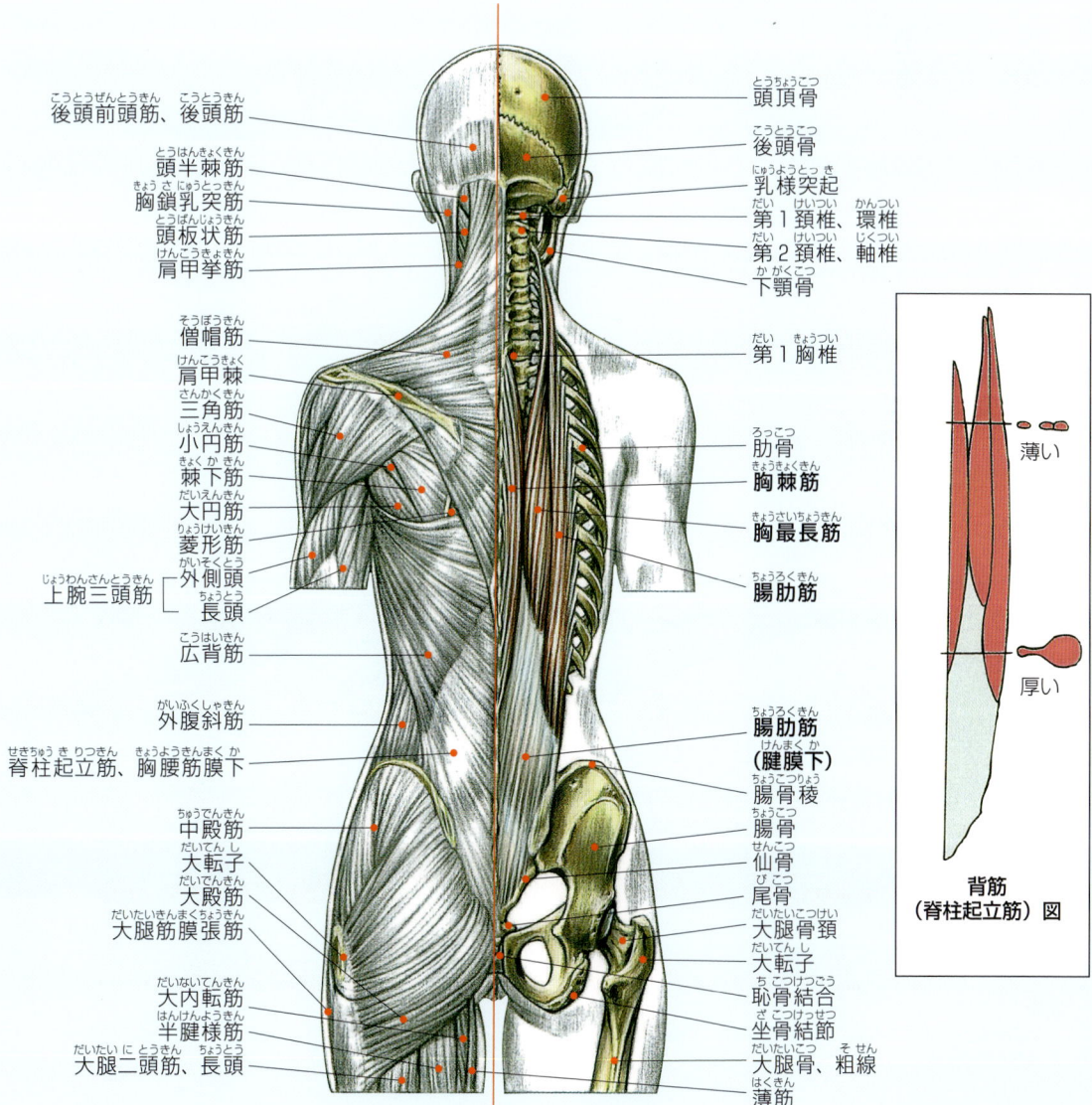

- 上転子脂肪沈着部位
- 肛門周囲脂肪沈着部位
- 下転子脂肪沈着部位
- 腰部
- 脊柱起立筋
- 外側腰小窩
- 仙骨
- 大転子
- 殿溝

- 後頭前頭筋、後頭筋
- 頭半棘筋
- 胸鎖乳突筋
- 頭板状筋
- 肩甲挙筋
- 僧帽筋
- 肩甲棘
- 三角筋
- 小円筋
- 棘下筋
- 大円筋
- 菱形筋
- 上腕三頭筋　外側頭／長頭
- 広背筋
- 外腹斜筋
- 脊柱起立筋、胸腰筋膜
- 中殿筋
- 大転子
- 大殿筋
- 大腿筋膜張筋
- 大内転筋
- 半腱様筋
- 大腿二頭筋、長頭

- 頭頂骨
- 後頭骨
- 乳様突起
- 第1頚椎、環椎
- 第2頚椎、軸椎
- 下顎骨
- 第1胸椎
- 肋骨
- **胸棘筋**
- **胸最長筋**
- **腸肋筋**
- **腸肋筋（腱膜下）**
- 腸骨稜
- 腸骨
- 仙骨
- 尾骨
- 大腿骨頚
- 大転子
- 恥骨結合
- 坐骨結節
- 大腿骨、粗線
- 薄筋

背筋（脊柱起立筋）図

- 薄い
- 厚い

背部

1 プローン・ボディアーチ（床上で股関節の伸展）

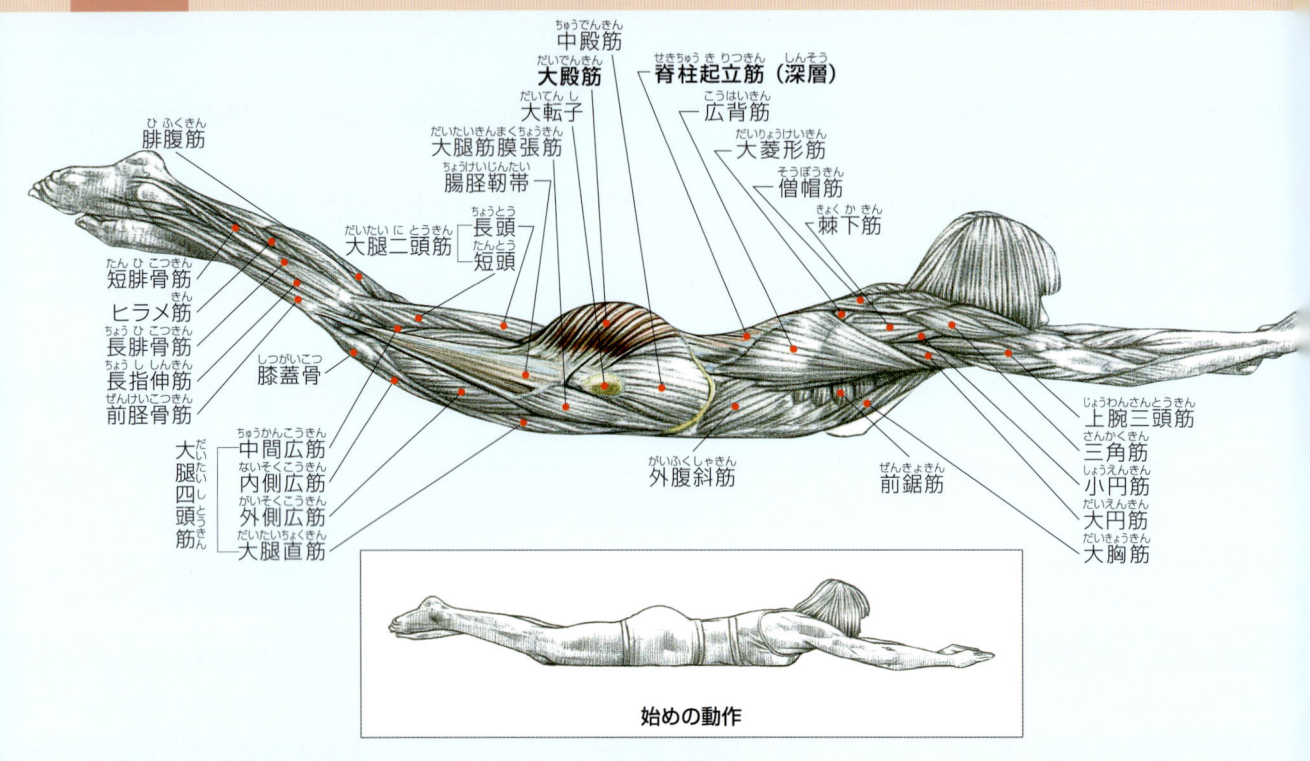

筋肉ラベル（上から順、左側）:
腓腹筋、短腓骨筋、ヒラメ筋、長腓骨筋、長指伸筋、前脛骨筋、大腿四頭筋、中間広筋、内側広筋、外側広筋、大腿直筋、膝蓋骨、大腿二頭筋（長頭・短頭）、大腿筋膜張筋、腸脛靭帯、大転子、中殿筋、大殿筋、脊柱起立筋（深層）、広背筋、大菱形筋、僧帽筋、棘下筋、上腕三頭筋、三角筋、小円筋、大円筋、大胸筋、前鋸筋、外腹斜筋

始めの動作

床に腹ばいになり、頭を起こし正面を見る。両腕・両脚を床から少し浮かせて伸ばし、同時にできるだけ高く上げるようにして上体の伸展を行う。数秒の間収縮を保ち、始めの姿勢にもどる。10回から15回のゆっくりとした反復でよりよい効果が得られる。

このエクササイズは脊柱起立筋とりわけ腰部起立筋を働かせるのに適している。また、大殿筋と首（うなじ）の筋（板状筋、半棘筋と上部の筋、あるいは僧帽筋の鎖骨部）にも作用する。用具のない場合でも行えるエクササイズである。

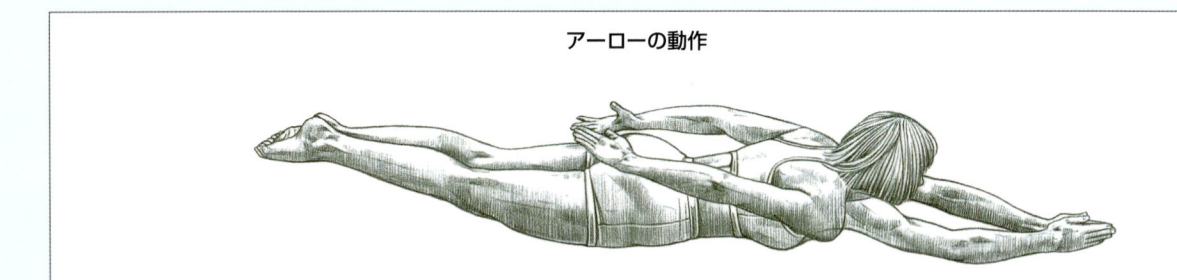

アーローの動作

バリエーション

腹ばいになり、頭を上げて正面を見る。背中を軽く反らせ、両腕・両脚を床から数センチ離し両手を合わせて伸ばす。背中で両手を合わせるようにし、始めの姿勢にもどる。両手・両足を床につけない。10回から15回の反復を行えばよい効果が得られる。

床上の上体伸展と同様に、このエクササイズは脊柱起立筋全体に働くが、背中で両腕を接近させるときは菱形筋と僧帽筋の中間部と下部にも作用する。

備考

両腕を大きく動かす運動なので、肩甲骨・上腕骨に問題を抱える人、すなわち一方の肩または両肩がいたむ人はこのエクササイズを避けるべきである。

背部

ホリゾンタル・スタビリゼーション②
(体を水平にしたままで脚と腕の挙上)

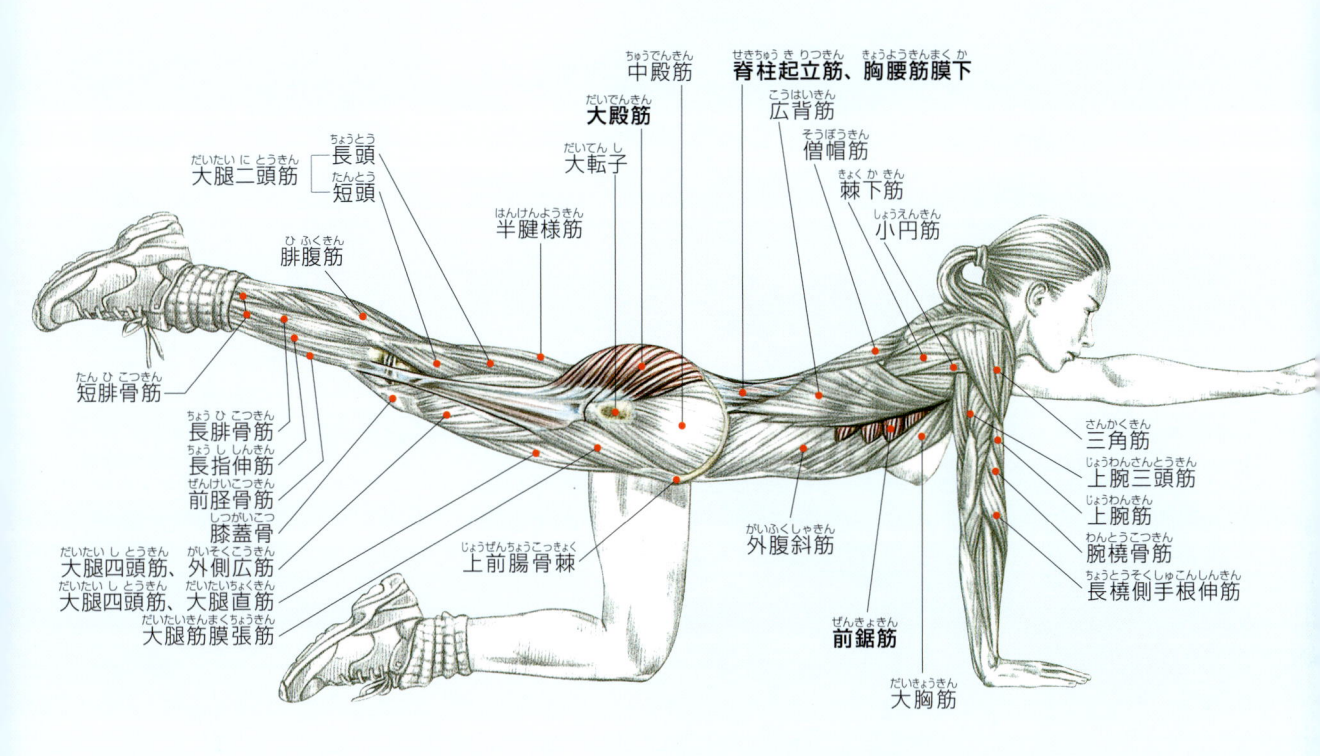

2

左脚で膝をつき右手で体を支える。息を吸い、ゆっくりと右脚と左腕を上げ、背中はできるだけ真っ直ぐに保つ。挙上の最後に息を吐く。ゆっくりと息を吸いながらこの姿勢を10秒間から20秒間続ける。始めの姿勢にもどる。方向を変えて繰り返す。

このエクササイズは、大殿筋、腰方形筋、脊柱起立筋全体(脊椎に沿った深層筋)に働き、腕を上げたときは三角筋にも働く。支える手の側の前鋸筋もまた上体の肩甲骨を支えようとして作用する。

バリエーション
このエクササイズは、挙上の終わりで直ちに方向を変え交互に挙上を行うこともできる。

背部

3 バックエクステンション（ベンチで股関節の伸展）

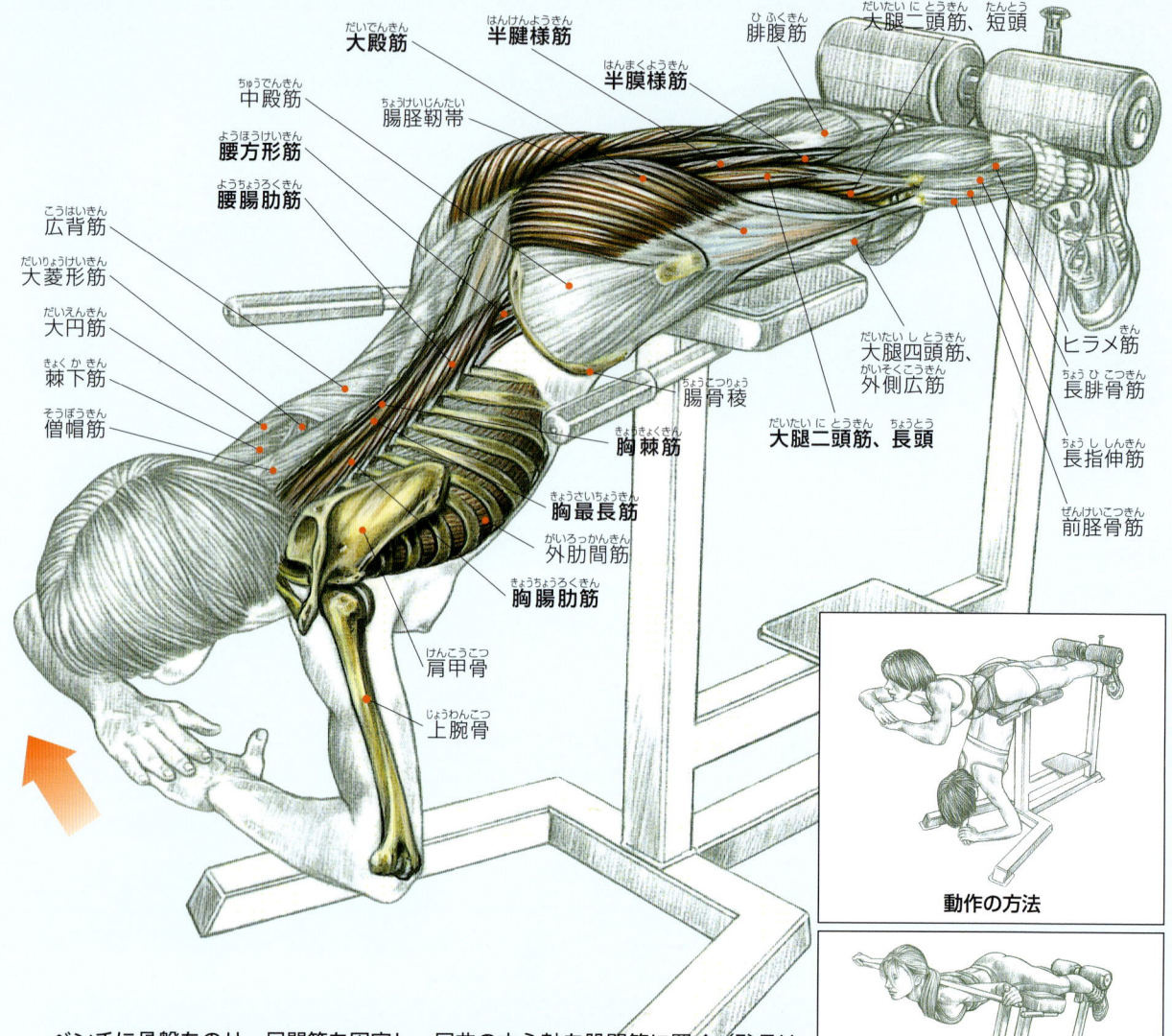

大殿筋 / 中殿筋 / **半腱様筋** / 半膜様筋 / 腓腹筋 / 大腿二頭筋、短頭
腸脛靭帯
腰方形筋
腰腸肋筋
広背筋 / 大菱形筋 / 大円筋 / 棘下筋 / 僧帽筋
腸骨稜
大腿四頭筋、外側広筋 / ヒラメ筋 / 長腓骨筋 / 長指伸筋 / 前脛骨筋
胸棘筋
大腿二頭筋、長頭
胸最長筋
外肋間筋
胸腸肋筋
肩甲骨
上腕骨

動作の方法

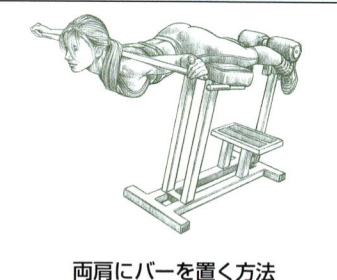

両肩にバーを置く方法

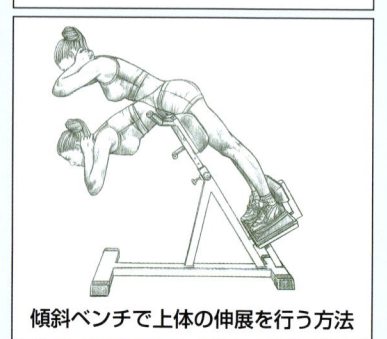

傾斜ベンチで上体の伸展を行う方法

　ベンチに骨盤をのせ、足関節を固定し、屈曲の中心軸を股関節に置く（恥骨はベンチの外になる）。上体を曲げる。頭を上げながら水平の位置になるまで伸展を行う。続いて腰を強く反らせて最大限の伸展まで持ってくる。後者の伸展では背中をいためないように慎重に行われなければならない。
　このエクササイズは、主に脊柱起立筋の全体（腰腸肋筋、胸最長筋、胸棘筋、頭板状筋、頭半棘筋）、腰方形筋、そしてわずかながら大殿筋、（大腿二頭筋短頭を除く）ハムストリングスに働く。さらに、上体の完全屈曲は仙腰筋全体をしなやかにするのに適している。
　ベンチ上の骨盤を固定すれば（屈曲の中心軸は体の前方に移動する）、負荷はもっぱら仙腰筋にかかるが、スローな動作で行えば、運動の振幅が限られ梃子（てこ）の作用によって最大の力が得られる。
　作用する場所をより限定したければ、伸展の最後に数秒の間上体を水平に保つとよい。初級者には運動が快適にできる傾斜ベンチがあるのですすめたい。

バリエーション
- 両肩にバーをのせて上体の伸展を行えば、背の上部を固定し、負荷を脊柱起立筋下部に限定することができる。
- 別のマシーンを用いて棘筋の仙腰筋全体に働きを限定させることができる（139頁参照）。
- より強度を求めるなら、円盤を胸に抱えたり首（うなじ）の後ろに置いて行う方法がある。

背部

ぎっくり腰

ぎっくり腰は腰部の苦痛を伴う疾患でごくありふれたものである。一般に軽傷とされるが、ぎっくり腰は背の深層にあって脊椎間の骨突起をつないでいる脊椎沿いの小筋の痙攣による場合が一番多いため、重大な疾患を招く恐れもある。

脊椎の回転や伸展のときにコントロールが悪いと、この小筋の一つが過度に伸びたり裂傷を負ってひとりでに収縮する。すると同時にとなりの小筋も収縮し、同様に脊柱起立筋やさらに表層の筋まで収縮を引き起こす。背中はひどく痛んで動かなくなるが、この痙攣のおかげで深層の小筋を傷つけたり裂傷を引き起こしかねない運動から回避できるのである。

この背筋の一部の痙縮はしばらく続くが、深層の小筋全体が回復すると共に消えるものである。しかし、筋の回復後もぎっくり腰がいすわって、背中の限られた場所での痙縮が数週間、人によっては数年間も続くことがある。

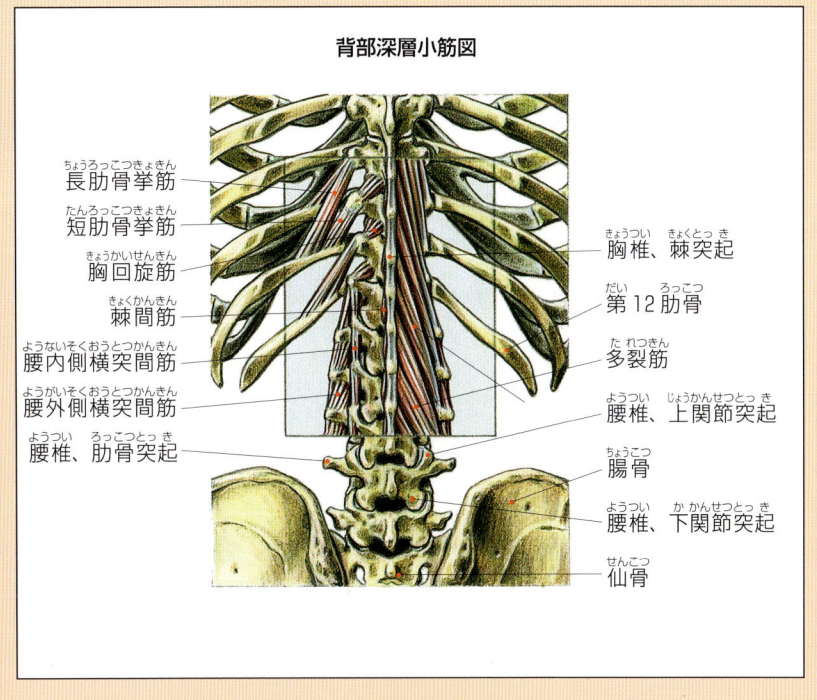

背部深層小筋図

長肋骨挙筋 / 短肋骨挙筋 / 胸回旋筋 / 棘間筋 / 腰内側横突間筋 / 腰外側横突間筋 / 腰椎、肋骨突起 / 胸椎、棘突起 / 第12肋骨 / 多裂筋 / 腰椎、上関節突起 / 腸骨 / 腰椎、下関節突起 / 仙骨

備考
ぎっくり腰は背筋の苦痛を伴う痙縮であり、それ自体としては軽傷でも、椎間板ヘルニアや脊椎沿いの筋・靭帯の裂傷、欠損といったより重大な疾患をともなうことがある。

背中を反らすべきか？

脊椎に疾患をもっていない人は、エクササイズで背中を反らせても何ら危険はない。それどころか、スクワット（50頁）やデッドリフト（136頁）のような脊柱を丸めやすい運動では、背中を反らすことで裂傷をあらかじめ防ぐことができるのである。

しかし、人によってはエクササイズで背中を反らすことが大変危険なことがある。

先天性脊椎症（脊椎弓癒合の欠如）を患う人は、腰部脊柱の伸展を行うと椎骨の滑り（脊椎症）を引き起こし、神経を深刻に圧迫することがある（坐骨神経痛を引き起こす）。また、まだ成長過程を終えていない人や、骨粗しょう症の年齢で鉱物質欠乏をきたしている人が腰部脊柱の伸展を行うと、脊椎弓の欠損による脊椎症を引き起こす恐れがある。脊椎固定システムが壊れると、脊椎が滑り神経を深刻に圧迫するからである（坐骨神経痛を引き起こす）。

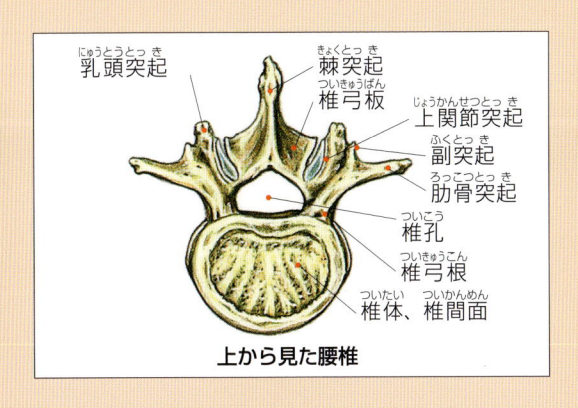

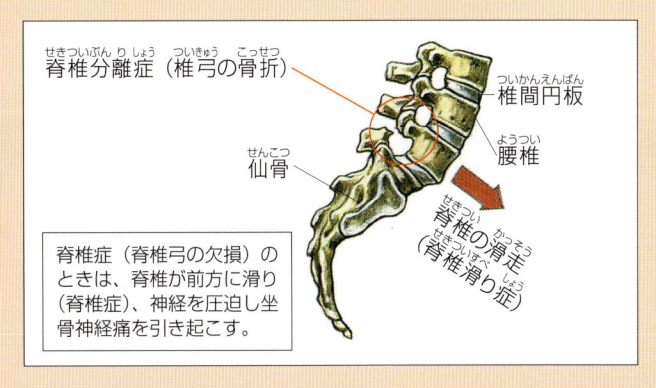

乳頭突起 / 棘突起 / 椎弓板 / 上関節突起 / 副突起 / 肋骨突起 / 椎孔 / 椎弓根 / 椎体、椎間面

上から見た腰椎

脊椎分離症（椎弓の骨折） / 椎間円板 / 仙骨 / 腰椎 / 脊椎の滑走（脊椎滑り症）

脊椎症（脊椎弓の欠損）のときは、脊椎が前方に滑り（脊椎症）、神経を圧迫し坐骨神経痛を引き起こす。

背部

4 デッドリフト

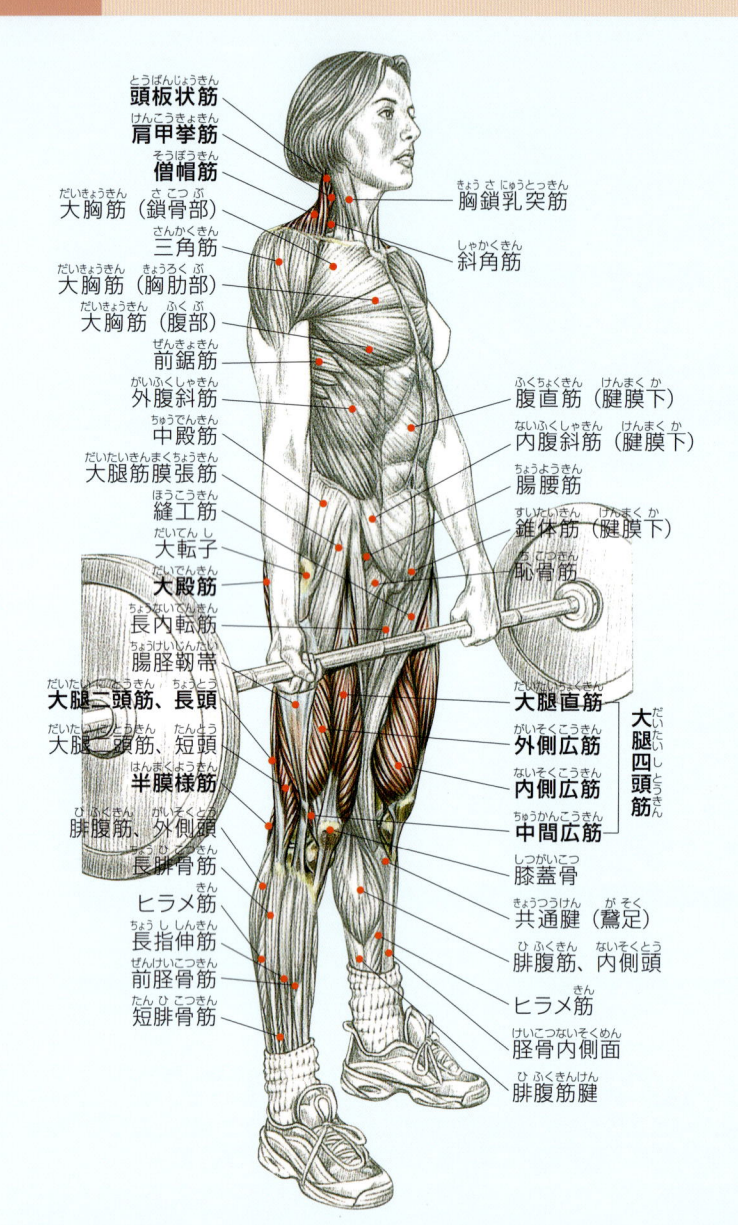

筋肉ラベル（左上から）:
- 頭板状筋
- 肩甲挙筋
- 僧帽筋
- 大胸筋（鎖骨部）
- 三角筋
- 大胸筋（胸肋部）
- 大胸筋（腹部）
- 前鋸筋
- 外腹斜筋
- 中殿筋
- 大腿筋膜張筋
- 縫工筋
- 大転子
- 大殿筋
- 長内転筋
- 腸脛靭帯
- 大腿二頭筋、長頭
- 大腿二頭筋、短頭
- 半膜様筋
- 腓腹筋、外側頭
- 長腓骨筋
- ヒラメ筋
- 長指伸筋
- 前脛骨筋
- 短腓骨筋

右側ラベル:
- 胸鎖乳突筋
- 斜角筋
- 腹直筋（腱膜下）
- 内腹斜筋（腱膜下）
- 腸腰筋
- 錐体筋（腱膜下）
- 恥骨筋
- 大腿直筋
- 外側広筋
- 内側広筋 （大腿四頭筋）
- 中間広筋
- 膝蓋骨
- 共通腱（鵞足）
- 腓腹筋、内側頭
- ヒラメ筋
- 脛骨内側面
- 腓腹筋腱

動作の方法

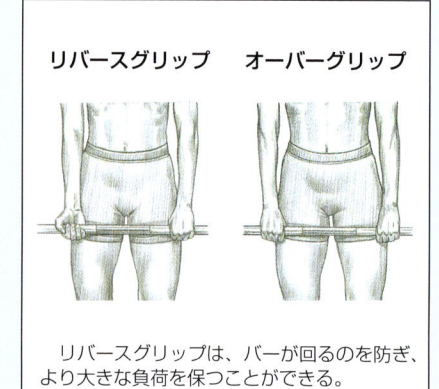

リバースグリップ　オーバーグリップ

リバースグリップは、バーが回るのを防ぎ、より大きな負荷を保つことができる。

⚠ けがを避けるために、動作中は背中を決して丸めないことが重要である。

立ってバーに向かい、脚を軽く開く。背中を固定し少し反らす。大腿が水平近くなるまで脚を曲げる。この姿勢は足関節の柔軟さや個人の体つきによって変わる（大腿骨が短く腕も短ければ大腿は水平位置。大腿骨が長く腕も長ければ大腿は水平位置より少し高い位置）。

腕を伸ばしてバーをつかみ、両手は肩幅より少し広げ回内でバーを握る。片方の手の持ち方を逆にすると（一方の手は回内で、もう一方の手は回外で）、バーが回るのを防ぐことができ、より大きな負荷を保つことができる。息を吸い、呼吸をブロックして腹筋と腰部を収縮させる。脚を伸ばしながらバーを持ち上げ、脛骨に沿って上げ、続いてバーが膝のところまできたら、下肢の伸展を行いながら上体を完全に起こす。動作の最後に息を吐く。体の伸展を2秒間、続いて腹筋と腰部を収縮させた状態でバーを止める。

エクササイズの間は決して背中を丸めないこと。

このエクササイズでは体の筋全体に働くが、仙腰筋と僧帽筋をきたえるのには極立って有効である。また、殿筋と大腿四頭筋にも強く作用する。

背部

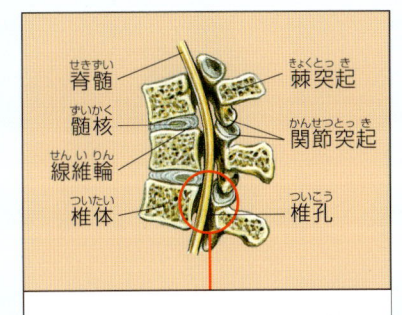

脊椎屈曲の際は、椎間板は前部が挟まれ後部が少し開いている。髄核液が後方に移り神経を圧迫することがある（坐骨神経痛が起こる）。

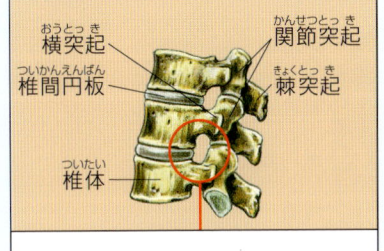

椎間孔（脊髄から出た神経がここを通る）

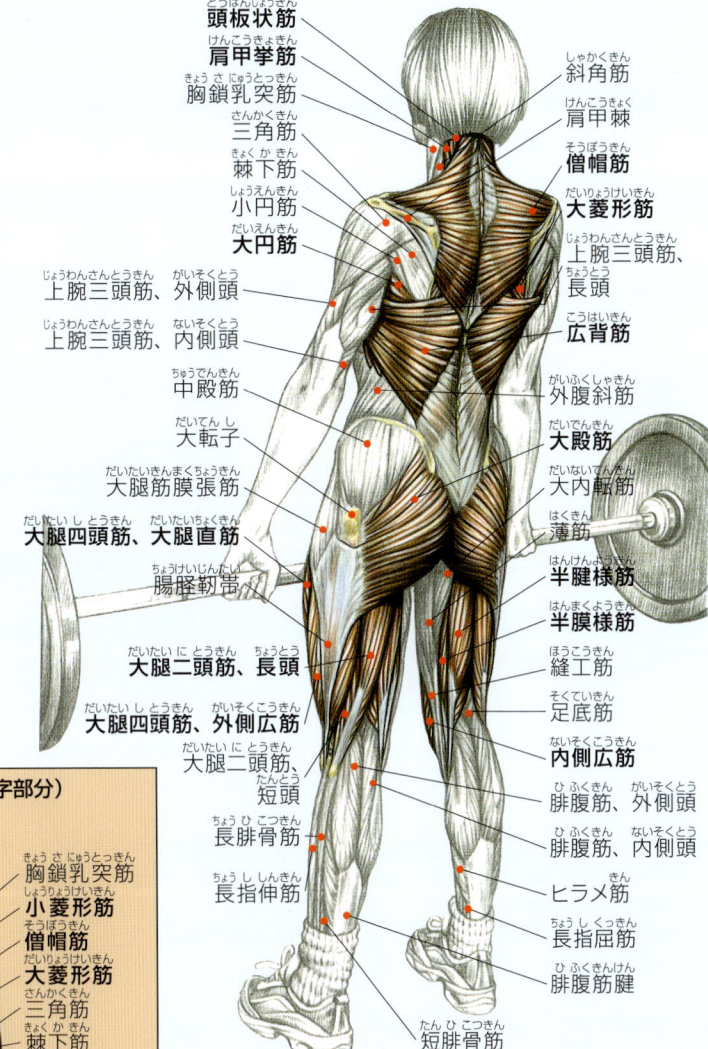

デッドリフトによって作用する筋（太字部分）

どのような運動であれ重い負荷を用いて行うときは、呼吸の「ブロック」が必要である。

- 深呼吸をして胸をふくらませ、そこで呼吸をブロックすれば風船のように肺が空気で満たされる。こうして胸郭が強化され、上体の前傾を防ぐことができる。
- 腹筋全体を収縮させることで腹圧は上がるが、腹部が強化され上体が前方に下がることを防ぐことができる。
- 最後に、腰筋の収縮によって背下部を反らせば、脊柱下部を伸展させることができる。

「ブロック」と呼ばれるこれら三つの動きは、同時に行われる。背中を丸めたり脊椎を屈曲するときに負荷が大きいと椎間板ヘルニアを誘発しやすいが、この三つの動きはこうしたことを防ぐ作用がある。

背部

5 ワイドスタンス・デッドリフト（スモウスタイル）

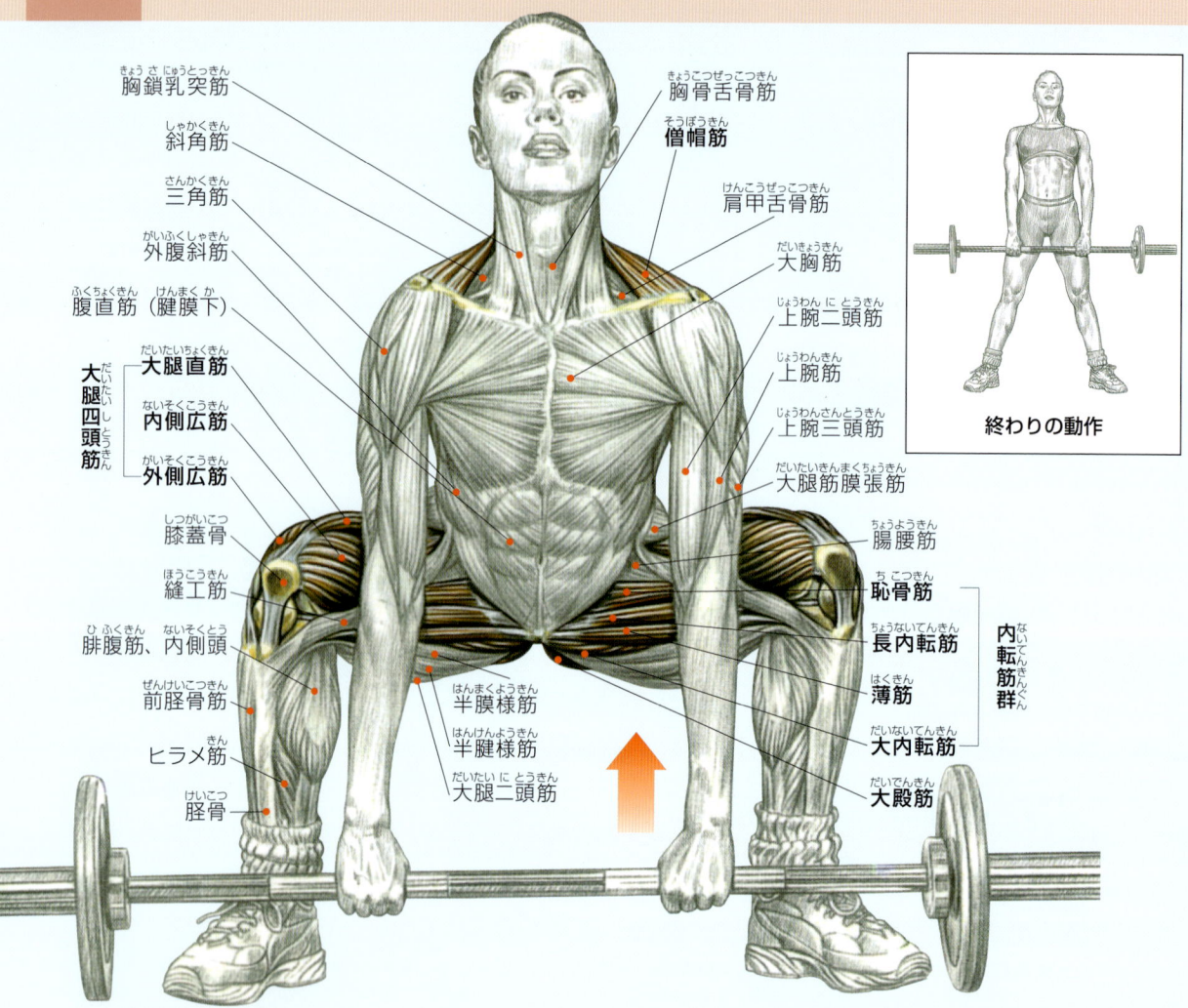

筋肉ラベル（上半身・下半身の図）：
- 胸鎖乳突筋
- 斜角筋
- 三角筋
- 外腹斜筋
- 腹直筋（腱膜下）
- 大腿四頭筋
  - 大腿直筋
  - 内側広筋
  - 外側広筋
- 膝蓋骨
- 縫工筋
- 腓腹筋、内側頭
- 前脛骨筋
- ヒラメ筋
- 脛骨
- 胸骨舌骨筋
- 僧帽筋
- 肩甲舌骨筋
- 大胸筋
- 上腕二頭筋
- 上腕筋
- 上腕三頭筋
- 大腿筋膜張筋
- 腸腰筋
- 恥骨筋
- 長内転筋
- 薄筋
- 大内転筋
- 内転筋群
- 大殿筋
- 半膜様筋
- 半腱様筋
- 大腿二頭筋

終わりの動作

デッドリフトで作用する深層筋（スモウスタイル）

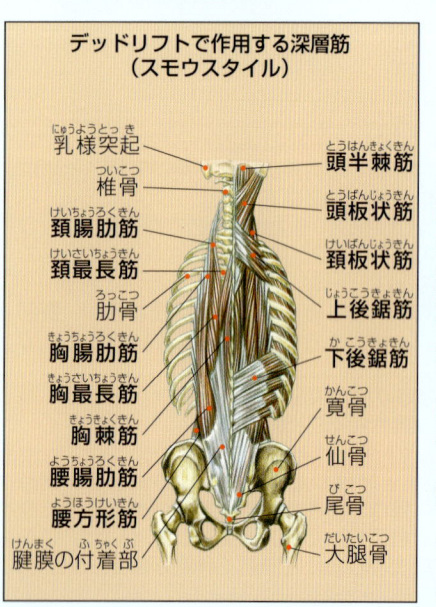

- 乳様突起
- 椎骨
- 頚腸肋筋
- 頚最長筋
- 肋骨
- 胸腸肋筋
- 胸最長筋
- 胸棘筋
- 腰腸肋筋
- 腰方形筋
- 腱膜の付着部
- 頭半棘筋
- 頭板状筋
- 頚板状筋
- 上後鋸筋
- 下後鋸筋
- 寛骨
- 仙骨
- 尾骨
- 大腿骨

立ってバーに向かう。脚を軽く開き、足先を外側に向ける。軸は常に膝に置く。大腿が水平位置にくるまで脚を曲げる。バーをつかみ肘を伸ばす。両手は回内で肩の幅より少し広げる。手の握りを変えれば（一方の手を回外、もう一方を回内）バーが回るのを防ぎ、より大きな負荷が保持できる。息を吸い、呼吸をブロックする。背中を少し反らせ、腹筋を収縮させる。脚を伸ばし上体を垂直姿勢まで引き起こす。両肩を後方に引き、動作の最後に息を吐く。呼吸をブロックしながらバーを床に下ろす。決して背中を丸めないこと。

伝統的なデッドリフトと異なり、このエクササイズは大腿四頭筋、大腿内転筋群により強く働く。また、始動時の姿勢の前傾が少ないので強度はあまりないが、背部にも作用する。

備考

始動のときにバーを脛骨に沿って滑らすことが大切である。反復を多く（最大10回）とり負荷を軽くすれば、大腿と殿筋を働かせながら腰部を強化させるのに適している。

しかし、負荷が重くなれば、エクササイズは慎重に行い、股関節や大腿内転筋、また働きが非常に大きい仙腰筋蝶番関節をいためないようにしなければならない。

背部 6

マシン・バックエクステンション
（マシンを用いて上体の伸展）

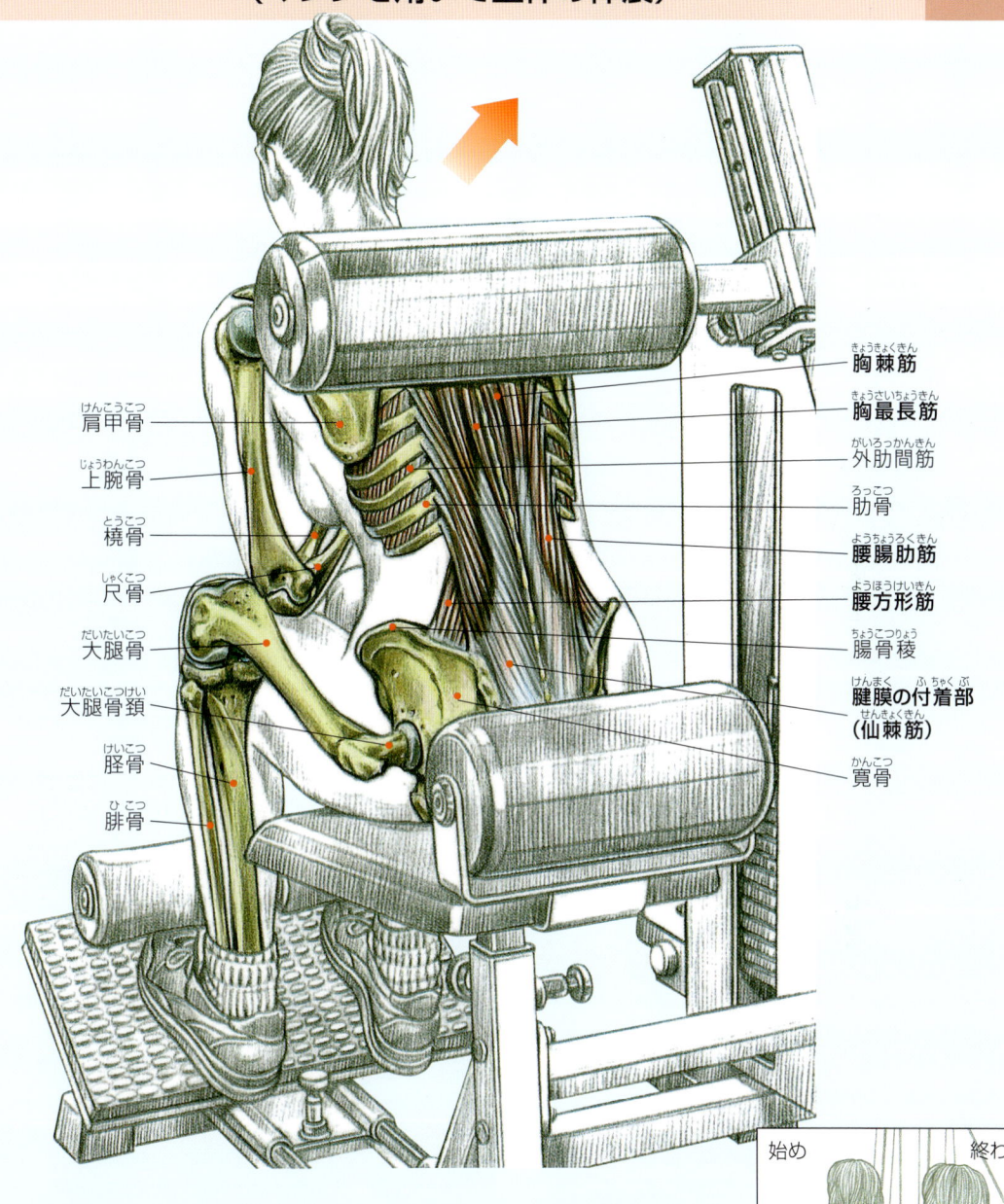

図中ラベル：
- 肩甲骨（けんこうこつ）
- 上腕骨（じょうわんこつ）
- 橈骨（とうこつ）
- 尺骨（しゃっこつ）
- 大腿骨（だいたいこつ）
- 大腿骨頸（だいたいこつけい）
- 脛骨（けいこつ）
- 腓骨（ひこつ）
- 胸棘筋（きょうきょくきん）
- 胸最長筋（きょうさいちょうきん）
- 外肋間筋（がいろっかんきん）
- 肋骨（ろっこつ）
- 腰腸肋筋（ようちょうろくきん）
- 腰方形筋（ようほうけいきん）
- 腸骨稜（ちょうこつりょう）
- 腱膜の付着部（けんまくのふちゃくぶ）（仙棘筋）（せんきょくきん）
- 寛骨（かんこつ）

始め　終わり

動作の方法

　マシンの椅子に腰掛け、上体を前方に傾ける。マシンのロールを肩甲骨の位置に置く。息を吸い、上体を最大限に引き起こす。息を吐きながらゆっくりと始めの姿勢にもどり、繰り返す。
　このエクササイズは脊柱起立筋に働くが、下背部とより正確には棘筋の仙腰筋に作用が限定される。
　初級者に適しており、10回から20回の反復運動を行えば、次に背筋のより高度なエクササイズに移るための必要な力が十分に得られる。
　このエクササイズはまた、反復回数を減らしながら負荷をもっと大きくして行うこともできる。運動の幅や負荷をマシンで調整できるので、同じセットの中でいろいろと変えて行うこともできる。

例
　少な目の負荷と完全な振幅運動を15回の2セット、続いてより大きな負荷と小さ目の振幅で7回の2セット。

139

■用語解説

■あ 行

アイソメトリック 筋力強化のテクニックの一つ。動かない固定された器具、物体に対し、一定時間筋力を発揮し続ける。筋収縮の間、関与する関節の角度は不変である。

アキレス腱 下腿の筋の腱で、踵骨に停止する（踵骨隆起）。

烏口突起 肩甲骨の上端の突起。

羽状の 羽のように配置された、の意。

■か 行

回外 手のひらを前、親指を外に向ける前腕の回旋。

回外筋 手、前腕を内から外へ回旋させる筋。

回内 1. 回旋筋の作用による、上腕、前腕の外から内への回旋。2. 手のひらが下、親指が中を向いているときの手の位置。

解剖学（ギリシャ語で「分析、細分化」の意）生物の形状と構造の研究（形態学の項参照）。

肩（ラテン語で「へら」の意）この語は肩甲骨に与えられたもの（肩甲骨の項参照）。腕の上端が胸郭と関節結合する部分。上腕骨と肩甲帯の関節結合。

滑膜 可動関節内面を覆う膜。滑液を含む。

可動関節 可動性の関節で、関節窩は滑膜で制限されている（滑膜の項参照）。骨の先端は軟骨で覆われていて、関節包および靭帯で結びつけられている。

寛骨臼 寛骨の関節窩で、大腿骨頭がおさまっている。

関節 関節間の連結。軟らかい部分と固い部分があり、隣接する2個あるいはそれ以上の骨が連結している。可動関節（可動連結）、不動関節（不動連結）、半可動関節（半関節）の種類がある。

関節顆 関節の凸状の面で、他の骨の関節窩にはまっている。

関節包 可動関節を包む線維の包みで、靭帯と共に骨の関節面への接触の維持に寄与している。

外傷 外力の作用によって生じる損傷の結果。

外転筋 四肢を正中線から離す。

起始 筋または腱の骨への付着。

胸骨 胸郭前面の中央に縦に走る骨。胸骨柄（上端）、体（中央）、剣状突起（下端）の3つの部分からなる。

筋 収縮性のある結合組織で構成された器官。次のように分類される。1. 平滑筋：特に内臓に存在。2. 骨格筋：随意筋。3. 心筋：意志とは無関係に収縮する不随意筋。

筋線維 骨格筋は、非常に長くて細い、収縮性のある筋線維からなる。骨上、靭帯、筋膜に起始・停止をもつ。

筋線維束 同じ起始から出て、同じ走行、同じ停止をもつ筋線維の集合体。

筋膜 結合組織の膜。筋群または器官を覆う。

クランチ（英語で「押しつぶす」の意）腹筋強化のための特別なエクササイズの名称。

グッドモーニング（英語で「おはよう」の意）上体を前傾させ、起こす。

形態学 生物の外的な形についての学問。

結合 骨同士がほぼ不動の関節。半関節と呼ばれる（関節の項参照）。

腱 筋から出て骨に付着する線維束。

肩甲骨 胸郭の上・後方にある平板な骨。肩甲下窩、肩甲棘、肩峰、棘上窩、棘下窩、烏口突起、関節窩からなる（肩の項参照）。

肩甲帯 鎖骨、肩甲骨、烏口突起からなる肩の骨格。

項 後頭部の下にある頚後面（後頭部の項参照）。

後傾 器官が後方に傾いた位置。

後頭部 頭蓋骨の後・下部。

後弯 脊柱の後方へ凸の湾曲（前弯の項参照）。

股関節・大腿の 寛骨と大腿骨に関わる。

股関節部（腰部） 寛骨・大腿骨の関節に関わる形態上の部位。一般的には、体幹と下肢の連結部分。

腰 殿部、股関節（腸骨の項参照）。

■さ 行

座骨 1. 座骨神経：仙骨神経叢に由来する。下行して大腿後面を進み、膝関節の後面に終わる。人体で最も長くて太い神経。2. 座骨神経痛：座骨神経およびその枝の走行に沿った強い痛み。脊柱間での神経根の炎症によって起こっている場合も多い。

尺骨 前腕の2個の骨のうち、内側にある方。上端は肘関節を形成する。

心臓血管 心臓と血管（動脈、静脈、毛細血管）の両方に関わる。

振幅 弧、カーブの頂点の間の隔たり、距離。

ジャーク（「クリーン＆ジャーク」の略称）オリンピックの重量挙げ種目の一つで、次の2段階の動きがある。1. クリーン：床に置いたバーベルを一気に肩まで持ってきて安定させる。2. ジャーク：そのポジションから、脚の筋力を利用してバーベルを一気に頭上に垂直に挙上し、安定させる。

上顆 大腿骨下端の骨起（突起の項参照）。

上腕骨 肩から肘にいたる長い骨。

靭帯 非常に抵抗力の強い結合組織の帯で、一つの関節を形成する骨をつなぎ合わせる。または器官を固定する役割をもつ。

垂直ロウイング ボート漕ぎと同様の動作で、縦に引き上げること。

スクワット（英語で「しゃがむ」の意）負荷あり・なしで、下肢の屈曲・伸展。

スナッチ オリンピックの重量挙げの動きで、両手でバーを床から一気に頭上まで挙上し、その位置で保持する（ジャークの項参照）。

脊柱弯曲 前弯と後弯の項参照。

用語解説

脊椎　脊柱の骨。中央を脊髄が走行する。脊柱は33〜34の骨からなる。頸椎7、胸椎12、腰椎5、仙椎5、尾椎4〜5が癒合し尾骨となる。

仙骨　4〜5個の仙椎からなる三角形の骨。第5腰椎と尾椎の間。

前傾　体幹を前に傾けること（後傾の項参照）。

前弯　脊椎の、頸椎および腰椎の部分の前方へ凸の湾曲。

■ た 行

大腿骨　大腿の骨。ヒトの骨格の中で最も長く、最も強い。大腿骨頭、大腿骨頸、大転子、小転子、顆、骨幹からなる。

大腿骨頸　大腿骨「頭」で終わる大腿骨の上端で、寛骨臼と関節を形成している。

力　体を変形させ、また、停止や運動の方向、速度の状態を変えうるあらゆる要因（ニュートンの法則の項参照）。すべての運動は、力によって生み出される（筋の収縮、重力、摩擦力）。筋力強化においては、力の測定の単位は原則としてキログラム。

恥骨　腸骨の前部（腸骨、恥骨結合の項参照）。

恥骨結合　腸骨の前部の固定された関節（出産のとき動く）。

腸骨　骨盤を形成する骨の中の2個の骨。座骨（寛骨の下部）、恥骨（寛骨の上・前部）と接合する。

腸骨筋　大腿屈筋。腸骨の内側面から出て、腰筋と共通の腱となり小転子に停止。

腸腰筋　大腿屈筋の2つの筋、腸骨筋と腰筋（大・小）の総称。

椎間板　弾性のある軟骨で、2つの椎骨を分けている（椎間板ヘルニアの項参照）。

椎間板ヘルニア　椎間板の髄核の部分が後方に押し出されることにより、椎間板が異常に突出して起こる。たとえば神経根の圧迫の原因となる。

てこ　筋はその力を当該関節を支点として回転する骨による「てこ」の原理を仲立ちとして伝える（モーメントの項参照）。

ディップス（英語で「傾く、下げる」の意）　平行棒上での腕の伸展による身体の押し上げ。

転子（ギリシャ語で「走ること」の意）　大腿骨頸部と体部の接続部（大腿骨頸部の下方）の上下にある2つの大きな隆起、大転子と小転子のこと。

突起　骨のはっきりと突き出た部分。

ドンキーカーフレイズ（直訳すれば、ロバ、ふくらはぎ、挙げる）　専門家の間で用いられている用語で、下腿の筋力強化のためのエクササイズ。ロバの背に置いた振り分け荷物の形からこう呼ばれる。

■ な 行

内転筋　四肢を正中線に近づける。

軟骨　可動関節の骨の表面を覆う、光沢のあるなめらかな組織（可動関節の項参照）。

ニュートンの法則　物理学者ニュートンは、力に関して次の3つの法則を明らかにした。ニュートンの第1の法則（慣性の法則）：外から力を受けていない物体（摩擦力も含める）は一定の速度で動き続けるか、制止したままである。ニュートンの第2の法則（加速の法則）：物体の運動力の変化の度合いは、物体に働いた力に比例し、この変化は力が働く方向に生まれる。ニュートンの第3の法則（作用・反作用の法則）：すべての作用は、反対方向に同じ反力を生み出す。2つの物体が衝突したときには、互いに反対方向に同じ力を作用させる。

ネガティブフェーズ　関節の一部分の移動を減速する筋の収縮。負荷はある場合とない場合がある（例：腕をゆっくりと下げるなど）。

■ は 行

肺活量　強制した呼気の量。この量の平均値は、女性で3.1リットル、男性で4.3リットル。

半回内位　（回内・回外中間位）回内の項参照。

バイオメカニクス　ヒト（または動物）の運動機構の研究にメカニクスを適用すること。人体に作用する力とその力によって生み出される効果を研究する科学。

尾骨　脊柱の小さな三角形の骨で、仙骨の下にある。

腹直筋　腹部前面の筋。

腹部　体幹の下部。胸部とは横隔膜で分けられる。

ベンチプレス　仰向けで腕を伸展させることにより、負荷を押し上げる。

ポジティブフェーズ　関節の一部分の移動を引き起こす筋の収縮。負荷はある場合とない場合がある（例：腕を挙げるなど）。

■ ま 行

モーメント　てこによって生み出された力は、力のモーメントと呼ばれる（力、てこの項参照）。

■ や 行

葉　境界のはっきりした内臓の部分（例：乳腺葉）。

腰筋　大腿屈筋。腰椎に付着し、腸骨筋と共通の腱となり、小転子に停止する。

腰仙部の　腰部と仙骨部に関わる。

腰痛症　腰部の痛み。エクササイズのやりかたが不適切であるために起こることも多い。

■ ら 行

ロウイング　バーを引くこと。

肋軟骨　肋骨の軟骨。骨上、靱帯、筋膜の起始・停止をもつ。

監訳者あとがき

関口 脩

　近年、スポーツ界において女性アスリートの進出は目覚ましく、アテネオリンピック大会では、ウエイトリフティング競技、レスリング競技、陸上競技（ハンマー投げ、棒高跳び）など過去に男子のみと思われていた種目に女性が正式種目として参加するようになった。このような種目に女性が参加したり、他の種目でも好成績を残そうとすれば、筋力トレーニングは不可欠の要素となってきた。わが国でもアテネ大会ではメダル獲得数37個のうち女性が17個獲得し、金メダルについても16個中の9個を獲得するなど素晴らしい活躍であった。大会後の報告会においても、女子のこの好成績の裏には筋力トレーニングなどによる基礎体力づくりやコンディショニングがとても重要であったと報告されている。

　本書は、これまであまり見られなかった女性向きの筋力トレーニングについて、解剖学の面から筋肉の起始と停止、走行などをイラストでリアルに表現しており、トレーニング方法の面からも部位別にトレーニング種目の動作と筋肉との関連をわかりやすく示している。

　本書の著者は、解剖学の研究者であり、芸術家でもあり、さらにパワーリフターとしても活躍していたことから、イラストの素晴らしさだけでなく、トレーニング内容についても具体的で、そのバリエーションも数多く紹介している。

　また、女性特有の身体に合ったトレーニング種目とその方法について、それぞれの筋力レベルに対応できる内容になっている。そのため、アスリートだけでなく一般女性の健康づくり、シェイプアップ、美しいプロポーションづくりなどに大変役立つ。

　本書は、一般女性も読者対象としているが、特にスポーツコーチ、ストレングス＆コンディショニング専門家、アスレティックトレーナー、フィジカルトレーナー、スポーツクラブインストラクター、体育教師など、スポーツを専門的に指導する立場にいる人には必携書である。もちろん、この分野の専攻学生のテキストとしても大変役立つものと確信している。一人でも多くの方々に本書が読まれ、女性の美容と競技力向上に貢献できるなら、監訳者として望外の喜びである。

　最後に、本書の出版に際してご尽力いただいた大修館書店の平井啓允氏をはじめ、医学、解剖学、トレーニング学など幅広い範囲の専門用語をわかりやすく翻訳していただいた長崎幸雄氏および清水章弘氏に心より感謝の意を表したい。

[著者紹介]
フレデリック・ドラヴィエ（Frédéric Delavier）
パリ芸術学院で形態学、その後医学部で解剖学を学び、国立博物館にて比較解剖学を研究。1988年パワーリフティングのフランス銀メダリストであり、雑誌「パワーマグ」の編集長。その他、多くの専門雑誌や専門書を手がけている。

[監訳者紹介]
関口　脩（せきぐち・おさむ）
日本体育大学名誉教授、日本ストレングス＆コンディショニング協会役員（NSCAジャパン）、日本トレーニング指導者協会役員（JATI）。日本体育協会公認ウエイトリフティング上級コーチとして、モントリオール、ロサンゼルス、ソウル、シドニーなどオリンピック大会でのコーチを務め、優秀選手を数多く輩出。現在、パーソナルトレーナーなどトレーニング指導者養成に努め、執筆、講演、指導に幅広く活躍。
主な著書に『コーチのためのトレーニングの科学』共著、『選手とコーチの筋力トレーニングマニュアル』共訳（共に大修館書店）、『トレーニングを学ぶ』（ブックハウスHD）ほか多数あり。

[訳者紹介]
長崎　幸雄（ながさき・さちお）
岐阜大学医学部講師、医学博士。川崎医科大学、岐阜大学の医学部解剖学教室で学生の指導にあたる。体育・スポーツ分野にも関心を持ち、自らもスポーツ指導にあたる。

清水　章弘（しみず・あきひろ）
フランス語翻訳家。出版社編集部で長年にわたり仏和・和仏辞典、フランス語関連書籍の企画・編集に携わる。

美しいボディラインをつくる女性の筋力トレーニング解剖学
©Sachio Nagasaki & Akihiro Shimizu 2005　　　　NDC780 142p 付録2 27cm

初版第1刷──2005年2月20日
第10刷──2021年12月1日

著　者────フレデリック・ドラヴィエ
監訳者────関口　脩
訳　者────長崎幸雄・清水章弘
発行者────鈴木一行
発行所────株式会社大修館書店
　　　　　〒113-8541　東京都文京区湯島2-1-1
　　　　　電話03-3868-2651（販売部）　03-3868-2299（編集部）
　　　　　振替00190-7-40504
　　　　　［出版情報］https://www.taishukan.co.jp

装丁者────中村友和(ROVARIS)
印刷所────図書印刷
製本所────図書印刷

ISBN 978-4-469-26566-8　　Printed in Japan
Ⓡ本書のコピー、スキャン、デジタル化等の無断複製は著作権法上での例外を除き禁じられています。本書を代行業者等の第三者に依頼してスキャンやデジタル化することは、たとえ個人や家庭内での利用であっても著作権法上認められておりません。

好評のトレーニング関連図書

定価＝本体＋税10%

競技力アップのクロストレーニング
G.T.モーラン、G.H.マクグリン　著
梅林薫、須田和裕、畑山雅史　訳

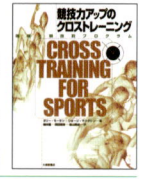

複数のスポーツ・エクササイズを組み合わせることにより競技者の可能性を最大限に引き出す「クロストレーニング」。競技力の向上や障害・バーンアウトの予防に効果を発揮する。本書の後半で、26競技のプログラム例を紹介している。
26485-7　B５変型判・200頁　定価2,420円

スポーツスピード・トレーニング
ジョージ・ディンティマンほか　著
小林寛道　監訳

あらゆるスポーツにおいて要求されるプレイスピードと敏捷性をいかにして強化するか？超・実戦的スピード強化トレーニング法のすべて。
26410-5　B５変型判・208頁　定価2,310円

スポーツスピード養成 SAQトレーニング
日本SAQ協会　編

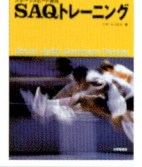

スピード、敏捷性、素早さの３要素から、スピードに必要な能力をシステム化し、スピード養成に必要な合理的トレーニング法をわかりやすく解説。２色刷。
26409-1　B５変型判・130頁　定価2,200円

柔軟性トレーニング その理論と実践
クリストファー・M・ノリス　著
山本利春　監訳　吉永孝徳、日暮清　訳

競技力の向上や障害予防に不可欠な柔軟性。この柔軟性に関わる筋、関節の機能と構造を明らかにし、柔軟性を改善させるための具体的方法を示す。
26406-7　B５変型判・122頁　定価2,200円

〈スポーツQ&Aシリーズ〉
体力トレーニング・ワンポイントコーチ
窪田登ほか　著

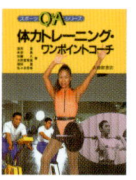

健康づくり、体力づくり全盛の今日、正しい方法でトレーニングしている人は意外に少ない。日々の悩みや疑問にやさしく具体的に答えるコーチ書。16218-3　A５判・298頁　定価2,420円

競技力向上と障害予防に役立つ
スポーツPNFトレーニング
窪田登　監修　覚張秀樹、矢野雅知　著

筋肉や皮膚内の感覚器を刺激することによって、神経の促通をはかるPNF。この原理をスポーツ現場に応用した本邦初の画期的トレーニング法。
26293-5　B５変型判・138頁　定価2,530円

〔ビデオ〕
スポーツPNFトレーニング 全3巻
覚張秀樹、矢野雅知　監修

① 基礎編　76076-5
② ストレッチング編　76077-3
③ トレーニング編　76078-1
　 VHS・カラー・各30分　定価各巻9,900円

ストレッチ体操 伸展運動と動きづくり
安田矩明、小栗達也、勝亦紘一　編著

スポーツ選手の準備運動・整理運動に、ねんざ・肉離れなどの障害予防に、記録・プレイを向上させる補強運動としての動きづくりに役立つ体操。
26067-3　B５変型判・144頁　定価1,320円

デイリーストレッチ体操
安田矩明、小栗達也、勝亦紘一　編著

日常生活の中で、健康増進に、疲労回復に、美容に、スポーツの準備運動に、腰痛、肩こりなどの故障予防に役立つ体操20例を具体的に紹介。
26074-6　B５変型判・148頁　定価1,650円

ダイナバンド・トレーニング
H.アトキンソン、A.ディーン　著
窪田登、山岡有美、桜井正世　訳

良質のダイナバンドを使って行う、いま注目のボディづくり。リハビリ中の人、子ども、主婦、老人、スポーツ選手などいつでもどこでも使える。
26253-6　B５変型判・164頁・バンド付き
　　　　　　　　　　　　　　　定価3,300円
76075-7　ビデオ　VHS・カラー・ステレオ・50分
　　　　　　　　　　　　　　　定価4,620円

キャラネティクス・エクササイズ
キャラン・ピンクニー　著
山岡有美　監訳　神品正子　訳

バレエのメソットを応用して著者が開発した欧米で大人気のエクササイズ。からだの深い部分の筋肉をゆっくり動かすので安全性にも優れている。
26249-8　B５変型判・186頁　定価2,420円

〈ビッグ・フレッシュ・トマト〉
思いたったら体力づくり
短時間でムリなくできる
窪田登　著

階段で息切れしたり、お腹が出てきたりしても、なかなかトレーニングするヒマのない人に贈る、いつでも、どこでも、簡単にできる体力づくり。
26115-7　四六判・248頁　定価1,320円

実践スポーツPNFコンディショニング
機能的神経筋能力の養成法
覚張秀樹、矢野雅知　著

筋力や柔軟性の向上、疲労回復に速効的な効果を発揮するPNF。このリハビリ理論を応用したコンディショニングの向上法を具体化。
26395-8　B５変型判・148頁　定価2,310円

〔ビデオ〕
実践スポーツPNFコンディショニング 全2巻
覚張秀樹、矢野雅知　監修

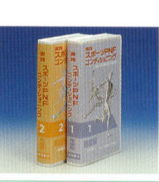

① 理論編　76088-9
② 実践編　76089-7
　 VHS・カラー・各30分　定価各巻9,900円